Sekundarstufe II

Biosphäre

▸ Zellbiologie und Stoffwechsel

Cornelsen

Biosphäre

Sekundarstufe II, Zellbiologie und Stoffwechsel

Herausgegeben von:
Joachim Becker, Dormagen; Delia Nixdorf, Velbert; Martin Post, Arnsberg

Autorinnen und Autoren:
Joachim Becker, Dormagen; Friederike Breede, Dormagen; Birgit Krämer, Leverkusen; Prof. Dr. Anke Meisert, Hildesheim; Delia Nixdorf, Velbert; Martin Post, Arnsberg; Marja Cristina Putzer, Kiel

Teile dieses Buches sind anderen Ausgaben der Lehrwerksreihe Biosphäre entnommen.

Autorinnen und Autoren dieser Werke sind:
Anke Brennecke, Langerwehe; Prof. Dr. Jorge Groß, Bamberg; Prof. Dr. Hansjörg Küster, Hannover; Raimund Leibold, Nittel; Dr. Karl-Wilhelm Leienbach, Münster; André Linnert, Siegen; Martin Post, Arnsberg

Redaktion: Ina Albrecht

Designberatung: Katharina Wolff-Steininger, Ellen Meister

Gesamtgestaltung und technische Umsetzung: SOFAROBOTNIK GbR, Augsburg & München

Titelbild: Lichtmikroskopische Aufnahme (Differenzialinterferenzkontrast) der einzelligen Süßwasseralge *Pleurotaenium ovatum* bei der Teilung. Science Photo Library/ROGELIO MORENO

Begleitmaterialien zum Lehrwerk	
E-Book	978-3-06-010428-4
Lösungen zum Schülerbuch	978-3-06-010429-1
Klausuren zum Schülerbuch	978-3-06-010430-7
Klausuren auf CD-Rom	978-3-06-010431-4

www.cornelsen.de

1. Auflage, 1. Druck 2019

Alle Drucke dieser Auflage sind inhaltlich unverändert und können im Unterricht nebeneinander verwendet werden.

© 2019 Cornelsen Verlag GmbH, Berlin

Druck: Firmengruppe APPL, aprinta Druck, Wemding

ISBN 978-3-06-010427-7

PEFC zertifiziert
Dieses Produkt stammt aus nachhaltig bewirtschafteten Wäldern und kontrollierten Quellen.
www.pefc.de

PEFC/04-32-0928

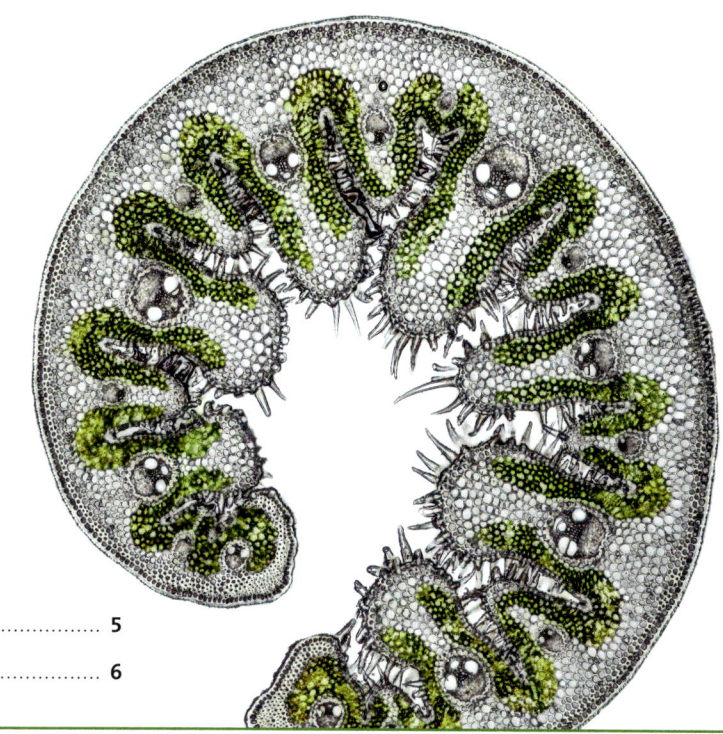

Zelluläre Organisation der Lebewesen   8

Stoffwechsel und Energie 100

///. BASISKONZEPT STRUKTUR UND FUNKTION ///

Der Sonnentau wächst auf sehr nährstoffarmen Moorböden. Die Blätter sind mit Drüsenhaaren besetzt, die ein klebriges Sekret abgeben. Dieses lockt Insekten an, die daran haften bleiben. Das Blatt rollt sich um die Beute und mithilfe von ausgeschiedenen Enzymen wird das Insekt zersetzt. Auf diese Weise erhält der Sonnentau stickstoffhaltige Nährstoffe, welche die Zellen aufnehmen und das Wachstum auf dem nährstoffarmen Moorboden ermöglicht.

Bei der Beobachtung und Untersuchung von allen Lebewesen nutzen Biologen die Vorstellung, dass Strukturen und Funktionen in enger Beziehung stehen und dass das Erfassen von Strukturen und Funktionen für das Verständnis von Lebewesen notwendig ist. Bei dieser Betrachtungsweise spricht man deshalb vom Basiskonzept **Struktur und Funktion.**

01 Blatt einer Sonnentaupflanze mit Drüsenhaaren

///. BASISKONZEPT ENTWICKLUNG ///

Aus einer befruchteten Eizelle wächst durch Zellteilung und Zelldifferenzierung ein vollständiges Lebewesen heran. Dabei entwickeln sich aus einer einzigen Zelle viele unterschiedliche Zelltypen, die verschiedene Gewebe und Organen bilden. Nach der Geburt wächst und entwickelt sich das Neugeborene weiter.

Alle Zellen, Gewebe, Organe und Lebewesen durchlaufen individuelle Veränderungen im Verlauf der Zeit, aber auch Lebensräume und die Biosphäre wandeln sich. Darüber hinaus hat sich die Vielfalt der Arten im Laufe großer Zeiträume in der Stammesgeschichte entwickelt. Bei der Untersuchung und Erklärung von Veränderungsprozessen spricht man deshalb vom Basiskonzept **Entwicklung.**

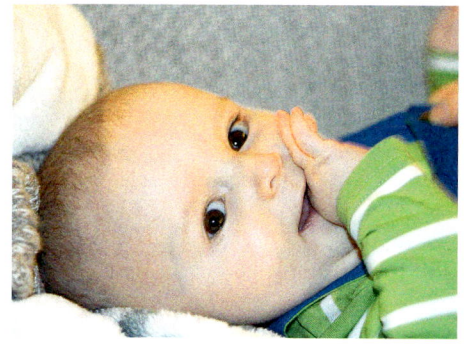

02 Baby

///. BASISKONZEPT SYSTEM ///

Die Kugelalge Volvox besteht aus Zellen, die untereinander und mit ihrer Umwelt in Beziehung stehen. Das eröffnet dem Gesamtorganismus Fähigkeiten, die die einzelne Zelle nicht besitzt. Auch die einzelne Zelle der Kugelalge lässt sich als eine durch die Zellmembran von ihrer Umgebung abgegrenzte Einheit beschreiben. Sie enthält Strukturen wie Chloroplasten, Mitochondrien, Zellplasma und Zellkern, die in ihrem Zusammenwirken wiederum der Zelle Eigenschaften verleihen, die die isolierten Zellbestandteile nicht aufweisen.

Zellen und Organismen lassen sich aufgrund ihrer Strukturen und Wechselwirkungen als Systeme betrachten. Da dies sowohl für alle Lebewesen als auch für Ökosysteme und die Biosphäre gilt, sprich man vom Basiskonzept **System.**

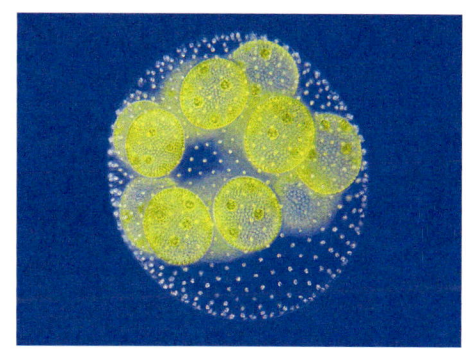

03 Kugelalge Volvox

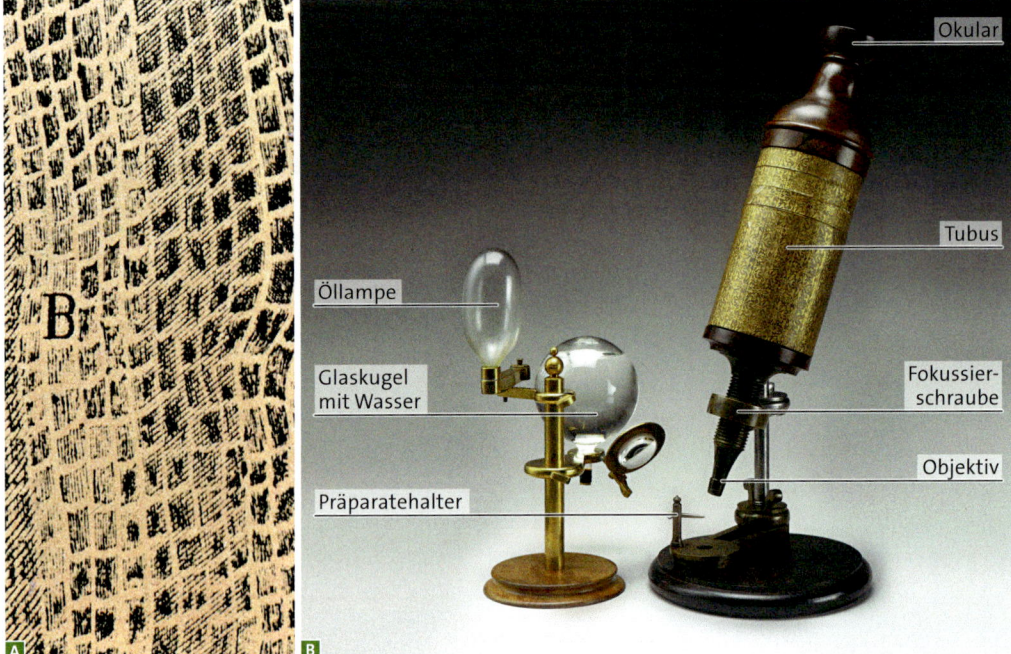

01 HOOKEs Untersuchung von Kork:

A HOOKEs Zeichnung eines Präparats vom Flaschenkork,

B Nachbau von HOOKEs Mikroskop

Labels on figure:
Okular
Tubus
Fokussierschraube
Objektiv
Öllampe
Glaskugel mit Wasser
Präparatehalter

Vom Mikroskopieren zur Zellbiologie

Der englische Physiker Robert HOOKE (1635–1703) interessierte sich für die Abbildungsqualität seiner Mikroskope. Für seine Tests benutzte er unter anderem dünn geschnittene Scheiben eines Flaschenkorkens. Dabei entdeckte er zufällig eine regelmäßige Struktur, die er mit kleinen Kammern, lateinisch cellulae, *verglich. Wie kam es von dieser ersten Benennung von Zellen zur Zellbiologie?*

ERSTE MIKROSKOPE · Robert HOOKE war nicht der erste, der Lebewesen und ihren Bau mikroskopisch untersuchte. Aber genau wie bei ihm war bei einigen bekannten Forschern das Interesse an Lebewesen ein Nebeneffekt bei der Qualitätsverbesserung der optischen Geräte. Als Entdecker mikroskopisch kleiner Lebewesen gilt der holländische Tuchhändler Antony VAN LEEUWENHOEK (1632–1723). Er benötigte möglichst gute Lupen, um die Qualität gewebter Stoffe untersuchen zu können. Daher testete er die Abbildungsqualität seiner Lupen und entdeckte dabei in Wasserproben Lebewesen, die niemand vor ihm gesehen hatte. Seine Entdeckungen begeisterten auch die Biologen der Royal Society, einer führenden naturwissenschaftlichen Vereinigung in London. Sie ließen sich regelmäßig von seinen Beobachtungsergebnissen berichten. Mit seinen besten Lupen hat VAN LEEUWENHOEK bei etwa 200-facher Vergrößerung als Erster einzellige Gewässerorganismen sowie Spermienzellen und rote Blutkörperchen entdeckt. Über die Funktionen dieser Zellen wurden allerdings aus heutiger Sicht nicht mehr haltbare Theorien aufgestellt. Ein besseres Verständnis der Zellfunktionen war erst mithilfe weiterer naturwissenschaftlicher Erkenntnisse möglich.

In der Folgezeit wurden verbesserte Mikroskope erfunden, die aus mindestens zwei Linsen zusammengesetzt waren. Mithilfe eines solchen Mikroskops entdeckte HOOKE regelmäßige kammerähnliche Strukturen im Kork sowie in dünn geschnittenen Präparaten von Farnen und vom Sonnentau. Er nannte diese Kammern *cellulae* und prägte damit den Namen **Zelle.**

Trotz dieser Verallgemeinerung fand HOOKE keine biologische Erklärung für den mikroskopischen Bau von Lebewesen. Zellen waren für ihn Höhlungen in einem Grundgewebe. Die Idee, dass sie den pflanzlichen Körper bilden oder aufbauen, entstand später.

ZELLTHEORIE · Trotz noch nicht so guter Mikroskope konnte man seit den Anfängen der Mikroskopie viele Erkenntnisse über Zellen zusammentragen. Botaniker interessierten sich zu Beginn des 19. Jahrhunderts dafür, welche Bestandteile von Pflanzen aus Zellen bestehen oder gebildet werden. Es entstand eine *Zellenlehre*.

Nachdem Robert BROWN (1773–1858) den Zellkern entdeckt hatte, vermutete der Botaniker Matthias SCHLEIDEN (1804–1881) im Jahr 1837, dass dieser in einer näheren Beziehung zur Entstehung einer Zelle stehen müsste. Zellen waren für ihn nicht mehr nur Bausteine der Pflanzen, sondern er suchte nach einem einheitlichen Bildungsprinzip aller Zellen.

Dadurch angeregt übertrug sein Studienfreund, der Mediziner Theodor SCHWANN (1810–1882), diese Idee auf tierische Zellen und formulierte schließlich im Jahre 1839 die *Zelltheorie*. Sie besagt, dass die Bildung von Organen auf der Bildung von Zellen beruht. Allerdings bedurfte es weiterer Forschungen, bis der Medizinprofessor Rudolf VIRCHOW (1821–1902) im Jahr 1855 behaupten konnte: *„Omnis cellula e cellula"*, auf Deutsch: Jede Zelle entsteht aus einer Zelle. Schließlich fasste der Medizinprofessor Max SCHULTZE (1825–1874) im Jahr 1861 die Kenntnisse zu einer Definition der Zelle zusammen: *Eine Zelle ist ein Klümpchen Protoplasma, in dessen Innerem ein Kern liegt.*

VERBESSERTE MIKROSKOPE · Obwohl im späten 18. Jahrhundert großes Interesse an mikroskopischen Untersuchungen bestand, konnte die Abbildungsqualität von Mikroskopen nicht deutlich verbessert werden. Dies hatte unter anderem einen Grund, der damals noch nicht physikalisch durchschaut wurde: Linsen brechen das Licht und zerlegen es dabei in Spektralfarben, sodass unscharfe Bilder entstehen. Gute Handwerker konnten durch Kombination verschiedener Linsen diesen Fehler teilweise korrigieren. Aber erst der Mathematiker und Physiker Ernst ABBE (1840–1905) fand die mathematischen Mittel, Linsen zu berechnen, die in allen Farben korrigiert waren. Die daraufhin gebauten Mikroskope ließen bei guter Abbildungsqualität starke Vergrößerungen zu. Das förderte die mikroskopische Zellforschung. Mit einem heutigen Licht-

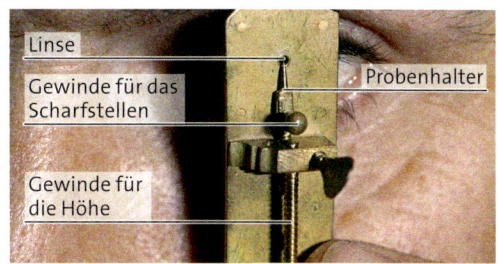

02 Einlinsiges Mikroskop von VAN LEEUWENHOEK

Linse
Gewinde für das Scharfstellen
Gewinde für die Höhe
Probenhalter

mikroskop betrachtete, blau angefärbte Mundschleimhautzellen zeigen folgende Details: Der Zellkern ist umgeben von Zellplasma, in dem einige wenige Strukturen zu erkennen sind. Die gefärbten Zellen sind scharf gegenüber ihrer Umgebung abgegrenzt. Das Zellplasma muss also von einer Hülle, der Zellmembran, umschlossen sein. Im lichtmikroskopischen Bild kann man sie allerdings nicht sehen. Mit den drei Bestandteilen Kern, Plasma und Membran kann man die Mundschleimhautzelle aus heutiger Sicht als Prototyp einer Zelle ansehen. Da man nun weiß, was eine Zelle ist, kann man sie erforschen. Damit beschäftigt sich die *Zellbiologie*.

ZELLTHEORIE DES LEBENS · Seit den Erkenntnissen aus dem 19. Jahrhundert wurde für alle Lebewesen bestätigt, dass jede neue Zelle aus einer Zelle und nicht aus irgendetwas anderem entsteht. Außerdem wurde nachgewiesen, dass einzelne Zellen lebensfähig sind, aber nur, wenn sie vollständig sind. Die kleinsten lebensfähigen Einheiten sind *Zellen*. Schließlich ergaben viele weitere Beobachtungen, dass alle heutigen Lebewesen aus Zellen aufgebaut sind: Wesentliche Bestandteile ihres Körpers sind Zellen und Produkte dieser Zellen. Die heutige Zelltheorie fasst man daher in drei Sätzen zusammen:

Alle heutigen Lebewesen bestehen aus Zellen.
Neue Zellen entstehen nur aus vorhandenen Zellen.
Die kleinsten lebensfähigen Einheiten sind Zellen.

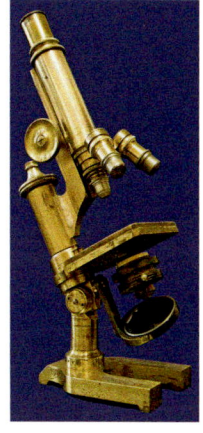

03 Mehrlinsiges Mikroskop mit berechneter Optik

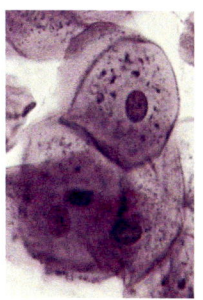

04 Zellen der Mundschleimhaut, gefärbt

1 Erläutern Sie die Bedeutung der Mikroskopie bei der Entstehung der Zellbiologie!

Zelluläre Organisation der Lebewesen

In diesem Kapitel beschäftigen Sie sich mit

► dem Bau von tierischen und pflanzlichen Zellen sowie den Funktionen der unterschiedlichen Zellbestandteile;

► verschiedenen Techniken des Mikroskopierens;

► dem Bau und der Funktion von Biomembranen;

► der Bedeutung des Zellkerns und der Zellteilung;

► der Evolution von Pro- und Eukaryotenzellen;

► dem besonderen Bau der Geschlechtszellen und der Embryonalentwicklung;

► der Stammzellforschung.

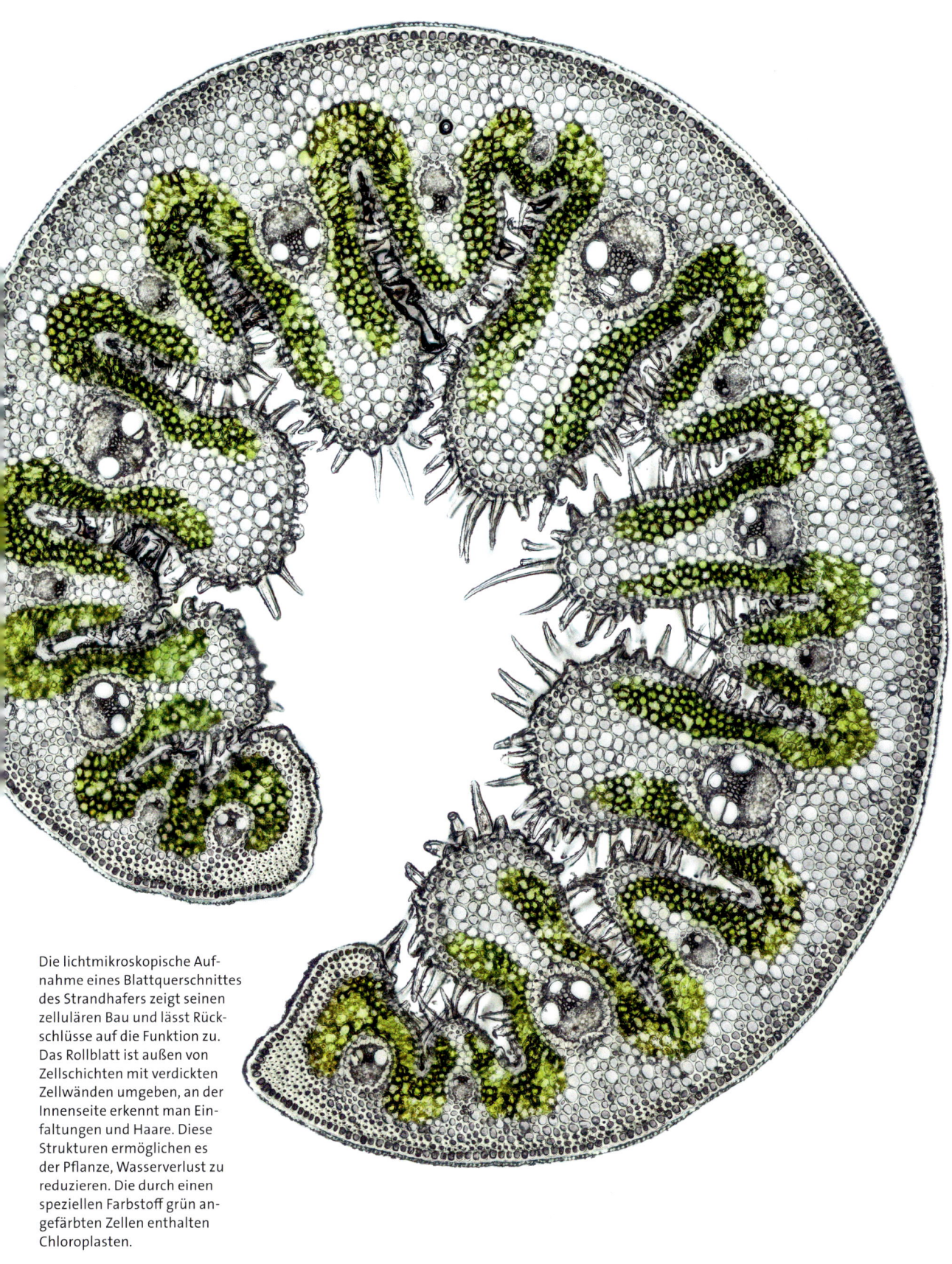

Die lichtmikroskopische Aufnahme eines Blattquerschnittes des Strandhafers zeigt seinen zellulären Bau und lässt Rückschlüsse auf die Funktion zu. Das Rollblatt ist außen von Zellschichten mit verdickten Zellwänden umgeben, an der Innenseite erkennt man Einfaltungen und Haare. Diese Strukturen ermöglichen es der Pflanze, Wasserverlust zu reduzieren. Die durch einen speziellen Farbstoff grün angefärbten Zellen enthalten Chloroplasten.

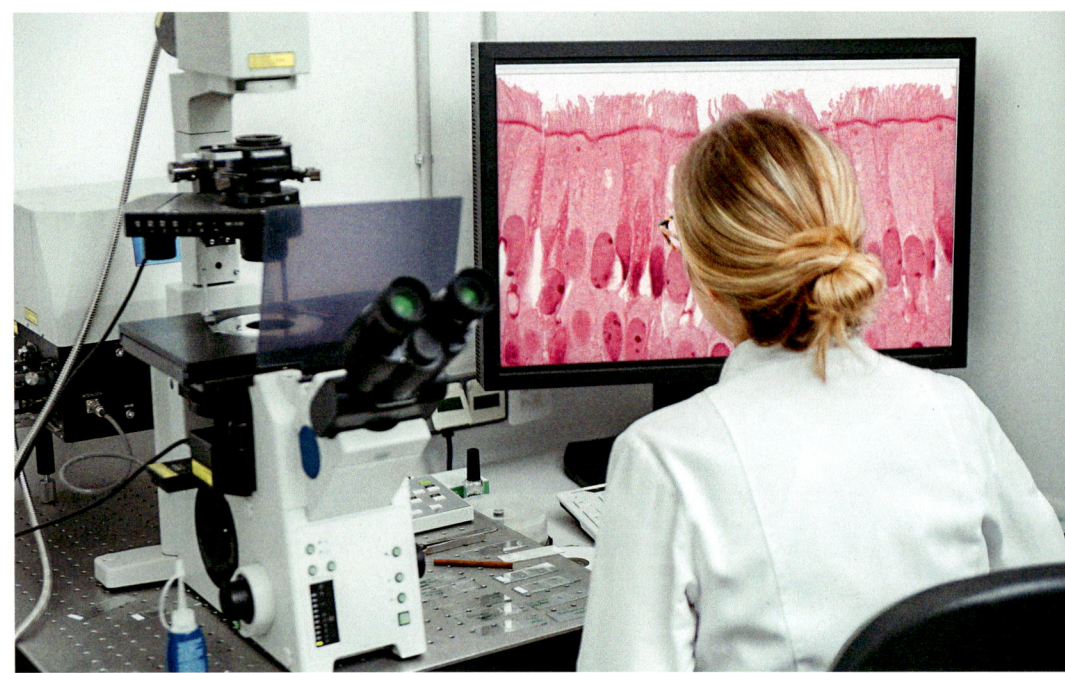

01 Studentin betrachtet mikroskopisches Bild

Zellulärer Bau der Lebewesen

Eine Medizinstudentin betrachtet am Monitor den mikroskopisch sichtbaren Bau menschlicher Zellen. Wie hilft ihr das beim Verständnis des menschlichen Körpers?

VIELFALT DER ZELLEN · Wenn man dünn geschnittene Proben aus menschlichen Organen färbt und mikroskopisch betrachtet, erkennt man ihren Aufbau aus Zellen. Im Laufe jahrzehntelanger Forschung hat man Farbstoffe gefunden, die Zellen und ihre Bestandteile so anfärben, dass charakteristische Strukturen hervorgehoben werden.

In den Zellen der Bronchienwand sind der Zellkern und das Zellplasma durch Färbung hervorgehoben. Die Zellen, die mit dem Luftraum in Berührung kommen, liegen dicht an dicht. Sie bilden ein Deckgewebe, ein *Epithel*, das das Innere der Bronchien auskleidet. Einige Epithelzellen haben Flimmerhärchen, andere sondern Schleim ab, der mit den Härchen zum Rachen transportiert wird. Gemeinsam erfüllen sie die Aufgabe, kleine Partikel, die beim Atmen bis in die Bronchien gelangt sind, wieder aus der Lunge hinauszubefördern. Diese Kenntnis vertieft das Verständnis darüber, wie die Lunge Fremdkörper entfernt, die in sie hineingelangt sind.

Bei der mikroskopischen Betrachtung eines Blutausstrichs erkennt man ebenfalls Zellen mit unterschiedlichem Bau. Die roten Blutkörperchen sind rund und relativ klein. Die größeren Zellen mit violett angefärbtem Zellkern sind weiße Blutzellen. Rote Blutkörperchen haben keinen Zellkern. Das deutet darauf hin, dass der Besitz eines Zellkerns mit der jeweiligen Funktion zusammenhängt. Rote Blutkörperchen transportieren Sauerstoff und werden in den einzelnen Organen in sehr engen Blutgefäßen, den Kapillaren, an Körperzellen vorbeigeführt. Hierbei werden sie verformt, sodass ihre Gestalt der Umgebung angepasst ist. Ohne Zellkern ist eine Zelle relativ klein und leicht. Sie schwimmt da-

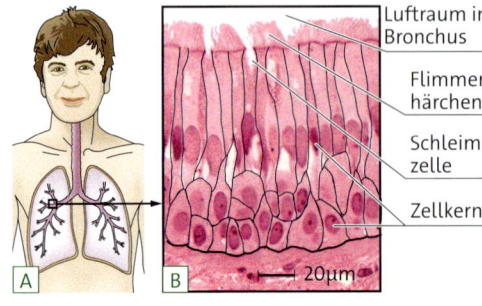

02 Bronchienepithel:

A Lage,

B mikroskopisches Bild (gefärbt, Zellmembranen nachgezeichnet)

Luftraum im Bronchus

Flimmerhärchen

Schleimzelle

Zellkerne

20μm

A

B

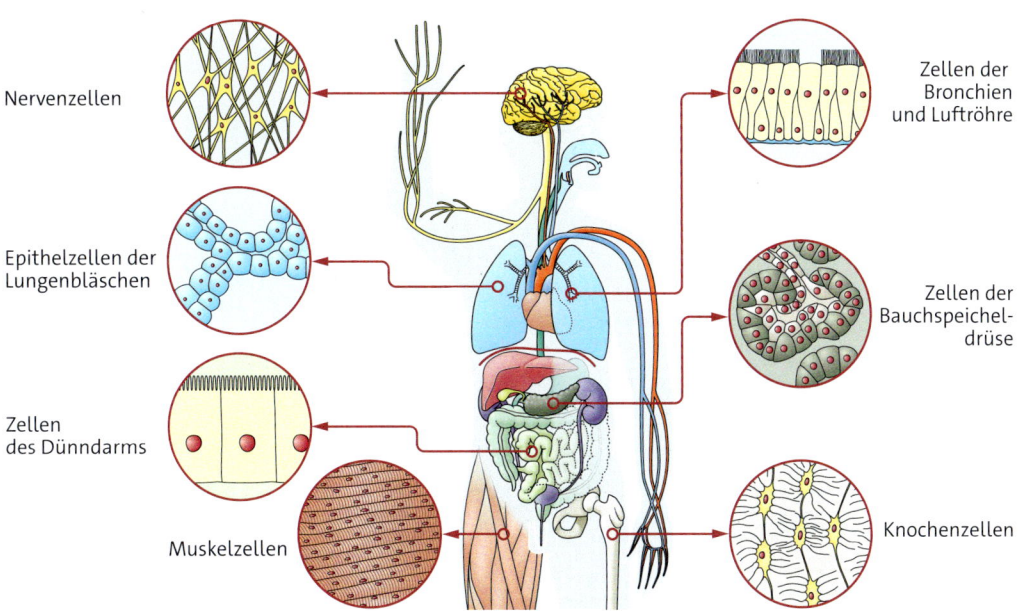

Nervenzellen

Epithelzellen der Lungenbläschen

Zellen des Dünndarms

Muskelzellen

Zellen der Bronchien und Luftröhre

Zellen der Bauchspeicheldrüse

Knochenzellen

03 Zellen in verschiedenen Organen (Schema)

her gut im Blutstrom mit. Rote Blutkörperchen können also ihre Hauptaufgabe, Sauerstoff zu transportieren, ohne Zellkern gut erfüllen. Sie altern allerdings relativ schnell und verlieren dabei ihre Elastizität. Nach 120 Tagen werden sie im Körper abgebaut und durch neue ersetzt. Weiße Blutzellen sind Bestandteil des Immunsystems und kommen im gesamten Organismus vor. Sie werden im Blut und in der Lymphflüssigkeit transportiert. Einige dringen in das umliegende Gewebe ein. Treffen sie auf Krankheitserreger, körperfremde Stoffe oder Verletzungen im Gewebe, beginnen sie mit ihrer jeweiligen Abwehrreaktion. Dafür ist der Zellkern notwendig.

In allen Organen gibt es jeweils typische Zellen, die zur Gesamtfunktion des Organs beitragen. Muskelzellen zum Beispiel sind meistens länglich und können sich zusammenziehen, Nervenzellen sind verzweigt und leiten elektrische Impulse zu anderen Zellen weiter, und Drüsenzellen geben Sekrete ab.

Die Grundidee, immer Bau und Funktion gemeinsam zu betrachten, bezeichnet man als das **Basiskonzept Struktur und Funktion.**

ORGANISATIONSEBENEN · Die Beispiele zeigen, dass die Gesamtfunktion eines Organismus mithilfe der Funktion verschiedener Zellen verständlich wird. Systematisch betrachtet man

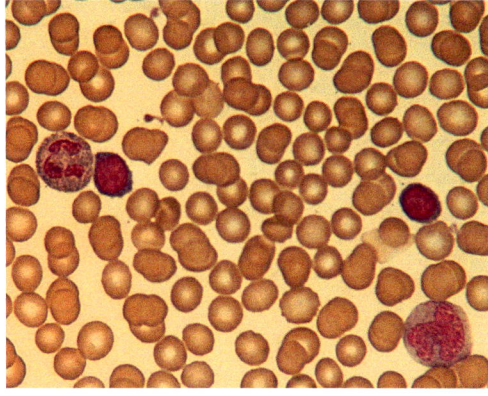

04 Blutausstrich: Rote Blutkörperchen ($\varnothing \approx 7{,}5\,\mu m$) und vier weiße Blutzellen, Zellkerne blauviolett gefärbt

Zusammenhänge zwischen Zellen und Organismus mithilfe der Unterscheidung verschiedener *Organisationsebenen:* Der *Organismus* Mensch besitzt ein *Atmungssystem* mit dem *Organ* Lunge. Die Lunge enthält Bronchien, die mit einem *Deckgewebe* ausgekleidet sind. Dieses besteht aus *Zellen*, die bewirken, dass Fremdkörper beseitigt werden. Dadurch, dass die Zellen ihre Aufgabe erfüllen, tragen sie dazu bei, dass die Atemwege frei sind und alle anderen Zellen im menschlichen Körper genügend Sauerstoff bekommen.

1 Fassen Sie die Erkenntnisse zur Atmung und zum Sauerstofftransport zusammen, die mithilfe mikroskopischer Untersuchungen erlangt wurden!

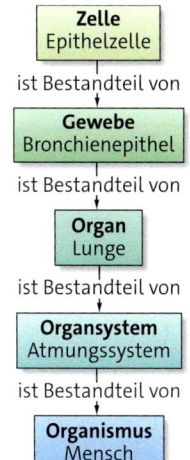

Zelle Epithelzelle

↓ ist Bestandteil von

Gewebe Bronchienepithel

↓ ist Bestandteil von

Organ Lunge

↓ ist Bestandteil von

Organsystem Atmungssystem

↓ ist Bestandteil von

Organismus Mensch

05 Organisationsebenen am Beispiel der Atmung

STRUKTUR UND FUNKTION VON ZELLEN

06 Christrose:

A Habitus,

B Laubblatt-
querschnitt
(LM-Aufnahme),

C Laubblattquer-
schnitt (Schema),

D Blattstiel-
querschnitt
(LM-Aufnahme),

E Blattstielquer-
schnitt (Schema)

ZELLEN IM ORGANISMUS PFLANZE · Der Körper einer Samenpflanze wird ebenso wie der
Körper des Menschen in *Organe* unterteilt. Diese sind genau wie die Organe des Menschen aus
Geweben und *Zellen* aufgebaut.

Eine Samenpflanze besteht aus den Hauptorga-
nen Wurzel, Sprossachse und Blatt. Die Wurzeln
sind im Boden verankert. Sie nehmen Wasser
und Mineralstoffe auf und speichern Reservestoffe. Die Sprossachse verbindet Wurzeln und
Blätter. Der Stofftransport erfolgt durch Zellen,
die länglich gebaut sind und in langen Bahnen
durch die verschiedenen Organe ziehen.

Im Querschnitt durch die Blattspreite sieht
man, dass die Zellen zu Geweben angeordnet
sind. Die Epidermis bildet ein Abschlussgewebe.
Ihre Zellen liegen dicht an dicht und sind außen
mit einer Wachsschicht überzogen. Ihre Funktion ist der Schutz gegen übermäßige Verdunstung von Wasser aus dem Blatt. Das Wachs wird
von Epidermiszellen gebildet und ausgeschieden. Die dicht beieinanderstehenden Zellen des
Palisadengewebes enthalten viele Chloroplasten und sind auf Fotosynthese spezialisiert. In
den Zellen des Schwammgewebes findet ebenfalls Fotosynthese statt. Die Hohlräume zwischen ihnen erleichtern den Gasaustausch der

Pflanze. Sie sind über Spaltöffnungen, die von
besonderen Zellen gebildet werden, mit der
Umgebung verbunden. Durch das Öffnen und
Schließen der Spaltöffnungen wird die Verdunstung von Wasser geregelt. Gemeinsam bewirken die verschiedenen Zellen und Gewebe die
Hauptfunktion des Blattes: die Herstellung von
energiereichen Stoffen mithilfe der Fotosynthese. Sie bilden also ein Organ.

Im Blattstielquerschnitt der Christrose fallen
die zahlreichen fast runden Zellen auf. In der
äußersten Zellschicht, der Epidermis, liegen die
Zellen dicht an dicht und schließen den Stiel
nach außen ab. In der Nähe des Zentrums des
Blattstiels gibt es Bereiche charakteristisch an-
geordneter Zellen. Bei einigen lassen sich die
Zellwände rot färben. Dies ist ein Nachweis dafür, dass sie den Holzstoff, das Lignin, enthalten.
Sie bilden lange Röhren. In ihnen erfolgt der
Wassertransport.

Diese Beispiele zeigen, dass das Wissen über
Bau und Funktion der Zellen auch bei Pflanzen
zum Verständnis ihrer Lebensweise beiträgt.

2 J Erläutern Sie anhand von zwei Beispielen
die Begriffe Gewebe, Organ und Organismus!

Material A ▸ Stärkenachweis in speziellen Zellen

Stärkenachweis

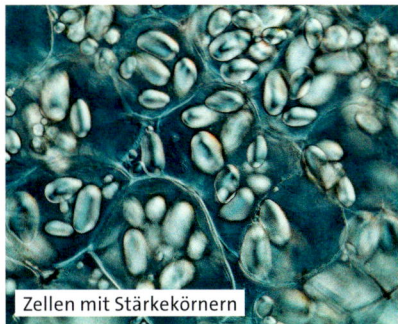
Zellen mit Stärkekörnern

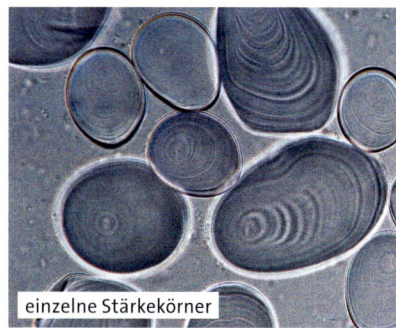
einzelne Stärkekörner

Die Knollen der Kartoffelpflanze sind verdickte, unterirdische Sprosse. Wenn man mit einer Rasierklinge von der Schnittfläche einer durchgeschnittenen Kartoffelknolle etwas Material abschabt und dies mikroskopiert, sieht man Zellen, die dicht mit Stärkekörnern gefüllt sind. Einige Zellen werden beim Schaben zerstört. Daher können ein-

zelne Stärkekörner außerhalb von Zellen beobachtet werden. Die Stärkenachweisreaktion ist unter dem Mikroskop sichtbar.

A1 Erläutern Sie die Besonderheit der Zellen in der Kartoffelknolle! Gehen Sie dabei darauf ein, wie diese Zellen zur Gesamtfunktion der Kartoffelpflanze beitragen!

A2 Beschreiben Sie den Stärkenachweis mit Iod-Kaliumiodid-Lösung!

A3 Begründen Sie, wie die Stärkekörner beim Stärkenachweis vermutlich aussehen!

Material B ▸ Nervenzellen

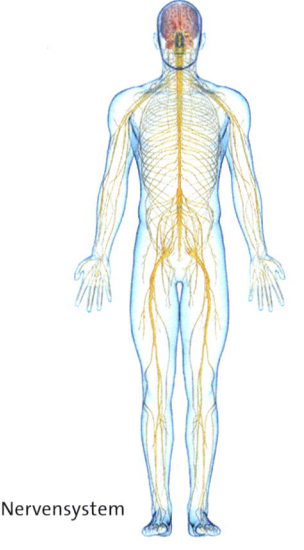
Nervensystem

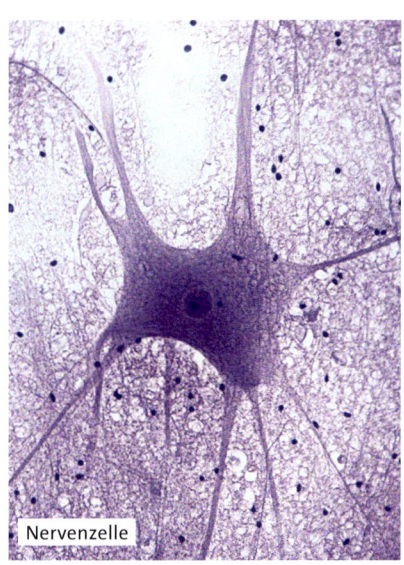
Nervenzelle

Der menschliche Körper ist von Nerven durchzogen. Diese bestehen aus Nervenzellen. Viele Nervenzellen sind sehr lang. Sie reichen vom Gehirn oder vom Rückenmark bis in die verschiedenen Organe des Menschen. Wenn man von den Nerven außerhalb des Rücken-

marks ein mikroskopisches Präparat erstellt, findet man nur sehr selten Zellkerne. Wenn man aber das Rückenmark geeignet präpariert, sind im mikroskopischen Bild große Nervenzellen und weitere kleine Zellen zu sehen. Die dunklen Punkte sind Kern-

körperchen, Bestandteile der Zellkerne. Die größeren Zellen sind motorische Nervenzellen, von denen jeweils ein hier nicht sichtbarer Fortsatz aus dem Rückenmark bis zu den Skelettmuskeln führt. Die Zellen sind jeweils komplett von einer Zellmembran umhüllt. Diese ist sowohl mit als auch ohne Färbung nicht sichtbar.

B1 Beschreiben Sie den Bau der Nervenzellen!

B2 Begründen Sie, dass der Bau dieser Nervenzellen gut dazu geeignet ist, dass Nervenzellen Informationen im Körper verarbeiten und weitergeben!

B3 Erläutern Sie, wie die Kenntnis über den Bau und die Funktion dieser motorischen Nervenzellen zum Verständnis des menschlichen Körpers beiträgt!

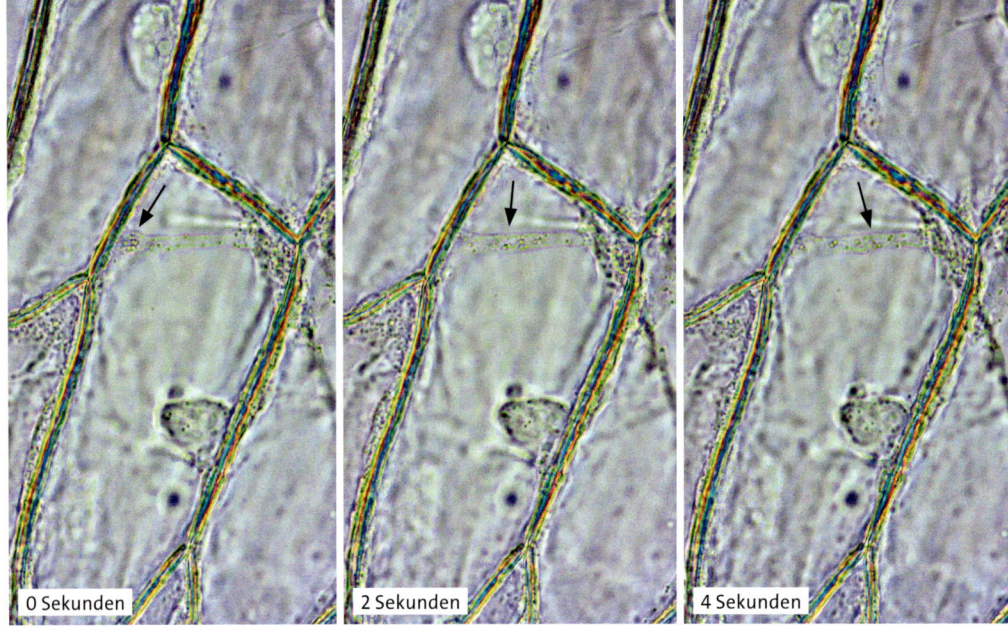

01 Lichtmikrosko-
pische Aufnahmen
der Strömung des
Zellplasmas in einer
Zwiebelzelle
(Ausschnitt)

0 Sekunden | 2 Sekunden | 4 Sekunden

Mikroskopieren und Dokumentieren

*In einer Zelle aus der oberen Epidermis einer
Zwiebelschuppe lassen sich Bewegungen des
Zellplasmas erkennen. Besonders gut sieht man
sie in Plasmasträngen. Wie kann man solche
Beobachtungen machen?*

HERSTELLEN VON PRÄPARATEN · Zunächst
wird eine Küchenzwiebel längs halbiert. Dann
trennt man mit den Fingern eine Zwiebelschuppe heraus. Man ritzt mit einer scharfen Rasierklinge oder einem Skalpell Felder mit 0,5 Zentimeter Seitenlänge in die obere Epidermis und
nimmt eines davon mit einer spitzen Pinzette
ab. Anschließend gibt man es sofort in einen

*Hinweis: Im Unterricht
darf menschliches Blut
nicht mikroskopiert
werden.*

kleinen Wassertropfen auf einen Objektträger,
den man mit einer Pipette dort aufgetragen hat.
Dann wird ein Deckglas aufgelegt. Dazu wird
es zunächst an zwei nebeneinanderliegenden
Ecken mit Daumen und Zeigefinger einer Hand
festgehalten und schräg an den Wassertropfen
gestellt, sodass das Wasser am Deckglas auf-
steigt. Dann senkt man das Deckglas langsam,
wobei eine Präpariernadel hilfreich ist.
Ein solches **Abziehpräparat** ist fertig für das
Mikroskopieren. Es erfüllt die Voraussetzungen
für gute Beobachtungsergebnisse: Es ist dünn,
sodass es von Licht durchstrahlt werden kann.
Zudem ist es eben, sodass wenige störende
Lichtbrechungen auftreten. Es enthält lebende
Zellen, sodass Bewegungen in diesen Zellen
sichtbar werden.
Andere Objekte werden auf andere Weise präpariert. Vom Fruchtfleisch einer Banane ver-
rührt man eine stecknadelkopfgroße Menge auf
einem Objektträger in einem Wassertropfen.
Das aufgelegte Deckglas drückt man sehr vorsichtig an, sodass ein dünnes **Quetschpräparat**
entsteht. Ein Bluttropfen wird auf einen Objektträger mit der Kante eines zweiten Objekt-
trägers verstrichen. Man spricht von einem
Ausstrichpräparat.

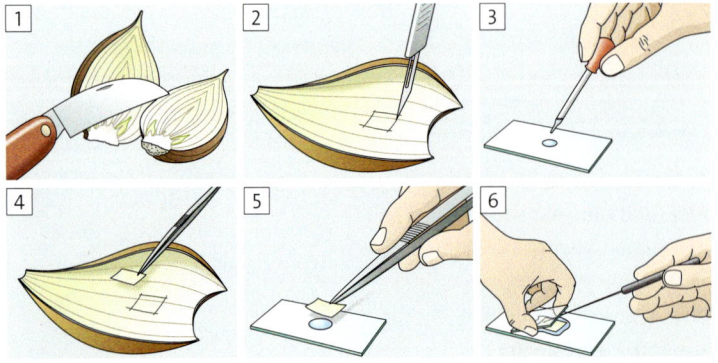

02 Herstellen eines mikroskopischen Präparats

Okular: vergrößert das Bild

Tubus: Halterung für das Okular

Objektivrevolver: stellt die Objektive über die Öffnung im Objekttisch, durch die das Licht fällt

Objektiv: vergrößert das Objekt

Objekttisch: bildet die Auflage für das Objekt, das man betrachtet

Blende: reguliert den Kontrast des Bildes

Feintrieb — verändern den Abstand zwischen Objektiv und Objekttisch und erzeugen so ein scharfes Bild

Grobtrieb

Mikroskopleuchte: erzeugt das Licht, welches das Objekt durchleuchtet

03 Bau und Bedienung eines Lichtmikroskops

BEDIENUNG DES MIKROSKOPS · Das Mikroskop wird sicher auf einen Tisch gestellt. Der Objekttisch wird etwas nach unten gedreht. Am Objektivrevolver wird das Objektiv mit der geringsten Vergrößerung über die Öffnung im Objekttisch gedreht. Der Objektträger mit dem Präparat wird auf den Objekttisch gelegt und so verschoben, dass das Präparat mittig über der Öffnung im Objekttisch liegt. Nun wird das Licht eingeschaltet und die Blende fast geschlossen.

Mithilfe des Grobtriebs wird der Objekttisch nach oben gedreht. Während man durch das Okular sieht, wird der Objekttisch langsam so weit nach unten gedreht, bis ein scharfes Bild des Präparats sichtbar wird. Nun stellt man die Blendenöffnung so ein, dass das Bild kontrastreich und dabei nicht zu hell und nicht zu dunkel ist.

Anschließend schiebt man den Teil des Präparats in die Mitte des Bildes, der betrachtet werden soll, zum Beispiel eine Zelle, auf der weder Luftblasen noch Schmutzpartikel zu sehen sind. Nun wechselt man vorsichtig zum Objektiv mit der nächsten Vergrößerung, indem man am Objektivrevolver dreht. Schon leichtes Drehen am Grobtrieb oder Feintrieb ergibt wieder ein scharfes Bild. Die Blende muss allerdings neu eingestellt werden. Wenn man noch stärker vergrößern möchte, wiederholt man alle entsprechenden Arbeitsschritte.

MIKROSKOPISCHE BEOBACHTUNG · Bei der Suche nach einer für das Zeichnen oder Fotografieren geeigneten Zwiebelzelle sieht man vielleicht zufällig, dass das Zellplasma in Bahnen durch eine Zelle strömt. Diese *Zufallsbeobachtung* kommt wahrscheinlich deshalb zustande, weil die Wahrnehmung eine Erwartung stört, hier die Erwartung eines unbewegten Objekts, das ein gutes Bild abgibt. Für *gezielte Beobachtungen* wird dagegen vorab eine Frage gestellt oder eine Hypothese formuliert. Wenn man zum Beispiel wissen möchte, wie schnell die Bestandteile des Zellplasmas in der Zelle transportiert werden, misst man die pro Zeit zurückgelegte Strecke. In Zwiebelzellen ist 19 Mikrometer pro Sekunde ein typischer Wert. Die Plasmaströmung transportiert also Zellbestandteile in relativ kurzer Zeit quer durch eine Zwiebelzelle.

Aus Beobachtungen können genauso wie aus Experimenten neue Hypothesen abgeleitet werden. Zum Beispiel kann hier eine Hypothese sein, dass wichtige Stoffe mithilfe der Plasmaströmung in der Zelle ihren Bestimmungsort erreichen. Um diese Hypothese zu überprüfen, benötigt man verschiedene Färbe- und Markierungsmethoden, weil man die Moleküle von Stoffen im Lichtmikroskop nicht sehen kann.

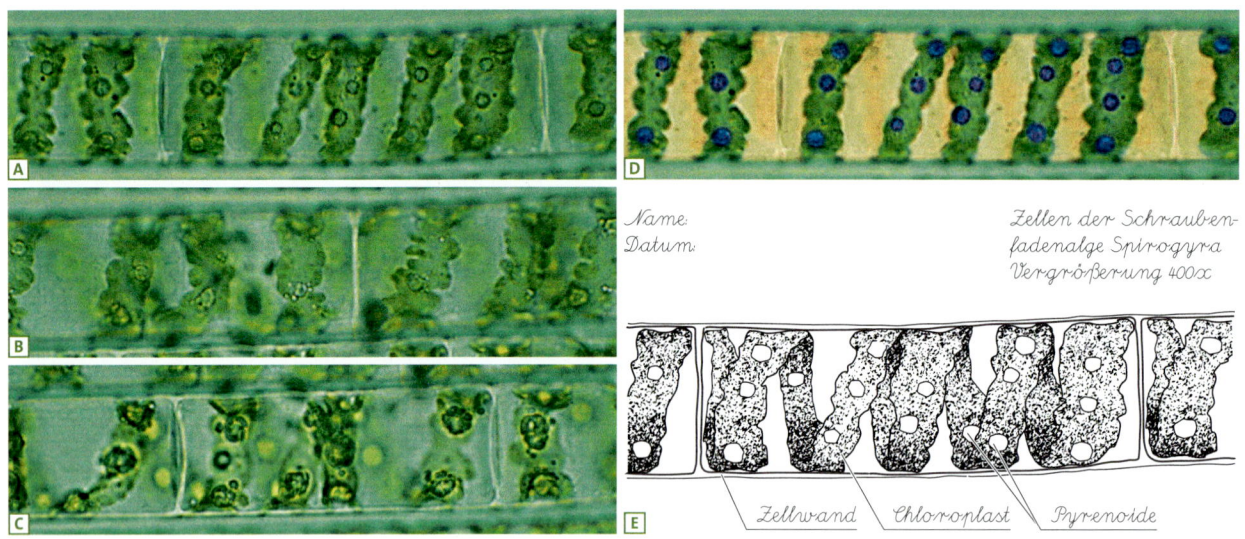

Name:
Datum:

Zellen der Schrauben-
fadenalge Spirogyra
Vergrößerung 400x

Zellwand   Chloroplast   Pyrenoide

04 Zellen der Schraubenfadenalge *Spirogyra* unter dem Lichtmikroskop:

A–C Fotos der Zelle in verschiedenen Schärfeebenen,

D Foto der mit Iod-Kaliumiodid-Lösung gefärbten Zelle,

E mikroskopische Zeichnung

DOKUMENTIEREN UND FÄRBEN · Das beim Mikroskopieren Beobachtete kann auf verschiedene Weise festgehalten werden. Dabei können mit unterschiedlichen Dokumentationsmethoden verschiedene Erkenntnisinteressen verbunden sein. Die drei Fotos der Zelle der Schraubenfadenalge *Spirogyra* belegen, dass ein Lichtmikroskop bei stärkerer Vergrößerung immer nur eine Ebene geringer Dicke scharf abbildet. Das lichtmikroskopische Bild hat eine geringe Schärfentiefe. Nur in dieser Schärfeebene sieht man interessierende Details wie die Ränder des Chloroplasten. In einer **mikroskopischen Zeichnung** kann man dagegen die Bilder der unterschiedlichen Schärfeebenen eines mikroskopischen Objekts zu einem räumlichen Gesamtbild zusammenfassen, sodass der gesamte Chloroplast scharf abgebildet ist.

Dass genau die fotografierte Zelle gezeichnet wurde, kann man zum Beispiel am Verlauf des schraubigen Chloroplasten und den beibehaltenen Proportionen kontrollieren.

Wenn man im mikroskopischen Bild weitere Details hervorheben möchte, kann man Farbstoffe und Reagenzien benutzen, deren Eigenschaften und Reaktionsmöglichkeiten man kennt. *Iod-Kaliumiodid-Lösung* färbt Proteine braun und lässt sie verklumpen. Die Zelle stirbt, weil die Proteine ihre Funktion verlieren. Stärke wird blauviolett bis schwarz gefärbt. Färbt man ein *Spirogyra*-Präparat mit Iod-Kaliumiodid-Lösung wird das Zellplasma körnig und braun.

Es enthält also Protein. Die stärkespeichernden Bereiche im Chloroplasten, die Pyrenoide, werden deutlich sichtbar.

Für die Anfertigung einer mikroskopischen Zeichnung ist es wichtig, dass die Proportionen stimmen. Man erreicht dies durch Nachmessen und Abzählen beobachteter Strukturen. Zudem sollen mit einem spitzen Bleistift klare, durchgängige Linien zur Begrenzung der Strukturen gezeichnet werden. Es wird nur das gezeichnet, was man wirklich sieht und was wichtig erscheint. In der Zeichnung des *Spirogyra*-Präparats ist kein Zellplasma abgebildet. Daran erkennt man, dass dieses Detail für die Zeichnung nicht interessant war.

Mit *Methylenblau* und *Karminessigsäure* erhält man jeweils kontrastreiche mikroskopische Bilder, in denen die Zellkerne deutlich zu erkennen sind. Bei der Behandlung mit Karminessigsäure sterben die Zellen, ihr Zustand wird fixiert. Methylenblau kann dagegen zur Lebendfärbung eingesetzt werden. Nur durch sorgfältigen Vergleich von unbehandelten lebenden Zellen mit gefärbten Zellen erkennt man, dass die Färbung nichts Wesentliches in einer Zelle verändert. Mit diesem durch langjährige Forschung erhaltenen Wissen lassen sich die Bilder korrekt auswerten.

1 Beschreiben Sie Möglichkeiten und Schwierigkeiten verschiedener Färbe- und Dokumentationstechniken!

VERSUCH A ▸ Herstellen und Mikroskopieren von einfachen Präparaten

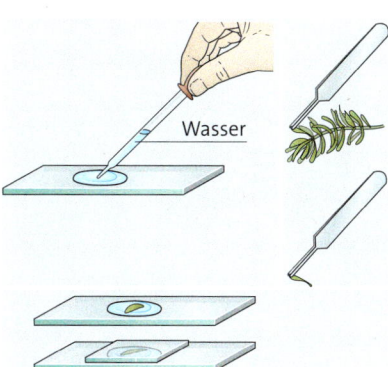

Wasser

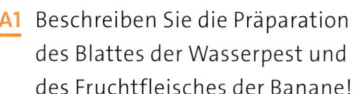

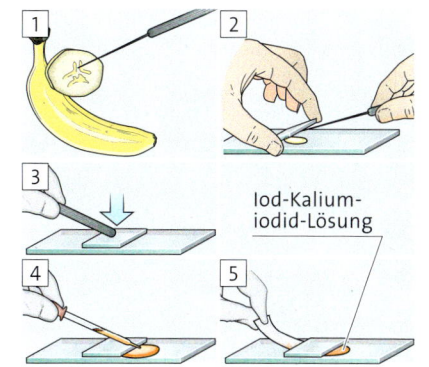

Iod-Kalium-iodid-Lösung

fleisch der Banane her und mikroskopieren Sie diese!

A3 Zeichnen Sie bei stärkster Vergrößerung zwei verschiedene Zellen des Blattes der Wasserpest! Nennen Sie die Strukturen, die Sie besonders beachten wollen!

A4 Suchen Sie bei der Wasserpest Zellen mit Plasmaströmung und dokumentieren Sie diese fotografisch!

A1 Beschreiben Sie die Präparation des Blattes der Wasserpest und des Fruchtfleisches der Banane!

A2 Stellen Sie gemäß der abgebildeten Anleitung die Präparate vom Blatt der Wasserpest und vom Frucht-

A5 Zeichnen Sie gefärbte und ungefärbte Stärkekörner des Bananenpräparats und vergleichen Sie diese!

Material B ▸ Färbung betont Zelleigenschaften – Leitbündel

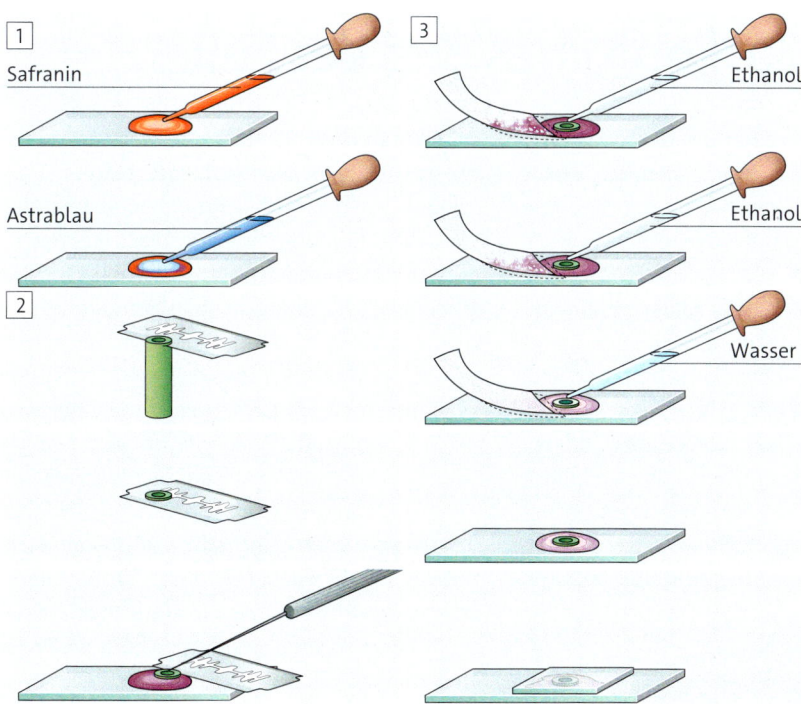

Safranin

Astrablau

Ethanol

Ethanol

Wasser

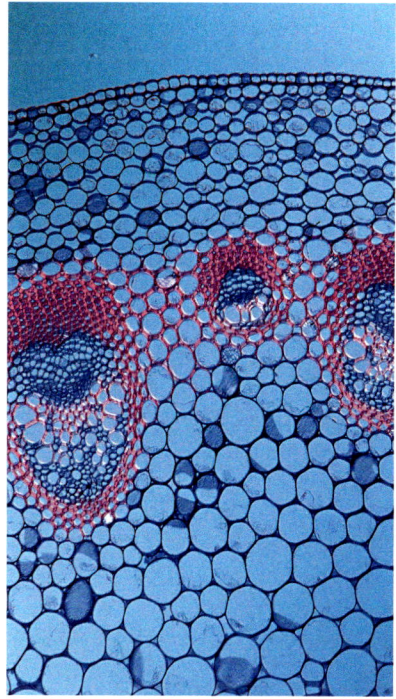

Vom Stängel des Hahnenfußes fertigt man genau quer zur Längsachse einen Stängelquerschnitt an. Zur Färbung rührt man Safranin, das Holz rot färbt, und Astrablau, das unverholzte Zellwände blau färbt, ineinander und legt den Schnitt hinein. Wenn dieser gut Farbe angenommen hat, wird die

Färbelösung mit Ethanol ausgewaschen und durch Wasser ersetzt. Die Zellwände sind nun kräftig gefärbt.

Die kräftig gefärbten Bereiche im Stängel sind die quer geschnittenen Leitungsbahnen. Sie werden von verholzten Zellen umgeben.

B1 Beschreiben Sie den Bau verschiedener Zellen! Beachten Sie dabei die Zelldurchmesser, die Dicke der Zellwände und die Färbung der Wände!

B2 Deuten Sie das Ergebnis, so weit wie möglich!

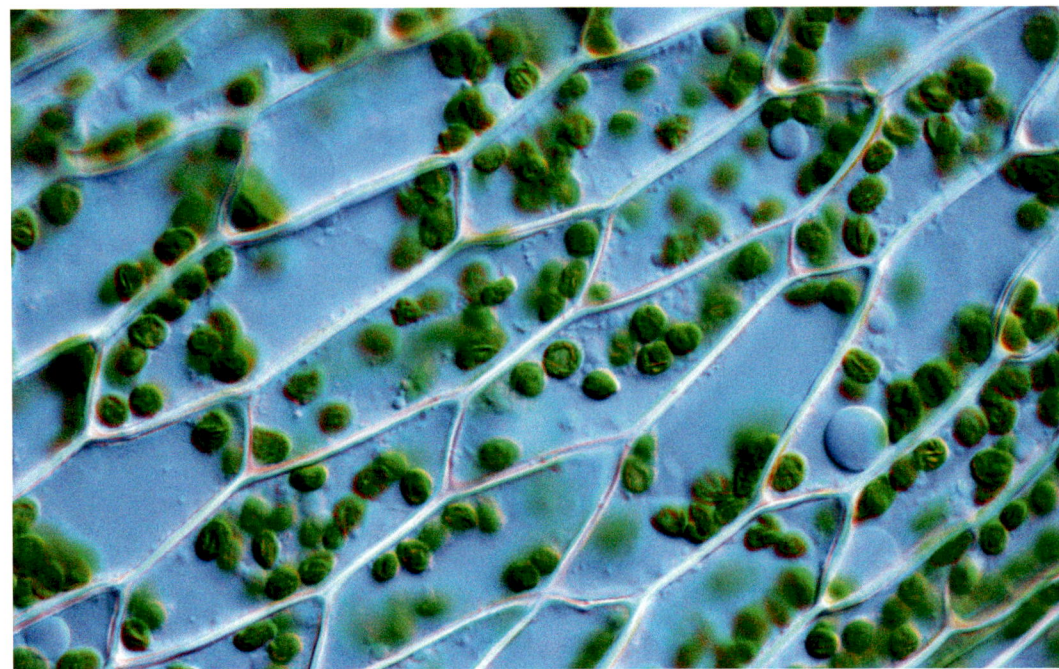

01 Lichtmikroskopische Aufnahme von Zellen der Wasserpest

Lichtmikroskopisches Bild der Zelle

Betrachtet man ein Blatt der Wasserpest mit dem Lichtmikroskop, sind immer nur einige Bereiche der Zellen scharf abgebildet. Wie erhält man ein vollständiges Bild der Zellen?

BILDEIGENSCHAFTEN · Alle Zellen der Wasserpest sind von einer Zellwand umschlossen. Einige Zellwände sind im lichtmikroskopischen Bild klar begrenzt, andere verschwommen. Im Inneren der Zellen sieht man viele kleine, linsenförmige, kräftig grün gefärbte Chloroplasten. Einige erscheinen im Lichtmikroskop scharf, andere unscharf. Es gibt Zellen, in denen kreisrunde Zellkerne zu erkennen sind, und Zellen, in denen man keinen Zellkern sieht. Dennoch besitzen alle Zellen des Wasserpestblattes einen Zellkern. Um die nicht sichtbaren oder unscharfen Zellbestandteile im Lichtmikroskop zu erkennen, muss man den Abstand des Objekts, hier der Zellen, vom Objektiv verändern. Dann wird ein anderer Bereich des Objekts scharf abgebildet und das vorher scharf Dargestellte wird unscharf. Im Lichtmikroskop sieht man also immer nur eine Ebene des Präparats scharf. So entsteht ein *zweidimensionaler Eindruck*.

DREIDIMENSIONALER BAU DER ZELLE · Um vom zweidimensionalen Eindruck des lichtmikroskopischen Bildes zu einer räumlichen Vorstellung der Zelle zu kommen, müssen Bilder unterschiedlicher Schärfeebenen zu einem dreidimensionalen Gesamtbild zusammengefügt werden. Man kann diese Bilder auf jeweils eine Folie drucken und mit geringem Abstand übereinanderlegen. Das dreidimensionale Ergebnis wird schließlich in ein *Modell* übertragen. Das Modell zeigt besonders anschaulich den Bau und die Ausmaße der Vakuole. Die Löcher in der Zellwand sind Verbindungsstellen des Zellplasmas benachbarter Zellen, die Plasmodesmen.

02 Dreidimensionales Modell einer Pflanzenzelle, lichtmikroskopisch

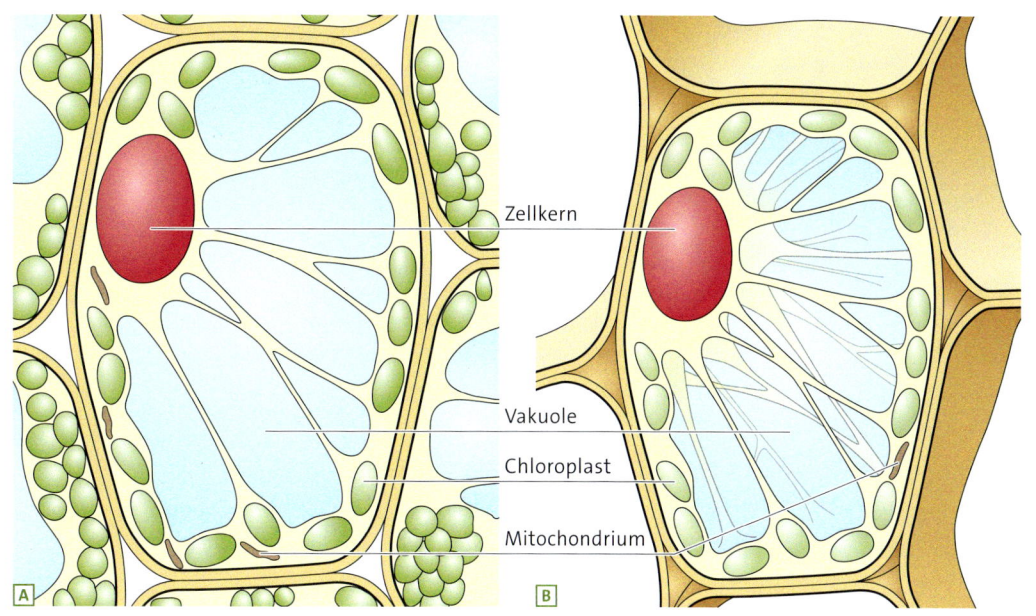

Zellkern

Vakuole

Chloroplast

Mitochondrium

A B

03 Schemazeichnungen zum lichtmikroskopischen Bild einer Pflanzenzelle:

A zweidimensional,

B dreidimensional

ZELLSCHEMATA · Vergleicht man das lichtmikroskopische Bild von Zellen aus dem Blatt der Wasserpest mit anderen Pflanzenzellen, stellt man fest, dass alle Pflanzenzellen eine feste Zellwand, Zellplasma, einen Zellkern und auch eine Vakuole haben. Die meisten Pflanzenzellen besitzen Chloroplasten. Diese Baumerkmale von Pflanzenzellen lassen sich in einer *Schemazeichnung* veranschaulichen. Die Schemazeichnung ist ein vereinfachtes Bild. Chloroplasten, Vakuole und Zellkern sind meistens übersichtlich angeordnet. Die Anzahl der Chloroplasten ist reduziert. Form und Größe der Vakuole und der gesamten Zelle sind an geometrischen Grundformen orientiert. Das *dreidimensionale Schema* ist noch stärker reduziert und betont zudem den räumlichen Bau von Zellen. Die nur bei stärkster Vergrößerung sichtbaren Mitochondrien sind hier zusätzlich berücksichtigt.

PFLANZEN- UND TIERZELLE IM VERGLEICH · Auch das Bild einer typischen Tierzelle, zum Beispiel einer Zelle der menschlichen Mundschleimhaut, kann man in eine Schemazeichnung überführen. Der Vergleich mit der Pflanzenzelle zeigt, dass beide einen Zellkern, Mitochondrien, Zellplasma und eine Zellmembran haben. Pflanzenzellen besitzen zusätzlich eine Zellwand, eine Vakuole und meistens Chloroplasten.

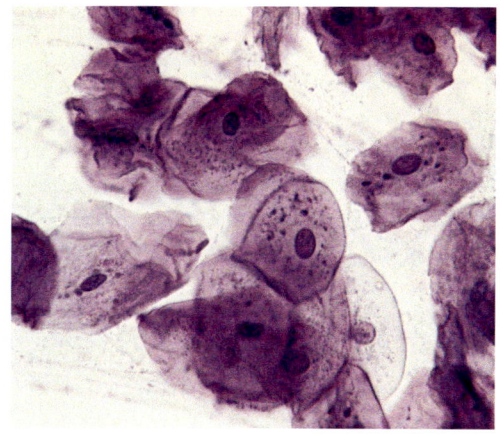

04 Lichtmikroskopische Aufnahme von Zellen der menschlichen Mundschleimhaut, gefärbt

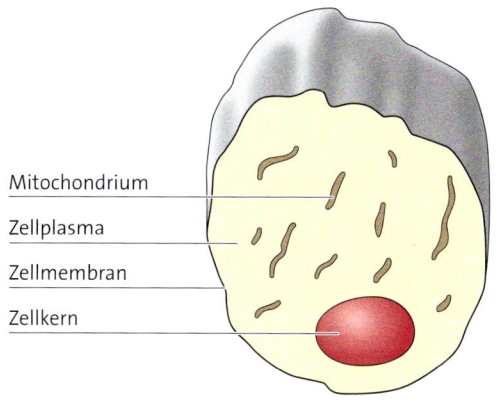

Mitochondrium

Zellplasma

Zellmembran

Zellkern

05 Schemazeichnung zum lichtmikroskopischen Bild einer Tierzelle

1 」 Erläutern Sie den Erkenntnisweg von der lichtmikroskopischen Untersuchung von Zellen bis zu einer Schemazeichnung!

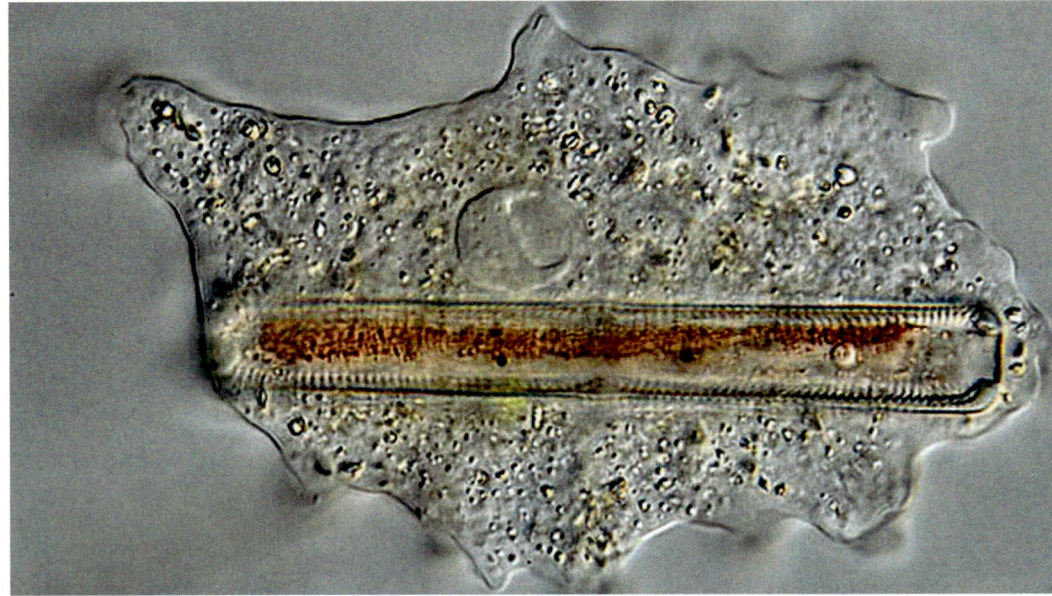

01 Lichtmikroskopische Aufnahme einer Amöbe

Moderne mikroskopische Verfahren

Mit einem modernen Lichtmikroskop erhält man ein detailreiches Bild einer Amöbe. Man erkennt deutlich die Kieselalgenzelle, die der Einzeller gefressen hat, sowie den Zellkern, umgeben von Zellplasma. Was aber sind die vielen kleinen Einschlüsse im Zellplasma und wie kann man ihren Bau und ihre Funktion erforschen?

ZELLBESTANDTEILE ERKENNEN · Zellbestandteile sind so klein, dass man sie mit dem bloßen Auge nicht sehen kann. Die Erforschung ihres Baues erfordert daher Verfahren zur Vergrößerung. Ein **Lichtmikroskop** ermöglicht die Untersuchung lebender Objekte und liefert farbige Bilder. Es kann jedoch nur Strukturen scharf darstellen, die mindestens 0,2 Mikrometer auseinanderliegen. Feinere Strukturen lassen sich mithilfe von **Elektronenmikroskopen,** kurz **EM,** erkennen. Anstelle einer Lichtquelle benutzt man eine Elektronenquelle. Mit hoher elektrischer Spannung bringt man Elektronen dazu, aus einer negativen Elektrode, einer Kathode, auszutreten und zur Anode zu fliegen. Da diese ein Loch hat, fliegen sie hindurch. Sie werden bei einem **Transmissionselektronenmikroskop,** kurz **TEM,** durch das Objekt geleitet. Auf dem Bildschirm entstehen je nach Durchlässigkeit unterschiedlich starke Schattierungen. Bei einem

Rasterelektronenmikroskop, kurz **REM,** werden die Elektronen auf das Objekt geleitet und unterschiedlich stark reflektiert. Das entstehende Bild wirkt räumlich.

HERSTELLEN VON ELEKTRONENMIKROSKOPISCHEN PRÄPARATEN · Damit Elektronen fliegen können, herrscht im Elektronenmikroskop ein Vakuum. Die Elektronen durchdringen nur sehr dünne Schichten. Daher muss man so dünne Präparate herstellen, dass diese überall fast gleich gut von Elektronenstrahlen durchdrungen werden können.

Da im Vakuum das Wasser aus lebenden Zellen sofort verdampfen würde, werden die Zellen abgetötet und mit Stoffen behandelt, die ihren Zustand im Moment des Abtötens erhalten, sie also fixieren. Als *Fixiermittel* eignen sich Aldehyde, die Proteinmoleküle miteinander verknüpfen und festhalten. Auch schnelles Tiefgefrieren erhält den Zustand eines Präparats. Dem fixierten Präparat wird Wasser entzogen. Es wird mit Kunstharz getränkt und durch Erhärten stabilisiert. Danach kann man es mit dem *Ultramikrotom* schneiden. Abgeschnittene Präparate werden von einer kleinen Wasserfläche aufgefangen und danach in das Mikroskop eingeschleust. Einen besseren Kontrast erhält man

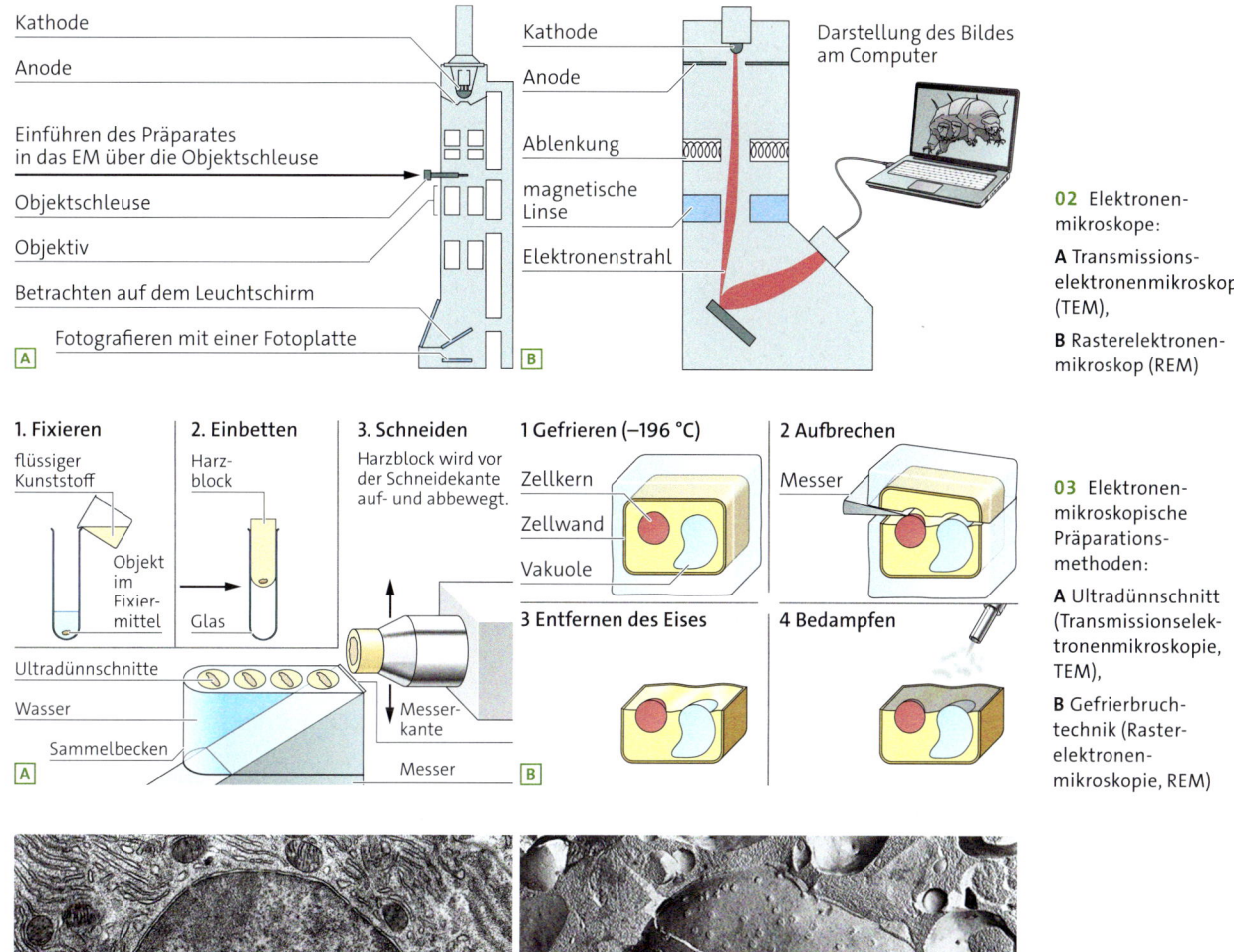

02 Elektronen-
mikroskope:

A Transmissions-
elektronenmikroskop
(TEM),

B Rasterelektronen-
mikroskop (REM)

03 Elektronen-
mikroskopische
Präparations-
methoden:

A Ultradünnschnitt
(Transmissionselek-
tronenmikroskopie,
TEM),

B Gefrierbruch-
technik (Raster-
elektronen-
mikroskopie, REM)

04 Elektronen-
mikroskopische
Bilder eines Zellkerns:

A TEM-Bild,

B REM-Bild

mit Stoffen, die Schwermetallatome enthalten. Diese sind für Elektronenstrahlen schlecht zu durchdringen. Einige dieser Kontrastmittel reagieren bevorzugt mit bestimmten Zellinhaltsstoffen und zeigen damit deren Vorhandensein und Lage an.

Im REM erhält man Bilder von dreidimensionalen Objekten, indem man die Oberflächen der Objekte mit Metallatomen bedampft, die Elektronen reflektieren.

Tiefgefrorene Präparate brechen beim Schneiden. Es entstehen gewölbte Flächen, die mit dem REM betrachtet werden können. Diese Präparationsmethode heißt **Gefrierbruchtechnik.**

Bei jeder Präparation kann sich das Präparat ungewollt verändern, sodass Artefakte entstehen. Nur durch sorgfältigen Vergleich von Bildern, die mit verschiedenen Verfahren erhalten wurden, kann man Artefaktbildung erkennen.

1 Erläutern Sie für die verschiedenen Mikroskopierverfahren die Notwendigkeit der jeweiligen Präparationsmethoden!

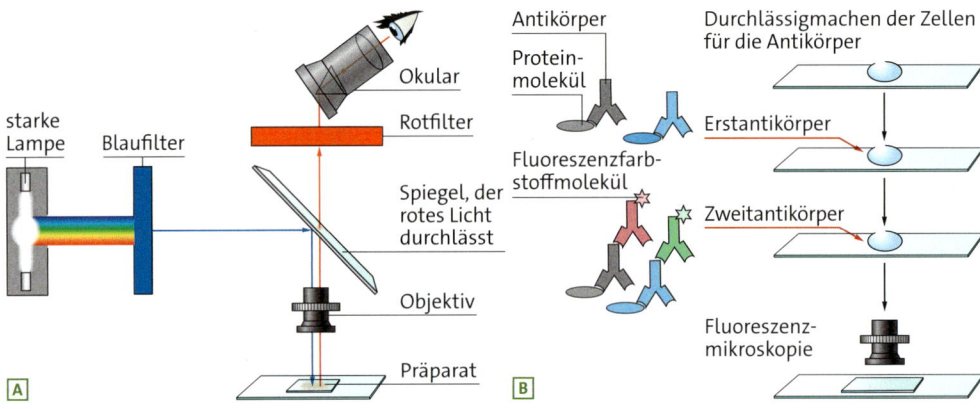

05 Fluoreszenz-mikroskopie:

A Strahlengang im Auflichtfluoreszenz-mikroskop,

B Markierung von Zellinhaltsstoffen mit zwei verschiedenen Fluoreszenzfarb-stoffen

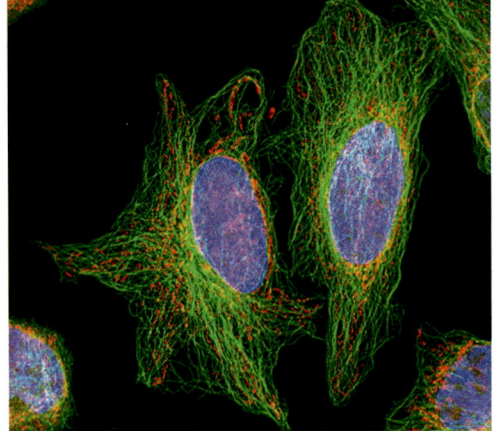

06 Menschliche Zelle, mit drei Fluoreszenz-farbstoffen gefärbt

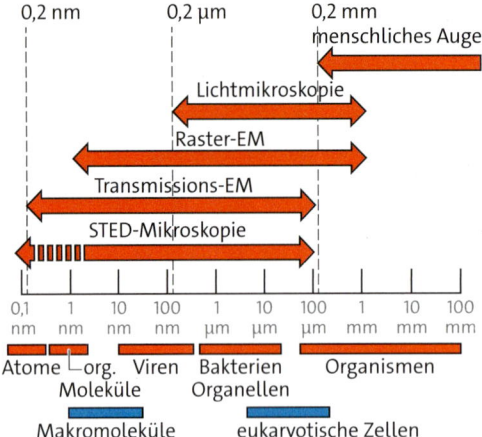

07 Anwendungsbe-reiche verschiedener mikroskopischer Ver-fahren im Vergleich zur Leistung des menschlichen Auges

STED-Mikroskop siehe Seite 23

FLUORESZENZMIKROSKOPIE · Es gibt verschiedene Stoffe, die Licht einer bestimmten Farbe aussenden, wenn sie mit einer anderen Lichtfarbe beleuchtet werden. Dieses Aufleuchten heißt *Fluoreszenz*. Mithilfe eines **Fluoreszenzmikroskops** kann man in einer Zelle zum Beispiel Stoffe lokalisieren, die rot fluoreszieren,

wenn man sie mit blauem Licht beleuchtet. Ein Rotfilter stellt sicher, dass nur das rote Fluoreszenzlicht durchgelassen wird. So gelingt es auch im Lichtmikroskop, feinere Zellbestandteile sichtbar zu machen. Während in Elektronenmikroskopen nur tote Zellen betrachtet werden können, lassen sich im Fluoreszenzmikroskop lebende Zellen untersuchen.

Nicht alle Stoffe fluoreszieren. Man kann aber die Moleküle vieler Stoffe mit fluoreszierenden Molekülen verbinden. Dazu benutzt man zum Beispiel Moleküle, die sich spezifisch fest an andere Moleküle binden, die *Antikörper,* so wie man sie aus dem Immunsystem kennt. Für das Mikroskopieren werden zum Beispiel Antikörper gegen ein bestimmtes Protein in eine Zelle eingeschleust. Diese binden an die Proteinmoleküle. An diese Erstantikörper binden weitere Antikörper, die Zweitantikörper, die mit einem Fluoreszenzfarbstoffmolekül verknüpft sind. So fluoresziert das Protein indirekt.

In einer mit Fluoreszenzfarbstoffen gefärbten Zelle sieht man einen Zellkern, in dem Stoffe blau fluoreszieren, sodass er sich deutlich von Fäden im Zellplasma abhebt, die grün, und von Mitochondrien, die rot fluoreszieren.

In einem gewöhnlichen Fluoreszenzmikroskop sieht man zwar, wo in einer lebenden Zelle bestimmte Stoffe sind, aber das Bild kann nicht beliebig genau sein. Erst mit moderneren Techniken ist es gelungen, einzelne Moleküle in der Zelle im Lichtmikroskop zu verfolgen. Eines dieser Verfahren ist die **STED-Mikroskopie.**

2 Erläutern Sie die Vorteile der Fluoreszenzmikroskopie!

Material A ▸ Mitochondrien bei verschiedenen mikroskopischen Verfahren

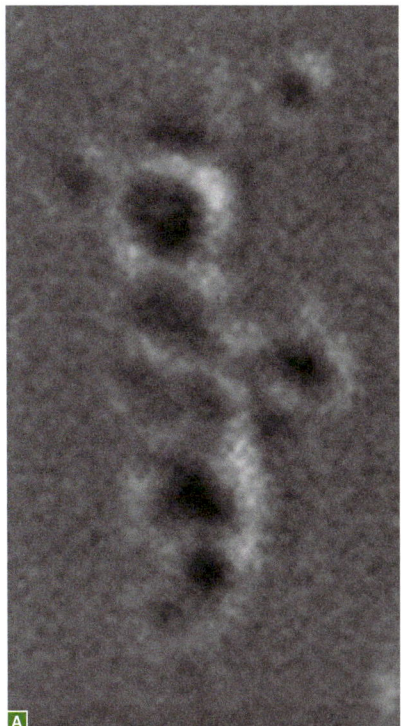

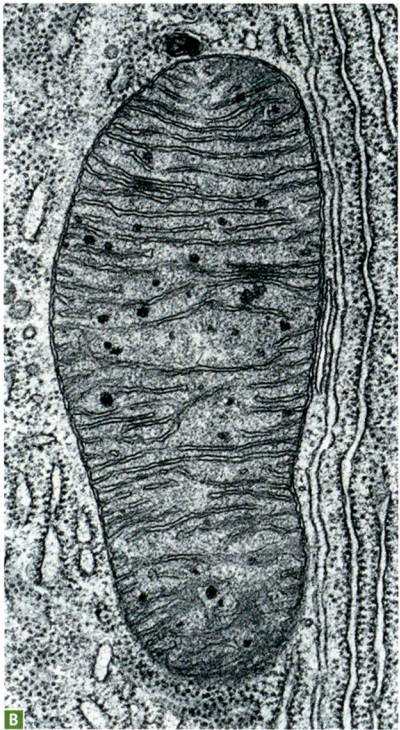

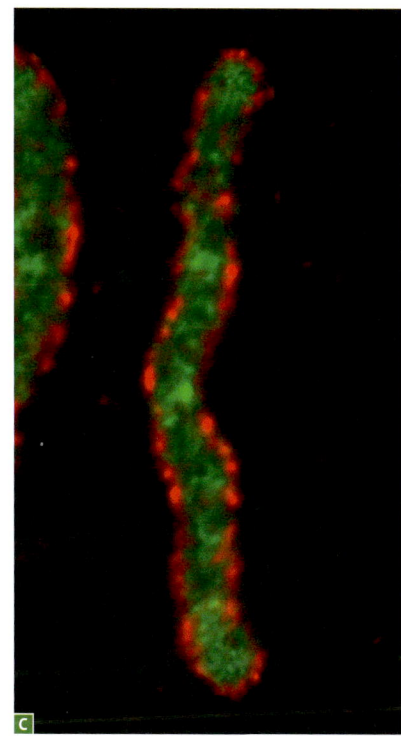

Mitochondrien kommen in großer Anzahl in der Zelle vor. Sie sind unterschiedlich breit und lang und ändern ihre Form zwischen länglich und körnchenförmig. Mitochondrien können sich teilen und auch fusionieren. Mithilfe verschiedener mikroskopischer Verfahren lassen sich unterschiedliche Bilder der Mitochondrien erzeugen.

Abbildung A zeigt eine lichtmikroskopische Aufnahme von Mitochondrien bei stärkster Vergrößerung.

In Abbildung B ist eine Aufnahme mit einem Transmissionselektronenmikroskop dargestellt. Das Mitochondrium ist pantoffelförmig und von weiteren feinen Strukturen des Zellplasmas umgeben. Das Präparat wurde kontrastiert.

Abbildung C zeigt eine Aufnahme mit einem besonderen Fluoreszenzmikroskop. Ein Protein in der äußeren Hülle des Mitochondriums wurde mit einem roten Fluoreszenzfarbstoff markiert,

ein anderes Protein innerhalb des Mitochondriums wurde grün fluoreszierend markiert. Das mikroskopische Bild zeigt ausschließlich das Licht der fluoreszierenden Moleküle. Der Rest der Zelle erscheint schwarz.

Bei diesem Fluoreszenzmikroskop benutzt man für jeden Fluoreszenzfarbstoff zwei Laser mit unterschiedlicher Farbe. Der erste regt die Moleküle an, der zweite, ringförmige Laserstrahl zwingt die angeregten Moleküle, ihre Energie anders abzugeben als durch die Fluoreszenzstrahlung. Man spricht von stimulierter Emission. Nur die Moleküle im Zentrum des Ringes fluoreszieren. Die Technik erlaubt es, den Ring so eng zu ziehen, dass einzelne Moleküle getrennt abgebildet werden. Dadurch wird ein hochaufgelöstes lichtmikroskopisches Bild erzeugt. Dieses Mikroskop bezeichnet man daher als *STED-Mikroskop,* abgeleitet aus dem Englischen für *Stimulated Emission Depletion.*

Der Erfinder des STED-Mikroskops, der deutsch-rumänische Physiker Stefan HELL, erhielt im Jahr 2014 den Nobelpreis für Chemie.

A1 Beschreiben Sie den in den Abbildungen A bis C sichtbaren Bau der Mitochondrien!

A2 Erläutern Sie die besonderen Beiträge der jeweils eingesetzten mikroskopischen Verfahren zur Kenntnis über den Bau der Mitochondrien!

A3 Nennen Sie die wesentlichen Neuerungen, die das STED-Mikroskop auszeichnen!

A4 Begründen Sie am Beispiel der Mitochondrien, dass technischer Fortschritt zwar neue Erkenntnismöglichkeiten liefert, aber alte Techniken dadurch nicht veraltet sind!

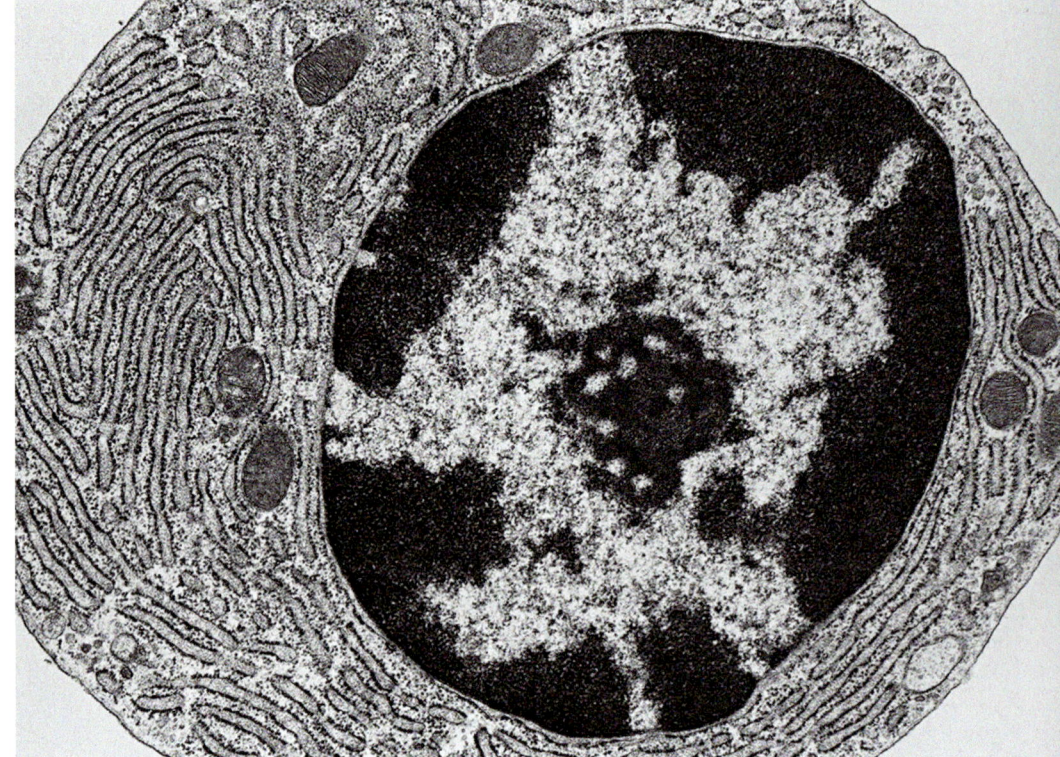

01 Plasmazelle aus dem Knochenmark eines Meerschweinchens (elektronenmikroskopische Aufnahme, bei 18 000-facher Vergrößerung)

Feinbau der Zelle

Plasmazellen produzieren Antikörper gegen Krankheitserreger. Vergleicht man ein elektronenmikroskopisches mit einem lichtmikroskopischen Bild, kann man vermuten, dass der große Bereich im Inneren der Zellkern ist. Was aber sind die anderen Strukturen?

ORIENTIERUNG IM BILD · In einem Frischpräparat von Plasmazellen sind die Zellbestandteile im Lichtmikroskop schwer zu erkennen. Mit geeigneten Färbemitteln lässt sich das Zytoplasma blau einfärben. Einige helle Punkte werden darin sichtbar. Auch im gleichzeitig deutlich violett erscheinenden **Zellkern** ist die Farbe nicht gleichmäßig verteilt. Untersuchungen an unterschiedlich aktiven Zellen haben ergeben, dass schwächer gefärbte Bereiche zu Chromosomenmaterial gehören, das locker angeordnet ist und dessen Erbinformation gerade verwendet wird, das *Euchromatin*. Die stärker gefärbten Bereiche entsprechen verdichtetem Chromosomenmaterial, das gerade nicht verwendet wird, dem *Heterochromatin*. Mit diesem Vorwissen kann man das elektronenmikroskopische Bild deuten: Der Zellkern enthält in der Mitte und am Rand Heterochromatin, dazwischen Euchromatin. Das elektronenmikroskopische Bild wird nur dann deutlich, wenn geeignete Kontrastierungsmittel das Chromatin sichtbar machen, wie zum Beispiel Uranylacetat, das Uranatome enthält.

Die vielen parallelen Linien außerhalb des Zellkerns, die größtenteils mit kleinen schwarzen Punkten besetzt sind, gehören zu einem Zellbestandteil, der erst im Elektronenmikroskop und mit besonderen Methoden auch im Lichtmikroskop identifiziert wurde. In diesem zeigt er sich

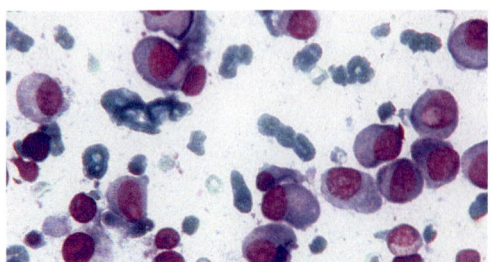

02 Plasmazelle (lichtmikroskopische Aufnahme, gefärbt, bei 600-facher Vergrößerung)

netzförmig und durchzieht große Teile des Zellplasmas. Man nennt ihn daher **endoplasmatisches Retikulum,** kurz **ER.** Die schwarzen Körnchen sind **Ribosomen.** Schneidet man aus einer einzigen Zelle eine Serie von etwa 50 Präparaten und fotografiert sie unter dem Elektronenmikroskop, kann man aus der entstehenden Bilderserie eine dreidimensionale Rekonstruktion erstellen. Diese zeigt, dass das ER aus taschenförmigen Kammern besteht, deren äußere Begrenzung eine dünne Haut, eine *Membran,* ist. Nahe dem Zellkern ist sie häufig mit Ribosomen besetzt, man spricht vom *rauen ER.* Bereiche ohne Ribosomen nennt man *glattes ER.*

WEITERE ZELLBESTANDTEILE · Im elektronenmikroskopischen Bild der Plasmazelle liegen zwischen dem endoplasmatischen Retikulum acht eiförmige Gebilde, die mit einer Breite von 0,6 Mikrometern zu den großen Zellbestandteilen gehören. Das benachbarte ER ist 0,06 Mikrometer breit. Unter dem Lichtmikroskop kann man beobachten, dass diese Zellbestandteile ständig ihre Gestalt ändern. Sie können sich teilen und miteinander fusionieren. Ihre Form wandelt sich von fädig zu körnig und umgekehrt. Diesen Zellbestandteil nennt man daher **Mitochondrium,** abgeleitet von den altgriechischen Wörtern *mitos* für *Faden* und *chondrion* für *Körnchen.* Im elektronenmikroskopischen Bild fällt auf, dass das Mitochondrium eine doppelte Membran hat. Die innere Membran ist an vielen Stellen in den Innenbereich des Mitochondriums eingebuchtet. Die Mitochondrien sind also stark untergliedert.

In der Zelle gibt es Stapel paralleler Membranen, die **Dictyosomen.** Die Gesamtheit aller Dictyosomen einer Zelle nennt man **Golgi-Apparat,** abgeleitet aus dem Namen seines Entdeckers Camillo GOLGI. Im oberen Teil der abgebildeten Dictyosomen ist der Zwischenraum der Membranen mit einer körnigen Struktur ausgefüllt, die auch in den *Sekretbläschen* zu finden ist. Daher hat der Golgi-Apparat wahrscheinlich etwas mit der Sekretbildung zu tun.

1 ⌡ Erläutern Sie, wie verschiedene Vorgehensweisen und Techniken dazu beitragen, den Feinbau der Zelle zu erkennen!

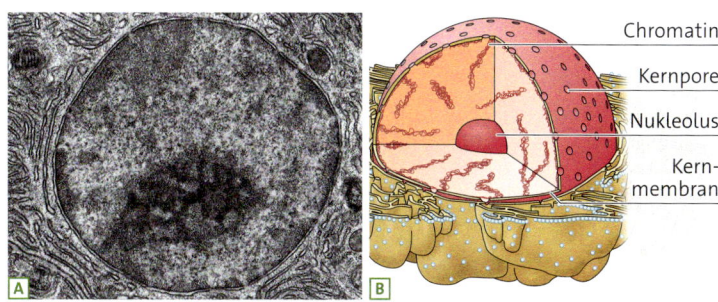

03 Zellkern: **A** elektronenmikroskopisches Bild, **B** dreidimensionales Schema

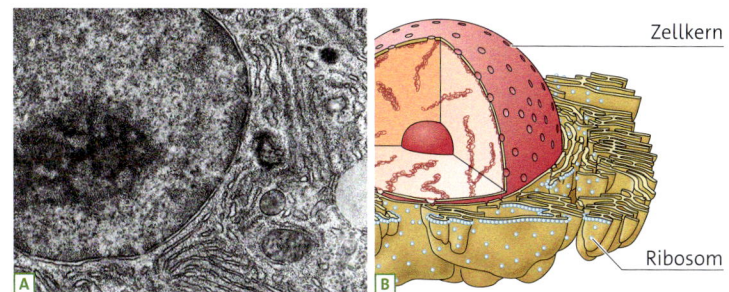

04 Endoplasmatisches Retikulum: **A** elektronenmikroskopisches Bild, **B** dreidimensionales Schema

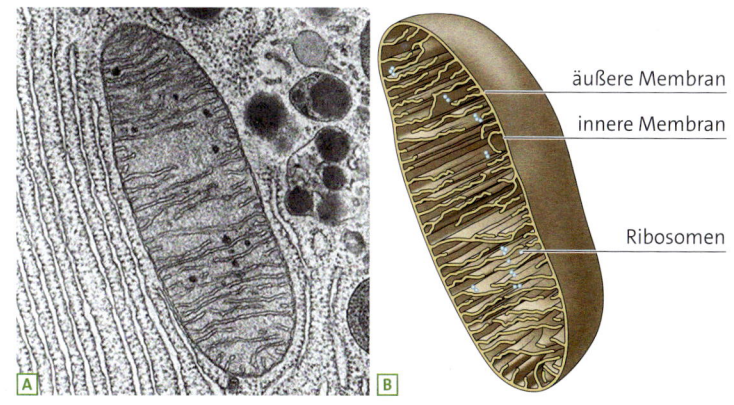

05 Mitochondrium: **A** elektronenmikroskopisches Bild, neben endoplasmatischem Retikulum, **B** dreidimensionales Schema

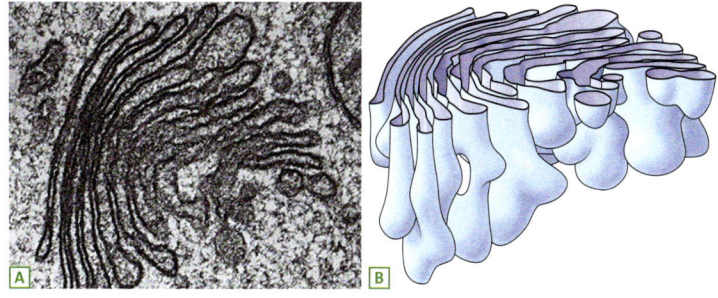

06 Dictyosom mit Vesikeln und Sekretbläschen: **A** elektronenmikroskopisches Bild bei 54 000-facher Vergrößerung, **B** dreidimensionales Schema

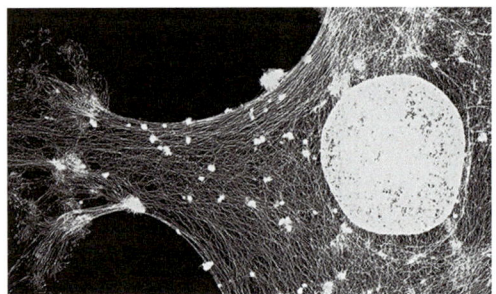

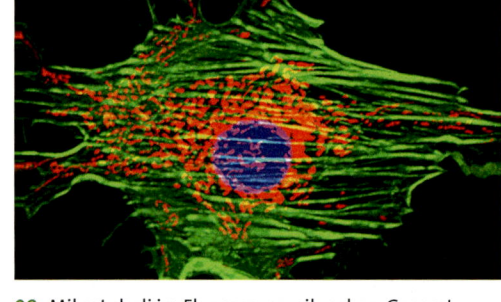

07 Proteinfilamente des Zytoskeletts im hochauflösenden Elektronenmikroskop

08 Mikrotubuli im Fluoreszenzmikroskop, Gesamtansicht einer Tierzelle

ZELLPLASMA · Alle Zellbestandteile sind in eine Grundsubstanz eingebettet, das **Zellplasma** oder Zytoplasma. Es besteht zu etwa 10 bis 30 Prozent aus Protein. Mit besonderen Präparationsmethoden ist es gelungen, vier Varianten von fadenförmigen Proteinmolekülen zu entdecken, die das Zellplasma durchziehen. Weil diese *Proteinfilamente* eine stützende Funktion für die Zelle haben, heißen sie in ihrer Gesamtheit **Zytoskelett.** Man unterscheidet fadenförmige *Aktinfilamente* und röhrenförmige *Mikrotubuli.* Sie dienen zum Beispiel der Bewegung des Zellplasmas, die im Lichtmikroskop als Plasmaströmung zu sehen ist. Alle Filamente verändern sich ständig, das Zytoskelett ist also nicht starr. Die Mikrotubuli durchziehen das Zellplasma und können so in der gesamten Zelle zur Plasmaströmung beitragen.

PFLANZENZELLEN · Im elektronenmikroskopischen Bild von Pflanzenzellen erkennt man linsenförmige **Chloroplasten.** Sie sind von einer Doppelmembran umgeben. Die innere Membran ist vielfach eingestülpt und bildet enge Hohlräume, die *Thylakoide.* Im Querschnitt durch den Chloroplasten erkennt man verdichtete Membranstapel, die *Granathylakoide,* und Thylakoide zwischen den Stapeln, die *Stromathylakoide.* Die Chloroplasten sind der Ort der Fotosynthese. Ein Produkt der Fotosynthese ist Stärke, die in vielen Chloroplasten gespeichert wird.

Den größten Raum in der Pflanzenzelle nehmen meistens die **Vakuolen** ein. Sie sind von einer Membran umgeben, dem *Tonoplasten,* und enthalten häufig eine wässrige Lösung. Von außen ist die Pflanzenzelle von einer **Zellwand** umgeben.

KOMPARTIMENTIERUNG · Zellbestandteile mit einer bestimmten Funktion heißen **Zellorganelle.** Es gibt Organellen ohne Membranen, wie Ribosomen, und Organellen mit Membranen, wie Zellkern, ER, Dictyosomen, Vesikel, Mitochondrien, Chloroplasten und Vakuolen. Sie bilden unterschiedlich abgegrenzte Räume, die bestimmte Funktionen erfüllen, die **Kompartimente.**

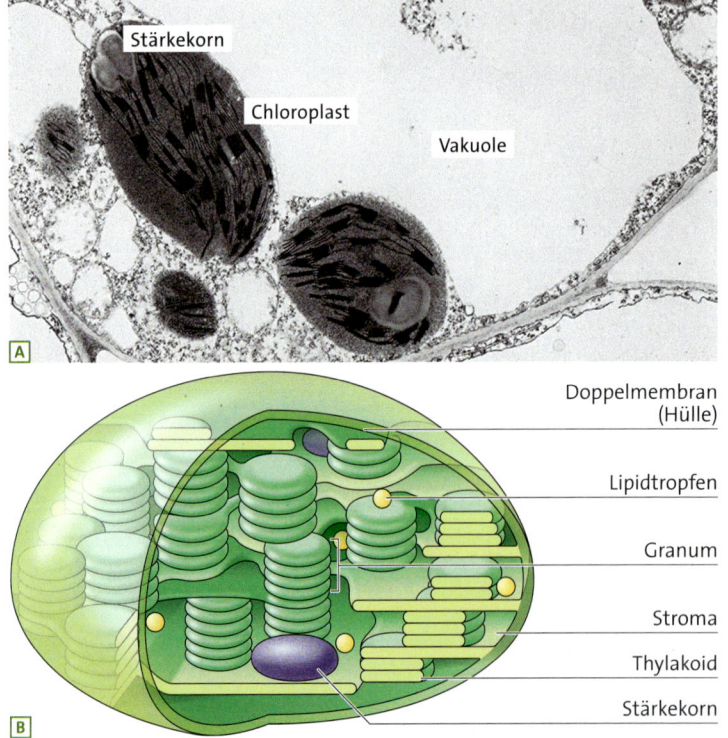

Stärkekorn

Chloroplast

Vakuole

A

Doppelmembran (Hülle)

Lipidtropfen

Granum

Stroma

Thylakoid

Stärkekorn

B

09 Chloroplast: **A** TEM-Bild einer Pflanzenzelle mit vier Chloroplasten, **B** dreidimensionales Schema

2 Fassen Sie das Wesentliche zum Feinbau der Zelle zusammen!

Material A ▸ Zellkernhülle und endoplasmatisches Retikulum

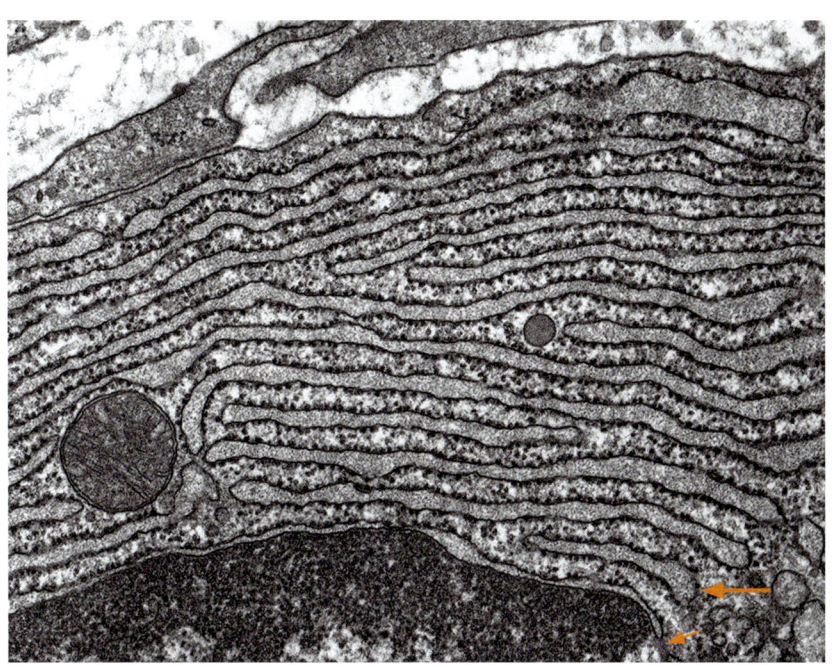

des Zellkerns, der große Pfeil auf eine Membran des ER. Die an der Membran des endoplasmatischen Retikulums sichtbaren schwarzen Punkte sind Ribosomen, Zellbestandteile, die aus Aminosäuremolekülen Proteinmoleküle herstellen. Sie liegen auch frei im Zellplasma sowie an einem Teil der Hülle des Zellkerns.

A1 Beschreiben Sie den Bau der Hülle um den Zellkern!

A2 Beschreiben Sie den Bau des endoplasmatischen Retikulums! Nehmen Sie die Abbildungen 03 und 04 auf Seite 25 zu Hilfe!

A3 Beschreiben Sie, wie die Hülle um den Zellkern und das endoplasmatische Retikulum zusammenhängen!

A4 Stellen Sie eine Hypothese darüber auf, inwieweit der Inhalt des Zellkerns an der Bildung von Protein in der Zelle beteiligt ist!

Das EM-Bild zeigt einen stark vergrößerten Ausschnitt aus einer Zelle. Im unteren Teil des Bildes verläuft die Grenze zwischen dem Zellkern und dem Zellplasma. Während das Zellplasma von vielen Membranen des endoplasmatischen Retikulums durchzogen ist, erscheint der Zellkerninhalt unregelmäßig körnig. Der kleine Pfeil zeigt auf eine Lücke in der Membran

Material B ▸ Endoplasmatisches Retikulum, Golgi-Apparat und Vesikel

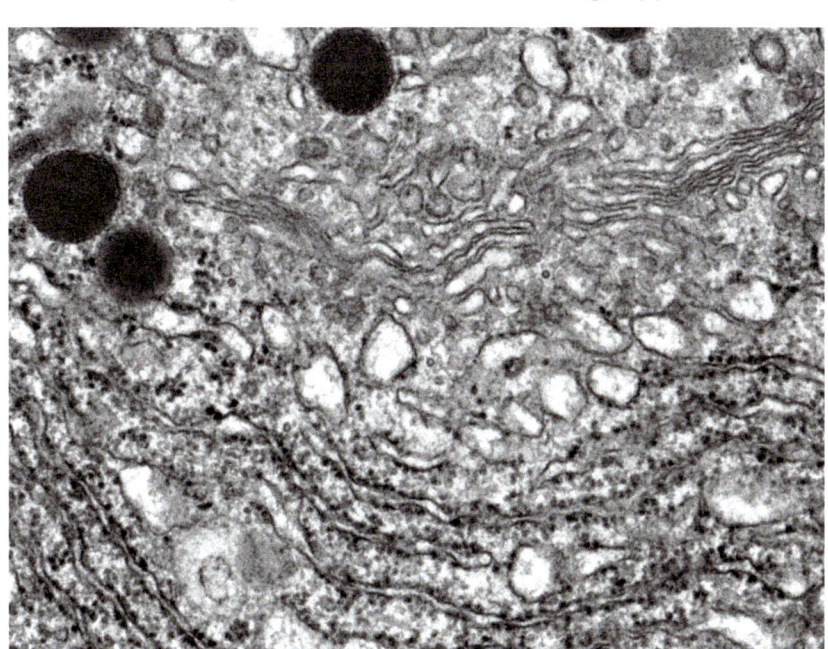

Die Abbildung zeigt eine typische Anordnung von ER, kleinen Bläschen oder Vesikeln und Bestandteilen des Golgi-Apparates in aktiven Drüsenzellen.

B1 Beschreiben Sie genau die Lage von ER, Vesikeln und Golgi-Apparat zueinander!

B2 Stellen Sie eine Hypothese auf, indem Sie die abgebildete Situation als eine Ereignisfolge beschreiben!

01 Laborzentrifuge

Zusammenwirken von Zellbestandteilen

Mit einer Zentrifuge kann man ein Gemisch auftrennen. Je schneller sie dreht, desto mehr Bestandteile des Gemisches setzen sich am Boden der Zentrifugenröhrchen ab. Wie gelingt es mithilfe dieser Technik, die Funktion der Zellbestandteile zu erforschen?

GEWINNUNG VON ZELLBESTANDTEILEN · Im Elektronenmikroskop kann man einzelne Zellbestandteile gut erkennen. Da die Zellen tot sind, kann man aber ihre Funktion nicht beobachten. Dies gelingt, wenn man Zellen so aufbricht, dass ihre Bestandteile unbeschadet bleiben. Um genügend Zellbestandteile zu erhalten, nimmt man mehrere Zellen eines Gewebes, weil sie den gleichen Bau und die gleiche Funktion haben. Die Zellen werden in Zentrifugenröhrchen in eine *Ultrazentrifuge* gegeben. Diese übt bei etwa 1000 Umdrehungen pro Sekunde Kräfte aus, die aus einer bis zu hunderttausendfachen Erdbeschleunigung resultieren. Erst dann setzen sich die Zellbestandteile mit höchster Dichte am Boden ab. Durch stufenweise Erhöhung der Drehzahl trennt man die unterschiedlichen Zellbestandteile voneinander. Anschließend wird ihre Funktion in geeigneten Lösungen untersucht. Welche Zellbestandteile jeweils vorliegen, überprüft man elektronenmikroskopisch. Auf diese Weise gelang es, viele Zellfunktionen bestimmten Zellbestandteilen zuzuordnen.

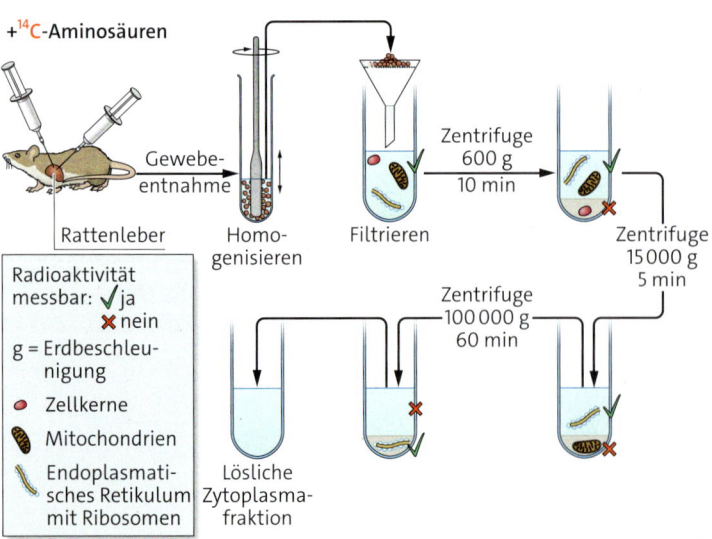

02 Gewinnung und radioaktive Markierung von Zellbestandteilen

VERSUCHE MIT ZELLBESTANDTEILEN · Sämtliche Lebewesen enthalten körpereigene Proteine, Fette und Kohlenhydrate. Sie produzieren diese Stoffe in ihren Zellen. Proteine entstehen dabei aus Aminosäuren. Zellen können diese durch ihre Membran aufnehmen. Aminosäuren kann man künstlich so herstellen, dass ihre Moleküle radioaktive Kohlenstoffisotope, ^{14}C, enthalten. In Experimenten kann man Radioaktivität messen und dadurch erkennen, wo die Aminosäuren gerade sind. Weil Proteinmoleküle aus Aminosäuremolekülen gebildet werden, können die radioaktiven Aminosäuren in Proteinmolekülen verbaut werden. Dies kann man nachweisen, indem man die Radioaktivität misst.

In einem Experiment injizierte man in die Leber einer Ratte radioaktive Aminosäuren, wartete eine kurze Zeit und entnahm ein kleines Stück Lebergewebe. Dieses gab man in ein festes Glasgefäß, in dem man einen Kolben drehend auf und ab bewegte. Dadurch platzten die Zellen. Das Plasma aller Zellen vermischte sich. Grobe Bestandteile wurden abfiltriert, übrig blieb das *Homogenat*. Dieses wurde zentrifugiert. Bei geringer Drehzahl setzten sich die Zellkerne ab. Der Rest wurde mit schrittweise höherer Drehzahl weiterzentrifugiert. Dabei stellte man fest, dass Radioaktivität nur dort gemessen wurde, wo endoplasmatisches Retikulum vorkommt. Daraus kann man schließen, dass das ER in einer lebenden Zelle wahrscheinlich Aminosäuren verarbeitet. Solch ein Experiment am lebenden Organismus bezeichnet man als **In-vivo-Experiment.** Der Nachweis, dass hier aus Aminosäuren Proteine hergestellt werden, gelang durch ein Reagenzglasexperiment, ein **In-vitro-Experiment.** Der erste Versuchsschritt zeigt, dass auch ein Zellhomogenat Protein herstellen kann, nicht nur die lebende Zelle. Die nächsten Schritte beweisen, dass Proteine am ER, und hier speziell an den Ribosomen, gebildet werden. Vermutlich arbeitet dann die lebende Zelle genau so.

ENERGETISCHE KOPPLUNG · In Zellen wird Energie mithilfe bestimmter Stoffe transportiert, wie zum Beispiel **Adenosintriphosphat,** kurz **ATP.** Erst wenn man im *In-vitro-Experiment* dem Zellhomogenat ohne Mitochondrien ATP hinzugibt, werden Proteine hergestellt.

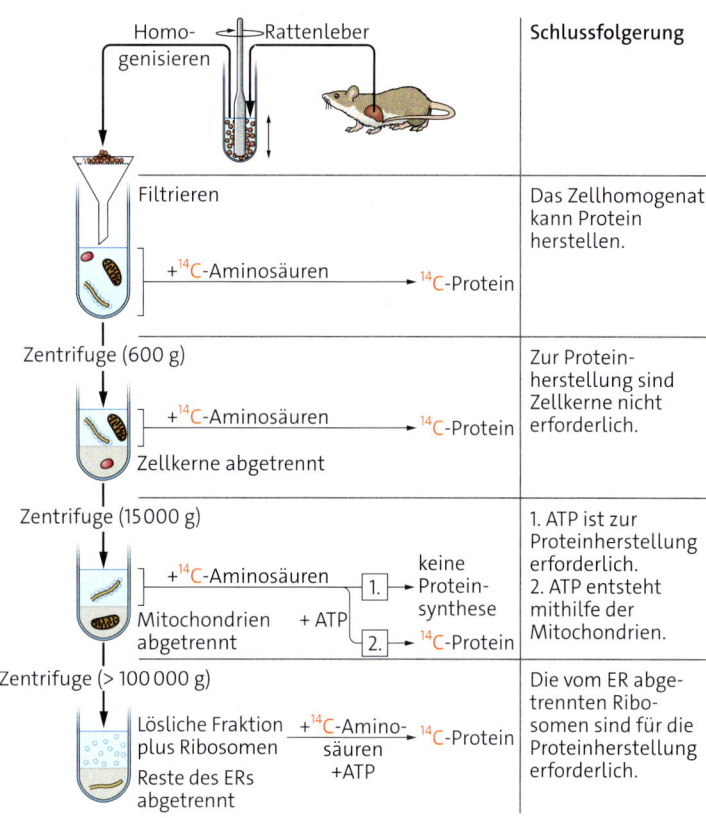

03 Experiment zum Ort der Proteinsynthese (g = Erdbeschleunigung)

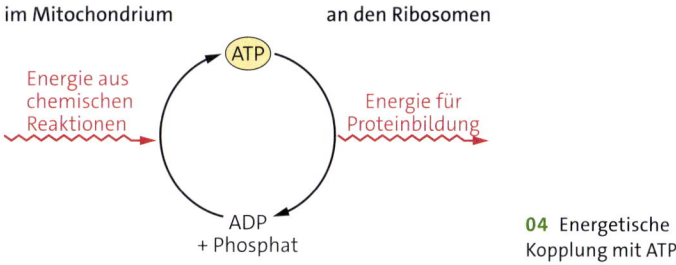

04 Energetische Kopplung mit ATP

Das ATP reagiert dabei zu **Phosphat** und **Adenosindiphosphat,** kurz **ADP,** und liefert damit die Energie für die Proteinsynthese. Phosphat und ADP gelangen in Mitochondrien und werden dort unter Nutzung der Energie aus anderen chemischen Reaktionen wieder zu ATP verbunden. Dadurch sind die chemischen Reaktionen im Mitochondrium und die chemischen Reaktionen für die Proteinbildung **energetisch gekoppelt.**

1 Erläutern Sie am Beispiel der Proteinbildung in Zellen, wie sich Erkenntnisse aus In-vivo- und In-vitro-Experiment ergänzen!

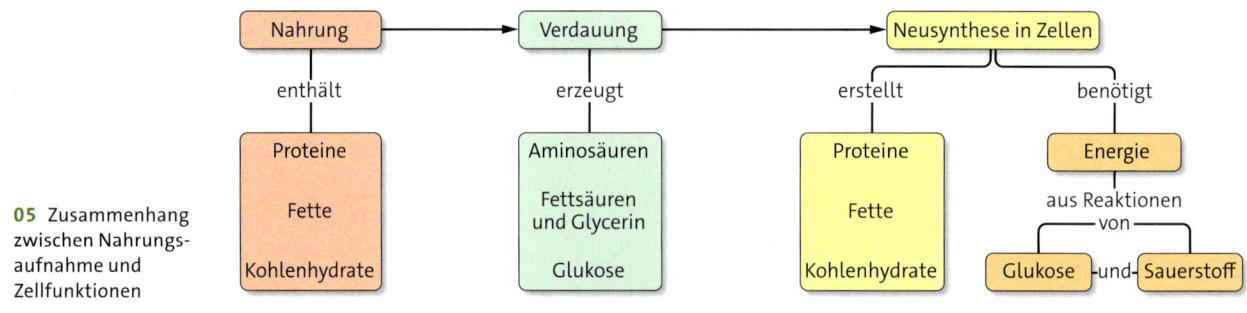

05 Zusammenhang zwischen Nahrungsaufnahme und Zellfunktionen

Sekretbläschen

Dictyosom

raues ER

06 Schemata elektronenmikroskopischer Bilder zur Insulinproduktion in einer Bauchspeicheldrüsenzelle

griech. auto = selbst

lat. radius = Strahl

griech. graphein = schreiben

DIE ZELLE ALS BLACKBOX · Solange man nicht viel über die Vorgänge in einer Zelle weiß, kann man die Zelle als *Blackbox* betrachten: Körperzellen nehmen Glukose und Sauerstoff sowie die Bausteine der Proteine und Fette, die Aminosäuren, Fettsäuren und Glycerin aus dem Blut auf. Sie geben Kohlenstoffdioxid und Wasser wieder ab. Daraus kann man schließen, dass sie aus den aufgenommenen Bausteinen eigene Proteine und Fette herstellen. Die Energie für diese Prozesse entstammt aus Reaktionen mit Glukose und Sauerstoff.

Auf Basis dieser Überlegungen gelang es mithilfe der Versuche zu den Leberzellen der Ratte, die Ribosomen als den Ort der Proteinsynthese und die Bedeutung des ATP als Energielieferant für diese Synthese zu ermitteln. ATP entsteht in den Mitochondrien. Weitere Zellfunktionen und ihre Zuordnung zu bestimmten Zellorganellen müssen noch erforscht werden. Aus Sicht der Forschung ist die Zelle nun keine *Blackbox* mehr, aber immer noch eine recht dunkle *Greybox*.

ZUSAMMENARBEIT VON ZELLBESTANDTEILEN · Mithilfe von radioaktiver Markierung konnte die Insulinbildung in Zellen der Bauchspeicheldrüse aus einer Serie von nacheinander angefertigten elektronenmikroskopischen Präparaten erschlossen werden. Insulin wird wie andere Proteine auch aus Aminosäuren gebildet.

Daher verwendete man künstlich hergestellte und radioaktiv markierte Aminosäuren. Diese hat man in die Bauchspeicheldrüse eines Meerschweinchens injiziert. Dann hat man zu verschiedenen Zeiten etwas Gewebe entnommen und elektronenmikroskopische Präparate angefertigt. Man überschichtete diese Präparate mit einer Silbersalzlösung. Die darin enthaltenen Silberionen reagieren an den Stellen des Präparats zu Silberatomen, an denen radioaktive Stoffe vorhanden sind. Nach einigen Monaten Aufbewahrungszeit im Dunkeln wurde die Silbersalzlösung wieder vom Präparat abgegossen. Die Silberatome bleiben bei diesem Vorgehen im Präparat fest gebunden, Silberionen werden weggeschwemmt. Die Silberatome sieht man im elektronenmikroskopischen Bild als deutliche schwarze Flecken.

Auf diese Weise zeigen radioaktive Stoffe mithilfe ihrer radioaktiven Strahlung selbst an, wo sie sich zum Zeitpunkt der Präparation in der Zelle befinden. Diese Markungsmethode heißt daher **Autoradiografie.** Sie lässt sich nicht nur bei elektronenmikroskopischen Präparaten anwenden.

Im elektronenmikroskopischen Bild erkennt man, dass die schwarzen Flecken zuerst am endoplasmatischen Retikulum, dann an den Dictyosomen und schließlich in den Sekretbläschen auftreten. Daraus lässt sich schließen, dass Aminosäuren am ER verarbeitet werden und Insulin entweder dort oder in den Dictyosomen gebildet wird. Außerdem werden Stoffe als Sekrete abgegeben, die in der Zelle auf dem beschriebenen Weg transportiert und hergestellt werden.

2 ʃ Stellen Sie den Erkenntnisfortschritt zur Funktion von Zellbestandteilen mit eigenen Worten dar!

Material A ▸ Quer gestreifte Muskulatur – energetische Kopplung

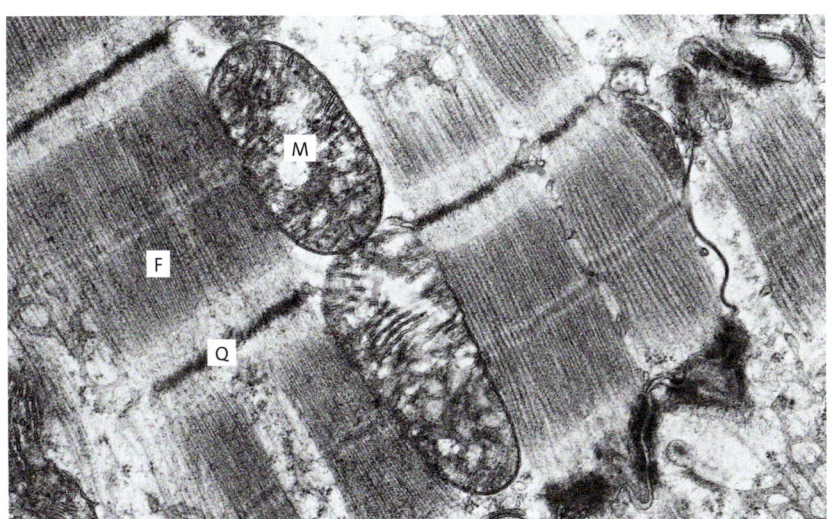

Im Elektronenmikroskop kann man die typischen Strukturen eines Skelettmuskels erkennen. Die großen, ovalen Gebilde im EM-Bild sind Mitochondrien, M. Dazwischen befindet sich Zytoplasma mit regelmäßig angeordneten Elementen des Zytoskeletts. Von einem dunklen Querstreifen, Q, zum nächsten verlaufen parallel zu den Mitochondrien Aktinfilamente, F. Zwischen ihnen liegen weitere Eiweißfilamente mit derselben Orientierung. Mithilfe der Filamente verkürzt sich der Muskel. Sie schieben sich dabei längs aneinander vorbei. Für diesen Vorgang wird ATP benötigt. Unterhalb der Markierung Q sieht man durchgeschnittene Anteile des endoplasmatischen Retikulums.

A1 Beschreiben Sie den auffälligen Bau der abgebildeten Muskelzellen! Gehen Sie dabei auf die Anzahl und Anordnung der verschiedenen Zellbestandteile ein!

A2 Erläutern Sie mithilfe von Kenntnissen zur energetischen Kopplung das Zusammenwirken der verschiedenen Kompartimente in einer Muskelzelle!

Material B ▸ Gewinnung von Zellbestandteilen – Funktion der Chloroplasten

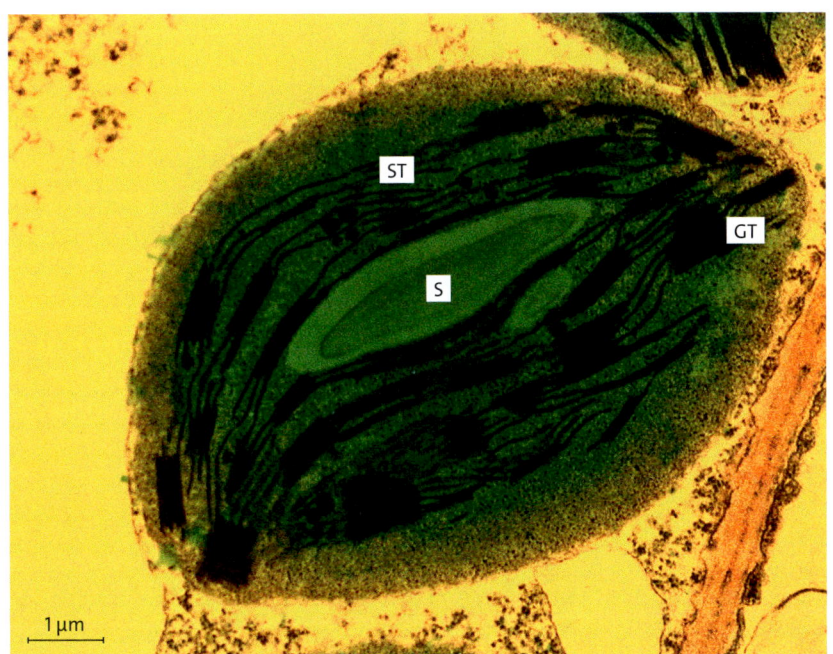

1 µm

Der im elektronenmikroskopischen Bild dargestellte Chloroplast ist von Zellplasma umgeben. Dieses wird rechts von der Zellwand begrenzt, links durch die Vakuolenmembran. In der Mitte liegt ein Stärkekorn, S. Zudem sieht man Granathylakoide, GT, und Stromathylakoide, ST. Durch Zentrifugieren lassen sich Chloroplasten von anderen Zellbestandteilen trennen. Man erhält eine Chloroplastensuspension, die man anschließend homogenisieren kann. In diesem Homogenat findet man Stücke von Thylakoiden.

B1 Erläutern Sie, unterstützt durch eine Skizze, wie Sie aus Spinatblättern eine Chloroplastensuspension erhalten!

B2 Planen Sie ein Experiment, in dem nachgewiesen wird, dass die Chloroplasten in der Suspension noch funktionsfähig sind!

B3 Planen Sie ein In-vitro-Experiment für den Nachweis, dass die Thylakoide für die Sauerstoffbildung bei der Fotosynthese benötigt werden!

Überblick: Struktur und Funktion der Zellbestandteile

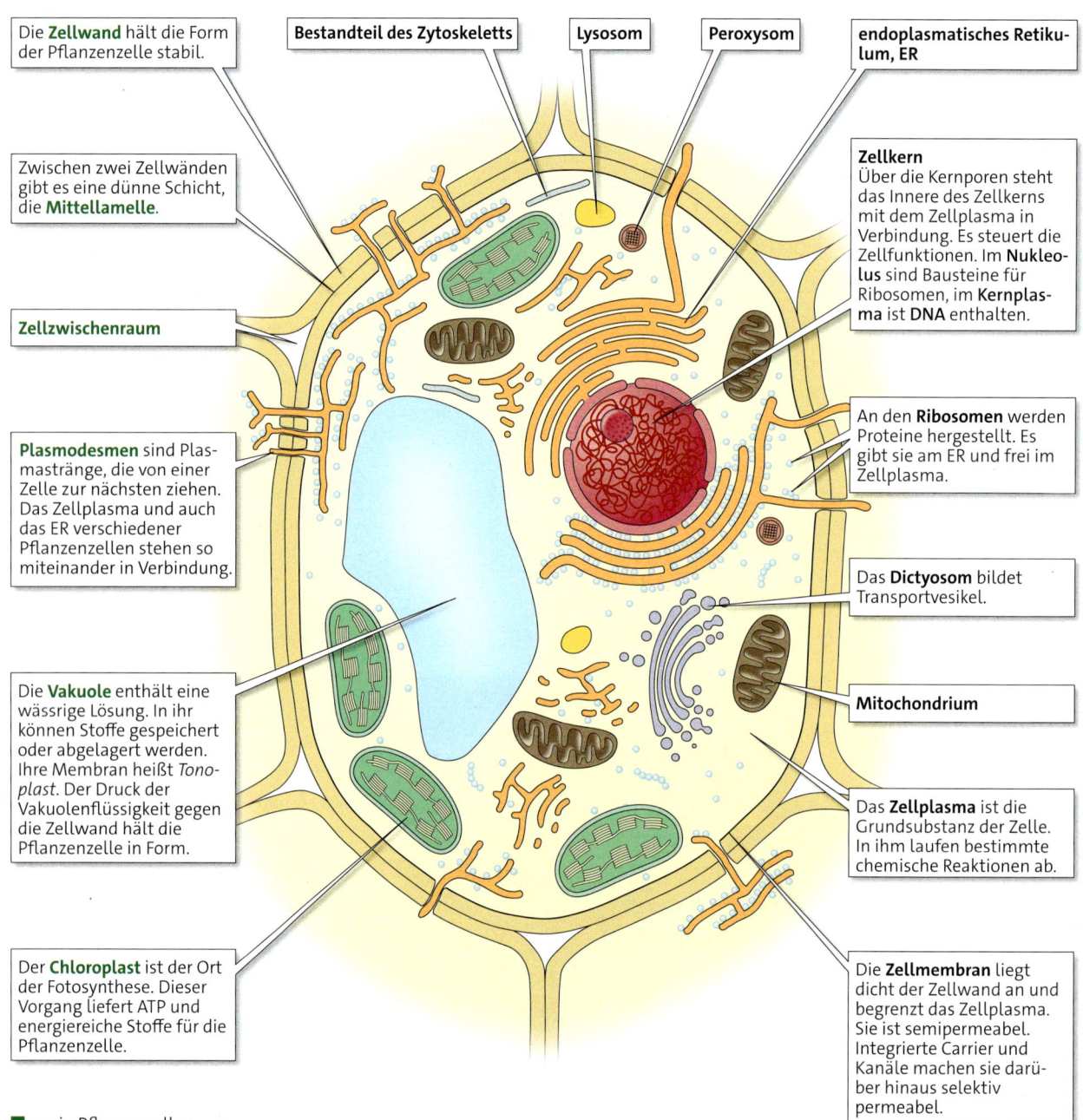

Die **Zellwand** hält die Form der Pflanzenzelle stabil.

Bestandteil des Zytoskeletts

Lysosom

Peroxysom

endoplasmatisches Retikulum, ER

Zwischen zwei Zellwänden gibt es eine dünne Schicht, die **Mittellamelle**.

Zellkern
Über die Kernporen steht das Innere des Zellkerns mit dem Zellplasma in Verbindung. Es steuert die Zellfunktionen. Im **Nukleolus** sind Bausteine für Ribosomen, im **Kernplasma** ist DNA enthalten.

Zellzwischenraum

Plasmodesmen sind Plasmastränge, die von einer Zelle zur nächsten ziehen. Das Zellplasma und auch das ER verschiedener Pflanzenzellen stehen so miteinander in Verbindung.

An den **Ribosomen** werden Proteine hergestellt. Es gibt sie am ER und frei im Zellplasma.

Das **Dictyosom** bildet Transportvesikel.

Die **Vakuole** enthält eine wässrige Lösung. In ihr können Stoffe gespeichert oder abgelagert werden. Ihre Membran heißt *Tonoplast*. Der Druck der Vakuolenflüssigkeit gegen die Zellwand hält die Pflanzenzelle in Form.

Mitochondrium

Das **Zellplasma** ist die Grundsubstanz der Zelle. In ihm laufen bestimmte chemische Reaktionen ab.

Der **Chloroplast** ist der Ort der Fotosynthese. Dieser Vorgang liefert ATP und energiereiche Stoffe für die Pflanzenzelle.

Die **Zellmembran** liegt dicht der Zellwand an und begrenzt das Zellplasma. Sie ist semipermeabel. Integrierte Carrier und Kanäle machen sie darüber hinaus selektiv permeabel.

■ nur in Pflanzenzellen

01 Pflanzenzelle (idealisiertes Schema)

ZUSAMMENWIRKEN DER ZELLBESTANDTEILE · Der Zellkern steuert die Abläufe in den Zellen. In ihm, im Zellplasma und in weiteren Zellbestandteilen finden jeweils andere chemische Reaktionen statt. Dabei werden Stoffe entweder aufgebaut, wie an den Ribosomen, am ER und in den Chloroplasten, oder sie werden abgebaut, wie in den Mitochondrien und den Peroxisomen sowie mithilfe von Lysosomen. Das Zytoskelett, das endoplasmatische Retikulum, die Dictyosomen und die Vesikel sorgen für den zellulären Transport. Energie wird mithilfe

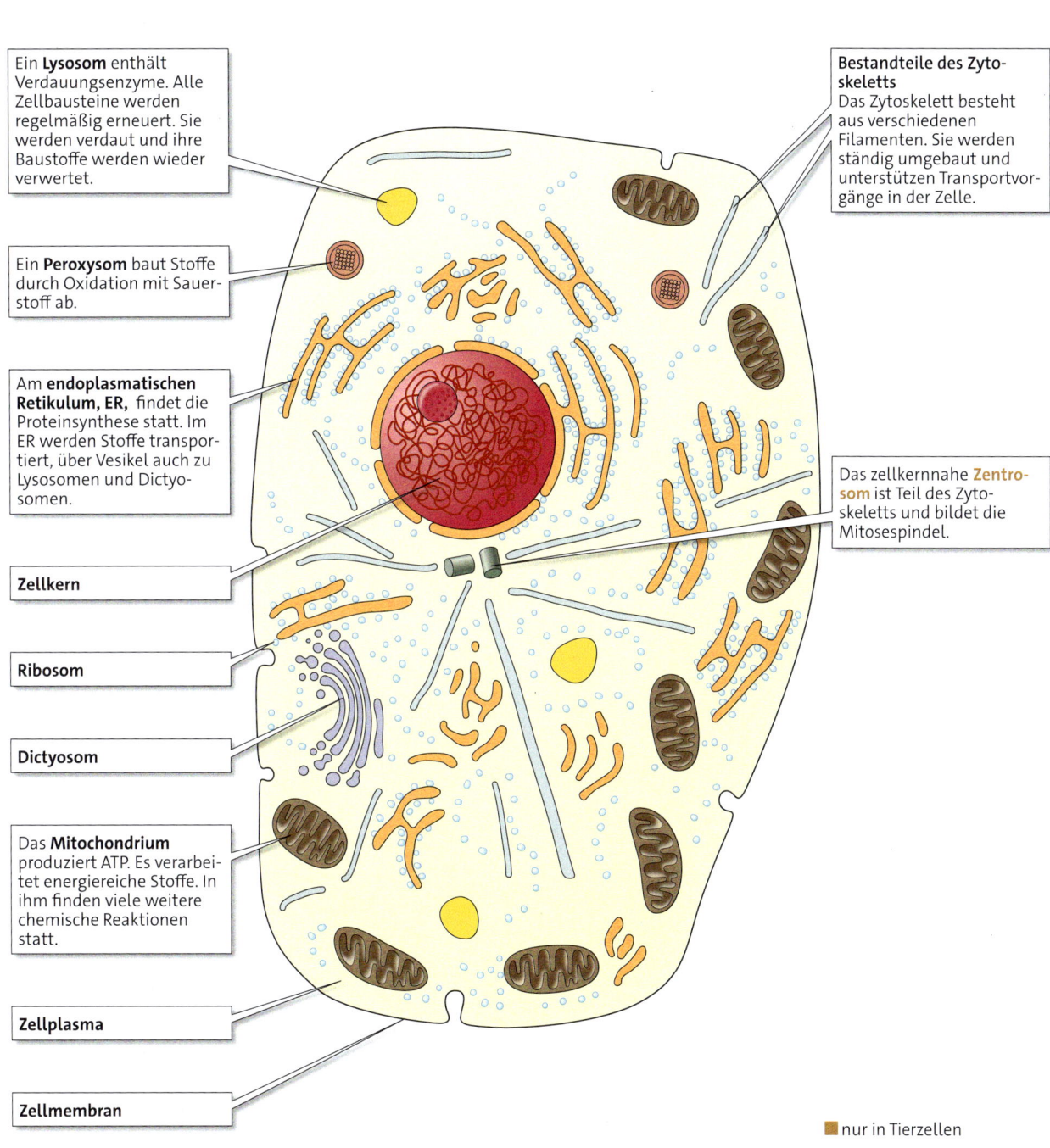

Ein **Lysosom** enthält Verdauungsenzyme. Alle Zellbausteine werden regelmäßig erneuert. Sie werden verdaut und ihre Baustoffe werden wieder verwertet.

Ein **Peroxysom** baut Stoffe durch Oxidation mit Sauerstoff ab.

Am **endoplasmatischen Retikulum, ER,** findet die Proteinsynthese statt. Im ER werden Stoffe transportiert, über Vesikel auch zu Lysosomen und Dictyosomen.

Zellkern

Ribosom

Dictyosom

Das **Mitochondrium** produziert ATP. Es verarbeitet energiereiche Stoffe. In ihm finden viele weitere chemische Reaktionen statt.

Zellplasma

Zellmembran

Bestandteile des Zytoskeletts
Das Zytoskelett besteht aus verschiedenen Filamenten. Sie werden ständig umgebaut und unterstützen Transportvorgänge in der Zelle.

Das zellkernnahe **Zentrosom** ist Teil des Zytoskeletts und bildet die Mitosespindel.

■ nur in Tierzellen

02 Tierzelle (idealisiertes Schema)

von ATP an verschiedene Stellen der Zelle transportiert.
Zellen haben Kontakt zu Nachbarzellen, entweder über Plasmodesmen oder über Moleküle zur Kommunikation.
Die Steuerung, der Transport, der Auf- und Ab-

bau sowie die Bereitstellung von Energie sind die Grundfunktionen des Systems Zelle, das Kontakt zur Außenwelt hält.

1 Vergleichen Sie Struktur und Funktion von Tier- und Pflanzenzelle!

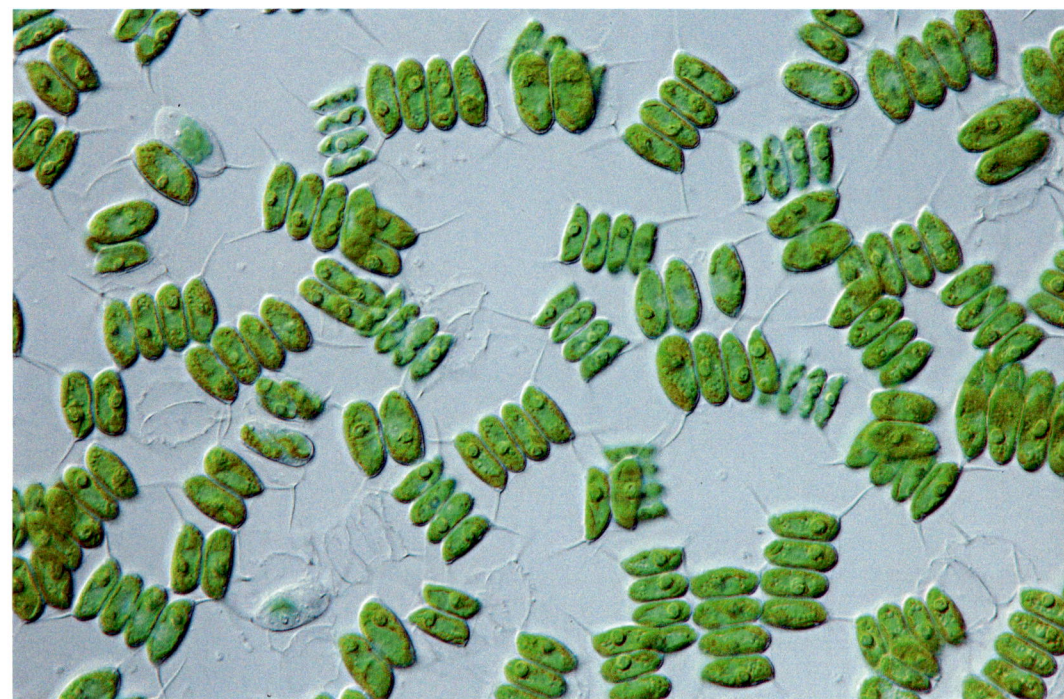

01 *Scenedesmus acutus* (lichtmikroskopische Aufnahme)

Vom Einzeller zum Vielzeller

Die Gürtelalge Scenedesmus *gehört zu einer Gattung von Grünalgen, die im Uferbereich von Teichen und Seen vorkommt. Sie tritt meistens in Form von Verbänden mit vier, acht oder mehr Zellen auf. Züchtet man diese Algen hingegen im Labor, finden sich fast ausschließlich Einzelzellen im Zuchtmedium. In welcher Weise beeinflusst die Umwelt den Zusammenschluss der* Scenedesmus-*Zellen?*

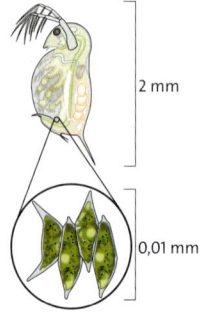

2 mm

0,01 mm

02 *Daphnia pulex* mit Grünalgen im Darmtrakt

KOLONIEBILDUNG · In der Freiwasserzone stehender Gewässer leben im Wasser schwebende Organismen, die man als *Plankton* bezeichnet. Dazu gehören das pflanzliche Plankton, das *Phytoplankton*, mit Goldalgen, Kieselalgen und Grünalgen, sowie das tierische Plankton, das *Zooplankton*, mit Rädertierchen, Ruderfuß- und Blattfußkrebsen, wie zum Beispiel Daphnien. Das Phytoplankton ist Nahrung des Zooplanktons. Daphnien fressen vorwiegend planktische Algen, auch *Scenedesmus*.
Unter Zuchtbedingungen tritt *Scenedesmus* fast ausschließlich in Form von Einzelzellen auf. Im Freiland jedoch leben überwiegend mehrere Zellen in einem Verband zusammen. Einen

solchen Zellverband nennt man **Kolonie.** Fügt man in die Zuchtgefäße Daphnien zu den Algen hinzu, bilden sich aus den Einzelzellen Kolonien. Aus evolutionsbiologischer Sicht stellt sich die Frage, welche Vorteile die Koloniebildung im Freiland mit sich bringt. Untersucht man den Verdauungstrakt von Daphnien, finden sich dort vorwiegend einzellige Algen und deutlich weniger mehrzellige Kolonien. Offenbar sind also mehrzellige und somit größere Algen besser vor dem Gefressenwerden geschützt als Einzelzellen. Demzufolge überleben *Scenedesmus*-Kolonien eher als *Scenedesmus*-Einzeller. Dadurch gelangen ihre Erbanlagen mit größerer Wahrscheinlichkeit in die nächste Generation. Ob sich Koloniebildung als Evolutionsvorteil verallgemeinern lässt, bleibt zunächst unklar. Aus verschiedenen Untersuchungen geht des Weiteren hervor, dass mehrzellige Algen Nährstoffe und Phosphat besser speichern können als einzellige. Dies wäre in einer phosphatarmen sowie einer für die Fotosynthese ungünstigen Umgebung förderlich. Auch dieser Befund lässt den Schluss zu, dass Mehrzelligkeit für Lebewesen einen Evolutionsvorteil haben kann.

MODELLORGANISMEN · Es ist unumstritten, dass im Verlauf der Evolution mehrzellige Organismen aus Einzellern entstanden sind. Allerdings kann man aus der Organisation heutiger Lebewesen nicht auf Vorgänge schließen, die vor mehr als einer Milliarde Jahren stattgefunden haben. Da keine direkten Übergangsformen zwischen Einzellern und Vielzellern vorliegen, versucht man, heute lebende Organismen in eine mögliche Entwicklungsreihe zu bringen.

Eine solche aufsteigende Reihe bilden zum Beispiel die Grünalgen *Chlamydomonas*, *Gonium* und *Volvox*. *Chlamydomonas* ist einzellig und hat einen Zellkern, einen becherförmigen Chloroplasten, einen Pigmentfleck und zwei Geißeln, mit denen sie sich fortbewegt. *Gonium* besteht aus 4 bis 16 Zellen, die *Chlamydomonas* gleichen. Sie werden von einer zäh-elastischen Schicht, der Gallertschicht, zusammengehalten. Zerstört man diese Schicht, können trotzdem alle Zellen als Einzeller weiterleben. *Volvox* bildet eine Hohlkugel aus mehreren Tausend Zellen, die denjenigen von *Chlamydomonas* ähneln. Die Zellen lagern in einer Gallertschicht und sind durch Plasmastränge miteinander verbunden. Durch diese Verbindungen ist ein Austausch von Informationen und Stoffen möglich. Die meisten Zellen dienen der Fortbewegung, betreiben Fotosynthese und produzieren die Gallerte. Einige wenige Zellen sind deutlich größer als die anderen. Nur sie können sich teilen, wandern dann in die Hohlkugel hinein und bilden neue Hohlkugeln. Diese werden freigesetzt, sobald die Mutterkugel abstirbt.

Dieses Beispiel veranschaulicht ein heute wissenschaftlich akzeptiertes Modell für den Übergang zur Vielzelligkeit bei Pflanzen. Das Modell eignet sich darüber hinaus, die Ausbildung spezialisierter Zellen zu erklären.

SPEZIALISIERUNG · Bei Einzellern wie *Chlamydomonas* können sich alle Zellen teilen und damit auch fortpflanzen. Beim Vielzeller *Volvox* hingegen sind die meisten Zellen nicht teilungsfähig. Diese *somatischen Zellen* sind für die Fotosynthese und Fortbewegung zuständig. Sie sterben ab, wenn sich die Tochterkugeln gebildet haben. Die Spezialisierung und die damit

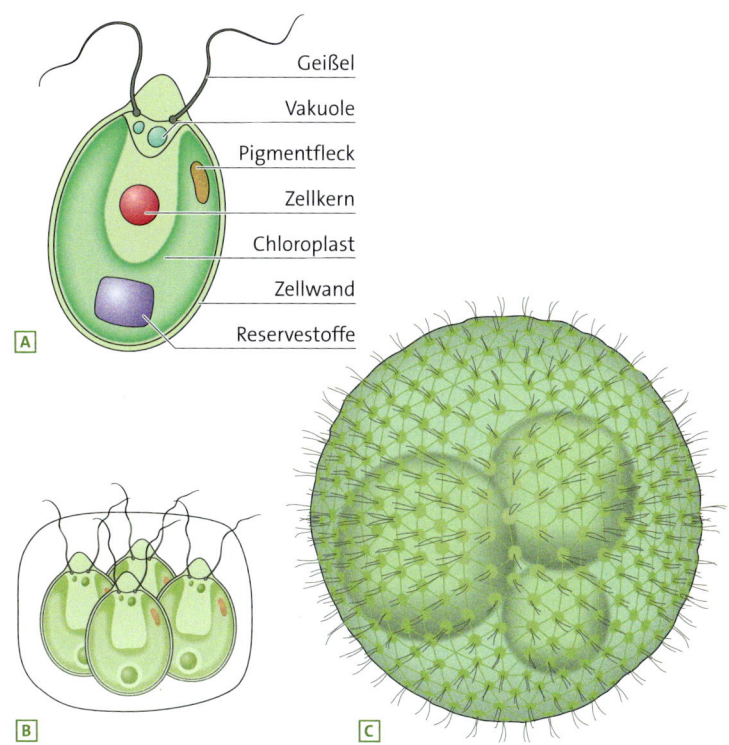

	Geißel
	Vakuole
	Pigmentfleck
	Zellkern
	Chloroplast
	Zellwand
A	Reservestoffe

B   C

03 Modell einer Entwicklungsreihe (Schema): **A** *Chlamydomonas*, **B** *Gonium*, **C** *Volvox*

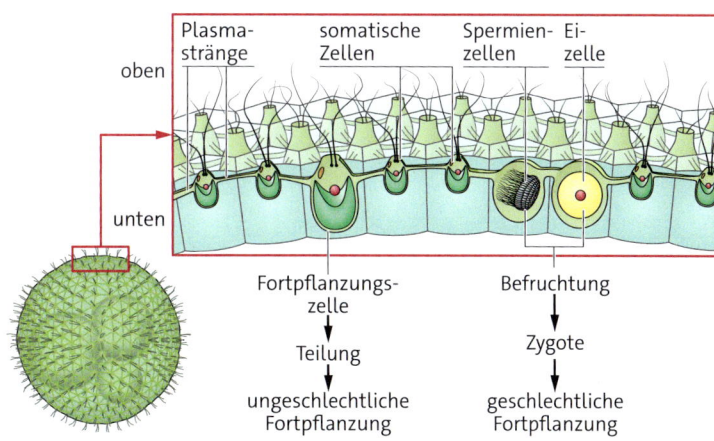

04 Fortpflanzung bei *Volvox* (Schema)

verbundene Arbeitsteilung haben also den Tod der somatischen Zellen zur Folge.

Die Bildung der neuen Tochterkugeln aus den teilungsfähigen Zellen kann sowohl ungeschlechtlich durch Zellteilung als auch geschlechtlich nach Befruchtung erfolgen. In diesem Fall entstehen aus teilungsfähigen Zellen einerseits größere, unbewegliche Eizellen und andererseits kleine, bewegliche Spermienzellen.

DICTYOSTELIUM · Der Schleimpilz *Dictyostelium discoideum* lebt in Form von einzelligen Amöben im Boden. Bei Nahrungsmangel schließen sich bis zu 50 000 dieser Einzeller zusammen. Aus dem entstandenen Zellhaufen entwickelt sich ein vielzelliger Organismus, der aus einem Stiel mit Sporenkapsel und Sporen besteht. Die Sporen können bei günstigen Lebensbedingungen auskeimen. Aus ihnen bilden sich dann wieder einzellige Amöben. Der Stiel und die Sporenkapsel sterben ab.

Dieses ist ein weiteres Modell für den Übergang zur Vielzelligkeit. Ähnlich wie bei *Scenedesmus* sind auch hier Umweltbedingungen für die Veränderung der Organisationsform verantwortlich.

EINZELLER UND VIELZELLER · Bevor Vielzeller entstanden, lebten auf der Erde ausschließlich Einzeller. Auch heute gibt es sehr viele und sehr verschiedene Einzeller. Welche Vorgänge und Lebensumstände dazu geführt haben, dass sich aus einigen Einzellern Vielzeller entwickelten und dann immer komplexere Organismen entstanden sind, lässt sich nicht lückenlos nachvollziehen. Folgende Faktoren haben wahrscheinlich die Entstehung von Vielzellern begünstigt:

- Einzeller besitzen bereits viele Eigenschaften der unterschiedlichen Zelltypen der Vielzeller. Diese mussten nicht neu entwickelt werden.
- Auch Einzeller sind sterblich. Ähnlich wie die Zellen von Vielzellern können auch Zellen von Einzellern altern und somit eines natürlichen Todes sterben.
- Viele Einzeller besitzen eine Vielzahl verschiedener Moleküle auf der Außenseite ihrer Zellmembran. Diese ermöglichen den Kontakt zwischen den Zellen der Einzeller.
- Die Informationsübertragung in und zwischen den Zellen ist nicht nur charakteristisch für Vielzeller, sondern kommt auch bei Einzellern vor.

Die heute nebeneinander lebenden Einzeller und Vielzeller kommen in einer riesigen Vielfalt vor. Dass mit der Entstehung der Vielzelligkeit ein bedeutender Schritt bei der Evolution der Lebewesen erfolgte, steht außer Zweifel. Insbesondere ist Vielzelligkeit eine wesentliche Voraussetzung für die Entstehung komplexer Organismen. Dennoch können alle lebenden Organismen aus biologischer Sicht nur vor dem Hintergrund der Angepasstheit an ihre jeweilige Umwelt betrachtet werden. Die Vielfalt der heute lebenden Einzeller und Vielzeller zeigt, dass beide Lebensformen nach wie vor ihren Platz in ihrem jeweiligen Lebensraum einnehmen.

1 ⌡ Beschreiben Sie die Entwicklungslinie von *Chlamydomonas* über *Gonium* bis zu *Volvox*!

2 ⌡ Vergleichen Sie den Lebenszyklus von *Volvox* und von *Dictyostelium*!

3 ⌡ Nennen Sie die Eigenschaften von Einzellern, die die Entstehung von Vielzelligkeit begünstigten!

05 Schleimpilz *Dictyostelium discoideum*: **A** Einzelzellen, **B** Bildung des Zellhaufens, **C** und **D** Organisation der Pilzform, **E** Sporen, **F** auskeimende Spore

Material A ▸ Der Süßwasserpolyp als Modellorganismus?

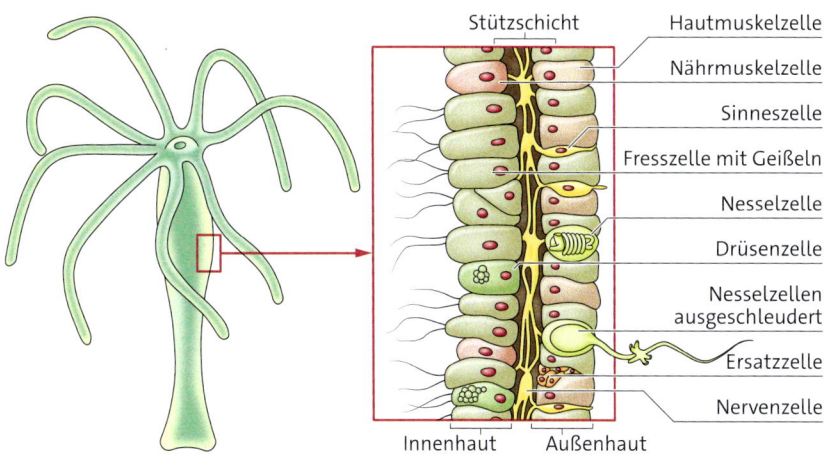

Stützschicht
Hautmuskelzelle
Nährmuskelzelle
Sinneszelle
Fresszelle mit Geißeln
Nesselzelle
Drüsenzelle
Nesselzellen ausgeschleudert
Ersatzzelle
Nervenzelle
Innenhaut   Außenhaut

Süßwasserpolypen sind etwa zwei bis drei Zentimeter große, radiärsymmetrische, festsitzende einfach gebaute Tiere. Sie leben auf Steinen oder auf Pflanzen in Teichen und Seen.
Man kann die Tiere in einzelne Zellen zerteilen. Die Zellen kriechen danach zusammen und bilden zunächst einen Zellklumpen, der sich allmählich neu ordnet. Einzelne Zellen senden Stoffe in die Umgebung und steuern dadurch die Organisation. Schließlich entsteht ein kompletter Polyp.

A1 Beschreiben Sie die Gestalt eines Süßwasserpolypen!

A2 Recherchieren Sie die Funktionsweise der Nesselzellen!

A3 Stellen Sie Hypothesen auf, inwieweit die spezialisierten Nesselzellen zum langfristigen Evolutionserfolg der Nesseltiere beigetragen haben!

A4 Vergleichen Sie die Reorganisation von Süßwasserpolypen mit der Bildung der Pilzform von *Dictyostelium* aus den Einzelzellen!

A5 Begründen Sie, ob die Regeneration von Süßwasserpolypen als Modell für die Entstehung von Vielzellern aus Einzellern geeignet ist!

Material B ▸ Kragengeißeltierchen und Schwämme

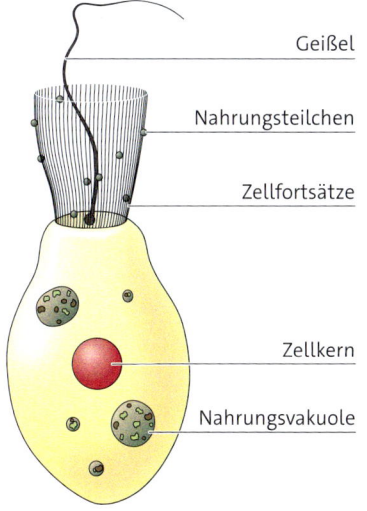

Geißel
Nahrungsteilchen
Zellfortsätze
Zellkern
Nahrungsvakuole

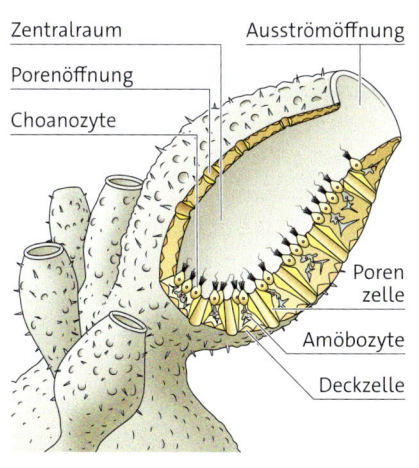

Zentralraum
Porenöffnung
Choanozyte
Ausströmöffnung
Poren zelle
Amöbozyte
Deckzelle

Kragengeißeltierchen sind Einzeller, die auch als Kolonien mit mehr als 20 Einzelzellen im Meer oder im Süßwasser leben. Namensgebend ist der typische Zellbau mit einem Kragen aus 30 bis 40 Zellfortsätzen, zwischen denen eine einzelne Geißel herausragt.

Schwämme sind einfach gebaute Lebewesen, von denen die meisten Arten im Meer vorkommen. Sie besitzen nur wenige verschiedene Zelltypen, zum Beispiel die Choanozyten. Diese sind den Kragengeißelzellen sehr ähnlich und haben auch die gleiche Funktion.

B1 Beschreiben Sie den Bau eines Kragengeißeltierchens!

B2 Stellen Sie Hypothesen über die Funktion des „Kragens" auf!

B3 Beschreiben Sie den Bau eines einfachen Schwammes und recherchieren Sie die Funktionen der einzelnen Zellen!

B4 Vergleichen Sie Kragengeißeltierchen und Schwamm mit *Chlamydomonas* und *Volvox*!

B5 Erklären Sie, inwieweit Kragengeißeltierchen und Choanozyten zur Lösung der Frage nach der Entwicklung von Vielzellern beitragen können!

01 Amöbe im licht-
mikroskopischen Bild

Biomembranen – verformbare Grenzen

*Amöben sind Einzeller, die zur Fortbewegung
ihren Zellkörper an einer Seite ausstülpen und an
der anderen Seite zusammenziehen. Durch diese
Bewegungen verändert ihr Zellkörper ständig
seine Gestalt. Damit muss auch ihre äußere Begrenzung sehr flexibel und verformbar sein. Wie
ist die Zellmembran gebaut, sodass sie eine ver-
formbare und zugleich stabile Grenze bildet?*

BAU DER MEMBRAN · Zellmembranen sind so
dünn, dass man sie im Lichtmikroskop nicht
sehen kann. Man erkennt lediglich eine Grenz-
linie zwischen dem Zellinneren und Zelläußeren.
Im Elektronenmikroskop zeigt sich hingegen die
Zellmembran als dreischichtiges Band. Dieses
Schichtmuster findet man nicht nur bei Zellmembranen, sondern bei allen Membranen
einer Zelle, zum Beispiel der Membran der
Vakuole oder dem endoplasmatischen Retikulum. Daher bezeichnet man alle zellulären
Membranen einheitlich als **Biomembranen.**
Bei der Interpretation des dreischichtigen Mus-
ters von Biomembranen muss bedacht werden,
dass ein Elektronenmikroskop nur künstlich
kontrastierte Strukturen zeigt. Während die
Kontrastmittel an die beiden äußeren Schichten
binden und sie dunkel erscheinen lassen, bleibt
die mittlere Schicht unkontrastiert. Diese Struktur belegt somit, dass innerhalb einer Biomembran parallel verlaufende Schichten existieren,
die sich in ihren chemischen Eigenschaften
voneinander unterscheiden.

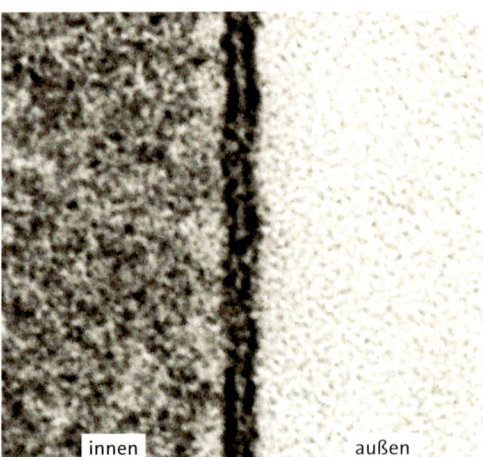

innen   außen

02 Elektronenmikro-
skopisches Bild der
dreischichtigen Struk-
tur der Zellmembran

MEMBRANLIPIDE · Der dreischichtige Bau von Biomembranen beruht vor allem auf den chemischen Eigenschaften seiner Grundbausteine, den **Membranlipiden.** Modelle der Membranlipidmoleküle, die die chemischen Eigenschaften zeigen, helfen dabei, den Membranbau zu verstehen.

Obwohl es verschiedene Typen von Membranlipiden gibt, kann man den Bau ihrer Moleküle in einem einheitlichen Modell aus langer **Schwanzregion** und kugelförmiger **Kopfregion** darstellen. Die Schwanzregion setzt sich aus zwei lang gestreckten, ungeladenen Kohlenwasserstoffketten zusammen, den zwei Fettsäureresten in der Strukturformel. Daher wird die Schwanzregion des Modells als **unpolar** charakterisiert. Die Kopfregion setzt sich je nach Lipidtyp aus verschiedenen Bausteinen wie Glycerin, Cholin und Phosphorsäure zusammen, die teilweise Ladungen tragen. Daher wird die Kopfregion des Modells als **polar** charakterisiert. Membranlipide mit Phosphorsäure als Molekülbaustein werden als **Phospholipide** bezeichnet. Sie sind der häufigste Typ der Membranlipide.

ANORDNUNG DER MEMBRANLIPIDE · Aufgrund ihrer Polarität sind die Kopfregionen wasserliebend oder **hydrophil.** Deshalb wenden sie sich stets den Wassermolekülen zu. Die unpolaren Schwanzregionen sind hingegen wasserabweisend oder **hydrophob.** Daher ordnen sich die Membranlipide in einem wässrigen Medium selbstständig an, zum Beispiel als kugelförmige Mizelle oder zweischichtige Membran, einer Doppellipidschicht.

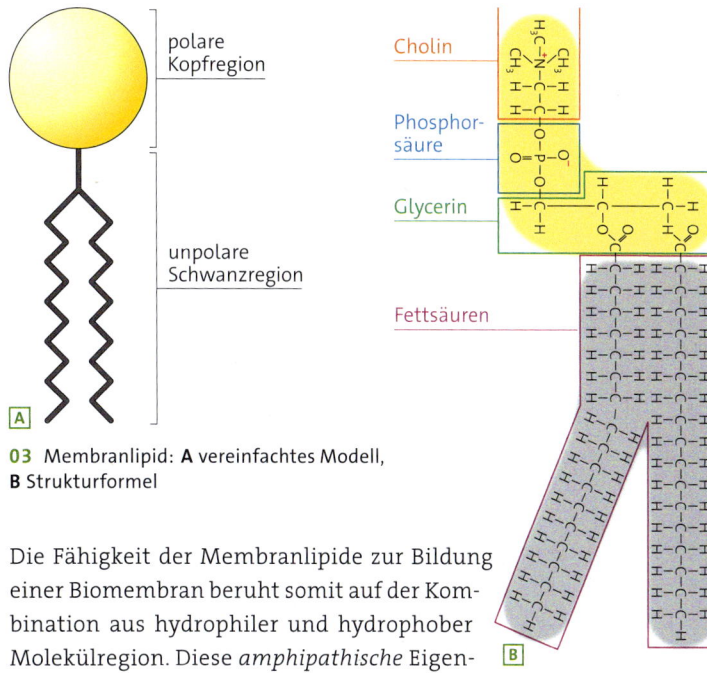

03 Membranlipid: **A** vereinfachtes Modell, **B** Strukturformel

Die Fähigkeit der Membranlipide zur Bildung einer Biomembran beruht somit auf der Kombination aus hydrophiler und hydrophober Molekülregion. Diese *amphipathische* Eigenschaft ermöglicht den Aufbau aus zwei Lipidschichten, bei dem die hydrophilen Kopfregionen nach außen an das Wasser grenzen und die hydrophoben Schwanzregionen nach innen gerichtet sind. Hierdurch entsteht eine mittlere hydrophobe Schicht, die eine undurchlässige Barriere für Wasser und darin gelöste Teilchen bildet.

Zwischen den Membranlipidmolekülen bestehen jedoch nur schwache Wechselwirkungen. Insbesondere der Zusammenhalt der Wassermoleküle in der Umgebung stabilisiert die Struktur der Biomembran so, dass die hydrophoben Schwanzregionen der Lipidmoleküle in das Innere der Membran ragen. Die einzelnen Membranlipide können sich hierdurch innerhalb der Membran seitlich bewegen.

griech. amphí = beidseitig

griech. pathētikós = empfindend

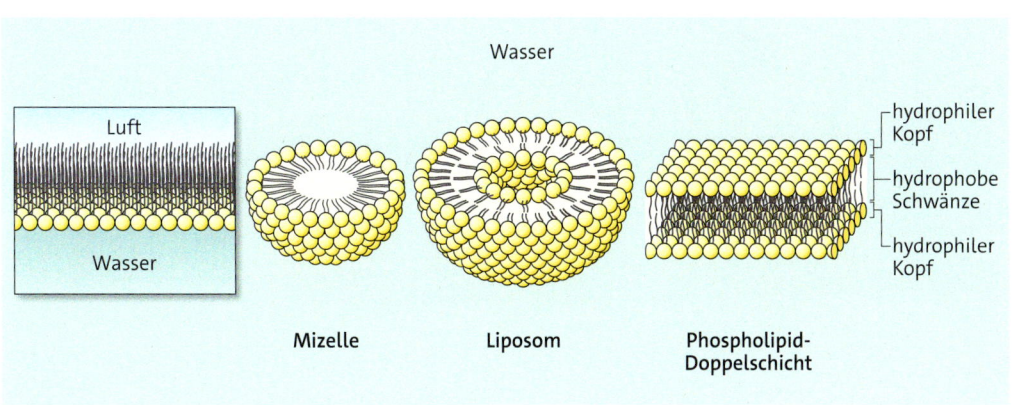

04 Anordnungen von Membranlipiden in Wasser und zwischen Wasser und Luft

05 Rasterelektronen-mikroskopisches Bild der durch Gefrier-bruchtechnik flächig aufgebrochenen Biomembran

Gefrierbruchtechnik siehe Seite 21

MEMBRANPROTEINE · Präparate von Zellen oder Zellmembranen, die mithilfe der *Gefrierbruchtechnik* hergestellt wurden, lassen im Rasterelektronenmikroskop kleine Erhebungen erkennen, die aus den voneinander getrennten Lipidschichten herausragen. Diese mosaikartig verteilten Erhebungen sind Membranproteine. Membranproteine, die durch die gesamte Membran reichen, werden als **Transmembranproteine** bezeichnet. Darüber hinaus gibt es auch Proteine, die nur in eine der beiden Lipidschichten hineinreichen. Beide Formen werden als **integrale Membranproteine** zusammengefasst. Membranproteinmoleküle, die der Membran nur aufliegen, werden hingegen als **periphere Membranproteine** bezeichnet.

Die Funktion der Membranproteine ist sehr vielfältig: Transmembranproteine bilden häufig Transporttunnel, die einen Stoffaustausch zwi-schen den Kompartimenten ermöglichen. Aufliegende Proteine können beispielsweise für Kontakte zu anderen Zellen zuständig sein. Wichtige Strukturen der Zell-Zell-Erkennung sind zudem Kohlenhydrate, die sowohl mit Membranproteinen als auch mit Membranlipiden verbunden sein können. Diese werden dann als **Glykoproteine** beziehungsweise **Glykolipide** bezeichnet.

Die Verankerung von Membranproteinen erfolgt nach denselben Regeln wie die Anordnung der Membranlipide: Die polaren Molekülregionen richten sich zum Wasser aus und die unpolaren Molekülregionen zur inneren, hydrophoben Schicht der Biomembran. Membranproteine sind hierbei ebenso wie die Membranlipide mit ihren Nachbarmolekülen nicht fest verbunden und somit seitlich beweglich. Durch die ständige Bewegung erscheint die Biomembran zähflüssig und ist wie die Zellmembran der Amöben verformbar. Diese Vorstellung eines fluiden und mosaikartigen Nebeneinanders von Lipiden und Proteinen in der Biomembran wird als **Fluid-Mosaik-Modell** bezeichnet. Es wurde 1972 von Seymour J. SINGER und Garth L. NICOLSON entwickelt.

1 ⌡ Erläutern Sie die Bedeutung der amphipathischen Eigenschaften der Membranlipide für den Aufbau der Biomembran!

2 ⌡ Beschreiben Sie das Fluid-Mosaik-Modell der Biomembran!

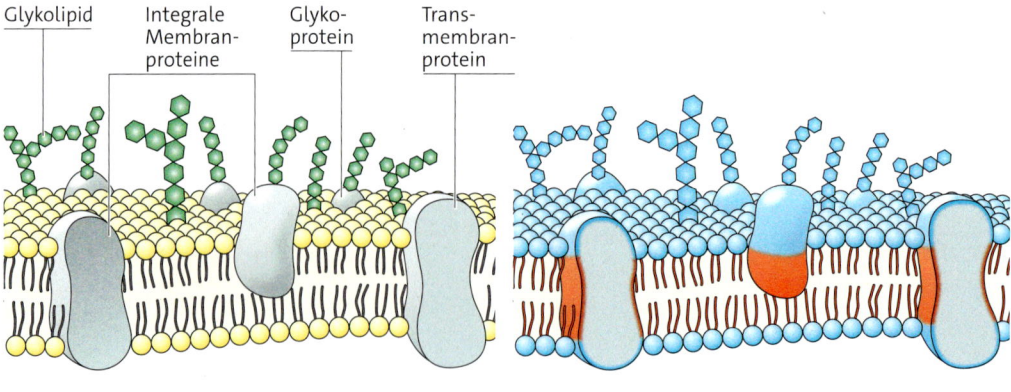

Glykolipid Integrale Membran-proteine Glyko-protein Trans-membran-protein

06 Modelle der Biomembran:

A Fluid-Mosaik-Modell,

B Modell der Ladungsverhältnisse

A   B

polar   unpolar

NEUERE MODELLVORSTELLUNGEN · Mithilfe des Fluid-Mosaik-Modells von SINGER und NICOLSON lassen sich die meisten Funktionen der Biomembran gut erklären. In den 1990er-Jahren durchgeführte Untersuchungen zeigten jedoch, dass sich die Proteine und Lipide nicht gleichmäßig in der Membran verteilen. Man konnte nachweisen, dass es Gebiete mit einer hohen Anzahl an Proteinen gibt. Diese Gebiete werden als Rezeptor-Inseln bezeichnet. Außerdem gibt es Gebiete, in denen bestimmte Lipidtypen besonders häufig sind. Diese Gebiete gleichen Flößen, die sich umgruppieren, auflösen und wieder neu zusammenfinden können. Dies führte zur englischen Bezeichnung **Lipid-Raft-Modell.** Im Fluid-Mosaik-Modell geht man davon aus, dass Lipide und Proteine sich in der Membran und durch sie hindurch frei bewegen können. Genauere Beobachtungen an Zellmembranen führten jedoch zu der Feststellung, dass diese freie Beweglichkeit nicht überall möglich ist. Man konnte nachweisen, dass es Bereiche gibt, in denen das Zytoskelett wie ein Zaun an der Innenseite der Zellmembran anliegt und dort die Beweglichkeit der Proteine und Lipide einschränkt. Dieser Zaun wird durch Transmembranproteine festgehalten, die wie Pfähle in der Membran verankert sind. Daraus leitet sich die englische Bezeichnung **Picket-Fence-Modell** ab. Im 21. Jahrhundert konnte diese Modellvorstellung aufgrund elektronenmikroskopischer Befunde verfeinert werden. Demnach sind die Membranproteine in Protein-Inseln angeordnet. Nach diesem **Protein-Island-Modell** sind die Protein-Inseln durch proteinfreie Bereiche voneinander getrennt.

/// **STECKBRIEF** //

Seymour Jonathan SINGER (1924–2017)

Seymour Jonathan SINGER wurde in New York geboren. Er studierte dort an der Columbia University und promovierte 1943 am Polytechnic Institute of Brooklyn. 1965 kam er nach San Diego und erforschte dort die Struktur von Proteinen der Biomembran. Diese Forschungen führten zur Entwicklung des Fluid-Mosaik-Modells, das er im Jahr 1972 gemeinsam mit Garth L. NICOLSON in der Fachzeitschrift Nature *veröffentlichte. In seinen späteren Forschungen entdeckte er den Zusammenhang zwischen Zellmembran und Zytoskelett.*

/// **STECKBRIEF** //

Garth L. NICOLSON (*1943)

Garth L. NICOLSON wurde 1943 in Los Angeles geboren. Dort studierte er Chemie an der University of California. 1965 wechselte er nach San Diego, wo er der Forschungsgruppe von Seymour Jonathan SINGER beitrat und dort 1970 promovierte. Später arbeitete er an verschiedenen Universitäten in den USA und in Australien in der Krebsforschung und in der zellbiologischen Altersforschung. Weiterhin untersuchte er posttraumatische Belastungsstörungen von Soldaten des Golfkriegs. 1996 gründete er das Institute for Molecular Medicine in Huntington Beach in Kalifornien.

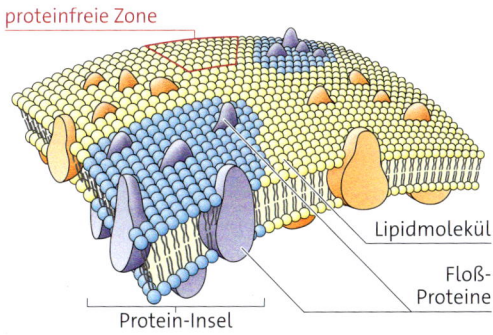

proteinfreie Zone

Lipidmolekül

Floß-Proteine

Protein-Insel

07 Lipid-Raft-Modell

Protein-Insel

Lipidmolekül

Transmembranproteine

Zytoskelett

08 Protein-Island-Modell

Material A ▸ Indirekter Nachweis der Membranbestandteile

Schritt	Durchführung
1	Rotkohl in schmale Streifen schneiden
2	geschnittenen Rotkohl mehrfach wässern
3	Rotkohlstreifen getrennt in – Spülmittel, mit Wasser verdünnt (Ansatz A), – Essigsäure in Wasser (Ansatz B) und – reines Wasser (Ansatz C) legen
4	Färbung in den Ansätzen A bis C feststellen

Mit dem Rotkohlversuch lassen sich Fette und Proteine als Membranbestandteile nachweisen.

Essigsäure verändert die dreidimensionale Struktur von Proteinmolekülen. In Spülmitteln sind amphipathische Moleküle enthalten, die mit Membranlipiden in Wechselwirkung treten können. Der rote Farbstoff des Rotkohls befindet sich in den Vakuolen der Zellen.

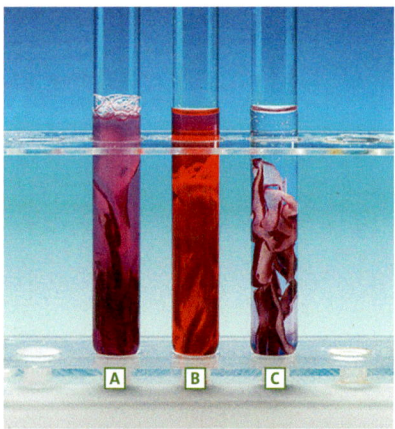

Ansatz	Beobachtung
A	Rotfärbung
B	(helle) Rotfärbung
C	kaum Rotfärbung

A1 Erläutern Sie die Funktion der aufgeführten Durchführungsschritte! Erstellen Sie dazu eine Tabelle!

A2 Deuten Sie die Ergebnisse zu den drei Versuchsansätzen! Formulieren Sie eine zusammenfassende Schlussfolgerung!

A3 Erklären Sie, weshalb dieser Versuch als ein indirekter Nachweis bezeichnet wird!

Material B ▸ Anordnung von Membranproteinen in Biomembranen

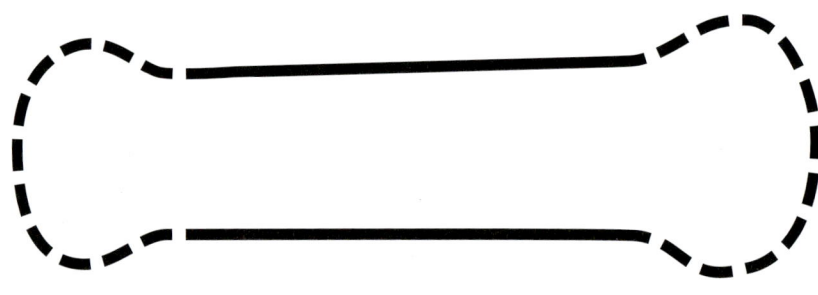

B1 Die Skizzen zeigen einfache Schemata von Membranproteinen und ihren Oberflächeneigenschaften. Übertragen Sie beide Skizzen in Ihre Mappe und ergänzen Sie passend angeordnete Membranlipide in Form einfacher Kopf-Schwanz-Symbole (═●)!

Beachten Sie hierbei, dass die Membranproteine in unterschiedlichen Maßstäben dargestellt sind, sodass die Größe der Membranlipidmoleküle jeweils angepasst werden muss!

B2 Löst man die Lipide aus einer Biomembran heraus und überführt sie auf eine Wasseroberfläche, bildet sich dort ein einschichtiger Film aus Membranlipiden. Man vermutet, dass die Fläche des Films exakt doppelt so groß ist wie die ursprüngliche Membranfläche. Nehmen Sie Stellung zu dieser Vermutung!

Material C ▸ Hybridzellenversuch

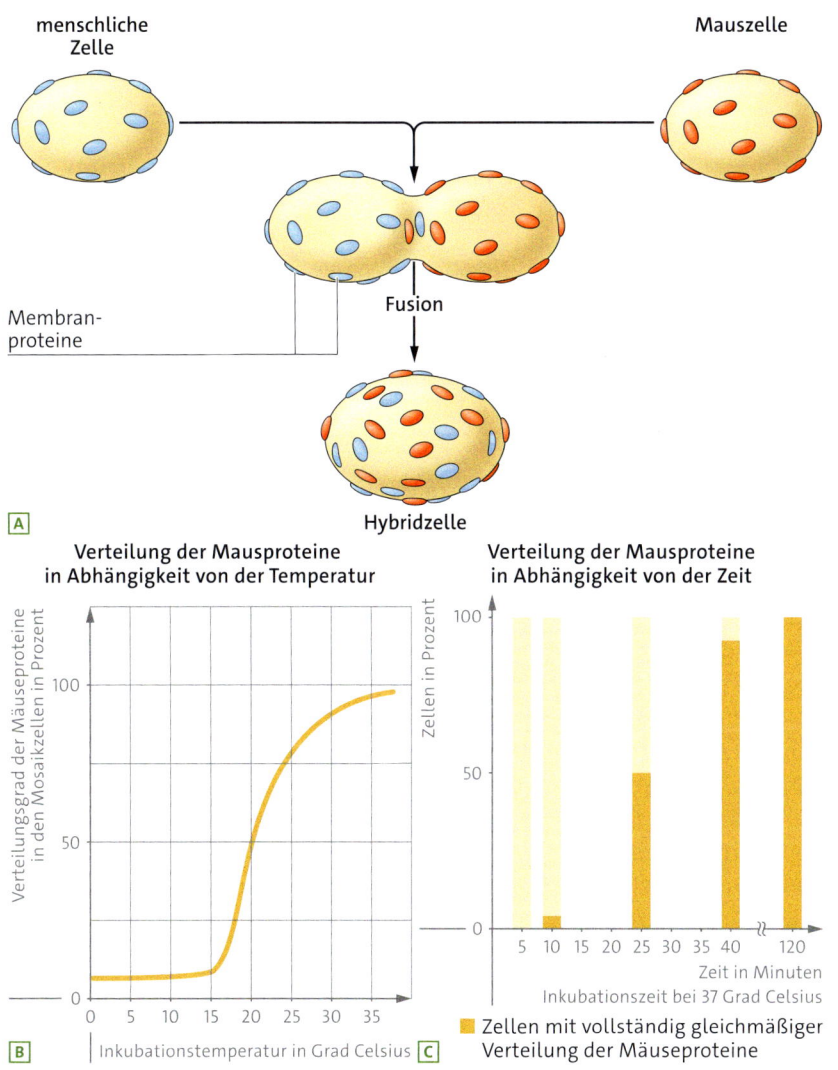

In einem Versuch wurden Membranproteine auf der Oberfläche von Mauszellen und von menschlichen Zellen mit einem jeweils unterschiedlichen Farbstoff markiert. Anschließend wurden eine Mauszelle und eine Menschenzelle fusioniert, sodass sich ihre Zellmembranen verbanden. So entstand eine *Hybridzelle*.

Einen Tag nach der Fusion wurden diese Hybridzellen mithilfe eines Fluoreszenzmikroskops in Bezug auf die Verteilung der Farbmarkierungen untersucht.

C1 Stellen Sie eine Hypothese auf, die mit dem beschriebenen Versuch überprüft werden kann!

C2 Beschreiben Sie das in der Abbildung A dargestellte Versuchsergebnis und überprüfen Sie Ihre Vermutung aus Aufgabe C1!

C3 Werten Sie die in den Abbildungen B und C dargestellten Versuchsergebnisse aus!

Material D ▸ Positionswechsel von Membranlipiden

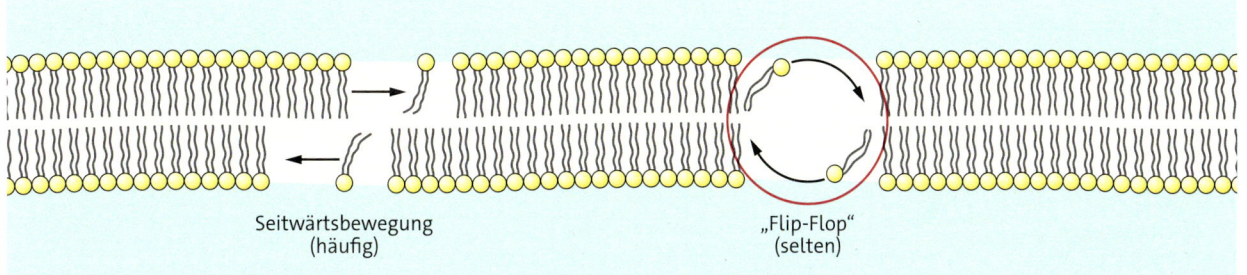

D1 Beschreiben Sie die in der Abbildung gezeigten Positionswechsel!

D2 Erklären Sie die unterschiedliche Häufigkeit der beiden Positionswechsel!

/// **IM BLICKPUNKT WISSENSCHAFTSGESCHICHTE** ///////////////////////////////////////

Membranmodelle

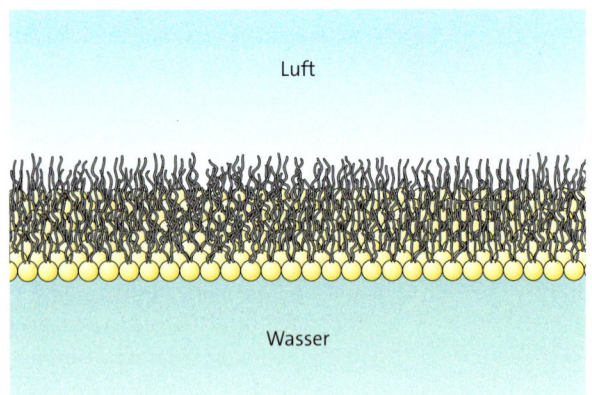

01 Membranmodell von LANGMUIR

LIPIDHYPOTHESE · In den Jahren zwischen 1890 und 1895 experimentierte der englische Biologe Charles Ernest OVERTON mit tierischen und pflanzlichen Zellen. Er wollte herausfinden, welche chemischen Stoffe leichter und welche weniger leicht in die Zellen hineingelangen. Dabei fiel ihm auf, dass alle fettlöslichen Substanzen „mit größter Schnelligkeit eindringen". Verbindungen, die leicht in Wasser löslich sind, gelangen kaum oder gar nicht in die Zellen. Seine Beobachtungen führten ihn zu der Hypothese, dass die Zellen von einer dünnen Zellmembran umschlossen sein müssen, die aus fettähnlichen Stoffen, aus Lipiden, besteht. Die Fähigkeit eines Stoffes, in die Zelle zu gelangen, hängt somit nicht in erster Linie von seiner Größe ab, sondern von der Löslichkeit in der Zellmembran. Auf Basis dieser Erkenntnisse

entwickelte OVERTON die *Narkosetheorie:* Die hohe Löslichkeit in der Zellmembran ist die Eigenschaft aller guten, schnell wirkenden Narkotika.

BILAYER-MODELL · Dem Chemiker Irving LANGMUIR gelang es im Jahr 1917, experimentell nachzuweisen, dass Lipide sich auf der Wasseroberfläche in einer nur ein Molekül dünnen Schicht als *Monolayer* ausbreiten. Die hydrophilen Köpfe der Moleküle liegen dabei im Wasser, während die hydrophoben Schwänze, die Kohlenwasserstoffketten, in die Luft ragen.

Innerhalb eines Lebewesens befinden sich die Zellen und damit auch beide Seiten der Zellmembranen in einer wässrigen Umgebung. Aufgrund dessen stellten die beiden Wissenschaftler Evert GORTER und François GRENDEL die Hypothese auf, dass Zellmembranen aus zwei Lipidschichten bestehen müssen. Die Köpfe der beiden Lipidschichten sind dabei nach außen dem Wasser zugewandt. Um diese Annahme zu überprüfen, isolierten sie im Jahr 1925 die Lipide von roten Blutzellen verschiedener Säugetiere. Nach der von LANGMUIR entwickelten Methode breiteten sie die Lipide anschließend auf einer Wasseroberfläche aus und berechneten die Größe der entstandenen Fläche. Ihre Experimente zeigten, dass die von den Lipiden bedeckte Wasserfläche etwa doppelt so groß ist wie die Oberfläche der roten Blutzellen. Ihre Hypothese wurde bestätigt und führte zum *Bilayer-Modell* der Biomembran.

Tierart	Gesamtoberfläche der roten Blutzellen in m²	Von Lipiden insgesamt bedeckte Fläche in m²
Mensch	0,47	0,92
	0,47	0,89
Hund	31,3	62
	6,2	12,2
Hase	5,46	9,9
	0,27	0,54
Meerschweinchen	0,52	1,02
	0,52	0,97
Ziege	0,33	0,66
	0,33	0,69

02 Forschungsergebnisse von GORTER und GRENDEL

SANDWICH-MODELL · In den folgenden Jahren wurden vielfältige Experimente durchgeführt, um die Eigenschaften der Biomembran aufzuklären. Messergebnisse zur Oberflächenspannung, der Durchlässigkeit für verschiedene Stoffe und des elektrischen Widerstands konnten mit dem Bilayer-Modell nicht gedeutet werden. Auf Grundlage dieser Befunde entwickelten Hugh DAVSON und James DANIELLI im Jahr 1935 eine neue Hypothese. Ihrer Auffassung nach ließen sich die Eigenschaften der Biomembranen nur erklären, wenn Proteine am Bau der Biomembran beteiligt sind. Die beiden Forscher erweiterten daraufhin das Modell des Bilayers: Beide Seiten der Lipiddoppelschicht werden von einer dünnen Schicht aus Proteinen bedeckt. Die Membran besteht demnach aus einem Sandwich mit der Lipiddoppelschicht innen und jeweils einer Proteinschicht außen.

Als man in den 1950er-Jahren erstmalig Biomembranen mithilfe des Transmissionselektronenmikroskops sichtbar machen konnte, zeigten alle Aufnahmen einen dreischichtigen Aufbau aus einer hellen Linie, flankiert von zwei dunklen Linien. Aufgrund dieser Erkenntnisse nahm J. David ROBERTSON an, dass alle Biomembranen gleich aufgebaut sind. Dieses Konzept bestätigte das *Sandwich-Modell*.

DER WEG ZUM FLUID-MOSAIK-MODELL · Larry FRYE und Michael EDIDIN konnten 1970 mithilfe der Fluoreszenzmikroskopie die fluiden Eigenschaften der Plasmamembran nachweisen, indem sie Zellmembranen von

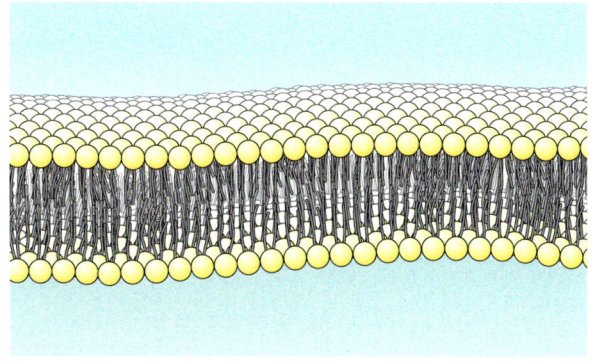

03 Bilayer-Modell

Mauszellen und von menschlichen Zellen farblich markierten und fusionierten. Dabei zeigte sich, dass sich die Membranproteine durchmischten.

Fortschritte in der Elektronenmikroskopie und exaktere Messverfahren ergaben zudem uneinheitliche Membrandicken. Anhand rasterelektronenmikroskopischer Aufnahmen konnte man Proteinmoleküle erkennen, die in die Membran hineinreichen. Diese Erkenntnisse führten zur Entwicklung des *Fluid-Mosaik-Modells*.

1 ⌡ Beschreiben Sie ausgehend von den Abbildungen die historischen Modellvorstellungen zur Biomembran!

2 ⌡ Erläutern Sie, weshalb sich die Modellvorstellungen verändert haben!

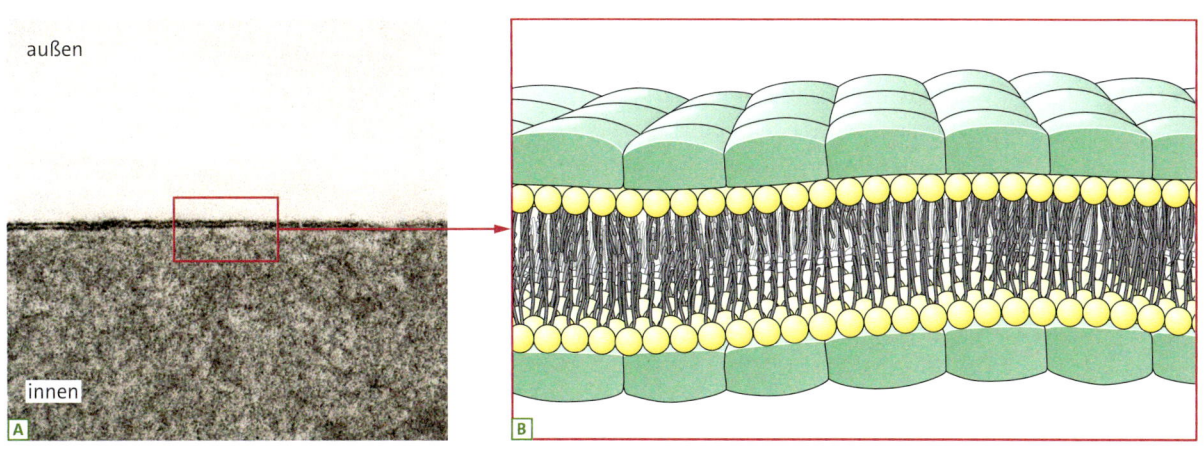

außen

innen

A **B**

04 Biomembran: **A** EM-Aufnahme, **B** Sandwich-Modell

01 Gurkenscheiben mit Kochsalz

Diffusion und Osmose

Bestreut man eine frisch geschnittene Gurkenscheibe mit Kochsalz, lässt sich beobachten, dass innerhalb kurzer Zeit die Salzkristalle immer feuchter werden und bald mit Flüssigkeit getränkt sind. Wie lässt sich dieses Phänomen erklären?

DIFFUSION · Um dieses Phänomen zu verstehen, hilft ein kleiner Vorversuch: Wenn man mit einer Pipette wenige Tropfen eines roten Farbstoffs in ein mit Wasser gefülltes Becherglas gibt, kann man beobachten, wie sich der Farbstoff ausbreitet. Nach einiger Zeit ist die Lösung im Becherglas einheitlich rot gefärbt.

Auf Teilchenebene bedeutet dies, dass sich die Farbstoffmoleküle zunächst konzentriert in einem eng begrenzten Raum befinden. Sowohl die Farbstoffmoleküle als auch die Wassermoleküle haben eine ungerichtete Eigenbewegung. Treffen zwei Moleküle aufeinander, ändern sie ihre Richtung, ähnlich wie zwei Billardkugeln, die aufeinanderstoßen. Dabei bewegen sich mehr Teilchen in Richtung geringerer Konzentration als in umgekehrter Richtung. Die Eigenbewegung der Farbstoffmoleküle führt zur Ausbreitung der Farbstofflösung im Becherglas. Dieser Vorgang heißt *Diffusion*. Sie führt dazu, dass sich die Farbstoffmoleküle in einem begrenzten Raum gleichmäßig verteilen. Es wird ein *Konzentrationsausgleich* erreicht. Die Teilchen sind aber nach wie vor in Bewegung.

Die Diffusionsgeschwindigkeit ist von verschiedenen Bedingungen abhängig: Mit steigender Temperatur nimmt die ungerichtete Eigenbewegung der Teilchen zu. Dadurch verteilen sich die Teilchen rascher im Raum, die Diffusionsgeschwindigkeit nimmt zu. Je größer die Teilchen sind, umso geringer ist die Geschwindigkeit ihrer Eigenbewegung. Die Diffusionsgeschwindigkeit nimmt ab.

Wichtig ist auch, wie groß die Konzentrationsunterschiede eines Stoffes sind und wie weit sie voneinander entfernt sind. Je höher die Konzentrationsunterschiede eines Stoffes und je geringer ihre Entfernung, umso steiler ist der daraus resultierende *Konzentrationsgradient* und umso höher die Diffusionsgeschwindigkeit. Innerhalb von Zellen und in ihrer direkten Umgebung sind nur kurze Entfernungen zu überwinden. Dort können gelöste Stoffe sehr rasch diffundieren. Für größere Entfernungen in einem Organismus ist die Diffusion zu langsam.

02 Diffusion eines roten Farbstoffs in Wasser

PLASMOLYSE UND DEPLASMOLYSE · Auf der Gurkenscheibe befindet sich ein dünner Wasserfilm, da viele Zellen durch den Schnitt verletzt worden sind. Nach kurzer Zeit sammelt sich jedoch erheblich mehr Wasser, die Gurkenscheibe wird dünner und weich. Man muss annehmen, dass Wasser aus tiefer liegenden, unverletzten Zellen aus der Gurkenscheibe ausgetreten ist.

Mithilfe des Mikroskops kann man den Vorgang, der diesem Phänomen zugrunde liegt, genauer untersuchen. Gut geeignet sind hierfür die verhältnismäßig großen Epidermiszellen der roten Küchenzwiebel mit ihren rot gefärbten Vakuolen. Gibt man zu diesen Zellen eine konzentrierte Salzlösung auf den Objektträger, beobachtet man, dass das Volumen der Vakuolen abnimmt und sich das Zellplasma von der Zellwand ablöst. Gleichzeitig erscheint die Färbung der Vakuolen intensiver rot.

Die umgebende Lösung hat eine höhere Salzkonzentration als das Zellinnere. Man bezeichnet sie als *hyperton*. Die gelösten Salzteilchen können die Zellwände von außen nach innen passieren, nicht aber die Zellmembranen. Innerhalb der Zellen ist nun die Wasserkonzentration höher als in der direkten Umgebung. Die Wasserteilchen aus der Vakuole und dem Zellplasma diffundieren durch die Membranen nach außen und bewirken, dass das Volumen des Zellinneren abnimmt. Dieser Vorgang wird als **Plasmolyse** bezeichnet.

Überführt man die Zwiebelepidermis anschließend in eine Lösung mit einer geringeren Salzkonzentration als im Zellinneren, also in eine *hypotonische* Lösung, findet der umgekehrte Prozess statt: Die Wasserteilchen diffundieren in das Zellinnere.

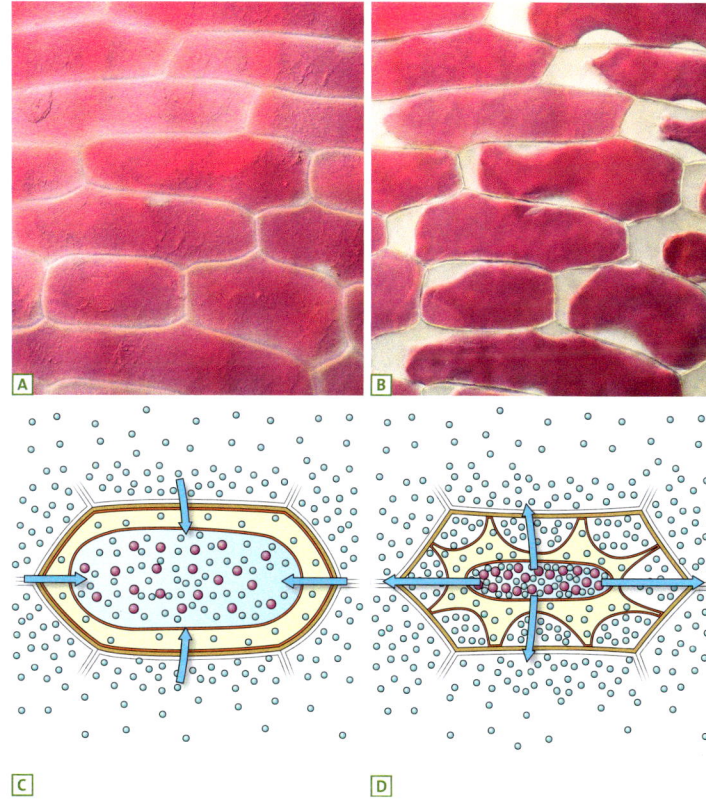

03 Plasmolyse

Das Zellplasma und die Vakuole dehnen sich wieder aus und nehmen ihre ursprüngliche Form an. Diesen Vorgang nennt man **Deplasmolyse.**

Eine wesentliche Ursache für die Plasmolyse und die Deplasmolyse ist, dass die Zellmembran und der Tonoplast für das Lösungsmittel Wasser durchlässig sind, nicht aber für den darin gelösten Stoff. Man nennt die Membranen deshalb **selektiv permeabel.** Der Durchtritt des Lösungsmittels durch eine solche Membran wird als **Osmose** bezeichnet.

griech. hyperton = höheren Druck habend

griech. hypoton = geringeren Druck habend

griech. isoton = gleichen Druck habend

lat. permeabel = durchlässig

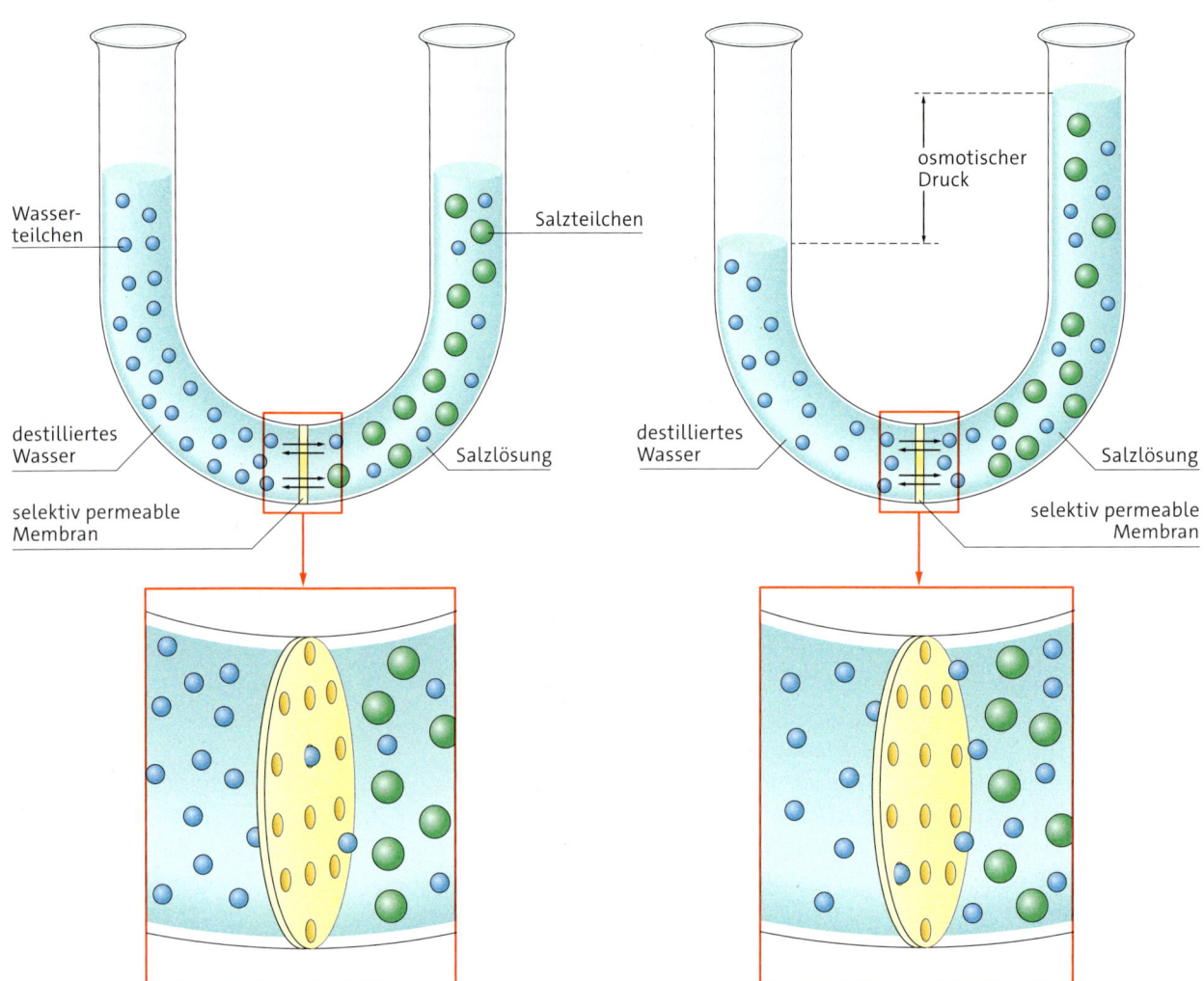

Wasser-
teilchen

Salzteilchen

destilliertes
Wasser

Salzlösung

selektiv permeable
Membran

osmotischer
Druck

destilliertes
Wasser

Salzlösung

selektiv permeable
Membran

04 Osmose durch
eine selektiv per-
meable Membran
(Modell)

MODELLVERSUCH ZUR OSMOSE · Die Wirkung der selektiven Permeabilität der Membranen lässt sich mit einem Modellversuch verdeutlichen. In einem U-Rohr befinden sich zwei Kammern, die durch eine selektiv permeable Membran voneinander getrennt sind. In der linken Kammer befindet sich destilliertes Wasser, in der rechten Kammer eine Salzlösung. Sowohl für das gelöste Salz als auch für das Lösungsmittel Wasser liegt ein Konzentrationsgradient vor. Nur die Wassermoleküle können die Membran passieren. Sie strömen durch die selektiv permeable Membran in die rechte Kammer. Dies führt zu einem erhöhten Druck in der Kammer mit der Salzlösung und zum Anstieg des Pegels. Aufgrund der zugrunde liegenden Osmose wird dieser Druck als *osmotischer Druck* bezeichnet. Er steigt mit zunehmender Konzentration der

Salzlösung. Die selektiv permeable Membran verhindert, dass es zu einem Konzentrationsausgleich kommt.

Bei einer frischen Gurkenscheibe bewirkt der osmotische Druck, dass die Zellmembranen von innen Druck auf die elastischen Zellwände ausüben. Aufgrund der durch die Salzkristalle hervorgerufenen Plasmolyse verringert sich dieser Druck und die Zellwände stehen nicht mehr unter Spannung. Deshalb wird die Gurkenscheibe weich.

1 Beschreiben Sie den Unterschied zwischen Diffusion und Osmose!

2 Erläutern Sie am Beispiel der mit Kochsalz bestreuten Gurkenscheibe den Vorgang der Plasmolyse!

Material A ▸ Simulationsspiel zur Diffusion

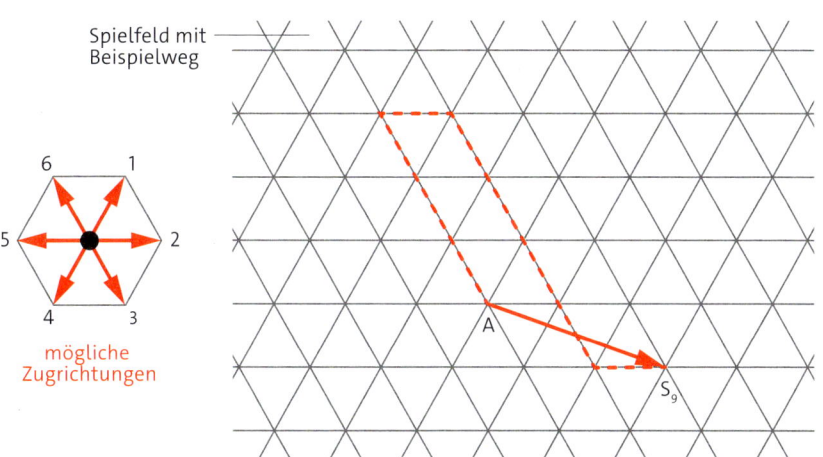

Spielfeld mit Beispielweg

6 | 1
5 | ● | 2
4 | 3

mögliche Zugrichtungen

Die ungerichtete Teilchenbewegung bei der Diffusion lässt sich auf einem Spielfeld aus gleichseitigen Dreiecken simulieren, zum Beispiel einem Halmaspielfeld. Man benötigt hierzu einen Würfel und einen Spielstein.

Zunächst wird ein Startpunkt A bestimmt. Die Richtung der Bewegung wird durch die gewürfelte Augenzahl nach der in der Abbildung gezeigten Zugrichtung festgelegt. Gewandert wird ausschließlich entlang der Linien und immer um einen Schritt. Die Abbildung zeigt ein Beispiel eines Weges mit der Würfelfolge 6, 6, 6, 2, 3, 3, 3, 3, 2.

A1 Führen Sie das Simulationsspiel durch und zeichnen Sie den Weg Ihres Spielsteins auf! Markieren Sie die nach 9, 16, 25 und 36 Schritten erhaltenen Endpunkte S_9, S_{16}, S_{25} und S_{36}. Messen Sie die jeweiligen Abstände zum Startpunkt A!

A2 Vergleichen Sie Ihre Zufallswege mit denen Ihrer Mitschülerinnen und Mitschüler!

A3 Erläutern Sie, welche Eigenschaften des Teilchenmodells der Diffusion im Simulationsspiel erfasst werden und welche nicht!

Material B ▸ Hühnereier

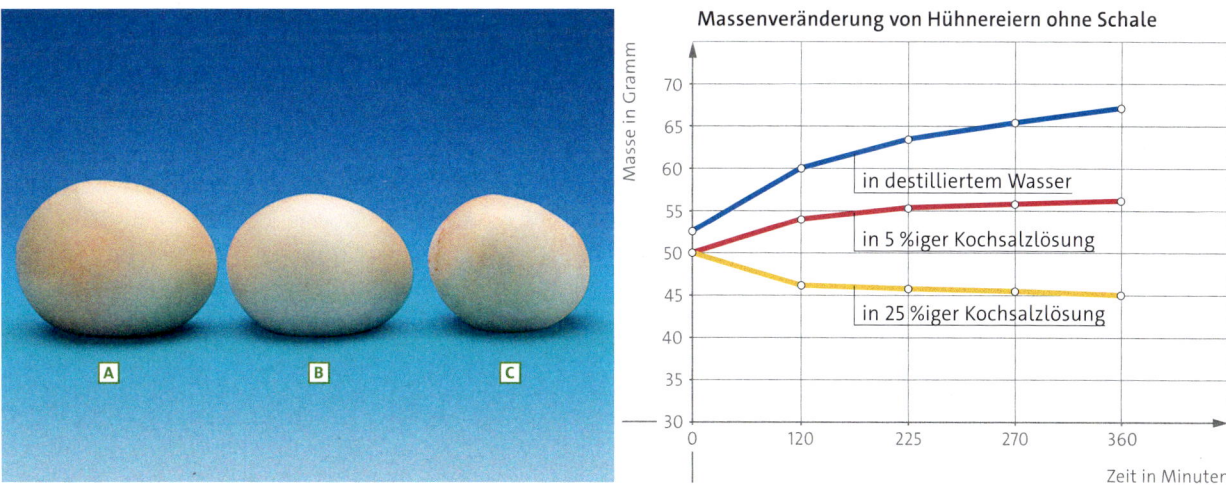

Massenveränderung von Hühnereiern ohne Schale

in destilliertem Wasser
in 5 %iger Kochsalzlösung
in 25 %iger Kochsalzlösung

Masse in Gramm
Zeit in Minuten

Drei rohe Hühnereier werden je in ein mit Haushaltsessig gefülltes Becherglas gelegt und zwei Tage lang aufbewahrt.
Aufgrund der Einwirkung der Essigsäure löst sich die Kalkschale der Eier langsam auf. Die Eihaut bleibt erhalten. Die so vorbereiteten Eier werden vorsichtig mit klarem Wasser abgespült

und anschließend in drei verschiedene Lösungen überführt: ein Ei in destilliertes Wasser (A), ein Ei in 5%ige Kochsalzlösung (B) und ein Ei in 25%ige Kochsalzlösung (C). Innerhalb der folgenden sechs Stunden werden die Massenveränderungen der Hühnereier ohne Schale festgehalten.

B1 Beschreiben Sie die dargestellten Veränderungen der Massen der drei Hühnereier!

B2 Erklären Sie die beobachteten Massenveränderungen!

B3 Entwickeln Sie ein Folgeexperiment zur Bestimmung der Salzkonzentration im Hühnerei!

01 Traubenzucker als schneller Energielieferant bei einer Klausur

Transportvorgänge an Biomembranen

Charles Ernest
OVERTON
1865–1933
siehe Seite 44

Viele Schülerinnen und Schüler essen während einer Klausur Traubenzuckerstücke. Die darin enthaltene energiereiche Glukose wird sehr rasch vom Darm ins Blut aufgenommen und ist daher ein schneller Energielieferant. Wie gelangen die Glukosemoleküle durch die Zellmembranen der Darmwand in die Blutgefäße?

ERLEICHTERTE DIFFUSION · Als Charles Ernest OVERTON in den 1890er-Jahren die Durchlässigkeit von Biomembranen untersuchte, stellte er fest, dass fettlösliche Stoffe durch Membranen leicht diffundieren können, wasserlösliche Stoffe jedoch nicht. Da Glukosemoleküle sehr gut wasserlöslich sind, können sie also Biomembranen nicht passieren.

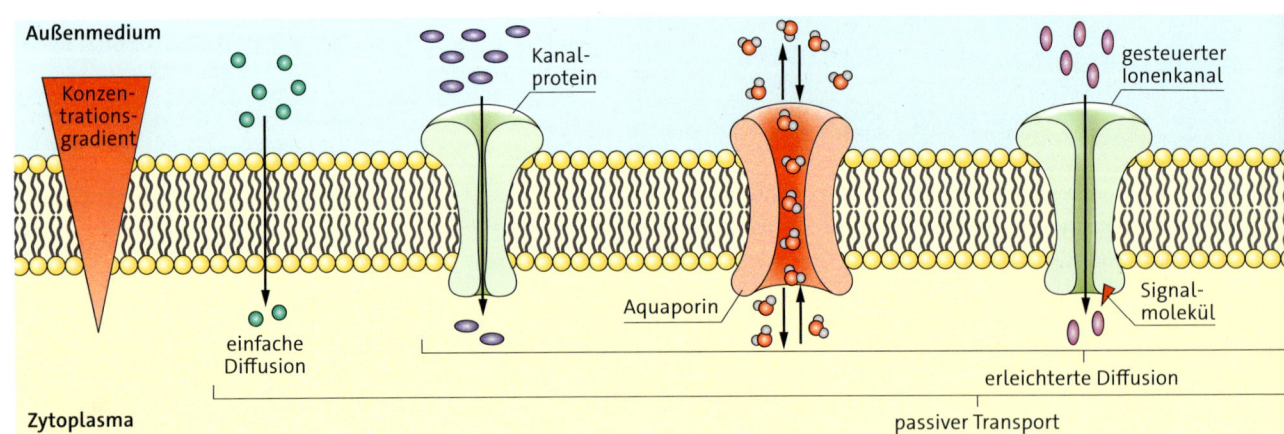

02 Transportvorgänge durch Biomembranen

Lipidlösliche Stoffe und Gase wie Sauerstoff können die Lipiddoppelschicht der Biomembran durch *einfache Diffusion* passieren. Lipidunlösliche, polare Moleküle, zum Beispiel Glukosemoleküle, und Ionen gelangen über integrale Membranproteine, die **Kanalproteine,** durch die Membran. Kanalproteine bilden Poren und erlauben eine *erleichterte Diffusion* in Richtung des Konzentrationsgradienten. Die am besten untersuchten Membrankanäle sind die *Ionenkanäle.* Sie sind jeweils für eine Ionenart spezifisch. Die meisten Ionenkanäle können wie ein Tor geöffnet und geschlossen werden. Dies geschieht entweder durch ein chemisches Signalmolekül oder durch elektrische Erregung. Ionenkanäle sind wichtig für die Erregungsleitung im Nervensystem sowie die Regelung des Gasaustauschs bei Pflanzen.

Lange Zeit konnte man sich die schnelle Diffusion polarer Wassermoleküle durch Biomembranen nicht erklären. Erst in den 1980er-Jahren gelang es, spezifische Kanalproteine, die **Aquaporine,** nachzuweisen. Sie erlauben einen schnellen Wassertransport in tierischen und pflanzlichen Zellen, da ein einzelnes Aquaporin bis zu drei Milliarden Wassermoleküle pro Sekunde durchlassen kann.

Aminosäure- und Zuckermoleküle werden von speziellen *Carrierproteinen* transportiert, an die das zu transportierende Molekül bindet. Die Carrier ändern ihre Struktur und entlassen das Molekül auf der anderen Seite der Membran. Aufgrund dieser Funktionsweise wird der Transport als **Carriertransport** bezeichnet.

Da die verschiedenen Prozesse der Diffusion und der erleichterten Diffusion durch Biomembranen keine zusätzliche Energie benötigen, handelt es sich um einen **passiven Transport**.

GLUKOSETRANSPORT · Bevor die Glukose aus dem Dünndarm ins Blut gelangt, muss sie die Dünndarmzellen passieren. Zunächst gelangt die Glukose mithilfe eines Carriers in die Zellen. Gleichzeitig werden Natriumionen, kurz Na^+, transportiert. Diesen Cotransport von zwei Stoffen nennt man *Symport*.

Der Antrieb für den Symport erfolgt über den hohen Konzentrationsgradienten für Natriumionen zwischen Darminnenraum und Zellplasma der Dünndarmzellen. Durch den Symport gelangt die Glukose gegen ihren eigenen Konzentrationsgradienten in die Dünndarmzellen. Dadurch wird sie optimal genutzt. Mithilfe eines weiteren Carriers gelangt die Glukose aus der Dünndarmzelle ins Blutgefäß.

Der Glukosetransport ist von einer niedrigen Natriumionenkonzentration in den Dünndarmzellen abhängig. Deshalb befinden sich in ihren Membranen Natrium-Kalium-Pumpen, die die Natriumionen aus den Zellen befördern und gleichzeitig Kaliumionen hinein. Da die Pumpen Energie in Form von ATP benötigen und die Ionen gegen den Konzentrationsgradienten transportieren können, spricht man von einem **aktiven Transport.**

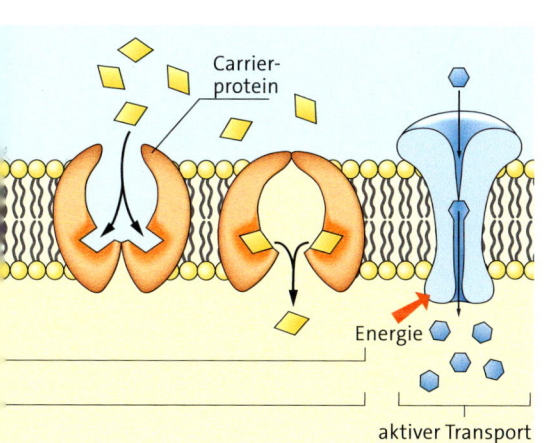

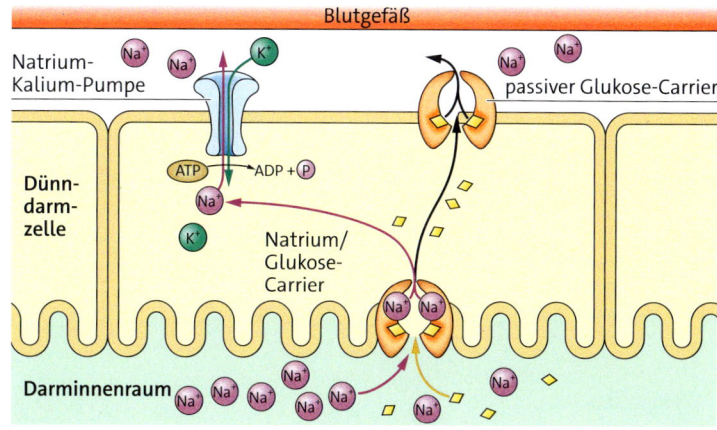

03 Glukosetransport durch eine Dünndarmzelle

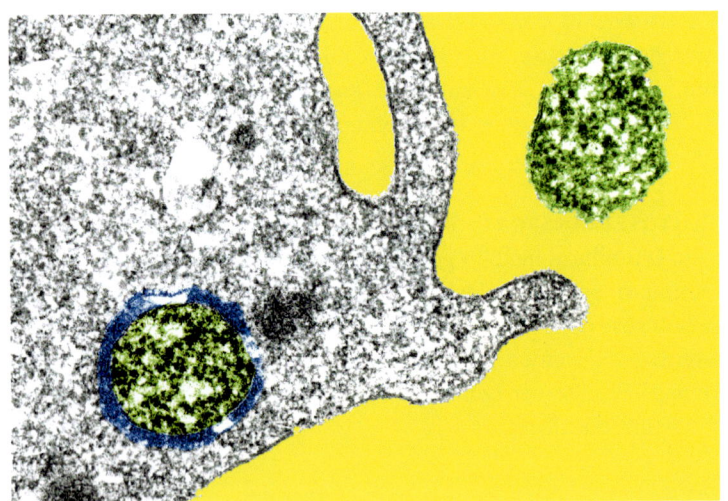

04 Phagozytose eines Makrophagen

ZYTOSEN · Kleine Moleküle können über Kanalproteine oder Carrierproteine in das Innere der Zelle diffundieren. Größere Moleküle wie Cholesterin oder Nahrungspartikel gelangen auf einem anderen Weg in die Zelle. Die Zellmembran umfließt das Nahrungspartikel und bildet ein von der Membran umschlossenes Vesikel. Das Nahrungspartikel wird von der Zelle aufgenommen. Diesen Vorgang nennt man **Endozytose.** Anschließend verschmilzt das Vesikel mit einem Lysosom. Dessen Verdauungsenzyme lösen den Inhalt des Vesikels auf. Eine besondere Form der Endozytose ist der Angriff eines Makrophagen auf ein Bakterium. Makrophagen gehören zu den weißen Blutzellen und sind als Abwehrzellen aktiv. Sie schließen Bakterien in Vesikel ein, die sie dort verdauen. Die Aufnahme eines festen Partikels nennt man *Phagozytose.*

Viele Zellen produzieren Sekretstoffe wie Verdauungsenzyme oder Hormone. Die in der Zelle produzierten Sekrete werden in Vesikel eingeschlossen. Auf diese Weise erfolgt der Transport von Proteinen durch Transportvesikel vom endoplasmatischen Retikulum zum Dictyosom. Dort verschmelzen die Membranen des Vesikels und des Dictyosoms, der Inhalt wird weiterverarbeitet. Am Dictyosom schnüren sich seitlich Vesikel ab, die zur Zellmembran transportiert werden. Die Vesikelmembran verschmilzt mit der Zellmembran und der Inhalt der Vesikel wird nach außen abgegeben. Diesen Vorgang bezeichnet man als **Exozytose.** Während des Vesikeltransports innerhalb der Zelle werden Membranstücke von einem Organell zum anderen transportiert. Die damit einhergehende Erneuerung der Membranen heißt *Membranfluss.*

1 ᒊ Beschreiben Sie die Beispiele für die erleichterte Diffusion!

2 ᒊ Erläutern Sie den Unterschied zwischen passivem und aktivem Transport!

3 ᒊ Beschreiben Sie den Ablauf der Endozytose!

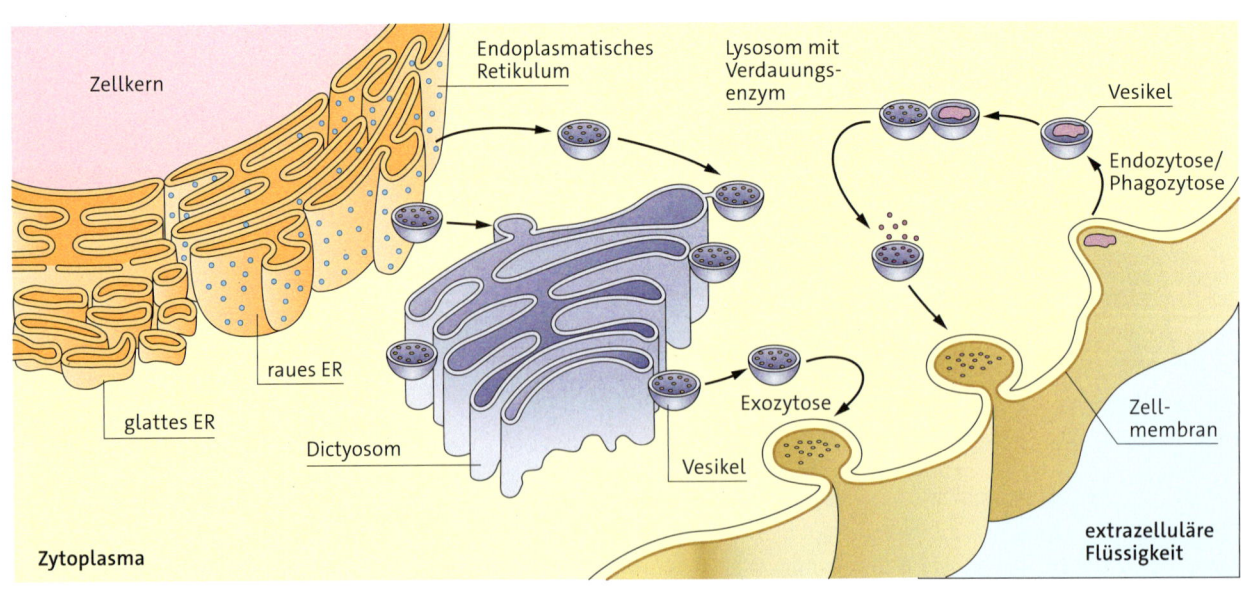

05 Membranfluss in der Zelle

Material A ▸ Plasmolyse bei der Ligusterbeere

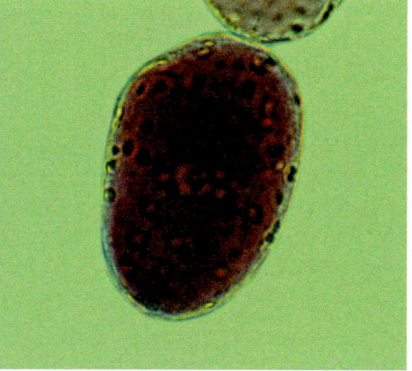
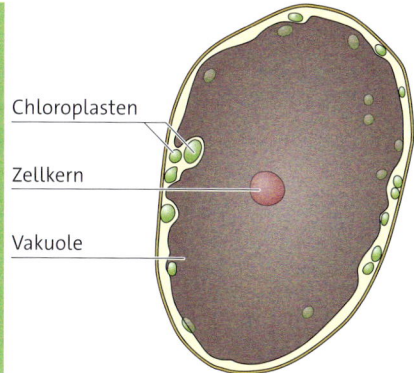

Chloroplasten

Zellkern

Vakuole

Der Gemeine Liguster ist häufig an Waldrändern anzutreffen. Im September entwickelt er schwarze, etwa erbsengroße, giftige Beeren.
Im lichtmikroskopischen Bild des Fruchtfleisches der Ligusterbeere erkennt man in den Zellen eine zentrale, blaurot gefärbte Vakuole, die fast den gesamten Zellinhalt ausfüllt. Sie ist von einem schmalen Zyotoplasmasaum mit Chloroplasten umgeben.
Legt man das Präparat in eine konzen-trierte Zuckerlösung, beobachtet man, dass Zellen und Vakuolen schrumpfen. Legt man die Zellen zurück in Wasser, nimmt das Volumen des Zellinhalts wieder zu.
Für einen zweiten Versuch wird das Präparat zunächst mit einer Queck-silbersalzlösung behandelt. Anschließend wird das Präparat in die Zuckerlösung und dann in Wasser gelegt.
Die Quecksilberionen der Quecksilber-salzlösung blockieren Aquaporine.

A1 Erläutern Sie die Veränderungen des Zellvolumens nach der Über-führung in konzentrierte Zucker-lösung und in Wasser!

A2 Erklären Sie die Funktion der Aquaporine in der Zellmembran! Nehmen Sie hierzu die Abbildung 02 auf Seite 50 zu Hilfe!

A3 Stellen Sie eine Hypothese auf, welche Beobachtungen im zweiten Versuch zu erwarten sind!

Material B ▸ Vakuole als Ionenfalle

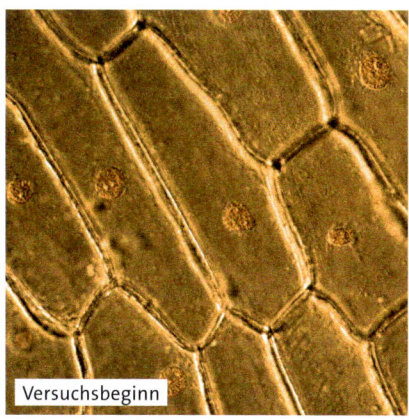

Versuchsbeginn

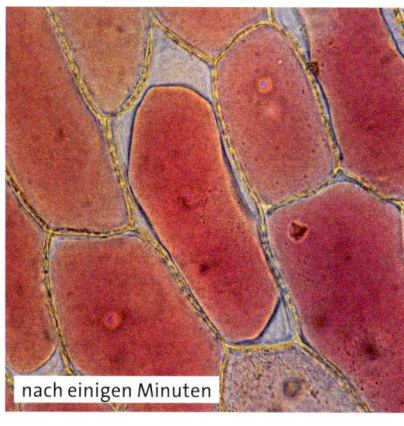

nach einigen Minuten

Neutralrot ist ein Farbstoff, der in einer neutralen bis basischen Lösung lipo-phil ist und eine braunrote Farbe hat. In saurer Lösung nehmen die lipophilen Neutralrotmoleküle Protonen auf und wandeln sich so in positiv geladene hydrophile Neutralrotionen um.

Die Lösung färbt sich kirschrot.
Für ein Experiment wird die Epidermis einer Küchenzwiebel in eine Neutral-rotlösung gelegt. Nach einigen Minuten beobachtet man die in der rechten Abbildung dargestellten Ver-änderungen.

In einem Folgeexperiment wird die Zwiebelepidermis von der Neutralrot-lösung in Leitungswasser überführt.

Der Vakuoleninhalt der Zwiebelzellen ist schwach sauer.

B1 Beschreiben Sie die in der rechten Abbildung dargestellten Ver-änderungen in der Zwiebel-epidermis!

B2 Erklären Sie die Beobachtungen!

B3 Entwickeln Sie eine Hypothese, welche Beobachtungen im Folge-experiment zu erwarten sind, und begründen Sie den Begriff „Ionen-falle"!

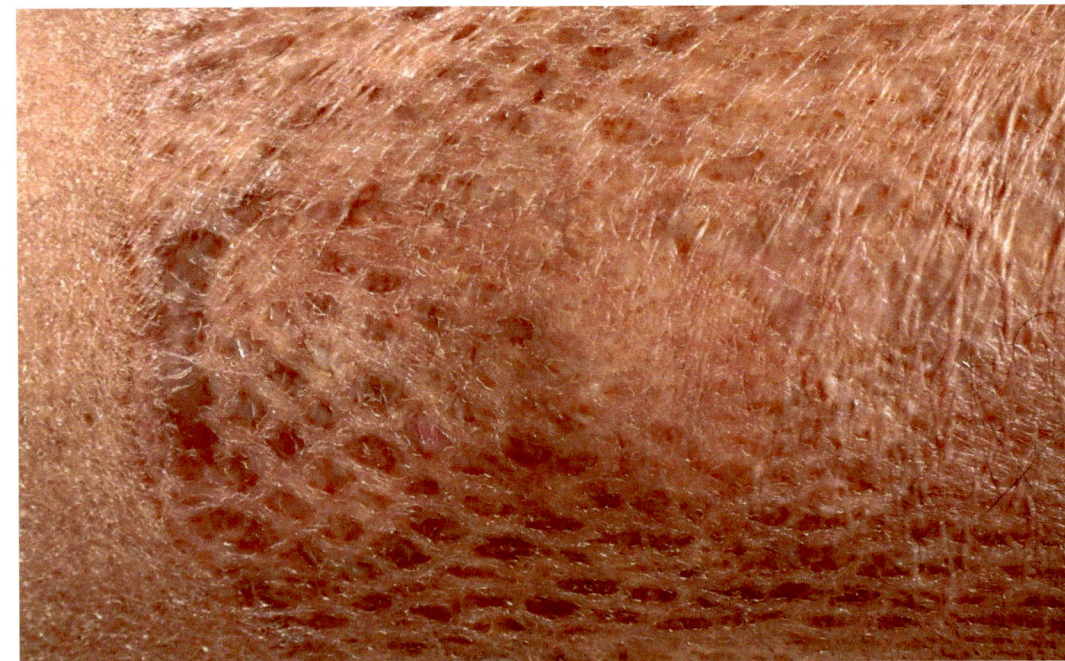

01 Unterschenkel eines Menschen nach erfolgreicher Hauttransplantation

Zelloberflächen und Abstoßungsreaktion

Nach schweren Verletzungen, zum Beispiel durch Unfälle oder Verbrennungen, muss die Oberfläche von Wunden umgehend bedeckt werden, um eine gute Heilung zu erreichen. Bei großflächigen Verletzungen wird dazu Hautgewebe verpflanzt. Weshalb nimmt man nach Möglichkeit körpereigenes Gewebe?

WUNDHEILUNG · Kleine Wunden schließen sich durch das Zusammenwachsen der Wundränder, sodass die Haut meistens schnell und spurlos verheilt. Bei großflächigen Wunden hingegen bildet sich nur langsam neue Haut und festes Narbengewebe. Außerdem bleibt der Bereich oft dauerhaft sehr empfindlich und unterscheidet sich im Aussehen stark von der gesunden Haut. Daher wird die Lücke in der Haut häufig durch verpflanztes Hautgewebe geschlossen. Die Wunde verheilt dadurch schneller und die Narbe ist unauffälliger. Vor einer solchen *Gewebetransplantation* muss abgestorbenes und von Bakterien befallenes Gewebe aus der Wunde entfernt werden. Dann bildet der Körper eine Form von Bindegewebe, das *Granulationsgewebe*. Es entsteht zwischen dem vierten und zwölften Tag nach der Verletzung. Das Granulations-

gewebe ist stark von Kapillaren durchzogen und wächst von den Wundrändern zur Mitte der Wunde. Damit die Gewebetransplantation erfolgreich verläuft, muss sie in diesem Zeitraum erfolgen. Nur dann ist der geeignete Untergrund für die transplantierte Haut vorhanden.

EIGENSPENDE · Die Transplantation von eigenem Hautgewebe auf einen anderen Bereich des Körpers nennt man *Eigenspende*. Dafür wird dem Patienten gesundes Gewebe entnommen, meistens am Oberschenkel. Dieses wird dann rautenförmig eingeschnitten und stark gedehnt. Das vorbereitete Transplantat wird mit den Blutgefäßen des Granulationsgewebes vernäht. Nach drei Tagen bilden sich neue Blutgefäße. Neue Lymphgefäße entstehen nach etwa vier Tagen. Der Heilungserfolg ist hoch, weil das Immunsystem nicht auf das körpereigene Gewebe reagiert. Es wächst schnell an und Abstoßungsreaktionen, durch die das Gewebe seine Funktion verliert, sind äußerst selten.

FREMDSPENDE · Werden Gewebe oder Organe eines Menschen auf oder in den Körper eines anderen Menschen transplantiert, spricht man von einer *Fremdspende.* Wenn man bei einem Patienten kein eigenes, sondern das Hautgewebe eines anderen Menschen transplantiert, erkennt das Immunsystem dieses als fremd. Der Grund hierfür sind spezifische Oberflächenstrukturen der Zellen des Spendergewebes.

Auf der Zellmembran fast aller Körperzellen befinden sich bestimmte Glykoproteine, die man *MHC-Proteine* nennt. Diese MHC-Proteine besitzen einen Molekülbereich, der ein kurzes Peptid festhalten kann. Jede Körperzelle stellt aus jedem in ihr produzierten Proteintyp Peptide her, die genau in diese Molekülbereiche passen. Ein MHC-Protein bindet ein Peptid und wandert damit zur Zellmembran. Dort präsentiert das MHC-Protein das zelluläre Peptid. Im eigenen Körper erkennen die Immunzellen daran, dass es sich um körpereigene Zellen handelt. Stammen die Zellen jedoch von einem anderen Menschen, werden die an die MHC-Proteine gebundenen Peptide auf der Zellmembran der gespendeten Zellen als fremd erkannt. Sie wirken dann als **Antigene.** Dies führt zur Bekämpfung der fremden Zellen durch das Immunsystem, die auf zwei Wegen erfolgt.

Spezielle weiße Blutzellen, die *Lymphozyten,* besitzen auf ihrer Zellmembran viele Antigen-Rezeptoren. Alle Rezeptoren eines bestimmten Lymphozyten sind identisch und binden nach dem *Schlüssel-Schloss-Prinzip* nur an ein ganz bestimmtes Antigen, sie sind spezifisch. Hat diese Bindung von Rezeptor und Antigen stattgefunden, findet eine starke Vermehrung der Lymphozyten statt. Einige dieser Lymphozyten entwickeln sich zu einem weiteren Typ weißer Blutzellen, den *Killerzellen.* Diese produzieren Stoffe, die die Zellmembran der körperfremden Zellen auflösen.

Zusätzlich geben spezielle Immunzellen riesige Mengen an Proteinen ab, die genau auf das Antigen passen. Diese Proteine bezeichnet man als **Antikörper.** Sie binden an die Antigene, was die Bildung weiterer Immunzellen bewirkt, die eine Entzündung und Verengung der Blutgefäße des Transplantats verursachen. Dadurch wird das Transplantat nicht mehr ausreichend durchblutet. Durch diese **Immunreaktionen** wird das transplantierte Fremdgewebe abgestoßen und kann nicht anwachsen.

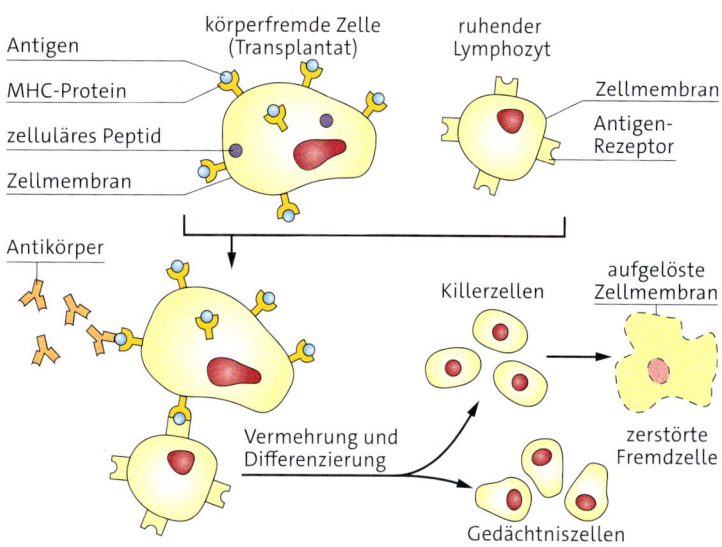

02 Immunreaktion nach der Transplantation von Fremdgewebe

PASSUNG VON SPENDER UND EMPFÄNGER · Weil die MHC-Proteine erstmals auf der Oberfläche von menschlichen weißen Blutzellen, den Leukozyten, entdeckt wurden, heißen sie beim Menschen *humane Leukozytenantigene,* kurz **HLA.** Die Zusammensetzung der HLA ist genetisch festgelegt und daher bei jedem Menschen unterschiedlich. Eine Ausnahme sind eineiige Zwillinge.

engl. major histocompatibility complex, MHC = Hauptgewebeverträglichkeitskomplex

Um das Risiko einer Abstoßungsreaktion zu minimieren, bestimmt man vor einer Transplantation die HLA-Merkmale von Spender und Empfänger und sucht nach einer möglichst hohen Übereinstimmung. So werden nur wenige Zellen des Immunsystems aktiviert. Für den dauerhaften Erfolg einer Transplantation ist dennoch eine lebenslange Hemmung der Immunreaktion, die **Immunsuppression,** durch spezielle Medikamente notwendig. Zellteilungshemmer verhindern die Bildung von Immunzellen, andere Wirkstoffe reduzieren die Aktivierung des Immunsystems. Fast alle Medikamente haben Nebenwirkungen wie Veränderungen der Haut, Störungen der Leberfunktionen oder Erhöhung des Krebsrisikos. Zudem beeinträchtigt die dauerhafte Verminderung der Immunreaktion die Abwehr von Krankheitserregern.

engl. HLA = human leucozyte antigene

1 Erläutern Sie die Bedeutung der MHC-Proteine für eine erfolgreiche Transplantation!

⁄⁄⁄ IM BLICKPUNKT ETHIK UND RECHT

Organspende

BEDINGUNGEN FÜR EINE FREMDSPENDE · Es gibt nur wenige Gewebe oder Organe, die von einem lebenden Menschen auf einen anderen übertragen werden können. Eine solche **Lebendspende** ist bei Blut, Blutstammzellen, Teilen der Leber und einer Niere möglich. Die Lebendspende einer Niere ist in Deutschland nur erlaubt, wenn sie an Ehepartner oder nahe Verwandte vergeben wird. Eine Kommission prüft, ob die Entscheidung zur Spende freiwillig und ohne Bezahlung erfolgt. Andernfalls handelt es sich um verbotenen Organhandel. Die Organspende nach dem Tod, die **postmortale Spende,** ist die wichtigste Form der Organ- und Gewebespende. Als Spender kommen nur Menschen mit einem endgültigen Funktionsausfall von Großhirn, Kleinhirn und Stammhirn infrage. Ein solcher Hirntod ist meistens die Folge eines Unfalls. Die lebensrettenden Maßnahmen der Ärzte waren ohne Erfolg, lediglich das Herz-Kreislauf-System der Patienten kann durch Geräte aufrechterhalten werden. Die Kombination aus Hirntod und intensivmedizinischer Versorgung ist sehr selten. Deshalb kommt nur etwa ein Prozent der Bevölkerung für eine postmortale Spende in Betracht. Die Ärzte fragen in solchen Fällen die Angehörigen nach einem Organspendeausweis. Falls der Patient zu Lebzeiten keine Entscheidung gefällt und diese schriftlich festgehalten oder besprochen hat, müssen die Angehörigen für ihn entscheiden. Dieser Schritt ist für viele Menschen sehr schwierig und belastend.

JURISTISCHE VORAUSSETZUNGEN · In Deutschland ist die Feststellung des Hirntods durch mehrere unabhängige Fachärzte die Voraussetzung für eine mögliche Organentnahme. Außerdem gilt die Zustimmungsregelung: Jeder spendebereite Mensch sollte zu Lebzeiten eine schriftliche Willenserklärung abgeben. Dies kann durch den Organspenderausweis oder eine Patientenverfügung geschehen. Die Entscheidung kann bestimmte Organe oder Gewebe erlauben oder ausschließen. Jede Entscheidung kann jederzeit geändert werden.

Das Transplantationsgesetz ermöglicht durch die erweiterte Zustimmungsregelung, dass auch Angehörige oder benannte Vertrauenspersonen des Verstorbenen die Entscheidung für eine postmortale Spende treffen.

VERGABE DER SPENDERORGANE · Wenn eine Zustimmung zur Organentnahme vorliegt, wird dies bei der zentralen Serviceorganisation Eurotransplant gemeldet. Sie ist die Vermittlungsstelle für Organspenden in acht europäischen Ländern. Grundlage der Zusammenarbeit ist ein gemeinsames Spendermeldesystem und eine zentrale Warteliste. In Deutschland wurden 2017 bei 797 Spendern ein oder mehrere Organe entnommen, mit denen insgesamt 3058 Transplantationen durchgeführt werden konnten. Dennoch ist die Anzahl der Patienten auf der Warteliste deutlich höher als die Anzahl der durchgeführten Transplantationen.

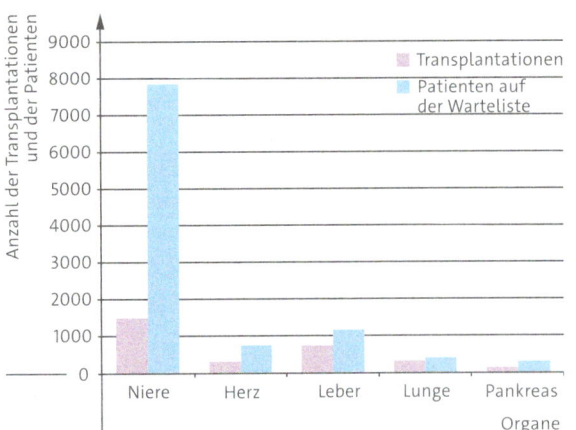

- Über 10 000 Menschen warten in Deutschland auf ein Spenderorgan.

- Pro Tag kommen etwa 16 schwer kranke Menschen neu hinzu.

- Pro Tag werden etwa 9 Transplantationen durchgeführt.

- Jeden Tag sterben 3 etwa Menschen von der Warteliste, weil nicht rechtzeitig ein Spenderorgan zur Verfügung steht.

01 Anzahl der Transplantationen und der Patienten auf der Warteliste in Deutschland (DSO-Jahresbericht 2016)

02 Statistik der Deutschen Stiftung Organtransplantation (Jahresbericht 2016)

Material A ▸ Blutspende

Rote Blutzellen	Blutserum
A Antigene A	Anti-B-Antikörper
B Antigene B	Anti-A-Antikörper
AB Antigene A und B	keine Antikörper
0 keine Antigene	Anti-A-Antikörper Anti-B-Antikörper

(Blutgruppe)

Nach einem Unfall oder während einer Operation muss ein starker Blutverlust durch eine Blutspende ausgeglichen werden. Dabei muss der Patient die für ihn passende Blutgruppe erhalten. Diese Erkenntnis erlangten der Wiener Arzt Karl LANDSTEINER und seine Mitarbeiter, als sie zu Beginn des 19. Jahrhunderts die menschlichen Blutgruppen entdeckten. Sie fanden heraus, dass die Vermischung von Blut zweier Menschen in einigen Fällen zur Verklumpung führt und in anderen Fällen nicht. Mithilfe systematischer Untersuchungen schlussfolgerten sie, dass die roten Blutzellen und der flüssige Anteil des Blutes, das Blutserum, bei verschiedenen Menschen unterschiedliche Merkmale besitzen und deshalb unterschiedlich miteinander reagieren. Davor kam es bei Blutübertragungen immer wieder zu Verklumpungen, die in den meisten Fällen zum Tod der Patienten führten.

Heute weiß man, dass die roten Blutzellen Antigene auf ihrer Zelloberfläche tragen und dass sich im Blutserum Antikörper befinden. Die Tabelle zeigt diese Merkmale der vier Blutgruppen.

A1 Begründen Sie, bei welcher Vermischung von Blut eine Verklumpung auftritt!

A2 Erklären Sie, was man unter einem universellen Empfänger versteht, und begründen Sie, welche Blutgruppe dieser hat!

A3 Erläutern Sie, wie es nach einer Blutspende zu einer tödlichen Verklumpung kommen kann!

Material B ▸ Organhandel mit Nieren

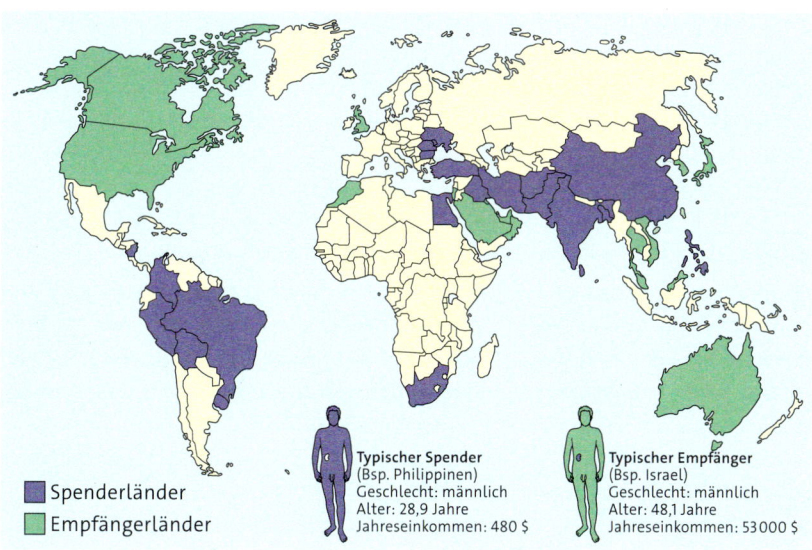

■ Spenderländer
■ Empfängerländer

Typischer Spender
(Bsp. Philippinen)
Geschlecht: männlich
Alter: 28,9 Jahre
Jahreseinkommen: 480 $

Typischer Empfänger
(Bsp. Israel)
Geschlecht: männlich
Alter: 48,1 Jahre
Jahreseinkommen: 53 000 $

Es wird immer wieder diskutiert, ob die Legalisierung dieses Organhandels die Bedingungen für die Organspender verbessern würde.

B1 Werten Sie die Abbildung aus!

B2 Stellen Sie Vermutungen über die Beweggründe von Menschen an, einer illegalen Nierenentnahme zuzustimmen!

B3 Recherchieren Sie Argumente, die für und gegen die Legalisierung des Organhandels mit Nieren sprechen!

B4 Nehmen Sie Stellung zur Legalisierung des Organhandels mit Nieren!

Manche Patienten, die jahrelang erfolglos auf eine Spenderniere gewartet haben, erwerben illegal ein „neues" Organ, insbesondere dann, wenn sich ihr Gesundheitszustand im Laufe der Jahre stark verschlechtert hat.

Die Organentnahme erfolgt bei illegal erworbenen Organen oft unter unzureichenden Hygienebedingungen und die medizinische Nachsorge der Organspender unterbleibt oft völlig.

01 Schirmalge
Acetabularia

Erforschung der Bedeutung des Zellkerns

Joachim
HÄMMERLING
1901–1980

Die Schirmalge Acetabularia *besteht die meiste Zeit ihres Lebens aus einer einzigen Zelle. Sie kann bis zu zehn Zentimeter groß werden, sodass man sie gut in die Hand nehmen kann. Schon aufgrund ihrer Größe ist* Acetabularia *ein Glücksfall für die Zellforschung, insbesondere für die Erforschung der Funktion des Zellkerns. Wie haben Wissenschaftler mithilfe von* Acetabularia *und anderen Modellorganismen die Bedeutung des Zellkerns nachgewiesen?*

TRANSPLANTATIONSVERSUCHE · Die einzellige Grünalge *Acetabularia* sieht im ausgewachsenen Zustand wie ein kleiner Schirm aus. Mit bloßem Auge erkennt man drei Zellabschnitte: einen Hut, einen Stiel und einen Fußabschnitt, den man auch Rhizoid nennt. Im gelappten Rhizoid befindet sich der Zellkern. Mit dem Rhizoid verankert sich die Grünalge am Untergrund. Der Stiel kann je nach Art bis zu zehn Zentimeter groß werden und trägt einen Hut, in dem nach mehrmonatiger Entwicklung Geschlechtszellen heranreifen. An den unterschiedlich geformten Hüten lassen sich die verschiedenen *Acetabularia*-Arten unterscheiden. Bereits in den 1930er-Jahren erkannten Wissenschaftler die besondere Regenerationsfähigkeit

von *Acetabularia*. Um die Bedeutung von Zellplasma und Zellkern zu erforschen, untersuchte der deutsche Botaniker Joachim HÄMMERLING zunächst die Überlebenschancen von kernlosen und kernhaltigen Abschnitten und beobachtete ihre Regenerationsfähigkeit. Sowohl kernlose Teile als auch kernhaltige Abschnitte der Algenzelle überlebten eine Zeit lang. Die kernlose Spitze des Stiels konnte sogar einen Hut ausbilden. Aber lediglich aus dem kernhaltigen Rhizoidabschnitt bildete sich eine vollständige Schirmalge mit allen Merkmalen.

Aus diesen Beobachtungen entwickelte der Wissenschaftler die Hypothese, dass der Zellkern die Information für die Ausbildung von Merkmalen der Zelle enthält. Zur Überprüfung führte HÄMMERLING eine Reihe von Experimenten durch, in denen er Zellkerne oder Stielabschnitte übertrug und unterschiedlich kombinierte. Er transplantierte zunächst den Zellkern einer *Acetabularia*-Zelle auf ein abgeschnittenes kernloses Stielstück derselben Art. Er beobachtete, dass der Stiel nun wieder zur vollständigen Regeneration der gesamten Algenzelle in der Lage war.

Weitere Experimente untermauerten die Funktion des Zellkerns bei der Merkmalsausbildung.

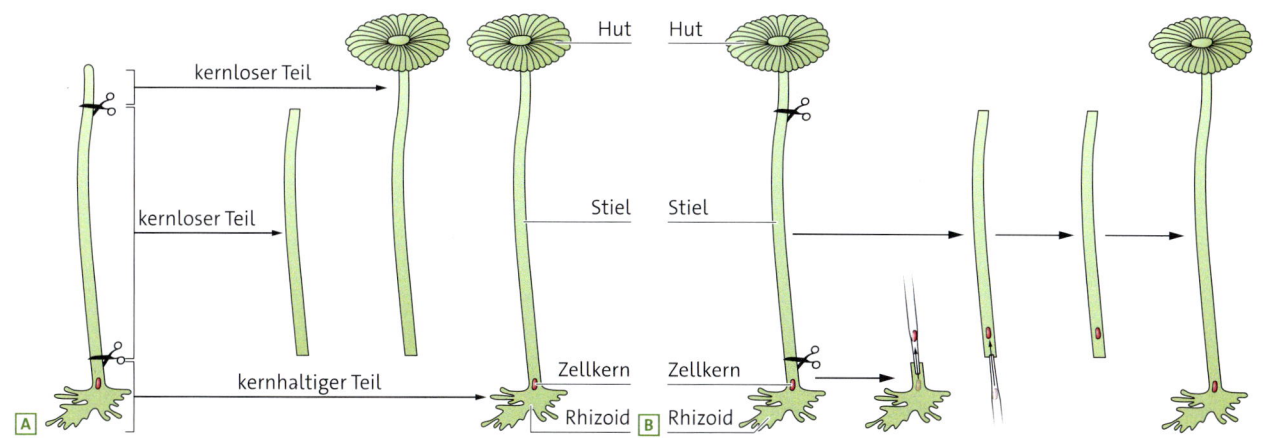

02 Zellkerntransfer bei *Acetabularia*: **A** Vorversuch zur Regenerationsfähigkeit nach Zerteilen, **B** Zellkerntransfer innerhalb einer zerteilten Zelle

HÄMMERLING kombinierte zum Beispiel die Rhizoide von zwei verschiedenen *Acetabularia*-Arten, indem er sie ineinandersteckte. Sie bildeten intermediäre Hüte aus, die die Merkmale beider Arten zeigten. Behandelte er die Rhizoide mit einer giftigen Substanz, bildete sich kein Hut. Das eingesetzte Gift verhindert die Bildung von chemischen Substanzen im Zellkern, die offenbar für die Merkmalsausbildung notwendig sind. Diese Experimente unterstützten die Hypothese zur Bedeutung des Zellkerns.

KERNENTNAHME BEI VIELZELLERN · Die großen Eizellen von Amphibien erwiesen sich als geeignete Versuchsobjekte, um die Funktionen des Zellkerns für die Entwicklung und Differenzierung eines Vielzellers zu untersuchen. Dem Biologen Hans SPEMANN gelang es, mithilfe eines extrem dünnen Säuglingshaars seiner Tochter kernhaltige und kernlose Teile von befruchteten Amphibieneiern abzuschnüren. Die kernlosen Zytoplasmateile starben ab, die kernhaltigen Teile der Zygote dagegen teilten und differenzierten sich. Es entwickelten sich komplette Larven.

Auch bei Vielzellern war damit nachweislich nur der kernhaltige Teil einer Zygote in der Lage, sich zu differenzieren und die Entwicklung zu einem kompletten Individuum zu steuern. Kernhaltige Zellen eines Vielzellers, die die Fähigkeit haben, sich zu teilen und zu verschiedenen Zelltypen oder Geweben zu differenzieren oder sogar zu kompletten Organismen zu entwickeln, nennt man **Stammzellen.**

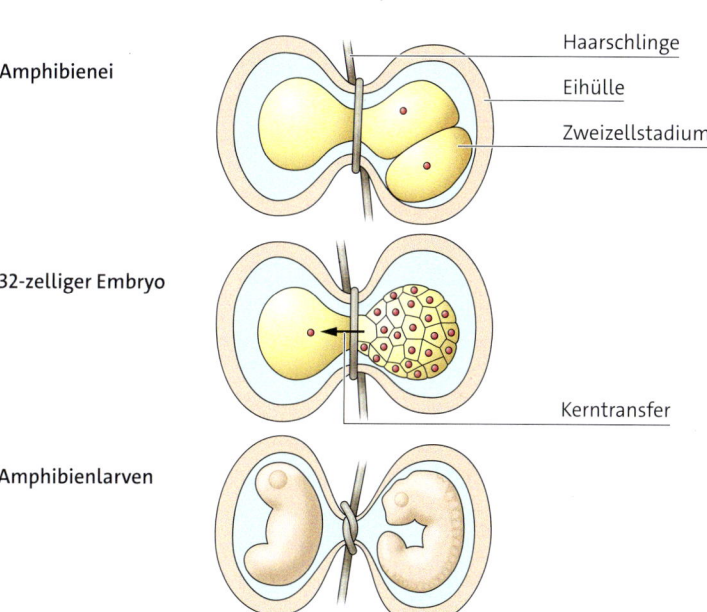

03 Indirekte Kerntransplantation bei einem Amphibienei

EMBRYONALER ZELLKERNTRANSFER · In einem weiteren Experiment klärte SPEMANN, ob durch die Zellteilungen während der Embryonalentwicklung der Zellkern seine Fähigkeit verliert, einen kompletten Organismus zu bilden. Dazu schnürte er zunächst eine Zygote in zwei Teilbereiche und übertrug dann einen Zellkern aus dem sich entwickelnden 32-zelligen Embryo in den zunächst abgeschnürten kernlosen Teil. Das Experiment zeigte, dass auch der transplantierte embryonale Zellkern in der Lage war, die Entwicklung zur vollständigen Amphibienlarve zu steuern.

Hans SPEMANN (1869–1941), deutscher Biologe

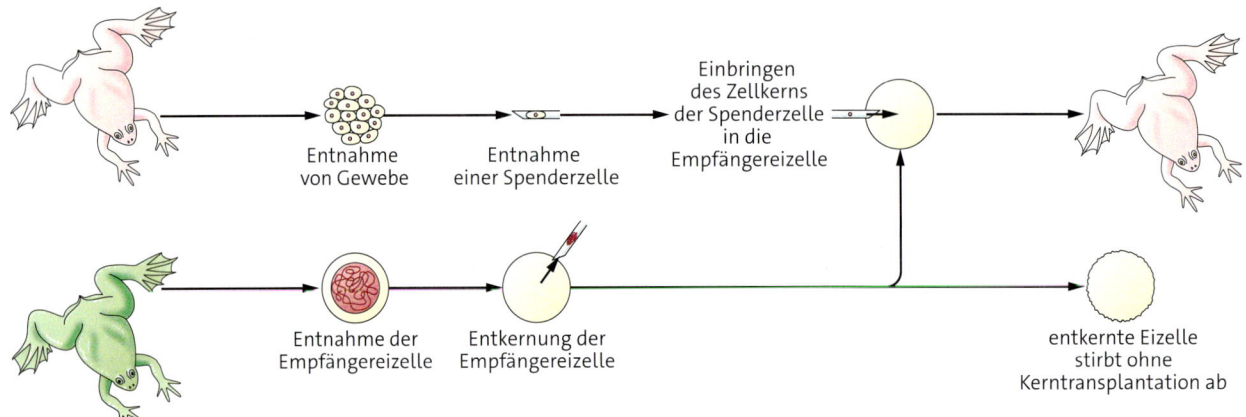

04 Somatischer Zellkerntransfer bei *Xenopus*

SOMATISCHER ZELLKERNTRANSFER · Die Zellen eines sich entwickelnden Embryos sehen sich zunächst noch sehr ähnlich. Der Körper des erwachsenen Organismus besteht dagegen aus Billionen Zellen, die sich deutlich voneinander unterscheiden. Einige dieser Körperzellen oder *somatischen Zellen* können sich noch weiter teilen und differenzieren, die meisten aber sind dazu nicht mehr fähig. Sie sind spezialisiert und erfüllen zum Beispiel als Haut- oder Drüsenzellen ganz bestimmte Funktionen. Daher lag die Frage nahe, ob der Zellkern einer solchen differenzierten Körperzelle ebenfalls noch alle genetischen Informationen für die Bildung eines kompletten Organismus enthält. Im 19. Jahrhundert nahm man sogar an, dass sich somatische Zellen deshalb spezialisieren, weil sich ihre Zellkerne im Verlauf der Embryonalentwicklung und Differenzierung verändern und die Erbinformation unwiederbringlich verloren geht. Im Jahr 1962 untersuchte der britische Biologe John GURDON diese Frage. Der Krallenfrosch *Xenopus laevis* erwies sich als besonders geeignetes Untersuchungsobjekt. Er ist leicht im Labor zu halten und zu vermehren. Außerdem kommt er in zwei Farbvarianten vor. Neben grün gefärbten Krallenfröschen gibt es genetisch unterscheidbare weiße Albinotiere. Mit einer extrem feinen Glaspipette entnahm GURDON einen Zellkern aus einer Körperzelle eines ausgewachsenen Albinofrosches. Diesen Zellkern übertrug er in eine Eizelle eines grünen Krallenfrosches. Ihr Zellkern wurde zuvor entfernt oder durch UV-Licht zerstört. Aus den auf

John GURDON
geb. 1933
2012 Nobelpreis für
Medizin

diese Weise präparierten Eiern mit den transplantierten Zellkernen entwickelten sich in einigen Fällen vollständige Krallenfrösche. Entkernte Eizellen starben dagegen alle ab. Somit konnte gezeigt werden, dass die Kerne aus differenziertem Gewebe von Krallenfröschen noch über die Fähigkeit verfügen, die Entwicklung zu einem kompletten Organismus zu steuern, sie sind **totipotent.** Die Zellkerne aus den Körperzellen der Frösche enthalten somit die gesamte Erbinformation.

Durch den Transfer des somatischen Zellkerns in das Zytoplasma einer entkernten Eizelle war es GURDON gelungen, die genetische Information des Zellkerns zu reaktivieren, ihn zu *reprogrammieren.* Diese Entdeckung war die Forschungsgrundlage für die Reprogrammierung von somatischen Zellen zu entwicklungsfähigen Stammzellen.

Die weiße Färbung der durch somatischen Zellkerntransfer gezüchteten Frösche diente GURDON als Hinweis für ihre genetische Übereinstimmung mit dem Zellkernspender. Da sie nur seine Erbinformationen enthielten, waren sie seine genetischen Kopien. Individuen mit identischer Erbinformation nennt man **Klone.**

1 ⌟ Stellen Sie die Fragestellungen und die methodischen Verfahren der verschiedenen historischen Experimente tabellarisch zusammen!

2 ⌟ Fassen Sie die Ergebnisse zur Bedeutung des Zellkerns zusammen!

Material A ► Zellkerntransfer zwischen zwei *Acetabularia*-Arten

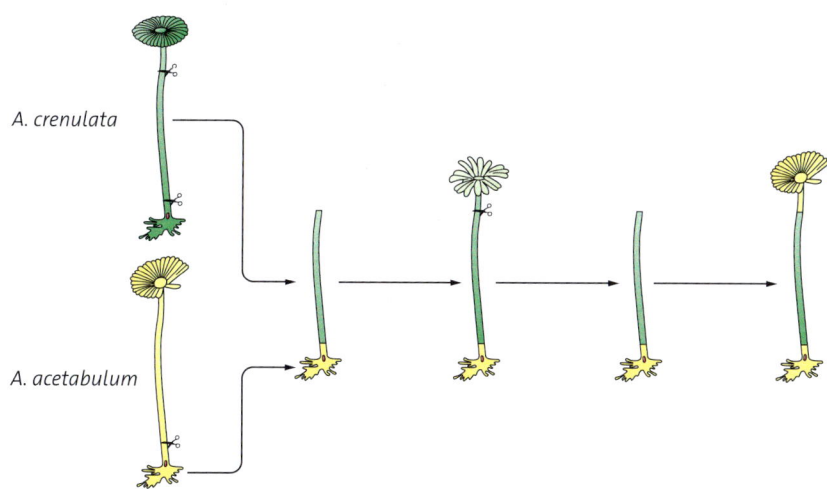

A. crenulata

A. acetabulum

HÄMMERLING führte Zellkerntransferexperimente mit zwei verschiedenen *Acetabularia*-Arten durch, die sich in der Form ihrer Hüte unterscheiden.

Dazu setzte er die Stiele von *A. crenulata* auf die kernhaltigen Rhizoide von *A. acetabulum*.

A1 Beschreiben Sie die Durchführung und die Ergebnisse der Experimente!

A2 Formulieren Sie die Frage, die mithilfe dieser Experimente geklärt werden kann!

A3 Deuten Sie die Ergebnisse am Ende des Experiments! Entwickeln Sie dazu Hypothesen, die die Entstehung der neuen Hutform erklären!

A4 Entwickeln Sie experimentelle Ideen zur Überprüfung Ihrer Hypothese!

Material B ► Gewinnung von Ersatzgewebe?

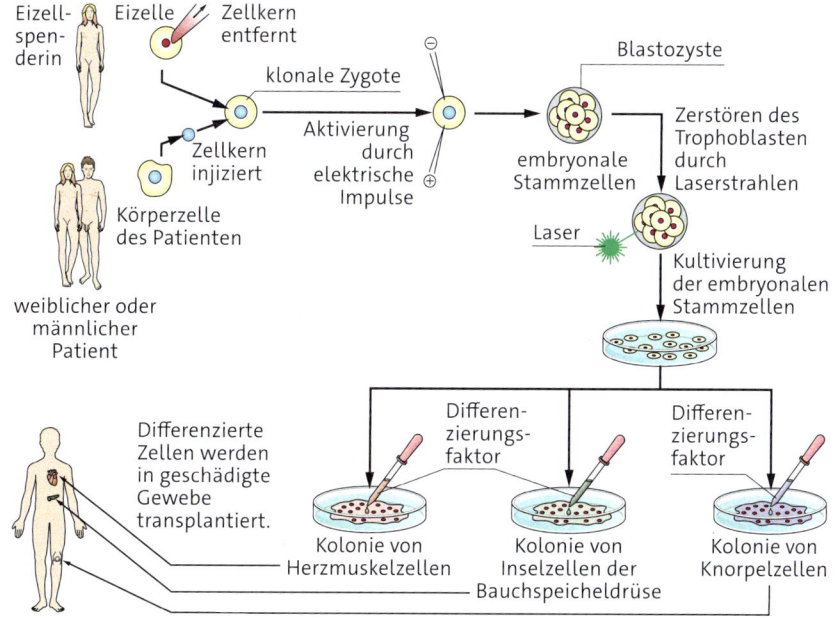

Eizellspenderin

Eizelle

Zellkern entfernt

klonale Zygote

Zellkern injiziert

Körperzelle des Patienten

weiblicher oder männlicher Patient

Aktivierung durch elektrische Impulse

embryonale Stammzellen

Blastozyste

Zerstören des Trophoblasten durch Laserstrahlen

Laser

Kultivierung der embryonalen Stammzellen

Differenzierte Zellen werden in geschädigte Gewebe transplantiert.

Differenzierungsfaktor

Differenzierungsfaktor

Kolonie von Herzmuskelzellen

Kolonie von Inselzellen der Bauchspeicheldrüse

Kolonie von Knorpelzellen

Als therapeutisches Klonen bezeichnet man ein Verfahren, bei dem Stammzellen aus geklonten Embryonen gewonnen werden. Unter geeigneten Wachstumsbedingungen können sie sich zu verschiedenen Gewebezellen differenzieren.

Im Jahr 2013 ist es amerikanischen Forschern erstmals gelungen, aus einer Hautzelle eines erwachsenen Menschen einen Embryo zu erzeugen und bis zu einem frühen Entwicklungsstadium heranwachsen zu lassen.

Sie erhoffen sich dadurch, in Zukunft zum Beispiel zerstörtes Hautgewebe durch die gezüchteten Zellen ersetzen zu können.

Die Verfahren des therapeutischen und reproduktiven Klonens sind in Deutschland durch das Embryonenschutzgesetz streng verboten.

B1 Vergleichen Sie die Schritte des reproduktiven Klonens beim Krallenfrosch mit dem therapeutischen Klonen!

B2 Deuten Sie die Ergebnisse im Hinblick auf die Bedeutung des Zellkerns!

B3 Nennen Sie Argumente, die trotz der Hoffnungen gegen die Erlaubnis zum therapeutischen Klonen sprechen!

01 Morula des Menschen

Teilung von Zellkern und Zelle

Aus der befruchteten Eizelle, der Zygote, entwickelt sich nach mehreren Zellteilungen innerhalb von drei bis vier Tagen im Eileiter der Mutter ein Zellhaufen, der als Maulbeerkeim oder Morula bezeichnet wird. Bis zum erwachsenen Menschen wird die Anzahl der Zellen durch weitere Teilungen auf etwa 100 Billionen ansteigen. Sie alle enthalten im Zellkern dieselbe komplette genetische Information. Wie ist es möglich, dass alle Tochterzellen nach der Zellteilung dieselbe genetische Ausstattung haben?

griech. chróma = Farbe

TEILUNGSFÄHIGKEIT VON ZELLEN · In der frühen Embryonalentwicklung verdoppelt sich die Zellanzahl ungefähr alle acht Minuten. Dabei vergrößert sich der Embryo nicht. Erst nach Einnistung in die Gebärmutterschleimhaut wird der Embryo mit Nährstoffen versorgt und beginnt zu wachsen.

Im erwachsenen Organismus ist die Zellteilungsaktivität sehr verschieden. Die für die Bildung der Blutzellen verantwortlichen Zellen im Knochenmark teilen sich etwa alle 13 Stunden. Zellen von Gehirn und Nervensystem sowie die des

G = Abkürzung für gap

engl. gap = Lücke

Herzmuskels und die der Augenlinse teilen sich hingegen nicht mehr.

ZELLZYKLUS · Bei der lichtmikroskopischen Betrachtung der Spitze einer Zwiebelwurzel fällt sofort das unterschiedliche Aussehen der Zellkerne auf. In den meisten Zellen liegt im Zellkern eine einheitliche Struktur vor, die leicht anzufärben ist und deshalb als *Chromatin* bezeichnet wird.

Obwohl man auch bei längerer Betrachtung den Eindruck hat, die Zellen befänden sich in Ruhe, haben diese Zellen eine hohe Stoffwechselaktivität und wachsen. Sie befinden sich in der **Interphase.** Die Interphase gliedert man in drei Unterphasen, die nacheinander durchlaufen werden:

In der G_1-Phase werden Proteine und RNA hergestellt sowie neue Zellbestandteile und mehr Zellplasma gebildet, sodass die Zelle wächst. Für diese Prozesse ist es notwendig, dass das genetische Material, die DNA, abgelesen werden kann. Die DNA liegt als fadenförmige Struktur vor, sie befindet sich in ihrer *Arbeitsform.*

Während der nachfolgenden Phase wird die DNA verdoppelt. Aus dieser DNA-Synthese leitet sich die Abkürzung **S-Phase** ab.

Auf die S-Phase folgt die **G$_2$-Phase** der Zelle. Auch in dieser Phase setzt sich das Wachstum fort. Es werden Proteine synthetisiert, die für die Zellteilung wichtig sind. Gleichzeitig lösen sich die Zellkontakte zu den Nachbarzellen.

In einigen Zellen erkennt man schleifenförmige Strukturen, die **Chromosomen.** Die DNA ist dicht gepackt oder auch kondensiert und kann nicht abgelesen werden. Sie befindet sich in ihrer *Transportform.* Dieser Zustand der DNA deutet darauf hin, dass die Teilung des Zellkerns kurz bevorsteht. Die anschließende Phase der Teilung des Zellkerns bezeichnet man als **Mitose.**

Im Anschluss an die Mitose erfolgt die eigentliche Teilung der Zelle, die **Zytokinese.** In tierischen Zellen entsteht eine Teilungsfurche, die die beiden entstandenen Tochterzellen voneinander abschnürt. In Pflanzenzellen findet keine Furchung statt. Bei ihnen wandern am Ende der Mitose Vesikel des Golgi-Apparats zur Zellmitte, der *Äquatorialebene.* Durch Verschmelzen der Vesikel entstehen neue Doppelmembranen, die sich mit den alten Zellmembranen verbinden und zur Ausbildung von zwei Tochterzellen führen. Erst danach setzt die Synthese der neuen Zellwand ein. Wachstum und Teilung wechseln sich im Zellzyklus ab. Dabei befinden sich die Zellen die meiste Zeit in der G$_1$-Phase. Bei den sich sehr schnell teilenden Zellen der frühen Embryonalentwicklung wechseln die Zellen nur zwischen Mitose- und S-Phase und überspringen die beiden G-Phasen.

STEUERUNG DES ZELLZYKLUS · Zellwachstum und Zellteilung sind lebenswichtige Prozesse, die kontrolliert ablaufen müssen. Deshalb ist eine Regulation der Teilungsaktivität notwendig. Auch die Übergänge zwischen den Phasen des Zellzyklus werden von speziellen Proteinen gesteuert. An bestimmten Kontrollpunkten überprüfen sie den Fortschritt des Zellzyklus, bevor die Zelle in die nächste Phase eintritt. So wird beispielsweise kontrolliert, ob die DNA-Synthese vollständig abgelaufen ist oder ob das Zellvolumen die erforderliche Größe hat.

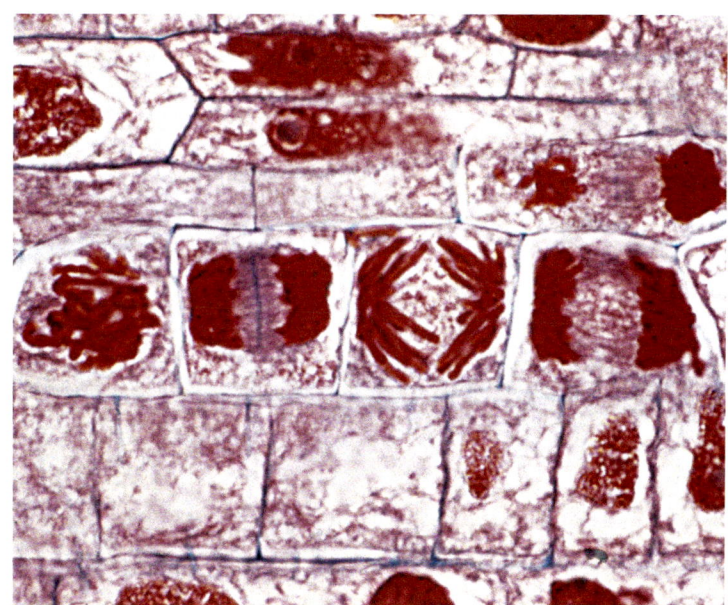

02 Zellen der Zwiebelwurzel im Lichtmikroskop

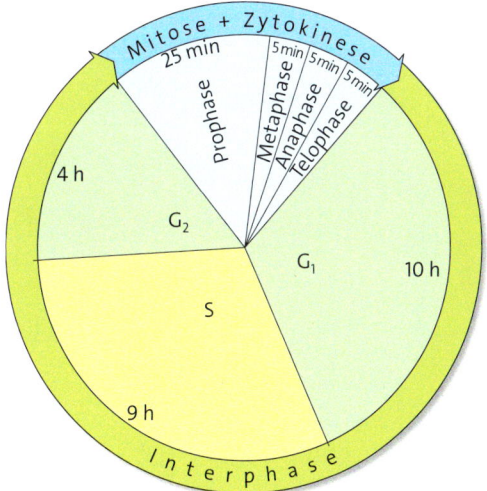

03 Phasen des Zellzyklus

04 Ungefähre Dauer der Phasen des Zellzyklus menschlicher Zellen in Stunden

Zelltyp	Gesamt-zyklus	G$_1$-Phase	S-Phase	G$_2$-Phase	Mitose
Knochenmark-zellen (Bildung der Blutzellen)	13	2	8	2	1
Dünndarmzellen	17	6	8	2	1
Dickdarmzellen	33	22	8	2	1
Hautzellen	1000	989	8	2	1
Leberzellen	10 000	9 989	8	2	1

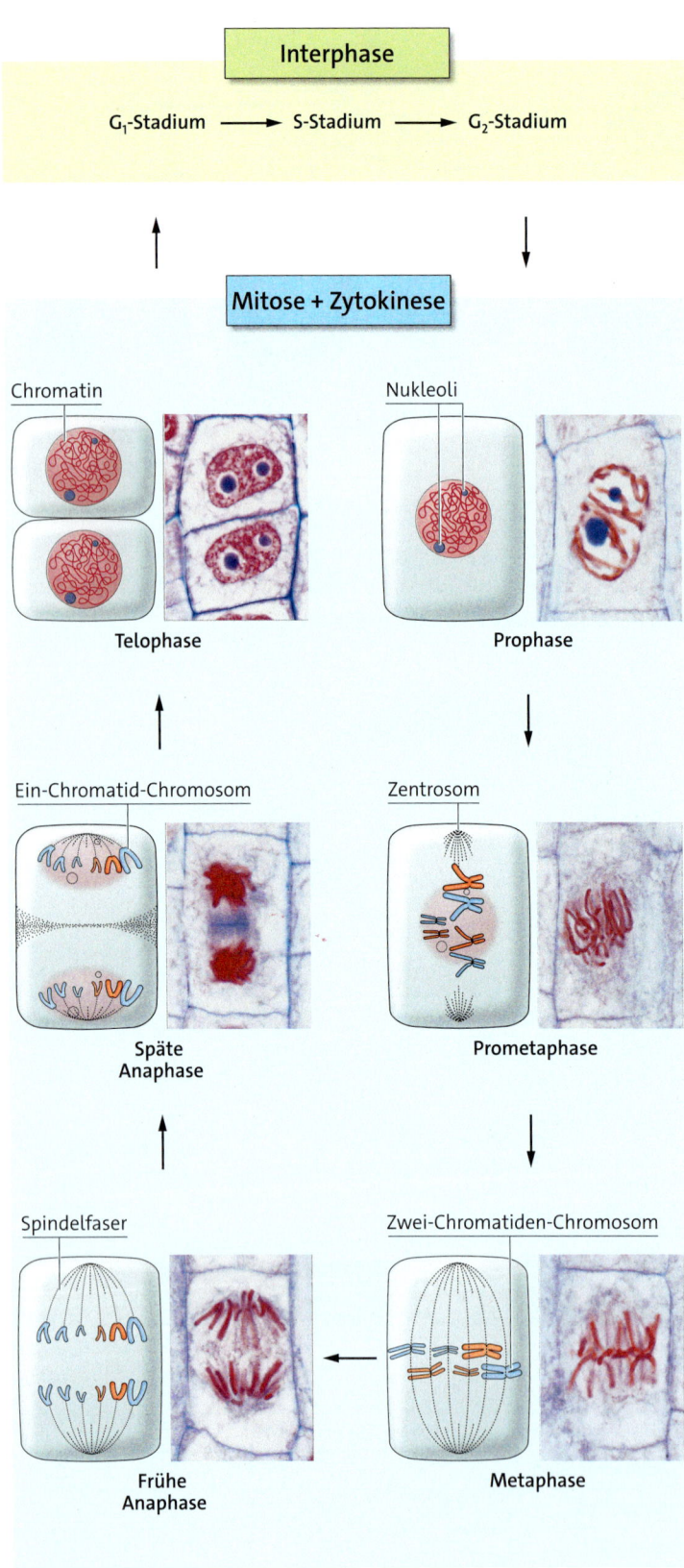

Interphase

G_1-Stadium → S-Stadium → G_2-Stadium

Mitose + Zytokinese

Chromatin

Telophase

Nukleoli

Prophase

Ein-Chromatid-Chromosom

Späte Anaphase

Zentrosom

Prometaphase

Spindelfaser

Frühe Anaphase

Zwei-Chromatiden-Chromosom

Metaphase

05 Phasen der Mitose im Zellzyklus der Küchenzwiebel

ABLAUF DER MITOSE · Die Phase im Zellzyklus der Eukaryoten, in der aus einem Zellkern zwei genetisch identische Zellkerne hervorgehen, heißt *Mitose*. Dieser kontinuierlich ablaufende Prozess lässt sich einfacher beschreiben, wenn man ihn in Phasen unterteilt:

Prophase: Während der Prophase lösen sich die Nukleoli auf. Gleichzeitig winden sich die Chromatinfäden schraubenförmig auf, werden immer kompakter und verdichten sich zu den im Lichtmikroskop sichtbaren *Zwei-Chromatiden-Chromosomen*, die auch als Doppelchromosomen bezeichnet werden. Die Zwei-Chromatiden-Chromosomen werden an einer Verbindungsstelle, dem *Zentromer*, zusammengehalten. Im Lichtmikroskop nicht sichtbar ist ein kleines Organell in der Nähe des Zellkerns, aus dem durch Teilung das *Zentrosomenpaar* hervorgeht. Die Zentrosomen wandern zu den Zellpolen und organisieren von dort den Spindelfaserapparat aus Bündeln von röhrenförmigen Eiweißmolekülen, den *Mikrotubuli*.

Prometaphase: Die Chromosomen verdichten sich weiter und treten deutlicher hervor. Die Kernmembran löst sich auf. Im Bereich des Zentromers befindet sich eine Stelle, an der die Spindelfasern anheften, das *Kinetochor*.

Metaphase: Die Chromosomen ordnen sich in einer Ebene in der Mitte der Zelle an, der *Äquatorialebene*. Die Zwei-Chromatiden-Chromosomen sind mit den Spindelfasern verbunden, werden aber noch am Zentromer zusammengehalten.

Anaphase: Sobald sich die Zwei-Chromatiden-Chromosomen voneinander trennen, beginnt die Anaphase. Durch Bewegungsvorgänge an den Spindelfasern werden die Chromatiden zu den Zellpolen gezogen. Sie bewegen sich mit einer Geschwindigkeit von etwa einem Mikrometer pro Minute. Am Ende der Anaphase befindet sich an beiden Zellpolen ein vollständiger Chromosomensatz aus Ein-Chromatid-Chromosomen.

Telophase: Die Spindelfasern werden abgebaut. Gleichzeitig beginnt die Neubildung der Kernmembranen und Nukleoli. Die Ein-Chromatid-Chromosomen entwinden sich zu Chromatinfäden. Beide neu entstandenen Zellkerne enthalten jetzt die gleiche Erbinformation. Erst am Ende der Mitose beginnt die Zytokinese. Die beiden Tochterzellen werden gebildet.

SPINDELFASERAPPARAT · Während der Mitose werden die Chromatiden auf die beiden Tochterzellen aufgeteilt. Diesen Vorgang ermöglicht ein Gerüst, an dem die Chromatiden zu den Zellpolen gezogen werden, der *Spindelfaserapparat*. Er ist aus dünnen, hohlen Röhren aufgebaut, den *Mikrotubuli*.

Es gibt drei Mikrotubilitypen, die jeweils aus einzelnen Tubulinmolekülen bestehen. Die sternförmig von den Zentrosomen ausstrahlenden Mikrotubuli, die *Astral-Mikrotubuli,* verankern den Spindelfaserapparat in der Zelle. Die Verbindung der Zentrosomen mit den Kinetochoren der Chromatiden erfolgt über die *Kinetochor-Mikrotubuli.* Andere Mikrotubuli reichen von den Zentrosomen über die Äquatorialebene hinaus. Sie überlappen in der Zellmitte und werden als *Pol-Mikrotubuli* bezeichnet.

Während der Anaphase verkürzen sich die Kinetochor-Mikrotubuli. Dies geschieht durch den Abbau der Tubulinmoleküle an den Kinetochoren. Dadurch werden die Chromatiden in Richtung der Zentrosomen gezogen.
Die Bewegung der Chromatiden zu den Zentrosomen wird verstärkt, indem die Pol-Mikrotubuli in der Überlappungszone durch Anbau von Tubulinmolekülen ständig verlängert werden. Gleichzeitig veranlassen spezifische Proteine, die Motorproteine, in der Überlappungszone der Pol-Mikrotubuli, dass diese aneinander vorbei auseinandergleiten. Dadurch werden die Zentrosomen zu den Zellpolen geschoben.

Der Spindelfaserapparat ist Bestandteil eines Netzwerks im Zytoplasma der Zelle, des **Zytoskeletts.** Es ermöglicht Bewegungen und Transportvorgänge sowie die Stabilisierung der Zelle.

1) Vergleichen Sie die unterschiedlichen Teilungsraten der verschiedenen Zelltypen!

2) Erläutern Sie den Ablauf des Zellzyklus und die jeweils stattfindenden Prozesse!

3) Erklären Sie anhand der Funktion der unterschiedlichen Spindelfasern die Bedeutung des Zytoskeletts für die Mitose!

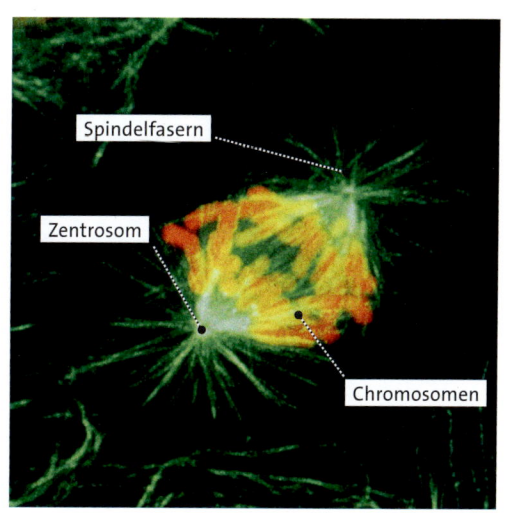

06 Fluoreszenzaufnahme des Spindelfaserapparats einer menschlichen Zelle während der Anaphase

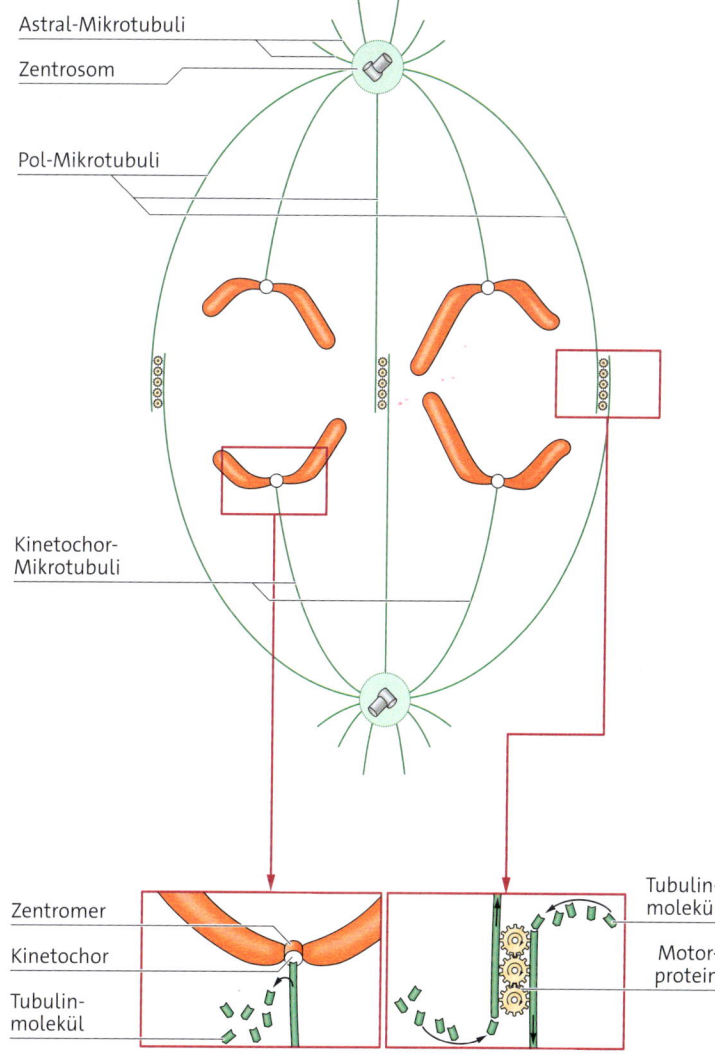

07 Funktion des Spindelfaserapparats während der Anaphase

Material A ▸ Mitosestadien

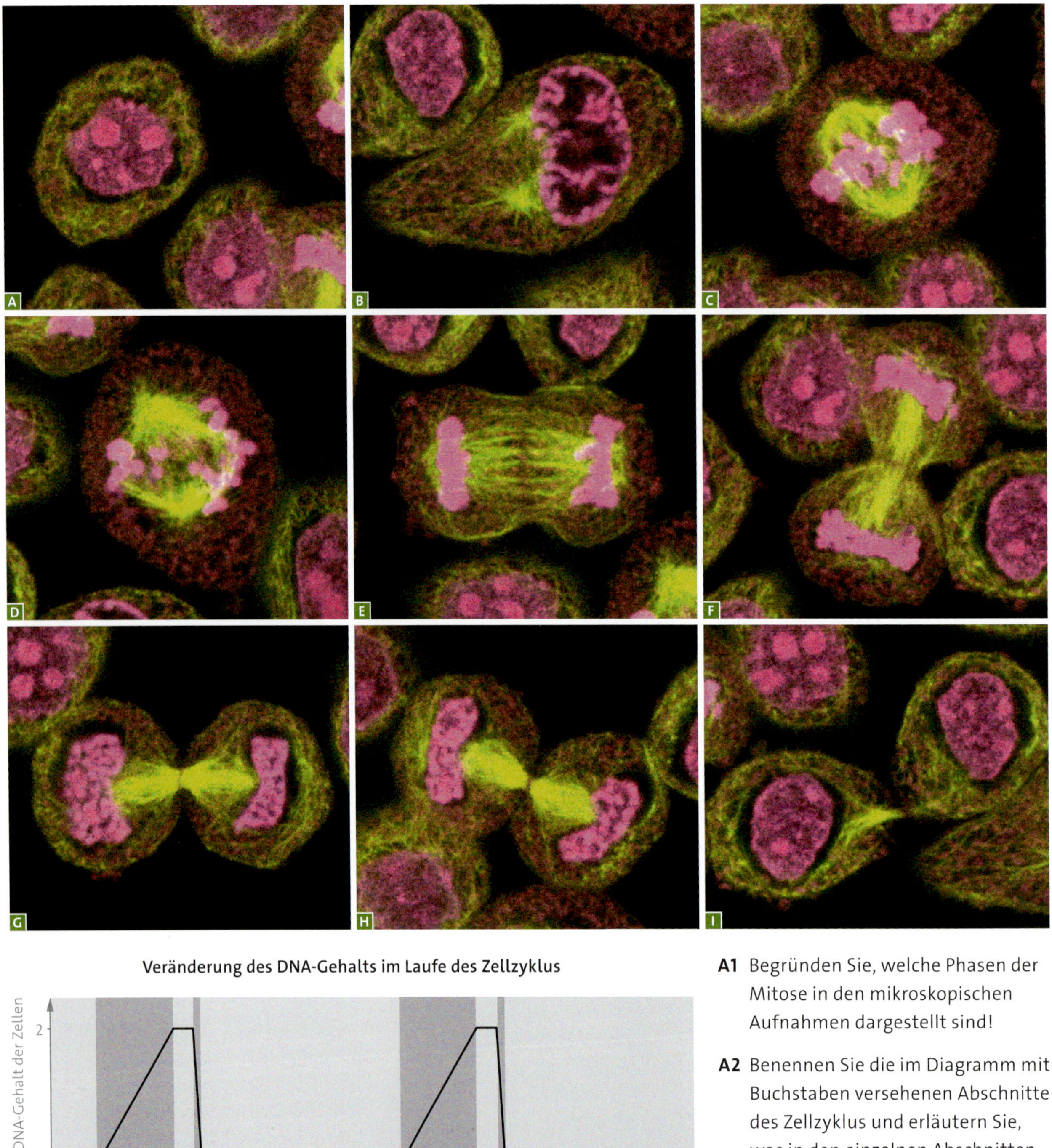

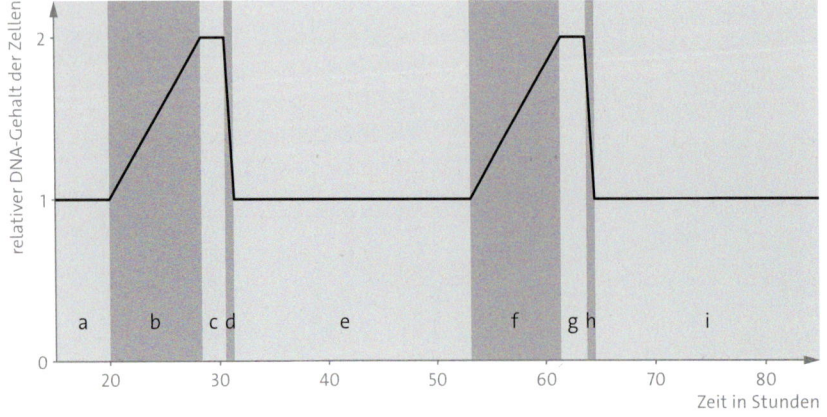

Veränderung des DNA-Gehalts im Laufe des Zellzyklus

A1 Begründen Sie, welche Phasen der Mitose in den mikroskopischen Aufnahmen dargestellt sind!

A2 Benennen Sie die im Diagramm mit Buchstaben versehenen Abschnitte des Zellzyklus und erläutern Sie, was in den einzelnen Abschnitten in der Zelle geschieht!

A3 Stellen Sie eine Hypothese auf, um welchen Zelltyp es sich bei den Zellen im Diagramm jeweils handeln könnte! Nehmen Sie Ihre Kenntnisse zum Zellzyklus zu Hilfe!

Material B ▸ Wirkung von Taxol

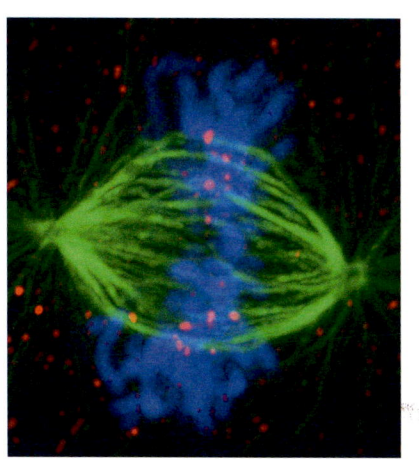

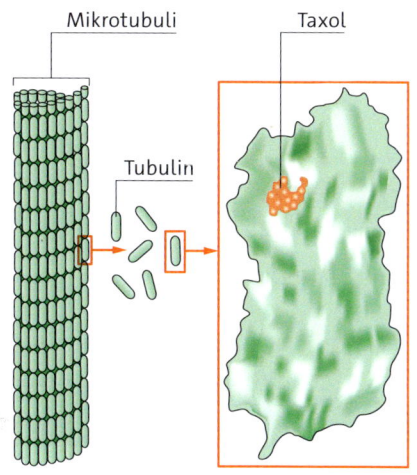

Mikrotubuli — Tubulin — Taxol

In einer humanen Tumorzelllinie wird der DNA-Gehalt der Zellen der Zellkultur untersucht. Die Verteilung des DNA-Gehalts in der Zellkultur ist in Diagramm A dargestellt. Der Wert 1 entspricht dem doppelten Chromosomensatz und ist im Zellzyklus der G_1-Phase zuzuordnen. Nach Behandlung der Tumorzelllinie mit dem Mitosehemmstoff Taxol wird nach einer bestimmten Wartezeit eine Probe entnommen. Es erfolgt eine erneute Untersuchung der Verteilung des DNA-Gehalts in den Zellen. Das Ergebnis ist in Diagramm B dargestellt.

Die Chemotherapie mit Taxol hat erhebliche Nebenwirkungen. Häufige Symptome sind:

- Übelkeit, Erbrechen und Durchfall,
- Haarausfall,
- Müdigkeit und körperliche Schwäche aufgrund der Verminderung der Anzahl der roten Blutzellen,
- stärkere Nasen- und Schleimhautblutungen sowie Blut im Stuhl oder Urin aufgrund der Verminderung der Anzahl der Blutplättchen,
- erhöhte Anfälligkeit für Infektionen aufgrund der Verminderung der weißen Blutzellen.

DNA-Gehalt in Krebszellen

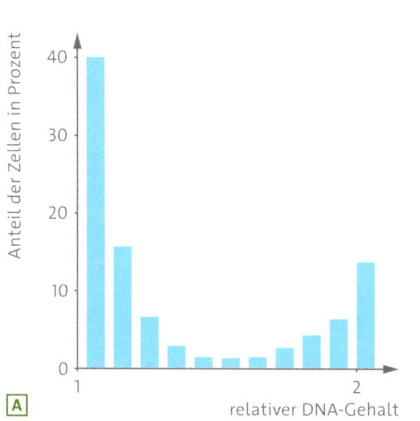

A

DNA-Gehalt in Krebszellen nach Taxol-Behandlung

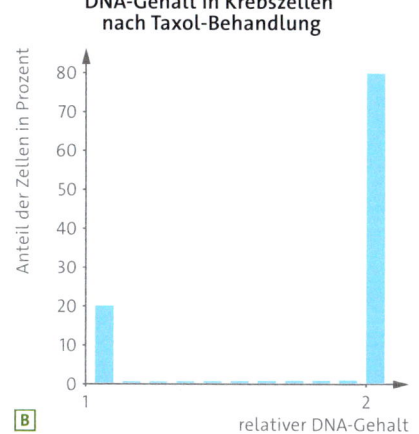

B

B1 Beschreiben Sie die Bedeutung des Spindelfaserapparats für die Mitose und erläutern Sie die Auswirkung von Taxol!

B2 Erklären Sie anhand des Ablaufs der Mitose den DNA-Gehalt in den Zellkulturen vor und nach Einwirkung von Taxol!

B3 Erklären Sie die Nebenwirkungen von Taxol anhand der Zellzyklusdauer der verschiedenen Zellen!

B4 Stellen Sie anhand des Zellzyklus eine Hypothese auf, weshalb Taxol nicht alle Tumorzellen erreichen kann!

Zelltyp	Häufigkeit der Zellteilung bzw. der Neubildung
Dünndarmzellen	alle 1 bis 2 Tage
Dickdarmzellen	alle 10 Tage
Magenschleimhautzellen	alle 7 Tage
Haarwurzelzellen	zweimal pro Tag
rote Blutzellen	alle 120 Tage
weiße Blutzellen	sehr unterschiedlich, häufig alle 1 bis 2 Tage
Blutplättchen	alle 8 Tage

In den 1950er- und 1960er-Jahren hat das National Cancer Institute in den USA etwa 35 000 Pflanzenarten untersuchen lassen, um neue Medikamente für die Krebstherapie zu finden. Bei der Pazifischen Eibe wurde man fündig. Der hochgiftige Eibenextrakt Taxol hemmt die Teilung der sich schnell teilenden Krebszellen und damit das Wachstum von Tumoren. Erst 1979 gelang es, die Wirkungsweise des Taxols aufzuklären:

Taxol bindet an die Bausteine der Mikrotubuli, die Tubulinmoleküle. Die dadurch veränderten Tubulinmoleküle stabilisieren die Mikrotubuli des Zytoskeletts, sodass es nicht mehr abgebaut wird.

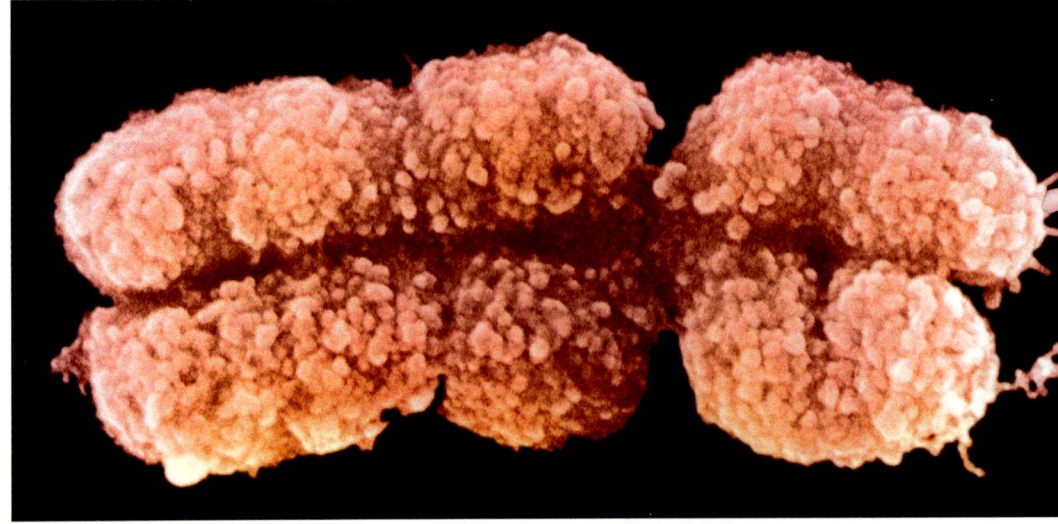

01 Methaphase-
chromosom

Vom Chromosom zur DNA

Bevor sich der Zellkern und damit die Zelle teilt, erkennt man im Zellkern die verdickten Chromosomen. In ihnen befindet sich das genetische Material, die DNA. Wie sind die Chromosomen und die darin verpackte DNA aufgebaut?

BAU DER CHROMOSOMEN · Beide Chromatiden eines Zwei-Chromatiden-Chromosoms bestehen jeweils aus einem Strang **Desoxyribonukleinsäure,** kurz **DNA.** Die beiden Stränge sind identisch aufgebaut.
In allen Chromatiden ist das DNA-Molekül nach dem gleichen Prinzip gepackt. Zunächst ist der DNA-Faden abschnittweise um bestimmte Proteine gewickelt, die **Histone.** Diese Strukturen bezeichnet man als **Nukleosomen.** Sie sind zu Schleifen verdrillt, die wiederum rosettenförmig angeordnet sind. Durch weiteres schraubenförmiges Aufwinden wird die DNA zum Chromatid verdichtet.

BAUSTEINE DER DNA · Namensgebend für die DNA ist ein Zucker, die **Desoxyribose.** Ihr Molekül enthält fünf Kohlenstoffatome, die im Uhrzeigersinn mit 1' bis 5' bezeichnet werden. Ein weiterer Baustein der DNA ist der Säurerest der Phosphorsäure, das **Phosphat.** Es verleiht der DNA die chemischen Eigenschaften einer Säure. Da diese Säure im Zellkern, dem Nukleus, vorkommt, nennt man sie Nukleinsäure. Am Aufbau der DNA sind zudem vier stickstoffhaltige organische Basen beteiligt. Es sind die aus einem Ring bestehenden Pyrimidine **Cytosin** und **Thymin,** kurz **C** und **T,** sowie die aus zwei Ringen bestehenden Purine **Adenin** und **Guanin, A** und **G.**

DNA-DOPPELSTRANG · Die Bausteine der DNA sind bereits seit Beginn des 20. Jahrhunderts bekannt, jedoch nicht ihre Struktur. Ende der 1940er-Jahre stellte der Biochemiker Erwin CHARGAFF fest, dass die Menge an Adenin in jeder DNA gleich der Menge an Thymin ist und die Menge an Cytosin genau der Menge an Guanin entspricht. Er stellte daraufhin die Hypothese auf, dass Adenin und Thymin sowie Guanin und Cytosin paarweise angeordnet sind. Diese zueinander passenden Basen werden als **komplementäre Basenpaare** bezeichnet.

*engl. DNA
= deoxyribonucleic
acid*

*dt. DNS
= Desoxyribonukleinsäure*

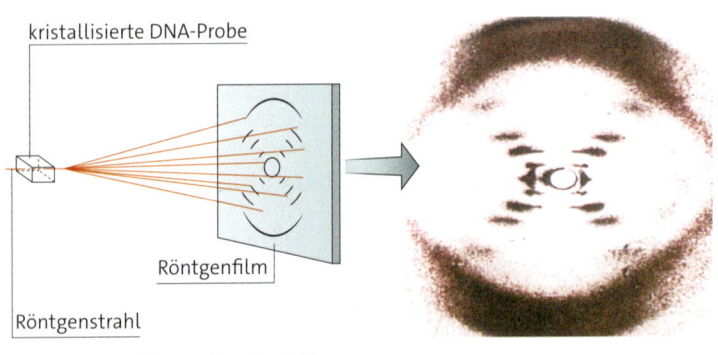

kristallisierte DNA-Probe

Röntgenfilm

Röntgenstrahl

02 Röntgenstrukturanalyse der DNA

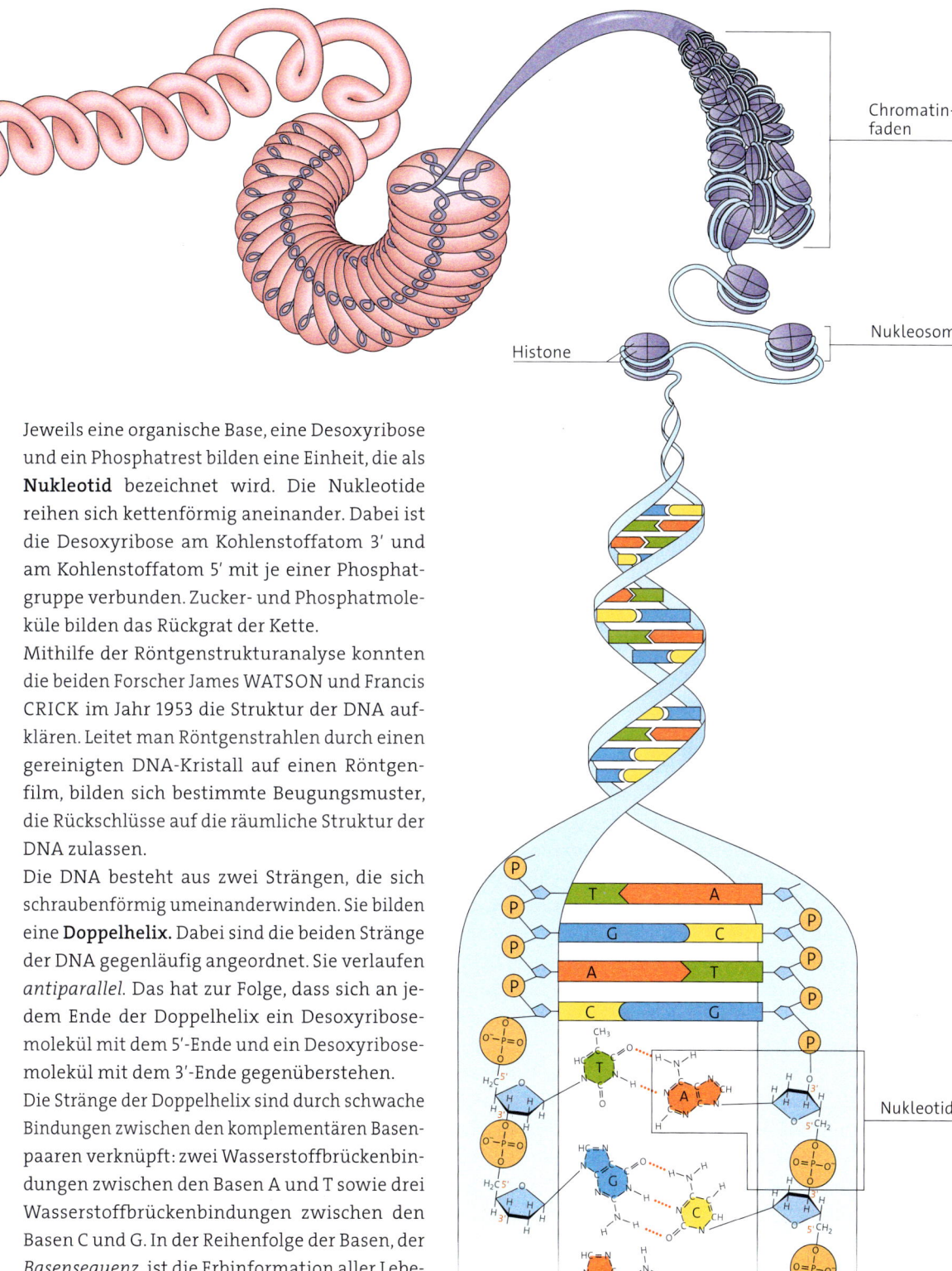

Jeweils eine organische Base, eine Desoxyribose und ein Phosphatrest bilden eine Einheit, die als **Nukleotid** bezeichnet wird. Die Nukleotide reihen sich kettenförmig aneinander. Dabei ist die Desoxyribose am Kohlenstoffatom 3' und am Kohlenstoffatom 5' mit je einer Phosphatgruppe verbunden. Zucker- und Phosphatmoleküle bilden das Rückgrat der Kette.

Mithilfe der Röntgenstrukturanalyse konnten die beiden Forscher James WATSON und Francis CRICK im Jahr 1953 die Struktur der DNA aufklären. Leitet man Röntgenstrahlen durch einen gereinigten DNA-Kristall auf einen Röntgenfilm, bilden sich bestimmte Beugungsmuster, die Rückschlüsse auf die räumliche Struktur der DNA zulassen.

Die DNA besteht aus zwei Strängen, die sich schraubenförmig umeinanderwinden. Sie bilden eine **Doppelhelix.** Dabei sind die beiden Stränge der DNA gegenläufig angeordnet. Sie verlaufen *antiparallel.* Das hat zur Folge, dass sich an jedem Ende der Doppelhelix ein Desoxyribosemolekül mit dem 5'-Ende und ein Desoxyribosemolekül mit dem 3'-Ende gegenüberstehen.

Die Stränge der Doppelhelix sind durch schwache Bindungen zwischen den komplementären Basenpaaren verknüpft: zwei Wasserstoffbrückenbindungen zwischen den Basen A und T sowie drei Wasserstoffbrückenbindungen zwischen den Basen C und G. In der Reihenfolge der Basen, der *Basensequenz,* ist die Erbinformation aller Lebewesen codiert.

Labels in figure: Chromatinfaden · Nukleosom · Histone · Nukleotid · 3'-Ende · 5'-Ende

1 Beschreiben Sie den Bau der DNA!

03 Bau der DNA in unterschiedlichen Vergrößerungen

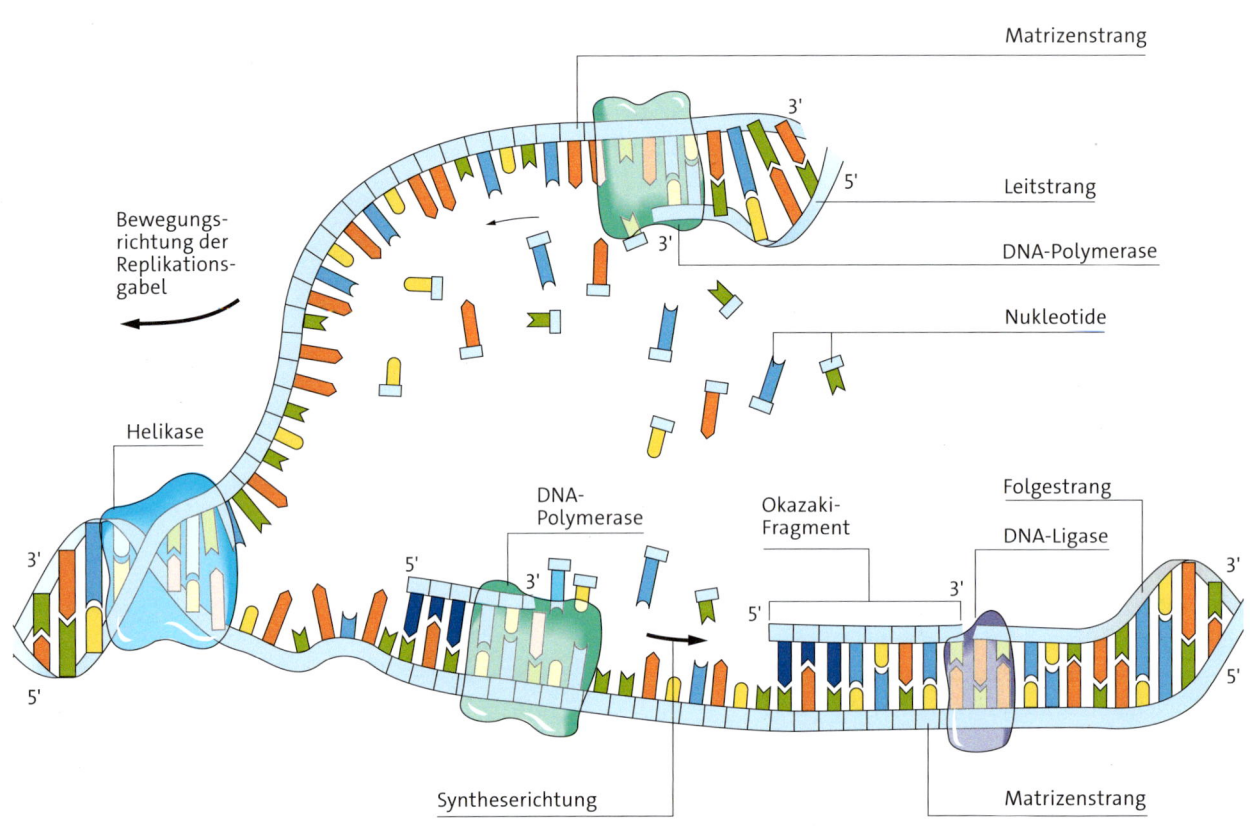

04 Verdopplung der DNA durch Replikation

DNA-REPLIKATION · Bevor sich eine Zelle teilt, wird ihre gesamte DNA verdoppelt, sie wird *repliziert.* Als WATSON und CRICK ihr DNA-Modell entwickelten, erkannten sie bereits, dass die komplementäre Basenpaarung das Grundprinzip der DNA-Replikation nahelegt. Sie nahmen an, dass sich die DNA wie ein Reißverschluss öffnen könne und an den frei liegenden DNA-Einzelsträngen jeweils ein neuer DNA-Strang gebildet würde.

Die DNA-Replikation beginnt damit, dass die Wasserstoffbrücken der DNA-Doppelhelix gelöst werden. Dies erfolgt durch das Enzym *Helikase.* Es bildet sich eine Replikationsgabel. An den nun frei liegenden DNA-Einzelsträngen werden neue DNA-Einzelstränge gebildet. Hierfür ist das Enzym *DNA-Polymerase* zuständig. Es gleitet am alten DNA-Einzelstrang entlang. Dabei verknüpft es passende Nukleotide aus der Zelle zu einem neuen DNA-Tochterstrang. Die Abfolge der neu zusammengesetzten Nukleotide wird durch die Reihenfolge der Basen auf dem alten Strang bestimmt. So dient der alte DNA-Strang als Matrize

für den neu gebildeten. Dieser Mechanismus heißt deshalb **semikonservative Replikation.**

OKAZAKI-FRAGMENTE · Nur ein DNA-Strang wird fortlaufend, also *kontinuierlich,* synthetisiert. Man nennt ihn Leitstrang. Seine Synthese folgt der sich öffnenden Replikationsgabel. Am anderen Strang, dem Folgestrang, wird die neue DNA in Gegenrichtung zu der sich öffnenden Replikationsgabel synthetisiert. Ursache hierfür ist die DNA-Polymerase. Sie kann den neuen Nukleotidstrang nur in 5'-3'-Richtung verlängern, da sie neue Nukleotide ausschließlich an das 3'-Ende der Desoxyribose bindet. Deshalb entstehen nur kürzere DNA-Stücke, die nach ihrem Entdecker als Okazaki-Fragmente bezeichnet werden. Anschließend werden die Okazaki-Fragmente durch das Enzym *Ligase* miteinander verbunden. Die Synthese des Folgestrangs erfolgt *diskontinuierlich.*

2 Beschreiben Sie den Ablauf der DNA-Replikation!

Material A ▸ Experiment von MESELSON und STAHL

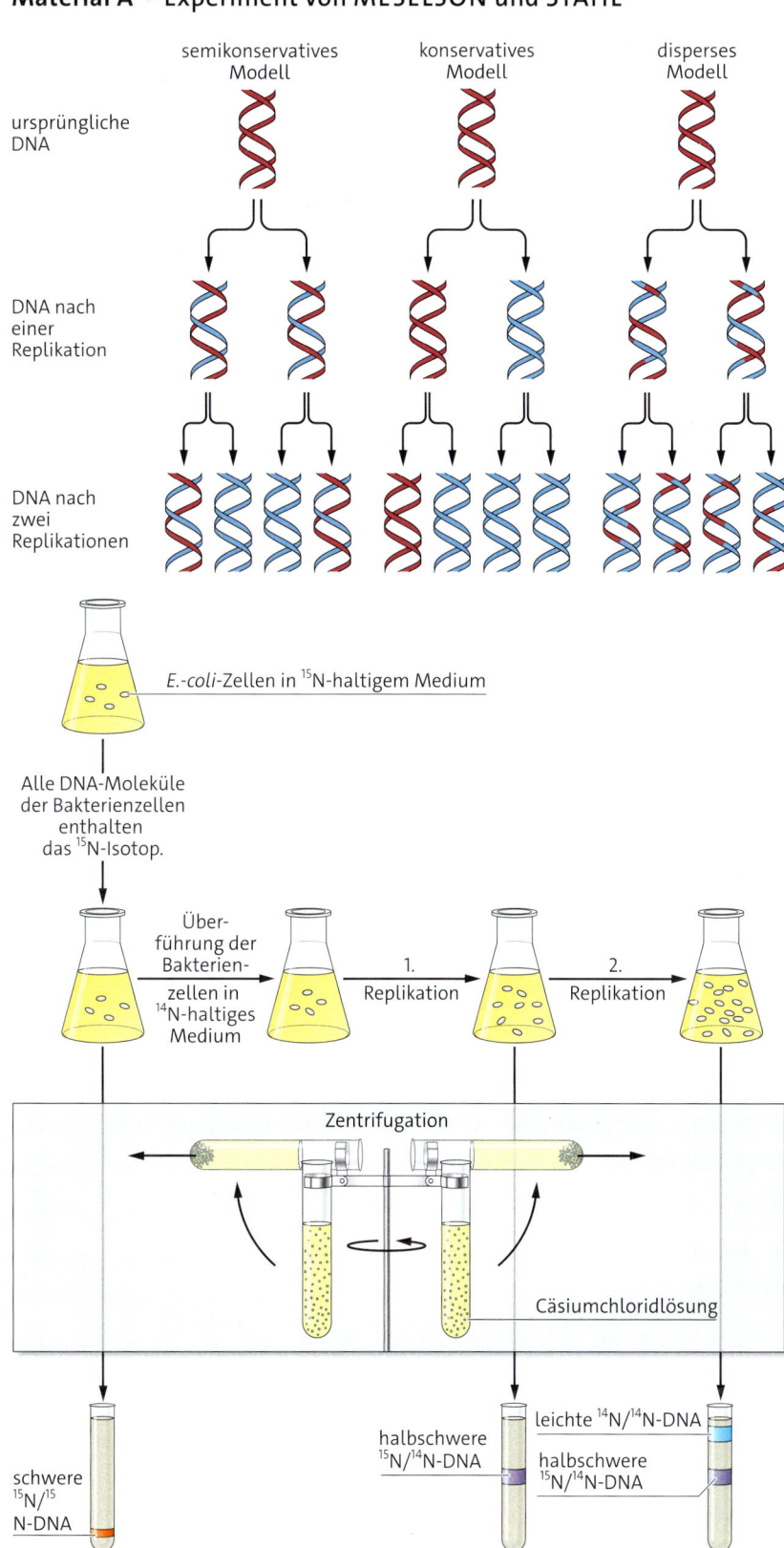

semikonservatives Modell

konservatives Modell

disperses Modell

ursprüngliche DNA

DNA nach einer Replikation

DNA nach zwei Replikationen

E.-coli-Zellen in ^{15}N-haltigem Medium

Alle DNA-Moleküle der Bakterienzellen enthalten das ^{15}N-Isotop.

Überführung der Bakterienzellen in ^{14}N-haltiges Medium

1. Replikation

2. Replikation

Zentrifugation

Cäsiumchloridlösung

schwere ^{15}N/^{15}N-DNA

halbschwere ^{15}N/^{14}N-DNA

leichte ^{14}N/^{14}N-DNA

halbschwere ^{15}N/^{14}N-DNA

Nach der Entdeckung der Struktur der DNA war das Prinzip der DNA-Replikation zunächst nicht bekannt. Es wurden drei Modelle diskutiert:

1. Die DNA-Doppelhelix besteht nach der Replikation aus einem alten und einem neuen Strang, die Replikation verläuft *semikonservativ*.

2. Eine DNA-Doppelhelix bleibt erhalten und eine neue wird synthetisiert, die Replikation verläuft *konservativ*.

3. Beide neuen DNA-Doppelhelices bestehen stückweise aus alter und neu synthetisierter DNA, die Replikation verläuft *dispers*.

Um zu überprüfen, welches Modell zutrifft, züchteten die beiden Forscher Matthew MESELSON und Franklin STAHL *E.-coli*-Bakterien in einem Nährmedium mit dem schweren Stickstoffisotop ^{15}N. Die Bakterien bauten das ^{15}N in ihre DNA ein und enthielten schließlich nur schwere DNA mit hoher Dichte. Anschließend überführten die Forscher die Bakterien in ein Medium mit dem leichten Stickstoffisotop ^{14}N. Neu gebildete DNA hatte eine geringere Dichte, sie war leichter. Vor der Überführung, nach einer und nach zwei Zellteilungen wurde die Bakterien-DNA isoliert und ihre Dichte bestimmt. Hierzu zentrifugierte man die DNA in einer Cäsiumchloridlösung, deren Dichte zum Boden des Zentrifugengläschens zunimmt. Bei dieser Dichtegradientenzentrifugation sammelt sich die DNA im Gläschen genau in der Höhe, die der eigenen Dichte entspricht.

A1 Beschreiben Sie die Durchführung des Experiments und begründen Sie, welches Modell bestätigt wurde!

A2 Erklären Sie, wie die Verteilung der DNA bei den anderen Modellen ausgesehen hätte!

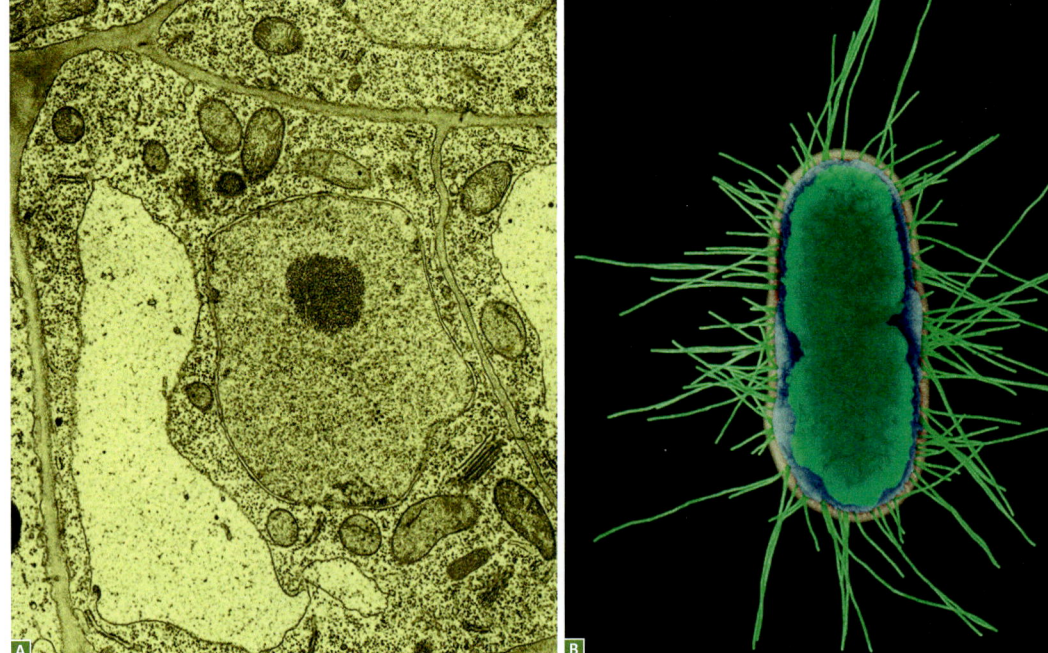

01 TEM-Aufnahmen (gefärbt):

A Pflanzenzelle aus der Acker-Schmalwand *Arabidopsis thaliana,*

B Darmbakterium *Escherichia coli*

Zellen mit und ohne Zellkern

Vergleicht man das elektronenmikroskopische Bild einer Pflanzenzelle mit dem elektronenmikroskopischen Bild einer Bakterienzelle, lassen sich schon auf den ersten Blick deutliche Unterschiede erkennen. Welche besonderen Baumerkmale weisen diese Zelltypen auf?

EUKARYOTEN UND PROKARYOTEN · Die Zellen von Pflanzen sowie von Tieren und Pilzen besitzen einen vom Zytoplasma abgegrenzten Zellkern. Lebewesen mit solchen Zellen nennt man **Eukaryoten.** Dazu gehören auch einzellige Organismen wie Amöben, Pantoffeltierchen oder Augentierchen. Die Zellen der Eukaryoten heißen **Euzyten.** Die meisten Euzyten haben einen Durchmesser von etwa zehn bis 50 Mikrometern.

Demgegenüber haben die Zellen von Bakterien und Cyanobakterien keinen durch eine Membran vom Zytoplasma abgegrenzten Zellkern. Man nennt solche Organismen **Prokaryoten** und ihre Zellen Protozyten oder **Prozyten.** Da die meisten Prokaryoten nur aus einer einzigen Zelle bestehen, verwendet man die Begriffe Prokaryot und Prozyte oft synonym. Prozyten sind meistens nur ein bis fünf Mikrometer groß und damit er-

heblich kleiner als Euzyten. Ihr Volumen beträgt gerade einmal höchstens ein Hundertstel bis weniger als ein Tausendstel einer Euzyte.

VERGLEICH VON EUZYTE UND PROZYTE · Prozyte und Euzyte haben gemeinsam, dass ihr Zellkörper hauptsächlich aus Zytoplasma besteht und dass sie von einer *Zellmembran* umgeben sind.

Elektronenmikroskopische Bilder zeigen, dass die Euzyte erheblich komplexer gebaut ist. Dabei spielen Membranabtrennungen eine besondere Rolle. Euzyten werden dadurch besonders stark räumlich gegliedert. Durch diese *Kompartimentierung* entstehen abgetrennte Reaktionsräume, die **Organellen.**

Der Zellkern von Euzyten ist oft bereits im Lichtmikroskop zu erkennen. Er ist von einer doppelten Zellmembran, der *Kernhülle,* umgeben. Im Zellkern befindet sich das Erbmaterial in Form von Chromosomen, Komplexen aus DNA und Protein. Auch die Mitochondrien – und bei Pflanzen die Chloroplasten – verfügen über eine Hülle aus zwei Membranen. Die Mitochondrien enthalten alle Enzyme für die Zellatmung und den Fettabbau.

altgr. eu = wohl-, gut

altgr. karyon = Kern

altgr. kytos = Gefäß

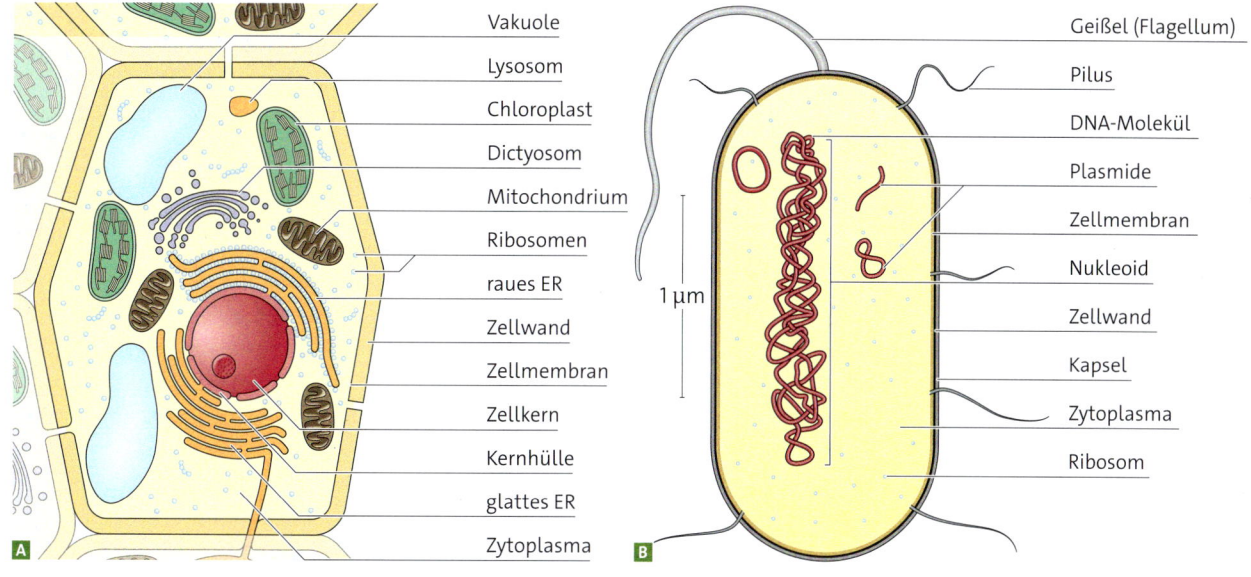

Vakuole	Geißel (Flagellum)
Lysosom	Pilus
Chloroplast	DNA-Molekül
Dictyosom	Plasmide
Mitochondrium	Zellmembran
Ribosomen	Nukleoid
raues ER	Zellwand
Zellwand	Kapsel
Zellmembran	Zytoplasma
Zellkern	Ribosom
Kernhülle	
glattes ER	
Zytoplasma	

02 Schema einer Pflanzenzelle (**A**) und einer Bakterienzelle (**B**) im Vergleich

Die Chloroplasten sind die Orte der Fotosynthese. Sie enthalten das Pigment Chlorophyll. In Mitochondrien und Chloroplasten gibt es zusätzlich ringförmige DNA, die aber nicht in Form von Chromosomen auftritt.

Intrazelluäre Membranen und Membransysteme teilen das Zytoplasma von Euzyten auf: Durchgängig enthalten ist das *endoplasmatische Retikulum*. Je nachdem, ob es von Ribosomen besetzt ist oder nicht, heißt es raues ER oder glattes ER. Das ER dient als intrazelluläres Transportsystem. Ein weiteres Membransystem ist der *Golgi-Apparat*. Dieser kann Proteine und Enzyme an ihren Bestimmungsort bringen. In älteren Pflanzenzellen trennt eine Membran die *Vakuole* vom Zytoplasma ab. In der Vakuole werden Reserve- oder Abfallstoffe eingelagert. In tierischen und pflanzlichen Zellen gibt es von einer Membran umgebene Lysosomen mit eiweißspaltenden Enzymen. Sie sind beim Zellumbau und Zellabbau wirksam.

Die in Euzyten enthaltenen Ribosomen sind nicht von einer Membran umgeben. An ihnen läuft die Proteinbiosynthese ab. Schließlich wird die Euzyte von innen durch ein Zytoskelett aus Mikrotubuli und Mikrofilamenten stabilisiert. Viele Zellbestandteile der Euzyten kommen in Prozyten nicht vor. So gibt es in Prozyten zum Beispiel keinen Zellkern. Die Erbinformation ist in einem ringförmigen DNA-Molekül gespeichert, das frei im Zytoplasma liegt. Der Bereich, in dem sich die DNA befindet, wird auch Kernäquivalent oder **Nukleoid** genannt. Daneben gibt es kleine ringförmige oder fadenförmige DNA-Stücke, die **Plasmide.** Die Ribosomen sind kleiner als die Ribosomen der Euzyten.

Das Zytoplasma enthält weder Mitochondrien und Chloroplasten noch endoplasmatisches Retikulum und Golgi-Apparat. Oft ist jedoch das Plasmalemma nach innen eingefaltet. Das führt zu einer Gliederung des Zytoplasmas. Die eingefaltete Membran trägt Enzyme, die Stoffwechselreaktionen katalysieren. Besonders bei Cyanobakterien sind diese Einfaltungen sehr ausgeprägt und ähneln den Membraneinfaltungen der Thylakoide von Chloroplasten. Sie enthalten neben Chlorophyll a und b auch blaue und rote Farbpigmente.

Viele Bakterien besitzen eine Geißel, auch *Flagellum* genannt, die der Fortbewegung dient. Manche Bakterien tragen außen auf der Kapsel mehrere sehr dünne Fäden aus Protein. Mit diesen *Pili* kann sich ein Bakterium an der Oberfläche anderer Zellen anheften.

Die bei Bakterien vorhandene Zellwand besteht meistens aus Murein. Murein ist ein kapselartiges aus Polysaccharidketten und quer vernetzenden Polypeptidketten aufgebautes Makromolekül. Oft ist außen noch eine Schleimschicht aufgelagert.

Singular von Pili = Pilus

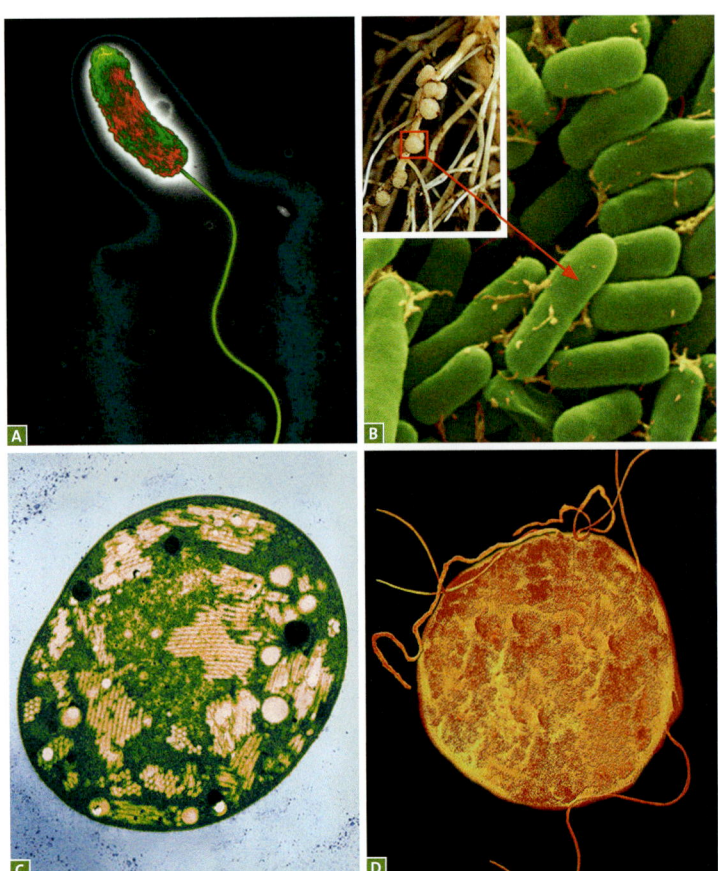

03 Prozyten: **A** Bakterium mit Kapsel und Schleimschicht, **B** Knöllchenbakterien bilden Wurzelknöllchen, **C** Cyanobakterium *Microcystis*, **D** Archaebakterium *Sulfolobus*

BEDEUTUNG DER PROZYTEN · Trotz ihres vergleichsweise einfachen Baus verfügen Prozyten über sehr vielfältige Stoffwechselfähigkeiten: Bestimmte Bakterienarten sind zwar sehr spezialisiert und haben dementsprechend einen engen Wirkungsspielraum, in ihrer Gesamtheit jedoch zeigen sie eine enorme Vielfalt an Fähigkeiten und Leistungen, die von Euzyten in vielen Fällen nicht erreicht wird.

Prozyten kommen im Boden, im Wasser und in der Luft vor. Sie leben in der Tiefsee, in heißen Quellen und im Gletschereis. Eine Vielzahl besiedelt Pflanzen, Tiere und Menschen. Allein im Darm des Menschen gibt es über 1000 verschiedene Bakterienarten. Einige davon sind für die Verdauung, den Wasserentzug im Dickdarm oder die Produktion von verschiedenen Vitaminen unerlässlich. Auf der Haut des Menschen schützen Bakterien den Körper vor Krankheitserregern. In der Lebensmittelherstellung benutzt man Bakterien zur Erzeugung von Joghurt, Käse, Salami oder Sauerkraut. Von den vermutlich mehreren Millionen verschiedenen Bakterienarten auf der Erde sind nur wenige Hundert als Krankheitserreger bekannt.

Viele Bakterienarten spielen im Kreislauf der Natur eine überragende Rolle, indem sie organische Stoffe als Nahrung aufnehmen und sie bis zu Mineralstoffen abbauen. Diese Bakterien werden deshalb zu den Destruenten gezählt. Die Mineralstoffe sind Grundlage für aufbauende Stoffwechselvorgänge. Sie werden von Produzenten für die Synthese von organischen Stoffen genutzt.

Eine besondere Rolle spielen Knöllchenbakterien, auch Rhizobien genannt. Diese Prozyten können entweder als stäbchenförmige Bakterien frei im Boden leben oder mit den Wurzeln von Schmetterlingsblütlern eine Symbiose eingehen. In dieser Symbiose sind sie in der Lage, Luftstickstoff zu Ammonium zu reduzieren. Der hohe Energiebedarf für die Stickstoffreduktion wird durch Kohlenhydrate aus den Wurzeln der Schmetterlingsblütler gedeckt. Im Gegenzug profitieren die Pflanzen vom Angebot an Ammonium, das sie für die Synthese von Aminosäuren und Nukleinsäuren benötigen. Aufgrund der Leistung der Knöllchenbakterien können Schmetterlingsblütler stickstoffarme Böden besiedeln.

Neben der Gruppe der Bakterien und Cyanobakterien gibt es noch eine weitere, eigenständige Gruppe von Prokaryoten, die Archaeen. Unter diesen Archaeen gibt es sehr viele Arten, die unter extremen Bedingungen existieren. So hat zum Beispiel das in heißen Quellen lebende Archaebakterium *Sulfolobus* ein Wachstumsoptimum bei 75 Grad Celsius. Solche Archaeen können Schwefelwasserstoff oxidieren und daraus Stoffe und Energie für ihren Stoffwechsel gewinnen.

1 ⌡ Erläutern Sie die Begriffe Prozyte, Euzyte, Prokaryot und Eukaryot!

2 ⌡ Beschreiben Sie, worin die Komplexität der Euzyten besteht!

3 ⌡ Erläutern Sie die Bedeutung der Prozyten anhand von zwei Beispielen!

Material A ▸ Bakterien und Cyanobakterien

0,5 µm

A

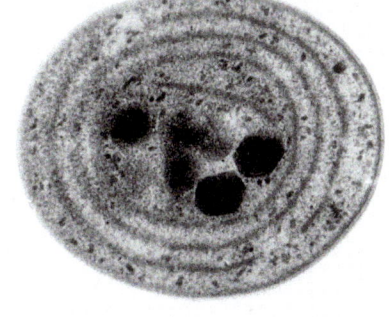

0,2 µm

B

Die Abbildungen zeigen elektronen-mikroskopische Aufnahmen des Darmbakteriums *Escherichia coli* (A) und des Cyanobakteriums *Synechocystis* spec. (B). In den helleren, faserig erscheinenden Zonen befindet sich die DNA.

Die Fortpflanzung aller Bakterien erfolgt meistens ungeschlechtlich durch einfache Teilung. *E.-coli*-Bakterien teilen sich beispielsweise unter optimalen Bedingungen alle 20 Minuten. Allerdings kann die DNA auch von Bakte-

rium zu Bakterium übertragen werden. Dieser als Konjugation bezeichnete Vorgang kommt selten vor.

Cyanobakterien sind sehr anspruchslose Organismen. Sie benötigen praktisch nur wenige Mineralstoffe, da sie neben der Fotosynthese auch die Dreifachbindung der Stickstoffmoleküle der Luft spalten können. Dabei entsteht Ammonium, das im Stoffwechsel verwendet wird. Eukaryotische Zellen sind dazu nicht in der Lage.

A1 Beschreiben und benennen Sie die in den beiden Prozyten erkennbaren Strukturen! Vergleichen Sie diese hinsichtlich ihrer Verteilung, Häufigkeit und relativer Größe!

A2 Begründen Sie, dass die parallelen Linien bei *Synechocystis* spec. zu Strukturen gehören können, die mit Fotosynthese zu tun haben!

A3 Berechnen Sie das Volumen einer *E.-coli*-Zelle mithilfe der Längenangabe und unter der Annahme, dass die Zellen zylindrisch sind!

A4 Berechnen Sie das Volumen aller *E.-coli*-Zellen, die theoretisch nach einem Tag aus einer Zelle entstehen können! Diskutieren Sie, weshalb dieses Szenario nicht eintritt!

Material B ▸ *Nostoc* – ein besonderes Cyanobakterium

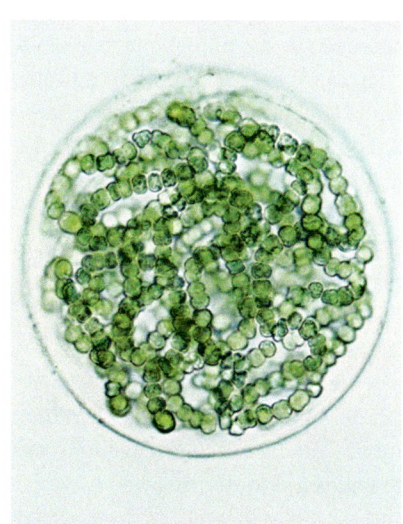

Nostoc ist eine Gattung von Cyanobakterien, die Kolonien aus langen Zellfäden in einer gelatineartigen Masse bilden kann. Die Zellen besitzen im Zellplasma grüne Farbstoffe und betreiben Fotosynthese. In einzelnen größeren Zellen der Kolonie, den Heterozysten, findet ausschließlich die Umsetzung von Luftstickstoff in Ammonium statt.

Viele *Nostoc*-Arten leben in Symbiose mit Pflanzen und Pilzen. Im Spätsommer vermehrt sich *Nostoc* oft so stark, dass sie Hauptbestandteil der Algenblüte in nährstoffreichen Gewässern ist.

B1 Vergleichen Sie den Bau von *Nostoc commune* mit dem Cyanobakterium *Synechocystis* spec. aus Material A!

B2 Stellen Sie Vermutungen an, weshalb *Nostoc* häufig Symbiosepartner ist!

B3 Stellen Sie Vermutungen an, weshalb *Nostoc*-Arten im Spätsommer häufig an der Bildung der Algenblüte beteiligt sind!

//// **IM BLICKPUNKT EVOLUTION** //

Endosymbiontentheorie

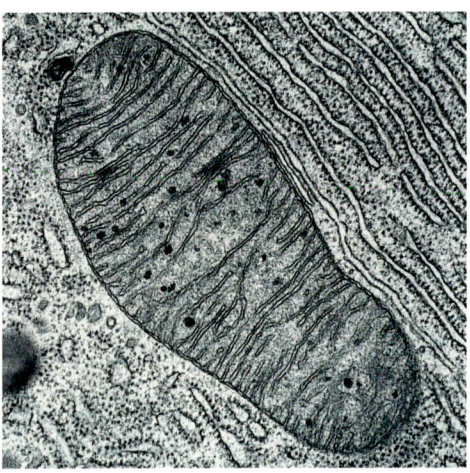

01 Elektronenmikroskopische Aufnahme eines Mitochondriums mit doppelter Zellmembran

ENDOSYMBIOSE · Lange Zeit stand man vor der Frage, weshalb Mitochondrien und Chloroplasten von einer doppelten Zellmembran umgeben sind. Ein Hinweis ergab sich unter anderem aus der Beobachtung, dass die beiden Zellorganellen nicht neu gebildet werden, sondern sich wie Bakterien teilen.

Dafür müssten Vorläuferzellen der heutigen Eukaryoten ursprünglich frei lebende prokaryotische Zellen, zum Beispiel Bakterienzellen, umflossen und in ihr Zellinneres aufgenommen haben. Die durch diese *Phagozytose* aufgenommene Zelle wäre dann nicht verdaut worden. Stattdessen wäre es zu einer wechselseitigen Beziehung zwischen der aufnehmenden und der aufgenommenen Zelle gekommen, wovon beide profitiert hätten. Eine solche Wechselbeziehung nennt man **Symbiose**. Dabei bezeichnet man die aufnehmende Zelle als Wirt und die aufgenommene als Symbiont. Da der Symbiont innerhalb der Wirtszelle lebt, spricht man von **Endosymbiose**.

UNTERSUCHUNGSERGEBNISSE · Wenn Chloroplasten und Mitochondrien Endosymbionten sind, müsste es weitere Befunde geben, die diese Annahme unterstützen. Tatsächlich wurden bei strukturellen, genetischen und biochemischen Untersuchungen an Chloroplasten und Mitochondrien weitere Hinweise gefunden, die die anfangs aufgestellte Vermutung bestätigten:

- Chloroplasten und Mitochondrien besitzen eine Hülle aus zwei Biomembranen. Nur die innere Membran enthält das bakterientypische Kardiolipin und nur in der äußeren Membran kommt das für Eukaryoten typische Cholesterol vor. Dies kann man so erklären, dass die innere Membran vom Symbionten stammt und die äußere vom Wirt, der den Symbionten eingeschlossen hat. Das kann als Beleg für einen möglichen Phagozytosevorgang ohne anschließende Verdauung angesehen werden.
- Chloroplasten und Mitochondrien besitzen eigene DNA, die wie bei den Bakterien ringförmig ist.
- Chloroplasten und Mitochondrien besitzen kleinere Ribosomen als die Wirtszelle. Solche kleinen Ribosomen kommen auch in frei lebenden Bakterien vor.
- Die Proteinbiosynthese verläuft in den Mitochondrien und Chloroplasten auf ähnliche Weise wie in Bakterien. Demgegenüber ist die Proteinbiosynthese in der Wirtszelle komplizierter.
- Die in den Ribosomen von Mitochondrien enthaltene RNA, die mitochondriale rRNA, zeigt erstaunliche Übereinstimmungen mit der rRNA aus dem Bakterium *Rhizobium*. Bakterien aus der Verwandtschaft von *Rhizobium* sind daher wahrscheinlich prozytische Vorläufer der Mitochondrien.
- Die rRNA aus Chloroplasten ist der rRNA aus bestimmten Cyanobakterien sehr ähnlich. Diese Prokaryoten gelten als Vorläufer der Chloroplasten.

Aufgrund dieser Untersuchungsergebnisse wurde aus der ursprünglichen Endosymbiontenhypothese die inzwischen allgemein anerkannte **Endosymbiontentheorie**.

MODELLORGANISMUS · Es gibt viele heute lebende Organismen, die ohne endosymbiontische Einzeller, vorwiegend Algen, nicht leben könnten. Dazu gehören Steinkorallen, verschiedene Einzeller, Hohltiere, Muscheln oder Schwämme. Man kann sie jeweils als Modellorganismen für Abläufe heranziehen, die in der Frühzeit der Zellentwicklung stattgefunden haben können.

In einigen Amöben und farblosen eukaryotischen Algen kommen Zellbestandteile vor, die ebenfalls von Cyanobakterien abstammen. Diese **Cyanellen** besitzen aber noch eine dünne Bakterienzellwand aus Murein. Ihr Erbmaterial hat etwa den Umfang wie das der Chloroplasten. Cyanellen können daher als eine noch lebende Zwischenstufe auf dem Weg von Cyanobakterien zu Chloroplasten aufgefasst werden.

ENTSTEHUNG DER EUZYTE · Nach heutigen Vorstellungen könnte die Euzyte etwa so entstanden sein: Zuerst bildete eine Vorstufe einer Euzyte ein inneres Membransystem aus. Es entstanden die Umhüllung des Chromosomenmaterials, das endoplasmatische Retikulum und der Golgi-Apparat. Dies war der Anfang des **Ur-Eukaryoten** mit einem Zellkern.

Diese Zelle konnte Stoffe aus der Umgebung durch Phagozytose aufnehmen.

In einem nächsten Schritt nahm der Ur-Eukaryot ein **α-Protobakterium** auf, ohne es zu verdauen. Stattdessen gingen die beiden Zellen eine Symbiose ein, wobei der Symbiont seine Fähigkeit zur Synthese der eigenen Zellbestandteile allmählich verlor. Stattdessen wurden viele der eigenen Gene in das Erbgut der Wirtszelle integriert. So entstand das Mitochondrium, das allein nicht lebensfähig ist, sondern vollständig von der Wirtszelle abhängt. Gentechnische Untersuchungen belegen die Verwandtschaft von Mitochondrien mit der Gruppe der α-Protobakterien.

In einem weiteren Schritt nahm die Euzyte, die bereits Mitochondrien enthielt, ein **Cyanobakterium** durch Phagozytose auf. Auch das Cyanobakterium wurde nicht verdaut. Es entwickelte sich in gleicher Weise zu einem Chloroplasten, der ebenfalls allein nicht mehr ohne die Wirtszelle überleben konnte und dessen Gene zum großen Teil in den Zellkern übertragen wurden.

Die so entstandene Zelle ist die Urzelle aller Pflanzen. Aus den so geformten Euzyten ohne Chloroplasten entwickelten sich schließlich Tiere und Pilze.

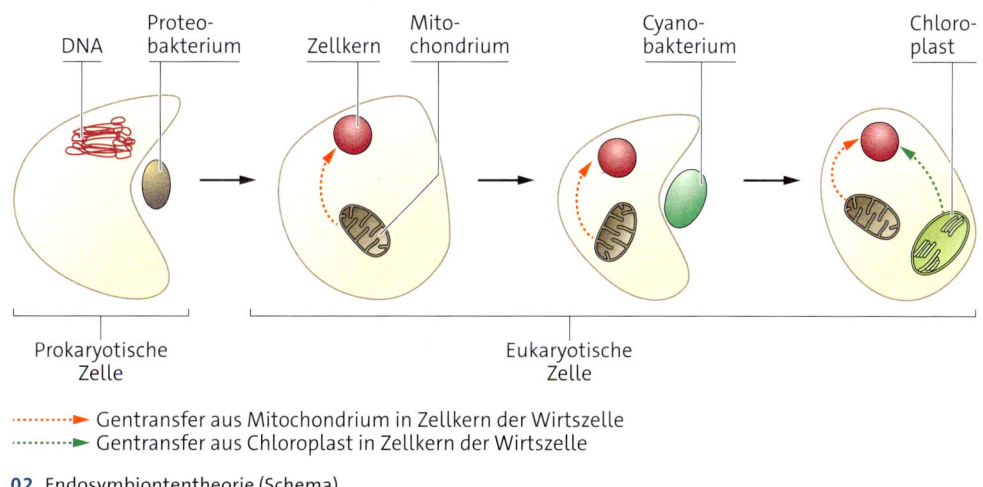

---------▸ Gentransfer aus Mitochondrium in Zellkern der Wirtszelle
---------▸ Gentransfer aus Chloroplast in Zellkern der Wirtszelle

02 Endosymbiontentheorie (Schema)

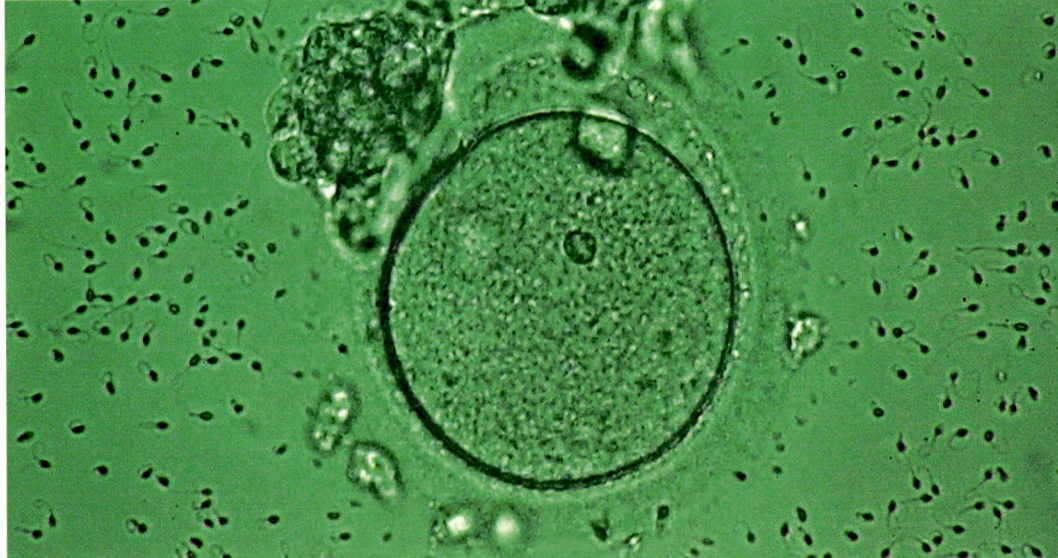

01 Zusammentreffen von Spermienzellen und Eizelle (Lichtmikroskopische Aufnahme)

Geschlechtszellen

Winzige Spermienzellen schwimmen um eine Eizelle und bewegen sich auf sie zu. Mithilfe chemischer Signale haben sich die Geschlechtszellen gefunden. Nach dem Eindringen einer der Spermienzellen wird die Eizelle befruchtet. Die Entwicklung eines neuen Menschen kann beginnen. Wie sind diese besonderen Zellen, welche die sexuelle Fortpflanzung ermöglichen, gebaut und wie werden sie gebildet?

EIZELLE UND SPERMIENZELLE · Die Geschlechtszellen, auch Gameten genannt, sind spezialisierte Zellen, die ganz besondere Merkmale aufweisen. Sie entwickeln sich in speziellen Teilen der Geschlechtsorgane, den Geschlechtsdrüsen. Die Frau bildet in den Eierstöcken Eizellen, der Mann in den Hoden Spermienzellen.

Bereits bei der Betrachtung mit dem Lichtmikroskop fallen reife menschliche Eizellen durch ihre besondere Größe von etwa 120 bis 200 Mikrometern auf. Die Eizelle wird so groß, weil sie im Laufe ihrer Entwicklung viele Nährstoffe aus den umgebenden Hilfszellen, den *Follikelzellen*, aufnimmt. Diese Nährstoffe dienen als Reservestoffe für die ersten Entwicklungsschritte des Embryos. Sie werden als *Dotter* bezeichnet.

Die Spermienzellen sind mit einer Gesamtlänge von 60 Mikrometern deutlich kleiner. Sie haben einen zu ihrer Funktion passenden Bau: Der nur fünf Mikrometer große *Kopfteil* enthält den Zellkern, wenig Zellplasma und das *Akrosom*, das dem Zellkern wie eine Kappe aufliegt und Enzyme enthält. Im *Mittelteil* befinden sich viele Mitochondrien. Sie stellen die Energie für die Fortbewegung bereit. Die Fortbewegung ermöglicht der *Schwanzfaden*, auch Geißel genannt. Der Bau der Spermienzellen ermöglicht es ihnen, aktiv auf die Eizelle zu zu schwimmen.

BEFRUCHTUNG · Die menschliche Eizelle ist von einer durchsichtigen, schützenden Schicht, der *Eihülle*, umgeben. An ihr befinden sich Spermienzellrezeptoren. Die Spermienzellen binden dort und das Akrosom setzt eiweißspaltende Enzyme frei, sodass die Eihülle durchdrungen werden kann. Gelangt eine Spermienzelle bis zur Eizellmembran, fusionieren die beiden Zellmembranen zu einer Befruchtungsmembran. Dadurch können keine weiteren Spermienzellen die Eizellmembran durchdringen. So wird gewährleistet, dass immer nur eine Spermienzelle mit der Eizelle verschmilzt. Der Zellkern der Spermienzelle, in dieser Phase als männlicher Vorkern bezeichnet, gelangt in das Zytoplasma der weiblichen Eizelle und wandert auf den Zellkern der Eizelle, den weiblichen Vorkern, zu. Die Chromosomen der beiden Vorkerne vermischen sich. Die Eizelle ist befruchtet.

Bei der **sexuellen Fortpflanzung** wird somit mütterliches und väterliches genetisches Material neu kombiniert.

CHROMOSOMENSATZ DER GESCHLECHTS-ZELLEN · Mitte des 19. Jahrhunderts konnten Biologen erstmalig bei der Befruchtung von Ei- und Spermienzelle eine Verschmelzung der beiden Zellkerne im Lichtmikroskop beobachten. Diese Beobachtung führte zu der Annahme, dass sich die Zellkerne der Geschlechtszellen von denen der Körperzellen unterscheiden müssten. Ende des 19. Jahrhunderts wurde dann tatsächlich nachgewiesen, dass Körperzellen 46 Chromosomen enthalten, Geschlechtszellen nur 23. Man spricht bei den Geschlechtszellen von einem einfachen, einem **haploiden**, Chromosomensatz, bei den Körperzellen von einem doppelten, einem **diploiden**, Chromosomensatz. Von den 23 Chromosomen einer Geschlechtszelle ist eines das Geschlecht bestimmende Chromosom oder **Gonosom**, die anderen nennt man **Autosomen**. Beim Menschen gibt es zwei verschiedene Gonosomen, das X-Chromosom und das Y-Chromosom. Eizellen enthalten immer ein X-Chromosom, Spermienzellen können ein X- oder ein Y-Chromosom enthalten.

Bei der Befruchtung verschmelzen die haploiden Zellkerne von Ei- und Spermienzellen. Die 22 Autosomen von Mutter und Vater sind sich jeweils strukturell ähnlich, man nennt sie **homolog**. Trifft eine Spermienzelle, die neben den 22 Autosomen ein Y-Chromosom enthält, auf die Eizelle mit 22 Autosomen und einem X-Chromosom, so entsteht genetisch gesehen ein Junge. Enthalten sowohl Eizelle als auch Spermienzelle ein X-Chromosom, entsteht ein Mädchen. Die Kombination der Erbinformation von Vater und Mutter bei der Befruchtung führt somit zu einer befruchteten Eizelle, einer **Zygote**, mit einem diploiden Chromosomensatz. Aus ihr gehen dann durch mitotische Zellteilungen alle diploiden Körperzellen des heranwachsenden Menschen hervor.

Auch die Geschlechtszellen in den Geschlechtsdrüsen sind zunächst diploid. Im Laufe der Entwicklung eines Menschen wird der Chromosomensatz in den Geschlechtszellen auf einen haploiden reduziert, da sich sonst von Genera-

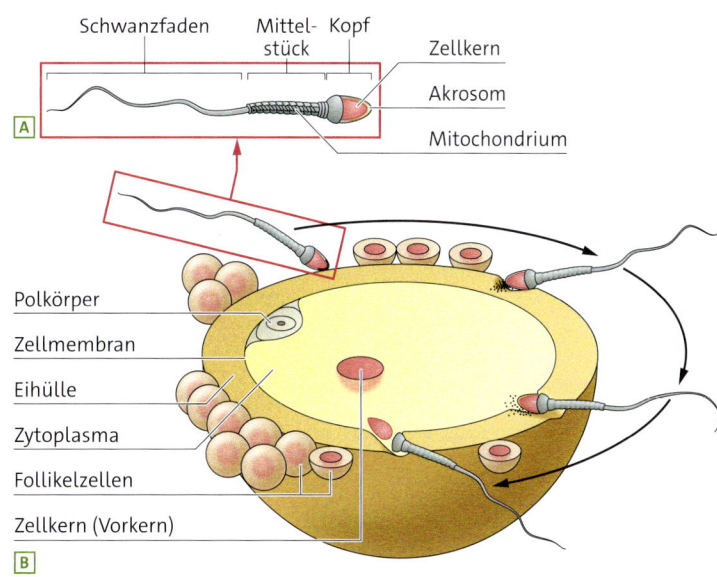

02 Geschlechtszellen und Befruchtung (Schema): **A** Spermienzelle, **B** Eizelle

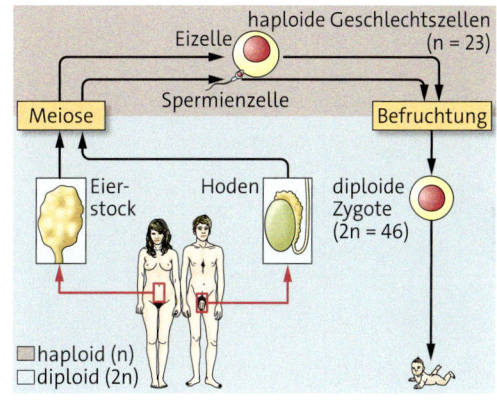

03 Geschlechtszellenbildung im Lebenszyklus (Schema)

tion zu Generation der Chromosomensatz verdoppeln würde. Die haploiden Geschlechtszellen entstehen folglich aus diploiden Urgeschlechtszellen. Der Vorgang der Geschlechtszellenreifung heißt **Meiose**. Sie lässt sich sowohl bei der Eizellreifung, der *Oogenese*, als auch bei der Spermienzellenreifung, der *Spermatogenese*, in zwei Teilschritte gliedern, die erste und die zweite Reifeteilung.

1) Vergleichen Sie den Bau und die Eigenschaften von Eizelle und Spermienzelle in Form einer Tabelle!

2) Erläutern Sie die Bedeutung der genetischen Besonderheiten der Geschlechtszellen für die sexuelle Fortpflanzung!

ERSTE REIFETEILUNG DER MEIOSE · Die Chromosomen der Urgeschlechtszellen liegen zu Beginn der Meiose als dünne fädige Zwei-Chromatiden-Chromosomen vor, da die DNA vor der Reifeteilung verdoppelt wurde.

In der *Prophase I* legen sich die jeweils homologen väterlichen und mütterlichen Zwei-Chromatiden-Chromosomen dicht aneinander. Sie werden nach und nach reißverschlussartig durch Proteine in Längsrichtung zusammengchalten.

Sind die beiden homologen Chromosomen vollständig gepaart, bilden sie jeweils ein lichtmikroskopisch gut erkennbares Gefüge aus vier nebeneinanderliegenden Chromatidenfäden, eine **Tetrade**. Bei der Geschlechtszellenbildung beim Menschen erkennt man also 23 Tetraden. In diesem Stadium kann es zu Brüchen in Chromatiden kommen sowie zu einem überkreuzweisen Austausch von Chromosomenabschnitten zwischen mütterlichen und väterlichen Chromatiden. Im Lichtmikroskop werden diese **Crossing-over**-Ereignisse später als Überkreuzungsstellen sichtbar, die **Chiasmata**.

In der *Metaphase I* ordnen sich die homologen Chromosomenpaare in der Äquatorialebene der Zelle an. Spindelfasern, die sich bereits in der Prophase gebildet haben, treten in Kontakt mit den Zentromeren der Chromosomen.

In der *Anaphase I* werden die homologen Chromosomen voneinander getrennt und zu den entgegengesetzten Zellpolen gezogen. An jedem Zellpol ist nun von jedem homologen Chromosomenpaar nur noch eines vorhanden. Danach wird das Zytoplasma geteilt. Bei der Eizellenbildung wird das Zytoplasma ungleich auf die beiden Tochterzellen verteilt, die spätere Eizelle enthält viel Zytoplasma, die kleinere Zelle wenig, sie wird als Polkörper bezeichnet.

Die erste Reifeteilung führt also zur Halbierung des Chromosomensatzes, es sind zwei haploide Tochterzellen entstanden.

ZWEITE REIFETEILUNG DER MEIOSE · In der *Prophase II* wird in jeder haploiden Tochterzelle ein neuer Spindelfaserapparat gebildet. Die folgenden Schritte verlaufen ähnlich wie bei der Mitose. Die Zwei-Chromatiden-Chromosomen ordnen sich in der *Metaphase II* in der Äquatorialebene an. In der *Anaphase II* werden die Chromatiden der Zwei-Chromatiden-Chromosomen am Zentromer getrennt und jeweils zu den Zellpolen transportiert. In der nachfolgenden *Telophase II* bildet sich eine Zellkernmembran, es folgt die Teilung des Zellplasmas, die *Zytokinese*. Es sind vier haploide Tochterzellen entstanden: Bei der Eizellenbildung die große Eizelle und die drei Polkörper mit jeweils 23 Ein-Chromatid-Chromosomen. Die haploiden Tochterzellen sind durch die zufällige Verteilung der Chromosomen und das Crossing-over in der Metaphase I genetisch unterschiedlich.

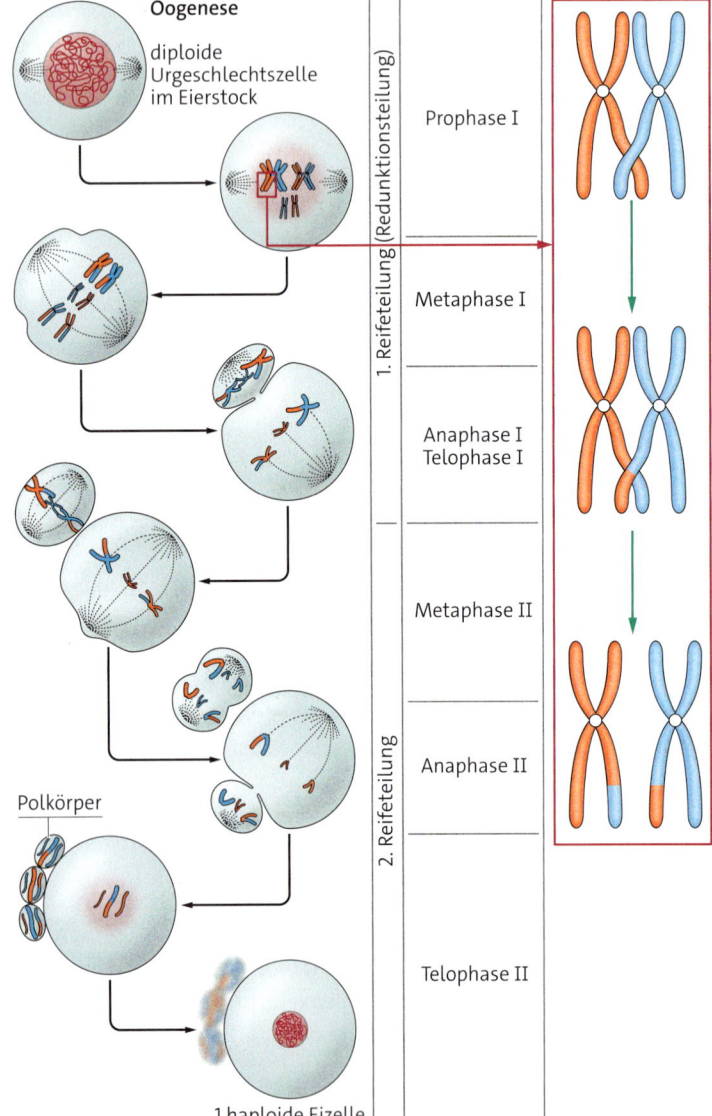

04 Bildung der Eizelle beim Menschen am Beispiel von drei Chromosomenpaaren

Material A ▸ Spermatogenese – Reifung von Spermienzellen beim Menschen

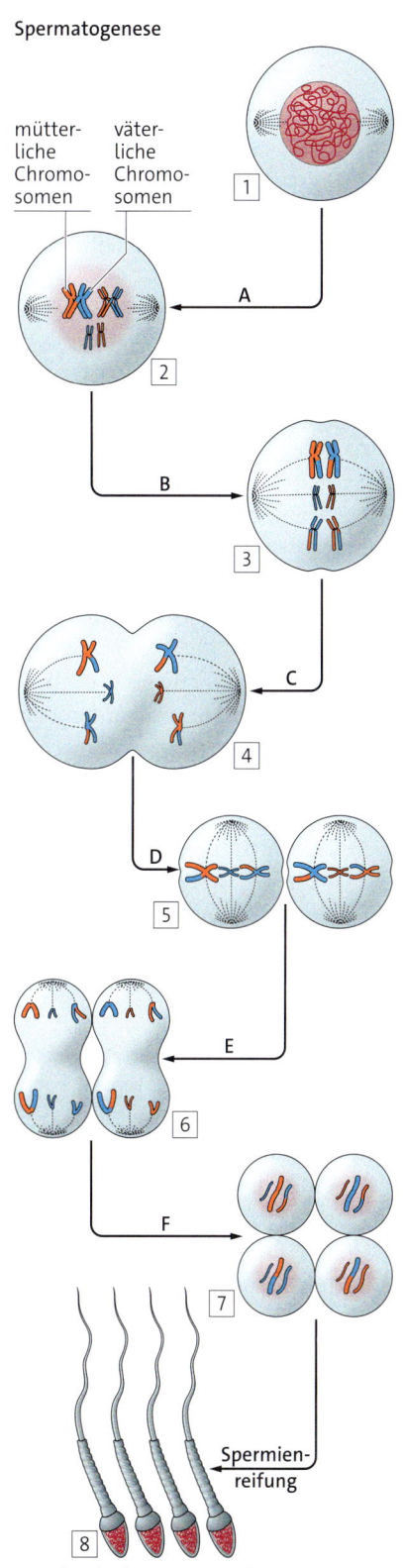

Spermatogenese

mütter-liche Chromo-somen

väter-liche Chromo-somen

1

A

2

B

3

C

4

D

5

E

6

F

7

Spermien-reifung

8

4 haploide Spermienzellen

Die Oogenese und die Spermatogenese führen zu sehr unterschiedlich aussehenden Geschlechtszellen. Trotzdem lassen sich beide Vorgänge gut vergleichen.

A1 Ordnen Sie die Phasen der Meiose den Zahlen in der Abbildung der Spermatogenese zu! Beschreiben Sie die Abläufe von A bis G!

A2 Erläutern Sie Gemeinsamkeiten und Unterschiede der Oogenese und der Spermatogenese!

A3 Begründen Sie, dass die Meiose die Voraussetzung für sexuelle Fortpflanzung ist!

A4 Vergleichen Sie Mitose und Meiose und stellen Sie die Unterschiede übersichtlich tabellarisch dar! Skizzieren Sie dazu wesentliche Phasen, die die Unterschiede bedingen!

A5 Erklären Sie anhand der Abbildung zur Spermatogenese, weshalb Geschlechtszellen genetisch unterschiedlich sind!

Material B ▸ Behandlung von Unfruchtbarkeit beim Mann

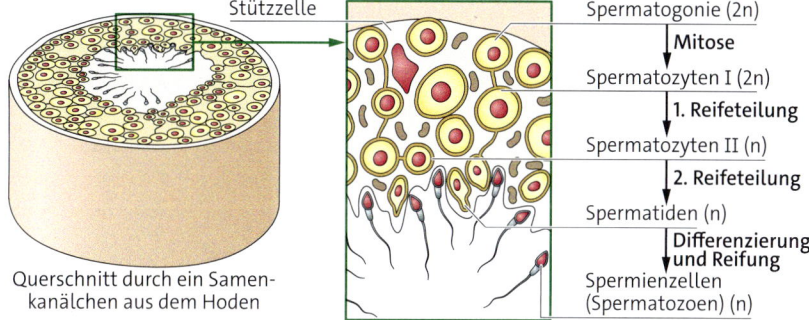

Stützzelle

Spermatogonie (2n)

Mitose

Spermatozyten I (2n)

1. Reifeteilung

Spermatozyten II (n)

2. Reifeteilung

Spermatiden (n)

Differenzierung und Reifung

Spermienzellen (Spermatozoen) (n)

Querschnitt durch ein Samen-kanälchen aus dem Hoden

Bei etwa einem Prozent der Männer enthält die Spermienflüssigkeit keine Spermienzellen. Diese Männer können keine Kinder zeugen, sie sind unfruchtbar. Japanischen Forschern gelang es, Zellen aus dem Hodengewebe der betroffenen Männer zu entnehmen. Sie nutzten diese zur künstlichen Befruchtung einer reifen Eizelle. Auf diese Weise konnten 14 Kinder gezeugt und geboren werden, darunter vier Mädchen und zehn Jungen.

B1 Beschreiben Sie die Veränderungen, die die Zellen von der Urspermienzelle bis zur fertigen Spermienzelle durchmachen!

B2 Entwickeln Sie eine begründete Vermutung, welche Zellen die Wissenschaftler aus dem Hoden

für die künstliche Befruchtung entnommen haben!

B3 Zeigen Sie anhand von Skizzen zur Metaphase I und II, wie viele X- und Y-haltige Spermienzellen aus jeder Urgeschlechtszelle entstehen können!

B4 Zeichnen Sie schematisch die Befruchtung einer Eizelle, die zu einem Jungen beziehungsweise zu einem Mädchen führt! Entwickeln Sie eine begründete Vermutung, wie viele Jungen und Mädchen bei natürlicher Befruchtung zu erwarten wären!

B5 Recherchieren Sie Erklärungen für Abweichungen vom zu erwartenden Verhältnis auch bei einer natürlichen Befruchtung!

Chromosomen des Menschen

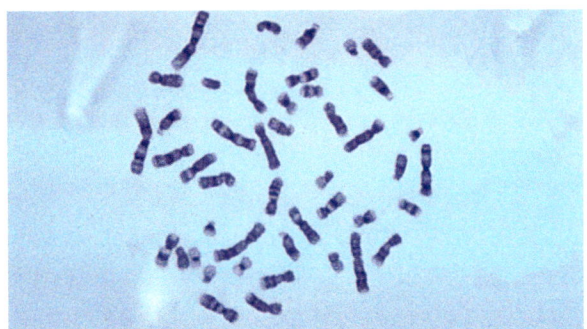

01 Ungeordneter Chromosomensatz des Menschen (lichtmikroskopische Aufnahme)

CHROMOSOMENAUSSTATTUNG EINER ZELLE · In den 1950er-Jahren gelang es erstmals mithilfe eines neuen Verfahrens, die Chromosomen des Menschen nicht nur sichtbar zu machen, sondern auch zu ordnen und zu analysieren. Eine solche Darstellung der Chromosomenausstattung einer Zelle nennt man **Karyogramm.** Dazu werden Leukozyten aus dem Blut isoliert. In einem geeigneten Kulturmedium bei 37 Grad Celsius teilen sich die Zellen mitotisch. Gibt man Colchicin, einen Stoff aus einer Pflanze, hinzu, löst sich der Spindelfaserapparat auf und alle Zellteilungen stoppen nach und nach in der Metaphase der Mitose. Die Zellen werden nun mit einer hypotonischen Lösung gewaschen und quellen auf. Dadurch können sich die Chromosomen in den Zellen frei verteilen. Tropft man diese Zellsuspension auf einen Objektträger, platzen die Zellen und die Metaphasechromosomen breiten sich aus und sind als nebeneinanderliegende, isolierte Strukturen sichtbar. Sie werden unter dem Lichtmikroskop fotografiert und anschließend gezählt und geordnet.

Mit geeigneter Färbung werden Querstreifungen, die *Bandenmuster,* erkennbar. Diese helfen, die Chromosomen unter anderem aufgrund ihrer Größe und der Lage des Zentromers zu ähnlichen Paaren zu sortieren.

Auf diese Weise konnte gezeigt werden, dass die Körperzellen der meisten Menschen 46 Chromosomen enthalten. Bei 44 Chromosomen gleichen sich immer zwei in ihrer Größe und Gestalt, sie sind *homolog.* Man bezeichnet sie als *Autosomen.* Zwei weitere Chromosomen beeinflussen das Geschlecht. Sie werden *Gonosomen* genannt. Beim weiblichen Geschlecht sind auch diese beiden Chromosomen homolog und heißen X-Chromosomen. Männliche Individuen tragen meistens ein X-Chromosom und ein kleineres Y-Chromosom. Der Karyotyp eines Menschen wird dann mit 46, XX oder 46, XY angegeben.

VERÄNDERUNGEN IM CHROMOSOMENSATZ · Im Jahr 1866 fiel dem britischen Arzt John LANGDON-DOWN auf, dass einige seiner Patienten übereinstimmende Besonderheiten aufwiesen, besonders im Gesicht und bei der Augenform, aber auch in ihrem Verhalten und ihren kognitiven Fähigkeiten. Diese typische Kombination von Merkmalen bezeichnet man heute als *Down-Syndrom.*

Im Jahr 1959 wurde mithilfe von Karyogrammen nachgewiesen, dass bei vielen Betroffenen das Chromosom 21 dreifach vorhanden ist. Diesen veränderten Chromosomensatz nennt man daher **Trisomie 21.** Die beschriebene Merkmalsausbildung beim Down-Syndrom beruht also auf einer Veränderung der Erbinformation. Veränderungen der Erbinformation bezeichnet man ganz allgemein als **Mutation.** Neben der Anzahl der Chromosomen im Chromosomensatz können auch einzelne Gene verändert sein. Solche *Genmutationen* sind im Karyogramm nicht sichtbar.

Mutationen können unterschiedliche Wirkung auf die Merkmalsausbildung haben. Sie können für den Träger der Mutation einen Vorteil oder auch einen Nachteil bedeuten oder bedeutungslos sein.

1	2	3	4	5

6	7	8	9	10	11	12

13	14	15	16	17	18

19	20	21	22	X	Y

02 Karyogramm eines Mannes mit Trisomie 21

ENTSTEHUNG DER TRISOMIE 21 · Mutationen treten spontan und zufällig auf und können jede Zelle betreffen. Finden Mutationen in den Urgeschlechtszellen statt, werden sie an die Kinder weitergeben. Bei der Trisomie 21 liegt die Ursache häufig in der Entstehung der Geschlechtszellen. Während der Geschlechtszellenbildung kann es zufällig zu einer Fehlverteilung der Chromosomen während der Meiose kommen. Trennt sich zum Beispiel in der Metaphase I der Meiose das homologe Chromosomenpaar 21 nicht, gelangen zwei Chromosomen 21 in die eine haploide Geschlechtszelle, während der anderen Geschlechtszelle das Chromosom 21 fehlt. Dieser Verteilungsfehler beruht also auf der fehlenden Trennung der Chromosomen.

Mutationen in den Geschlechtszellen kommen mit zunehmendem Alter häufiger vor. Sowohl die genannten Verteilungsfehler als auch Umwelteinflüsse, wie zum Beispiel elektromagnetische oder radioaktive Strahlung sowie einige Chemikalien, können die Häufigkeit von Mutationen, die **Mutationsrate,** erhöhen.

GENETISCHES GESCHLECHT · Bei der Befruchtung werden die haploiden Chromosomensätze der Eltern miteinander kombiniert. Erhalten die Nachkommen je ein X-Chromosom von Mutter und Vater, so besitzen sie Körperzellen mit zwei homologen X-Chromosomen. Enthält die befruchtende Spermienzelle ein Y-Chromosom, so haben Zygote und Körperzellen des neu entstehenden Menschen zwei unterscheidbare Gonosomen. Da die jeweilige Kombination der Gonosomen typisch für die meisten Frauen oder Männer ist, werden sie zur Bestimmung des *chromosomalen Geschlechts* benutzt. Allerdings kann es auch bei den Gonosomen zu Fehlverteilungen bei der Geschlechtszellenbildung kommen. Frauen mit *Turner-Syndrom* besitzen zum Beispiel nur ein X-Chromosom in ihren Körperzellen, sie weisen eine **Monosomie** bei einem Chromosomenpaar auf. Bei Männern mit dem *Klinefelter-Syndrom* findet man neben einem Y-Chromosom noch zwei X-Chromosomen.

KÖRPERLICHE GESCHLECHTSENTWICKLUNG · In den ersten Schwangerschaftswochen ist im Ultraschallbild noch nicht erkennbar, ob sich ein Mädchen oder Junge entwickelt, der Embryo ist geschlechtlich nicht differen-

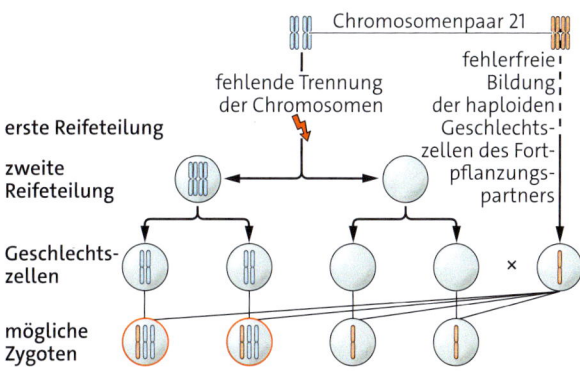

03 Nichttrennung von Chromosomen während der Meiose

ziert. Erst unter dem Einfluss von Faktoren, die vor allem von Genabschnitten auf dem Y-Chromosom gebildet werden, werden andere Gene aktiviert und die embryonalen Geschlechtsdrüsen differenzieren sich zu Hoden. Fehlen diese Genabschnitte oder Faktoren, entwickelt sich der Embryo meistens weiblich, es bilden sich Eierstöcke. Sind im Laufe des vierten Schwangerschaftsmonats die *Geschlechtsdrüsen* angelegt, beginnen sie bereits im Fetus, Geschlechtshormone zu produzieren. Unterschiedliche Mengen von Testosteron und Östrogen bewirken, ob männliche oder weibliche äußere Geschlechtsorgane, die *Genitalien,* entstehen. Die Geschlechtsdrüsen und Genitalien sind die *primären Geschlechtsmerkmale.* Im Zusammenwirken von Genen, Hormonen und Gewebe kann es zu unterschiedlichen Entwicklungen kommen, sodass sich bei Neugeborenen das äußere Geschlecht von ihrem genetischen und ihrem Geschlechtsdrüsengeschlecht unterscheiden kann. In der Pubertät entwickeln sich unter dem Einfluss weiterer Hormone *sekundäre Geschlechtsmerkmale,* also Veränderungen des Körperbaus wie Stimmveränderungen, Brustentwicklung und Behaarung.

PSYCHISCHE GESCHLECHTSENTWICKLUNG · Von Geburt an beeinflussen die Erwartungen der Umgebung die geschlechtstypischen Verhaltensweisen und die Übernahme von Rollen als Mädchen oder Junge. Sie beeinflussen auch die Vorstellung von sich selbst und die Partnerorientierung. Im Zusammenspiel von körperlichen und sozialen Einflüssen entwickelt sich ein individuelles Gefühl der Geschlechtszugehörigkeit, die *Geschlechtsidentität.*

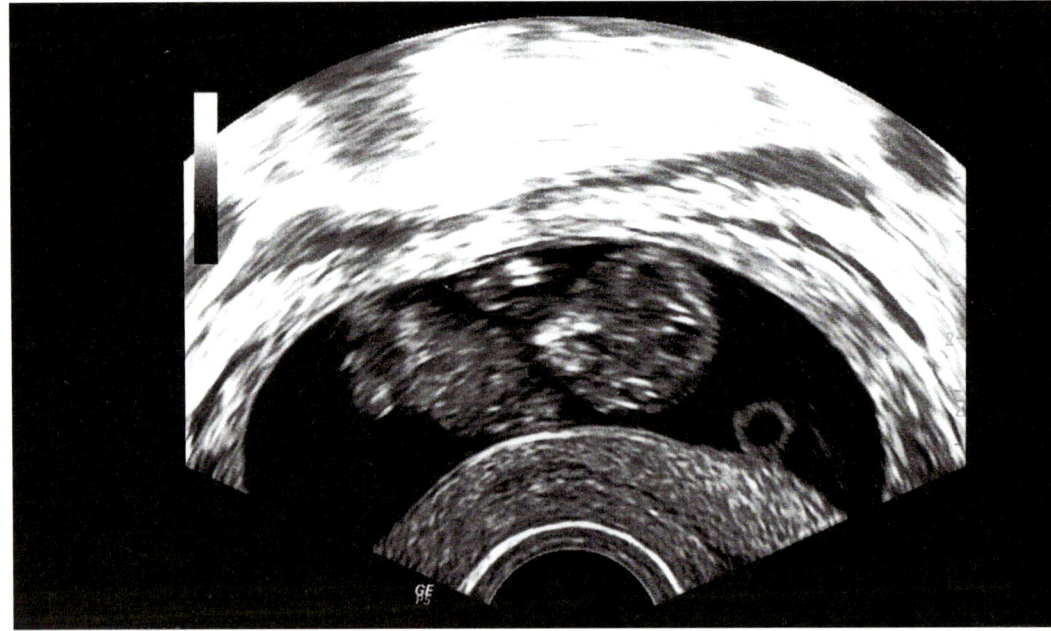

01 Ultraschallbild eines Ungeborenen in der 10. Schwangerschaftswoche

Embryonalentwicklung des Menschen

lat. morum = Maulbeere

griech. blaste = Keim

griech. kystis = Blase

griech. trophe = Nahrung

griech. émbryon = ungeborene Leibesfrucht

Gut geschützt liegt der Embryo in der Gebärmutter. Mithilfe einer Ultraschalluntersuchung lässt sich in der 10. Schwangerschaftswoche bereits erkennen, dass der Embryo eine menschliche Gestalt hat. Gut erkennbar sind der Kopf und der Rumpf sowie die Anlagen für die Arme und Beine. Innerhalb von wenigen Wochen ist aus der befruchteten Eizelle dieser Embryo herangewachsen. Wie hat er sich entwickelt und wodurch ist seine Entwicklung gefährdet?

VON DER BEFRUCHTUNG ZUR EINNISTUNG ·
Die Entwicklung eines Kindes während der Schwangerschaft lässt sich in drei Phasen unterteilen: Zellteilungen und Einnistung, Embryonalphase sowie Fetalphase.

Nach dem Eisprung gelangt die Eizelle in den Eileiter und kann dort von einer Spermienzelle befruchtet werden. Die aus der *Befruchtung* entstehende Zygote teilt sich auf dem Weg durch den Eileiter zur Gebärmutter zunächst in zwei, dann vier, acht und später in 16 Tochterzellen, während sie durch den Eileiter in Richtung Gebärmutter transportiert wird.

Nach drei bis vier Tagen erreicht die aus 16 oder 32 Zellen bestehende Kugel die Gebärmutter. Da diese Kugel einer Maulbeere ähnelt, nennt man das Stadium *Morula*. Nach und nach weichen die Zellen der Morula auseinander und bilden eine Hohlkugel, die **Blastozyste.** Die äußeren Zellen der Blastozyste heißen *Trophoblast*. Sie liegen schützend um eine Gruppe innenliegender Zellen, den *Embryoblasten*. Nur aus diesen *embryonalen Stammzellen* entwickelt sich später der Embryo.

Gelangt die Blastozyste aus dem Eileiter in die Gebärmutter, schlüpft sie aus der Eihülle. Die Zellen des Trophoblasten dringen in die gut durchblutete Gebärmutterschleimhaut ein und verwachsen mit ihr. Dieser Vorgang heißt *Einnistung*. Der Trophoblast bildet feine Verzweigungen mit Blutgefäßen, die *Zotten*. So entsteht eine große Austauschfläche zwischen mütterlichen und kindlichen Blutgefäßen. Weil die Blutgefäße im Mutterkuchen, der *Plazenta*, einen engen Kontakt haben, gelangen Nährstoffe und Sauerstoff über die *Nabelschnur* in den kindlichen Kreislauf und kindliche Stoffwechselausscheidungen können in den mütterlichen Kreislauf abtransportiert werden.

EMBRYONALPHASE · In den zwei Wochen nach der Einnistung verändert sich die Blastozyste deutlich. Die Zellen der wenige Millimeter gro-

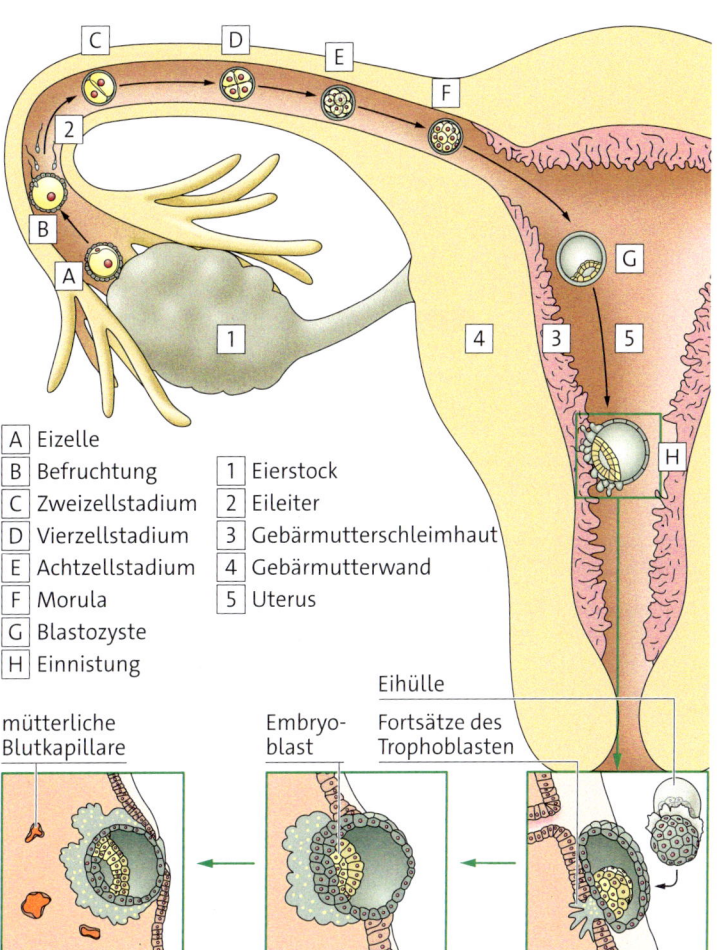

ßen Zellkugel teilen sich und verändern ihre Lage. Die Blastozyste faltet sich ein. Dadurch ordnen sich die Zellen zu drei Schichten an, den *Keimblättern.* Aus ihnen entwickeln sich die verschiedenen Organe des Menschen. Aus den Zellen des äußeren Keimblatts, dem *Ektoderm,* entwickeln sich Nervensystem, Haut und Haare. Aus dem innen liegenden *Entoderm* entstehen Teile des Verdauungs- und Atmungssystems. Das mittlere Keimblatt, das *Mesoderm,* enthält Zellen, aus denen sich vor allem Muskel-, Binde- und Knochengewebe, das Blutgefäßsystem und das Herz entwickeln. Zwischen dem Ektoderm und dem Trophoblasten entsteht ein Hohlraum, die *Amnionhöhle,* die später den Embryo als ein Teil der *Fruchtblase* umhüllt.

In den folgenden Schwangerschaftswochen verändert der Keim seine Gestalt vollständig. Er wächst zum länglichen **Embryo** mit unterscheidbarem Kopf und Rumpf heran. Der Embryo besitzt nun bereits alle wichtigen Anlagen für die Gliedmaßen und inneren Organe. Das Gehirn und das Rückenmark sind erkennbar und das Herz beginnt zu schlagen. In dieser frühen Phase der Schwangerschaft ist der Embryo besonders sensibel gegenüber schädigenden Einflüssen.

FETALPHASE · Sind am Ende der 12. Schwangerschaftswoche die lebenswichtigen Organe des sich entwickelnden Kindes angelegt, spricht man vom **Fetus.** Er ist nun ungefähr fünf Zentimeter lang und zehn Gramm schwer. Die Zellen der Organanlagen, die zunächst kaum unterscheidbar sind, teilen und differenzieren sich und bilden die Gewebe der verschiedenen Organe. Der Fetus wächst durch Zellvermehrung und Zellwachstum in den nächsten Monaten auf ungefähr 50 Zentimeter am Ende der Schwangerschaft heran und wiegt dann etwa 3500 Gramm. Dabei entwickeln sich Kopf, Gliedmaßen und Rumpf unterschiedlich schnell. Nach ungefähr neun Monaten Schwangerschaft sind alle Organe differenziert, gewachsen und gereift und die Geburt steht bevor.

A Eizelle	
B Befruchtung	1 Eierstock
C Zweizellstadium	2 Eileiter
D Vierzellstadium	3 Gebärmutterschleimhaut
E Achtzellstadium	4 Gebärmutterwand
F Morula	5 Uterus
G Blastozyste	
H Einnistung	

02 Von der Befruchtung zur Einnistung

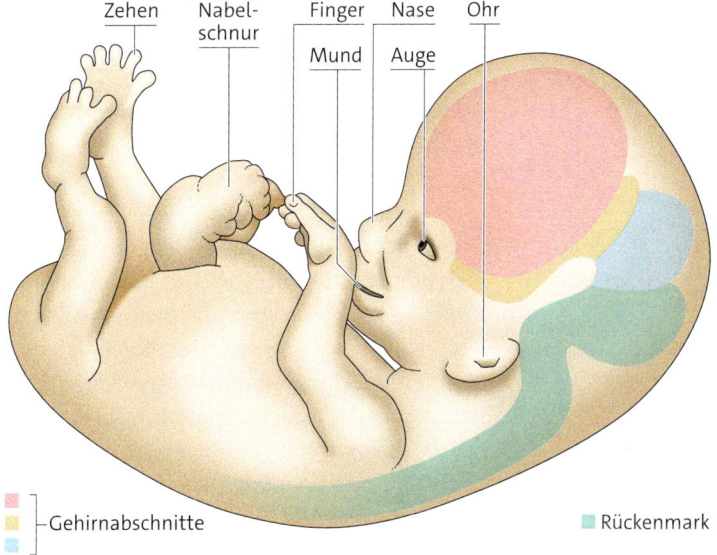

03 Menschlicher Embryo am Ende der Embryonalphase in der achten Schwangerschaftswoche

1 Vergleichen Sie die drei Entwicklungsphasen eines Kindes während der Schwangerschaft!

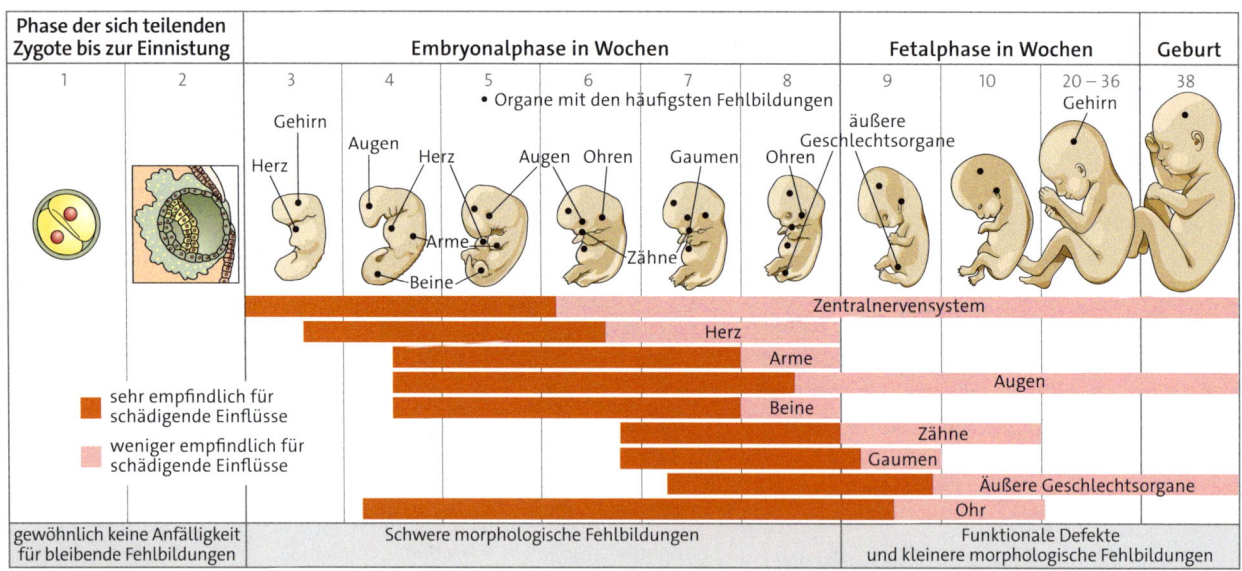

Phase der sich teilenden Zygote bis zur Einnistung		Embryonalphase in Wochen						Fetalphase in Wochen			Geburt
1	2	3	4	5	6	7	8	9	10	20–36	38

• Organe mit den häufigsten Fehlbildungen

Gehirn · Herz · Augen · Herz · Augen · Ohren · Gaumen · Ohren · äußere Geschlechtsorgane · Gehirn

Arme · Zähne · Beine

Zentralnervensystem
Herz
Arme
Augen
Beine
Zähne
Gaumen
Äußere Geschlechtsorgane
Ohr

■ sehr empfindlich für schädigende Einflüsse
▨ weniger empfindlich für schädigende Einflüsse

gewöhnlich keine Anfälligkeit für bleibende Fehlbildungen	Schwere morphologische Fehlbildungen	Funktionale Defekte und kleinere morphologische Fehlbildungen

04 Auswirkungen schädigender Einflüsse auf die Entwicklung von Embryo und Fetus

SCHÄDIGENDE EINFLÜSSE AUF DIE EMBRYO-NALENTWICKLUNG · Das Ungeborene ist in der mit Flüssigkeit gefüllten Fruchtblase gut vor Stößen und Erschütterungen von außen geschützt. Chemische Substanzen, wie zum Beispiel Nikotin, Alkohol oder Medikamente, können jedoch aufgrund des engen Kontaktes mit dem mütterlichen Kreislauf in das Blut des Ungeborenen gelangen. Führen diese Stoffe zu Entwicklungsstörungen, auch **Embryopathien** genannt, oder angeborenen Krankheiten, bezeichnet man sie als *fruchtschädigende Substanzen*.

Weltweit bekannt wurde das Schlafmittel *Contergan*, das den Wirkstoff Thalidomid enthält. Diese Substanz führt zu schweren embryonalen Fehlbildungen der Gliedmaßen und inneren Organe.

Das im Trinkalkohol enthaltende *Ethanol* kann leicht von der Mutter ins kindliche Blut gelangen. Es bewirkt dort die Schädigung von Zellmembranen und behindert den Transport von Eiweißen durch die Plazenta. Dadurch können das kindliche Wachstum, die Gesichts- und Organentwicklung als auch die Bildung und Reifung des Nervensystems beeinträchtigt werden. Das kann erhebliche Folgen für die körperliche und geistige Entwicklung des Kindes haben. Man schätzt, dass in Deutschland von 300 Neugeborenen eines eine durch Alkohol verursachte Entwicklungsstörung, eine *Alkoholembryopathie*, aufweist.

Auch eine Infektion der Mutter mit *Krankheitserregern*, wie Viren, Bakterien oder Parasiten, kann die Entwicklung des Embryos bedrohen. Die hoch ansteckenden Rötelviren zum Beispiel schädigen vor allem die Augen und die Ohren des Ungeborenen. In manchen Fällen kann der Embryo sogar absterben, es kommt zu einer Fehlgeburt.

Auch *Röntgenstrahlung und radioaktive Strahlung* können das Ungeborene schädigen. Sie können Veränderungen in der DNA, also Mutationen, sowohl beim Kind als auch der Mutter auslösen. Betreffen diese Mutationen Körperzellen von Mutter oder Kind, so wächst die Gefahr, dass sich Krebs entwickelt. Besonders folgenschwer für die nächsten Generationen sind allerdings Schäden an der Zygote, den Urgeschlechtszellen oder den Geschlechtszellen. Diese Abfolge von Zellen nennt man *Keimbahnzellen*. Die Anlagen für Mutationen in diesen Keimbahnzellen können an die nächste Generation weitervererbt werden. Deshalb müssen nicht nur Schwangere, sondern alle Menschen im zeugungs- beziehungsweise gebärfähigen Alter vor Strahlung geschützt werden.

2 Erklären Sie mithilfe der Abbildung 04 die unterschiedliche Sensibilität des Ungeborenen gegenüber schädigenden Einflüssen!

Material A ▸ Contergan – ein fruchtschädigendes Medikament

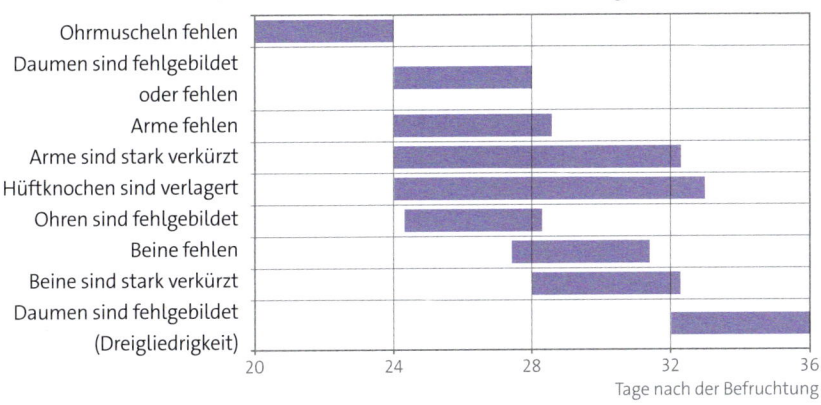

Thalidomidschäden im Verhältnis zur Dauer der Schwangerschaft

(Balkendiagramm mit folgenden Kategorien, Tage nach der Befruchtung, Skala 20 – 24 – 28 – 32 – 36:)

- Ohrmuscheln fehlen
- Daumen sind fehlgebildet oder fehlen
- Arme fehlen
- Arme sind stark verkürzt
- Hüftknochen sind verlagert
- Ohren sind fehlgebildet
- Beine fehlen
- Beine sind stark verkürzt
- Daumen sind fehlgebildet (Dreigliedrigkeit)

Tage nach der Befruchtung

In den 1950er- und 1960er-Jahren wurde das Medikament Contergan gegen Schwangerschaftsübelkeit und Schlafprobleme verschrieben. Contergan enthält unter anderem den Wirkstoff Thalidomid. Obwohl es bereits im Jahr 1961 erste Hinweise auf Fehlbildungen von Organen und Gliedmaßen durch Contergan gab, wurde das Medikament weiter verkauft.

Heute weiß man, dass Thalidomid körpereigene Proteine blockiert, die an der Bildung von Blutgefäßen beteiligt sind und den Stoffwechsel beeinflussen. Sind diese Proteine in der ausgewachsenen Zelle ungehemmt aktiv, entwickeln sich Krebszellen, die sogar ihre eigene Blutversorgung durch die Bildung von Blutgefäßen aktivieren. Thalidomid kann an diese Proteine binden und so ihre Aktivität regulieren.

Beim Ungeborenen kommt es dadurch zur Fehlentwicklung von Blutgefäßen und damit zu schweren Fehlentwicklungen von Organanlagen und Organen.

A1 Werten Sie die Grafik aus!

A2 Erklären Sie, weshalb es zu Schädigungen des Neugeborenen kommt! Stellen Sie dabei Zusammenhänge zwischen dem Einnahmezeitpunkt von Contergan und den Phasen der Embryonal- und Fetalentwicklung her!

A3 Diskutieren Sie Überlegungen, Thalidomid bei bestimmten Krebsarten als Medikament zuzulassen!

Material B ▸ Invasive pränatale Diagnostik bei einer Rötelinfektion?

Zeitpunkt der mütterlichen Infektion	Infektionsrate des Ungeborenen	Embryopathierate	Auswirkungen auf das Ungeborene
bis zur Einnistung	< 3 %	~ 3,5 %	–
bis 11. SSW	70–90 %	65–25 %	Gehörschäden und Gehörlosigkeit, Strukturelle Defekte des Sinnes-Nervensystems; Augendefekte; Herzmissbildungen
11.–17. SSW	55 %	8–20 %	Einzelne Symptome von Entwicklungsstörungen und vereinzelt Gehörschäden
ab 20. SSW	Vorhanden	–	–

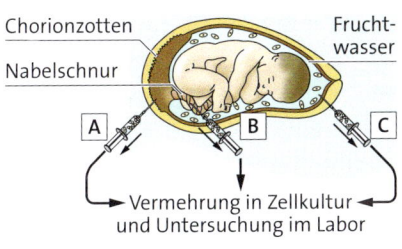

Chorionzotten
Nabelschnur
Fruchtwasser

A   B   C

Vermehrung in Zellkultur und Untersuchung im Labor

A 9. – 12. SSW, Fehlgeburtsrate ≈ 2 %
B ab 19. SSW, Fehlgeburtsrate ≈ 1 %
C ab 14. SSW, Fehlgeburtsrate ≈ 1 %

Eine Rötelinfektion in der Schwangerschaft ist gefährlich, da Rötelviren über die Plazenta in den Körper des Ungeborenen gelangen können. Das kann zu Organfehlbildungen während der Embryonalentwicklung führen. Rötelviren lassen sich im Blut, in der Gewebeflüssigkeit und im Fruchtwasser nachweisen. Bei einer akuten Rötelinfektion der Schwangeren kann mithilfe der *pränatalen Diagnostik* eine Infektion des Ungeborenen anhand von Antikörpern im Blut oder Fruchtwasser des Kindes erkannt werden. Diese *invasiven Methoden* bergen jedoch das Risiko einer Fehlgeburt. Um eine Rötelinfektion in der Schwangerschaft zu vermeiden, wird eine zweifache Rötelimpfung im Kindesalter empfohlen.

B1 Werten Sie die Tabelle aus und erläutern Sie die Ergebnisse!

B2 Beschreiben Sie die invasiven pränatalen Untersuchungsmethoden!

B3 Begründen Sie, welche Untersuchungsmethode der sicherste Nachweis einer Rötelinfektion des Ungeborenen wäre!

B4 Wägen Sie die Bedeutung der Impfempfehlung als Vorbeugung gegen Röteln gegenüber den Möglichkeiten der pränatalen Untersuchung ab!

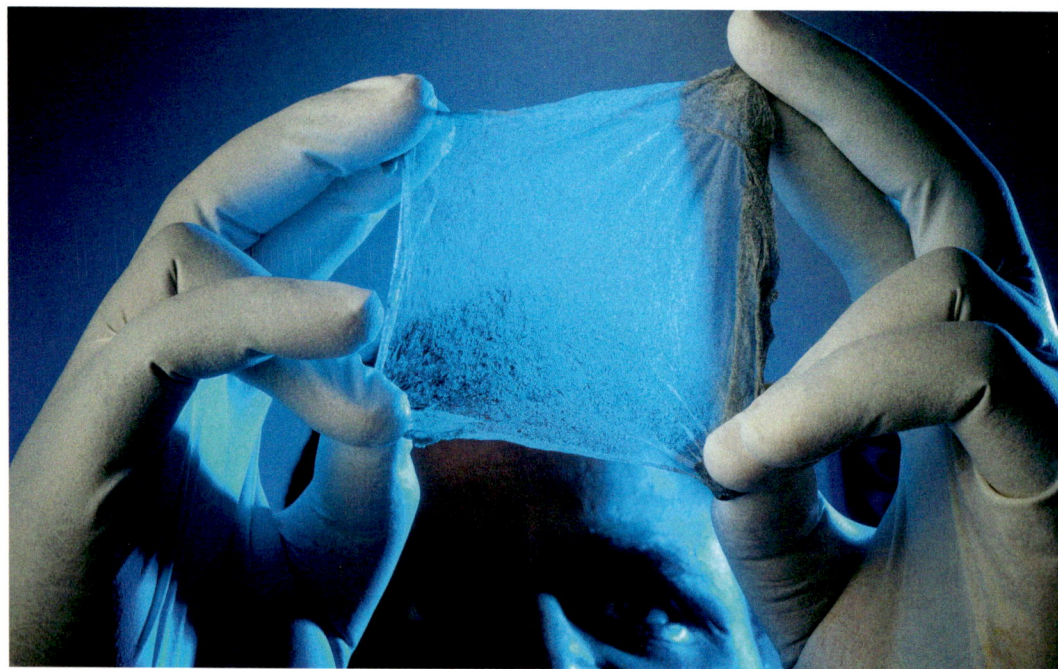

01 Künstlich hergestelltes Oberhautgewebe

Stammzellforschung und Zellkulturen

Im Labor lässt sich aus Hautzellen eines Patienten künstlich Oberhautgewebe herstellen. Solche Ersatzgewebe können für Menschen mit starken Verbrennungen lebensrettend sein. Wie ist es den Wissenschaftlern gelungen, Ersatzgewebe im Labor herzustellen?

*lat. plus
= mehr*

NATÜRLICHE ENTWICKLUNG VON GEWEBE ·
Bei der Entwicklung von Geweben und Organen eines Organismus spielen die undifferenzierten, teilungsfähigen **Stammzellen** eine entscheidende Rolle. In den ersten Tagen nach der Befruchtung der Eizelle bis zum Achtzellstadium behalten alle Zellen des menschlichen Embryos die Fähigkeit oder **Potenz,** einen vollständigen Organismus mit allen Organen und Geweben zu bilden. Diese Stammzellen sind **totipotent.** Ein Beleg dafür sind eineiige Zwillinge, die durch den Zerfall des Zweizellstadiums entstehen können.
Bereits fünf Tage später hat sich ein kugelförmiger Embryo, die *Blastozyste,* mit unterscheidbaren Zellen gebildet. Ihre äußere Begrenzung bildet eine Zellschicht, die den Embryo ernährt. Im Inneren der Blastozyste liegen Zellen, aus denen alle Gewebe und Organe des späteren Lebewesens hervorgehen. Sie heißen **embryo-**

*lat. totus
= ganz, völlig*

*lat. potentia
= Vermögen, Kraft*

nale Stammzellen. Da sich diese noch undifferenzierten Zellen zu den vielen verschiedenen Zelltypen eines Organismus differenzieren können, sind sie **pluripotent.**
In der dritten Woche der menschlichen Embryonalentwicklung ist der Embryo inzwischen in der Gebärmutterschleimhaut eingenistet und es lassen sich bereits drei Zellschichten aus vielen tausenden Zellen unterscheiden. Da die Zellen in flachen Zellschichten angeordnet sind, nennt man sie auch **Keimblätter.** Ihre Zellen sind die Ursprungszellen aller Gewebe und Organe. Sie besitzen zwar ein etwas eingeschränkteres, aber immer noch großes Entwicklungspotenzial. Aus den Zellen des äußeren Keimblatts, dem *Ektoderm,* entwickeln sich zum Beispiel Haut mit Haaren, Nerven, Teile der Augen und Ohren. Aus dem inneren Keimblatt, dem *Entoderm,* entwickeln sich das Verdauungssystem und aus dem mittleren Keimblatt, dem *Mesoderm,* zum Beispiel Muskeln und Bindegewebe.
Bis zur Geburt haben sich aus den Stammzellen der Keimblätter die über 200 verschiedenen Zelltypen der Organe gebildet. Bei der Geburt sind bis auf wenige Ausnahmen fast alle Zellen im Organismus differenziert und spezialisiert.

NATÜRLICHE REGENERATION VON GEWEBE ·
In vermutlich allen Geweben bleiben auch nach
der Geburt undifferenzierte Zellen erhalten.
Diese **adulten Stammzellen** oder Gewebestamm-
zellen behalten die Fähigkeit, sich zu teilen und
zu differenzieren. Nach der Mitose einer Stamm-
zelle bleibt eine Tochterzelle teilungsfähig.
Dadurch bleibt der Vorrat an Stammzellen erhalten. Die andere Tochterzelle spezialisiert sich
jeweils zu einem ganz bestimmten Zelltyp. In
der Haut zum Beispiel differenzieren sich epi-
dermale Stammzellen zu den verhornten Kera-
tinozyten, die die obere Hautschicht bilden. Im
Knochenmark sind Stammzellen die Vorläuferzellen der verschiedenen Blutzellen. Da die Entwicklungsfähigkeit der adulten Stammzellen
eingeschränkt ist und sie nur einen oder wenige
bestimmte Zelltypen hervorbringen können, sind
sie **unipotente** beziehungsweise **multipotente
Stammzellen.**

Die adulten Stammzellen sorgen für den Nachschub an Ersatzzellen und sind damit verantwortlich für die Erneuerung von Geweben. Sie
bilden zum Beispiel täglich Hautzellen und
Erythrozyten, die abgestorbene Zellen ersetzen.
Weil sich im Laufe des Lebens die Selbsterneue-
rungsfähigkeit der Stammzellen verringert,
nimmt die Reparaturfähigkeit des Gewebes ab
und die Organfunktionen lassen nach. Der Körper
altert.

EMBRYONALE STAMMZELLEN IN DER MEDIZIN ·
Für die medizinische Nutzung von Stammzellen
zur Behandlung und Heilung von Krankheiten

werden ihre Eigenschaften intensiv erforscht.
Im Rahmen dieser *Stammzellforschung* kann
man **humane embryonale Stammzellen,** kurz
HES, aus der inneren Zellmasse der Blastozyste
isolieren und unbegrenzt im Labor vermehren.
Da die embryonalen Stammzellen pluripotent
sind, lässt sich an ihnen nachvollziehen, wie und
unter welchen Wachstumsbedingungen sie sich
zu verschiedenen Zelltypen differenzieren. Auf
diese Weise ist es inzwischen gelungen, Zellen
zu gewinnen, die in Bau und Funktion den
menschlichen Nervenzellen oder Herzmuskelzellen ähneln und zu Medikamententests
herangezogen werden können oder zum Beispiel menschliches Insulin erzeugen.
Im Jahr 2013 gelang es amerikanischen Forschern,
durch den *somatischen Zellkerntransfer* den Zellkern einer menschlichen Hautzelle in eine Eizelle
zu übertragen und bis zur Blastozyste wachsen
zu lassen. Aus dieser konnten embryonale Stammzellen gewonnen werden, die mit den Zellen des
Zellkernspenders genetisch identisch, also ge-
klont, sind. Diese embryonalen Stammzellen
können dann zur Therapie und zur Gewinnung
von Ersatzzellen und Ersatzgewebe genutzt
werden. Dieses Verfahren nennt man daher
therapeutisches Klonen. Die Hoffnung auf
schnelle therapeutische Erfolge wurde jedoch
immer wieder enttäuscht. So litten zum Beispiel
Patienten, die mit embryonalen Stammzellen
behandelt wurden, an Tumoren. Außerdem ist
die Forschung an humanen embryonalen Stammzellen aus ethischen Gründen streng geregelt,
da dafür Embryonen zerstört werden.

*lat. adultus
= erwachsen*

*lat. uni
= ein*

*lat. multus
= viel*

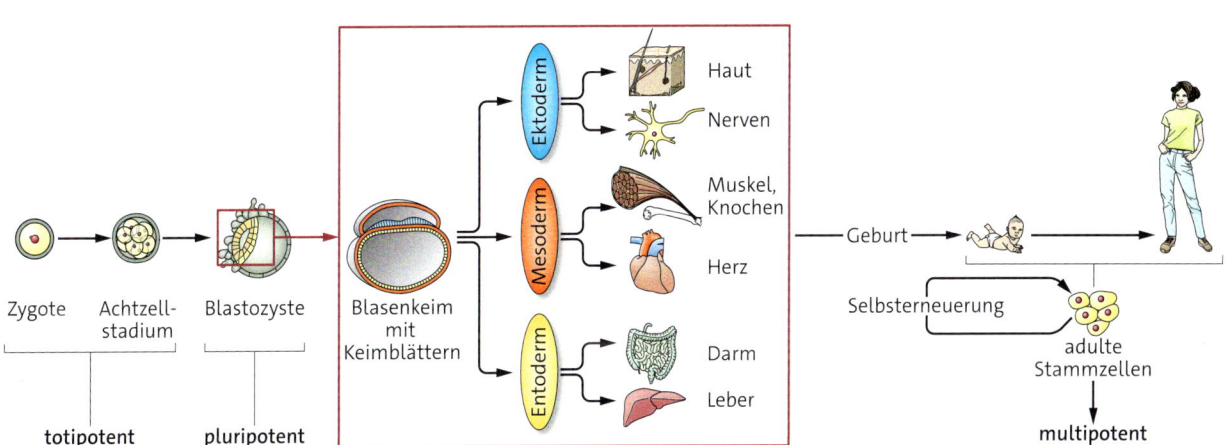

02 Stammzellen und Organentwicklung unter natürlichen Bedingungen

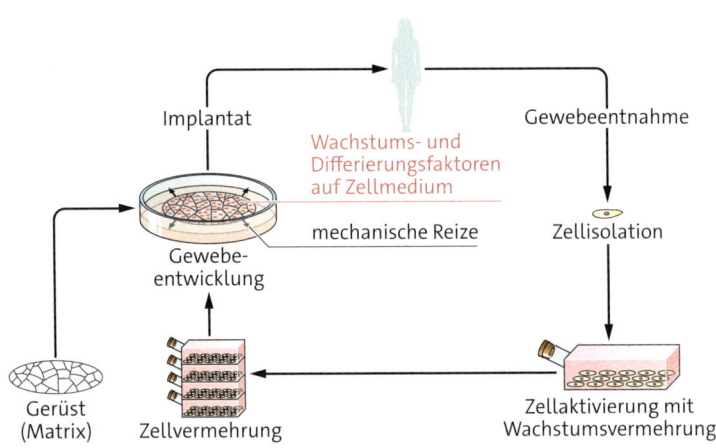

Implantat

Wachstums- und
Differierungsfaktoren
auf Zellmedium

Gewebeentnahme

mechanische Reize

Gewebe-
entwicklung

Zellisolation

Gerüst
(Matrix)

Zellvermehrung

Zellaktivierung mit
Wachstumsvermehrung

03 Zellkulturtechnik zur Erzeugung von Ersatzgewebe

von **Zellkultivierung.** Unter sterilen, günstigen und kontrollierten Bedingungen, zum Beispiel einer optimalen Wärme- und Sauerstoffzufuhr und Nährstoffzusammensetzung, vermehren sich die kultivierten Zellen. Je nach Herkunft und Behandlung der Zellen lassen sie sich sehr lange vermehren. Embryonale Stammzellen und Tumorzellen vermehren sich sogar fast unbegrenzt. Diese Dauerkulturen aus nur einer Zellsorte, die **Zelllinien,** haben für die biomedizinische Forschung eine sehr große Bedeutung. An einer Dauerkultur aus dem Tumorgewebematerial der Patientin Henriette Lacks aus den 1950er-Jahren wird auch heute noch geforscht. An ihren Zellen, den HeLa-Zellen, wurde zum Beispiel der Zellzyklus erkannt.

Gibt man den Zellkulturen gezielt Wachstums- und Differenzierungsfaktoren hinzu, bilden sich unterschiedliche Zelltypen. Lässt man diese künstlich gezüchteten, differenzierten Zellen auf einem speziell hergestellten Gerüst, der Matrix, wachsen, entsteht ein dreidimensionales Gewebestückchen. Diese Gewebestückchen sollen in Zukunft therapeutisch als Ersatzgewebe und sogar zur Entwicklung von Organteilen genutzt werden. Im Tierversuch gelingt die Übertragung der gezüchteten Gewebe immer häufiger. Eine Herausforderung bleiben allerdings die Abstoßungsreaktion, die Verunreinigungen der Kulturen und die genetischen Veränderungen der Zellen. Die künstlichen Gewebe werden auch als Alternative zu Tierversuchen zum Testen von Medikamenten eingesetzt. Manche künstlich erzeugten und gentechnisch veränderten Gewebe produzieren chemische Stoffe, zum Beispiel Insulin. Sie werden deshalb in der *Biotechnologie* zur Herstellung von Medikamenten genutzt.

ADULTE STAMMZELLEN IN DER MEDIZIN · Bei der medizinischen Nutzung von adulten Stammzellen werden im Gegensatz zu den embryonalen Stammzellen keine Embryonen genutzt. Allerdings lassen sich adulte Stammzellen nicht beliebig vermehren, während embryonale Stammzellen auch im Labor fast unbegrenzt teilungsfähig bleiben.

Weil sich adulte Stammzellen relativ leicht aus dem Knochenmark isolieren lassen, nutzt man sie seit vielen Jahrzehnten zur Behandlung von Leukämie. In anderen Geweben kann man adulte Stammzellen allerdings deutlich schwerer identifizieren und entnehmen. Die adulten Stammzellen differenzieren sich auch im Labor nur zu ein oder wenigen Zelltypen. In neueren Untersuchungen ist es jedoch gelungen, Stammzellen des Knochenmarks im Tierversuch anzuregen, nicht nur Blutzellen zu bilden, sondern sich auch zu Knorpel- und Knochengewebe oder sogar zu Herzgewebe zu entwickeln. Diese Plastizität der adulten Stammzellen im Labor weckt neue Hoffnung auf die Züchtung von Ersatzgewebe für zerstörte Gewebe und Organe. Die Entwicklung von implantationsfähigen Geweben, auch beim Menschen, wird deshalb intensiv erforscht.

*Biotechnologie
siehe Seite 120*

ZELLKULTURTECHNIK · Um Zellen außerhalb des Körpers wachsen zu lassen, löst man sie zunächst aus einer Gewebeprobe heraus, die zum Beispiel aus der Haut des Patienten entnommen wird. Die isolierten Zellen werden dann in ein flüssiges Nährmedium oder auf einen festen, gelartigen Nährboden überführt. Man spricht

1) Vergleichen Sie embryonale Stammzellen und adulte Stammzellen hinsichtlich ihrer Entwicklungsfähigkeit und ihres Differenzierungsgrades!

2) Erläutern Sie Möglichkeiten und Grenzen der Gewinnung und der Arbeit mit verschiedenen Stammzellen!

3) Erläutern Sie das Verfahren der Zellkulturtechnik am Beispiel der Züchtung von Hautgewebe!

Material A ▸ Hornhautersatz

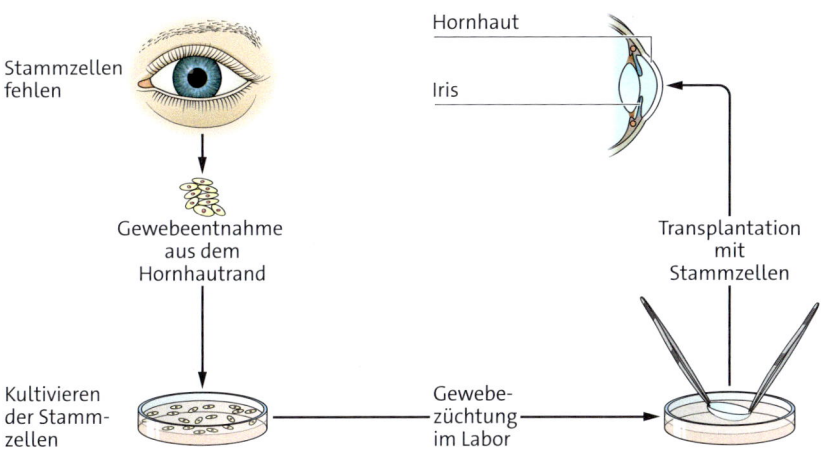

Stammzellen fehlen

Gewebeentnahme aus dem Hornhautrand

Kultivieren der Stammzellen

Gewebezüchtung im Labor

Hornhaut

Iris

Transplantation mit Stammzellen

Die durchsichtige Hornhaut des Auges liegt wie eine Kuppel über der Iris mit der Pupille. Durch Umwelteinflüsse und tägliches Blinzeln gehen ständig Hornhautzellen verloren, die durch Stammzellen ersetzt werden. Die Stammzellen liegen zwischen der weißen Lederhaut und dem Rand der Hornhaut.
Durch Unfälle oder auch altersbedingt kann die Hornhaut schwer verletzt beziehungsweise auch eingetrübt werden. Die betroffenen Menschen drohen zu erblinden.
Nach 15 Jahren Forschungsarbeit ist es nun gelungen, aus patienteneigenen Stammzellen der Hornhaut Ersatzgewebe zu züchten und erfolgreich zu implantieren. Das implantierte Gewebe enthält neben dem im Labor gezüchteten Hornhautepithel auch Stammzellen. Diese Form der Stammzelltherapie wurde als Arzneimittel für spezielle Erkrankungsfälle zugelassen.

A1 Beschreiben Sie, wie mithilfe der Zellkulturtechnik das Hornhautgewebe im Labor gezüchtet werden kann und welche Herausforderungen zu bewältigen sind!

A2 Beschreiben Sie den hier genutzten Stammzelltyp und vergleichen Sie Vor- und Nachteile seines Einsatzes mit dem Einsatz von anderen Stammzelltypen!

A3 Erklären Sie, weshalb das transplantierte Gewebe Stammzellen enthält und welche Vorteile und Risiken damit einhergehen können!

A4 Stellen Sie Vermutungen über weitere medizinische oder biotechnologische Einsatzmöglichkeiten eines künstlichen Hornhautgewebes an!

Material B ▸ Zellkulturtechnik bei Pflanzen

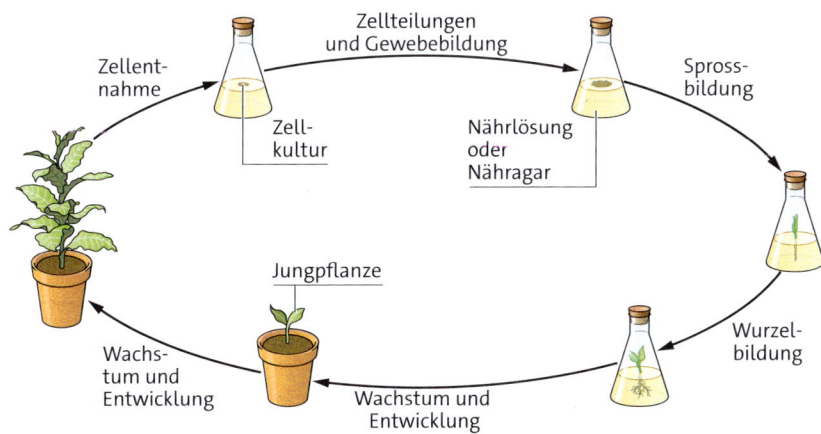

Zellentnahme

Zellteilungen und Gewebebildung

Zellkultur

Nährlösung oder Nähragar

Sprossbildung

Wurzelbildung

Jungpflanze

Wachstum und Entwicklung

Wachstum und Entwicklung

Pflanzliche Gewebe haben eine deutlich höhere Regenerationsfähigkeit als tierisches Gewebe. Die ungeschlechtliche Vermehrung aus Spross- oder Blattstecklingen wird bereits seit Langem zur Pflanzenzüchtung genutzt.

Manche seltenen Pflanzen, zum Beispiel Orchideen, besitzen allerdings nur eine geringe natürliche Regenerationsfähigkeit. Im Labor lassen sie sich jedoch aus Gewebestückchen in Zellkulturen züchten.

B1 Beschreiben Sie die Zellkulturtechnik bei Pflanzen und vergleichen Sie diese mit der Züchtung von Gewebe bei Tieren!

B2 Begründen Sie, dass das dargestellte Experiment als Nachweis des Entwicklungspotenzials von Körperzellen der Pflanze gedeutet werden kann!

B3 Begründen Sie, dass es sich um Pflanzenklone handelt! Vergleichen Sie das Verfahren mit der Herstellung von Tierklonen beim reproduktiven Klonen, zum Beispiel beim Krallenfrosch!

B4 Stellen Sie Vermutungen zu möglichen Einsatzgebieten der Zellkulturtechnik bei Pflanzen an!

Tracer-Methoden in der Zellforschung

Das mikroskopische Bild einer Zelle liefert für sich alleine keine Informationen über die in der Zelle ablaufenden Stoffwechselvorgänge. Um diese zu erforschen, werden die zu untersuchenden Moleküle markiert und so ihre Verteilung in der Zelle und ihr Weg durch die Zellbestandteile sichtbar gemacht. Auf diese Weise lässt sich die Spur der Moleküle im Stoffwechsel einer Zelle oder eines Organismus verfolgen. Solche *Aufspürsubstanzen* heißen **Tracer.** Tracer können mit verschiedenen Methoden in der Zelle oder dem Organismus aufgespürt und bildlich dargestellt werden. Solche Untersuchungsmethoden nennt man in der Medizin *bildgebende Verfahren.*

ISOTOPENMARKIERUNG · Viele chemische Elemente kommen in der Natur in verschiedenen Varianten vor, die sich in ihren chemischen Eigenschaften gleichen, aber aufgrund der Anzahl an Neutronen in ihrer Atommasse und damit in ihren physikalischen Eigenschaften unterscheiden. Solche Elemente heißen *Isotope.* Das Element Stickstoff zum Beispiel kommt als leichtes Stickstoffisotop ^{14}N und schweres Stickstoffisotop ^{15}N vor.
Isotope eignen sich zur Herstellung von Tracer-Molekülen. Das Stickstoffisotop ^{15}N verwendet man zum Beispiel bei der Erforschung der DNA-Replikation. Andere Isotope sind instabil und geben spontan Beta- oder Gammastrahlung ab. Solche strahlenden Isotope bezeichnet man als *radioaktiv.* Dazu gehören die schwach radioaktiven Isotope des Kohlenstoffs, ^{14}C, das Tritium, ^{3}H, und der Phosphor, ^{32}P. Im Labor können sie genutzt werden,

um zum Beispiel radioaktiv markierte Aminosäuren oder DNA-Bausteine herzustellen.
Lebewesen können zwischen den verschiedenen Isotopen nicht unterscheiden. Wenn man in Zellen kurzzeitig für Sekunden oder Minuten radioaktiv markierte Aminosäuren einbringt, nutzen sie diese für den Aufbau von Proteinen. Untersucht man anschließend die Zellen zu verschiedenen Zeiten, kann man erkennen, wo in den Zellen zuerst vermehrt Strahlung auftaucht und welche Wege die hergestellten Moleküle durch die Zelle nehmen.

AUTORADIOGRAPHIE · Mithilfe der Autoradiographie konnte bereits 1967 die Beteiligung der verschiedenen Zellorganellen an der Synthese von Insulin in Bauchspeicheldrüsenzellen aufgeklärt werden. Die von den Zellen für die Insulinsynthese genutzte Aminosäure ^{3}H-Leucin wurde radioaktiv markiert. Anschließend wurden die Bauchspeicheldrüsenzellen in verschiedenen zeitlichen Abständen tiefgefroren und für die elektronenmikroskopische Untersuchung präpariert. Radioaktive Strahlung hinterlässt auf Fotofilmen körnige Schwärzungen. Hat man man das Präparat mit einer entsprechenden Fotoemulsion überschichtet, so erscheinen die Stellen, an denen sich radioaktiv markierte Aminosäuren befinden, im elektronenmikroskopischen Bild schwarz. Diese körnigen Schwärzungen lassen sich zählen und Zellbestandteilen zuordnen. Auf diese Weise konnte anhand der zeitlichen Abfolge der auftretenden Radioaktivität in den Zellbestandteilen die Insulinsynthese rekonstruiert werden.

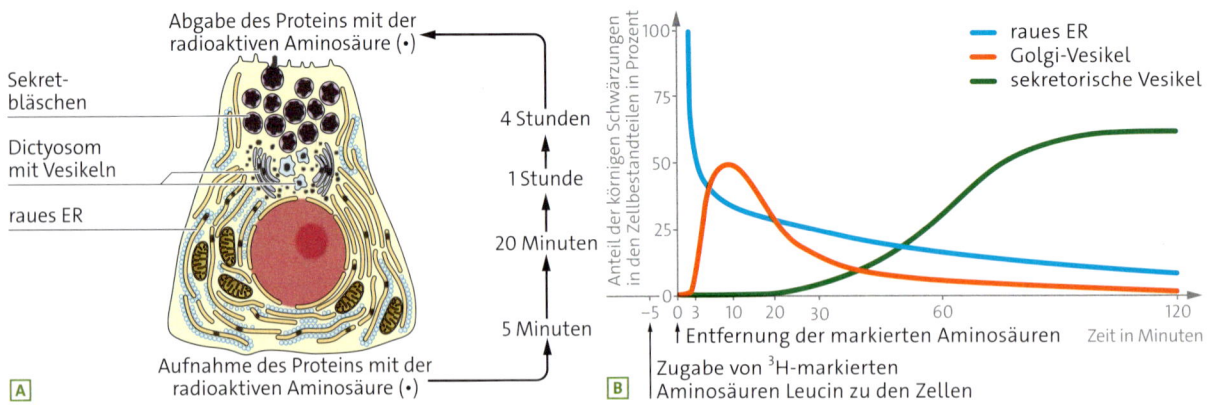

01 Aufklärung der Proteinsynthese und des Proteintransports in einer Drüsenzelle der Bauchspeicheldrüse: **A** Schema einer Pankreaszelle nach Isoptopenmarkierung mit ^{3}H-Leucin, **B** prozentualer Anteil der autoradiografischen Schwärzungen in den verschiedenen Zellorganellen

IMMUNMARKIERUNG · Bei einer Immunreaktion erkennen Antikörper ganz spezifisch passende Strukturen auf der Oberfläche von Krankheitserregern, die Antigene, und können an sie binden. Diese Eigenschaft nutzt man in der Zellforschung, um Moleküle in der Zelle aufzuspüren und Strukturen auf der Zelloberfläche nachzuweisen. Dazu stellt man zu den Molekülen passende Antikörper her und verknüpft sie mit einer fluoreszierenden Substanz, die unter der richtigen Beleuchtung selbstständig Licht abstrahlt. Mithilfe des so hergestellten *Tracers* lassen sich der Ort und der Weg der Moleküle verfolgen. Auch Enzyme, die ein farbiges Produkt erzeugen, sowie Goldpartikel werden als Tracer genutzt.

Das *Zika-Virus,* das schwerwiegende Veränderungen der Gehirnentwicklung verursacht, konnte mit fluoreszierenden Antikörpern in Zellen aufgespürt werden. Dazu setzte man verschiedene markierte Antikörper ein, die ganz spezifisch an Viruspartikel oder Moleküle der Wirtszelle binden. Die Betrachtung der so behandelten Leberzellen im Fluoreszenzmikroskop zeigte die Wirkung der Viren auf die Wirtszelle. Auf diese Weise erkannte man, dass der Virenbefall zu einer Umstrukturierung des Zytoskeletts führt. Diese bewirkt möglicherweise die Fehlbildung von Nervenzellen.

LEUCHTPROTEINE IN DER FORSCHUNG · Die zufällige Entdeckung eines grün fluoreszierenden Proteins, kurz **GFP**, in der Tiefseequalle *Aequora* hat eine Revolution in der Erforschung lebender Zellen ausgelöst. Forscher entschlüsselten das Gen, das die Bauanleitung für das GFP oder auch andersfarbig fluoreszierende Proteine enthält. Mit gentechnischen Methoden wird das Gen in die Zellen von Lebewesen eingeschleust und mit anderen, zu untersuchenden Genen verknüpft. Wird nun in der Zelle das GFP-Gen abgelesen, leuchten die Zellen unter UV-Bestrahlung auf. Man kann dann davon ausgehen, dass somit auch die weiteren eingeschleusten Gene in der Zelle aktiv sind.

Die leuchtende Katze zum Beispiel signalisiert, dass ein Gen aktiviert ist, das in die befruchte Eizelle eingeschleust wurde und sie gegen die Infektion von HI-Viren immun macht.

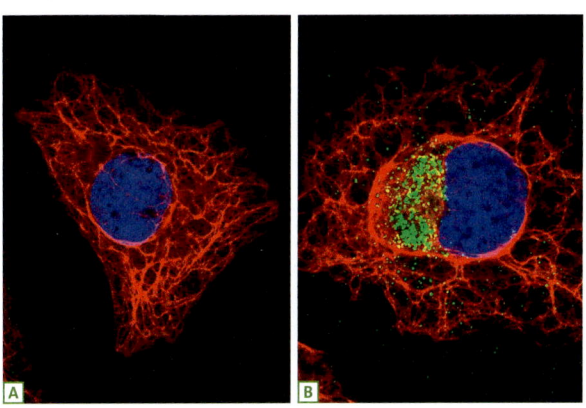

02 Immunfluoreszenzmikroskopische Aufnahmen einer Leberzelle zum Nachweis einer Infektion mit Zika-Viren: **A** nicht infizierte Leberzelle, **B** infizierte Leberzelle (rot = Zytoskelett, blau = Zellkern, grün = Syntheseorte von viralen Proteinen im ER)

03 HIV-resistente Katze mit Leuchtproteinen als Tracer

1 Beschreiben Sie die wesentlichen Merkmale der Tracer-Methode und vergleichen Sie diese mit anderen Methoden, mit denen die Stoffwechselvorgänge in Zellen sichtbar gemacht werden können!

2 Erläutern Sie die Vorgehensweise und die Ergebnisse der Tracer-Methode bei der Erforschung der Funktion von Zellorganellen! Nehmen Sie die Seite 30 zu Hilfe.

3 Recherchieren Sie im Lehrbuch und in anderen Medien nach Erkenntnissen der Zellbiologie, die mithilfe von Tracer-Methoden gewonnen wurden, und präsentieren Sie Ihre Ergebnisse!

4 Recherchieren Sie im Internet Beispiele für den Einsatz von Tracern in der Medizin! Nutzen Sie als Suchwörter auch Begriffe aus diesem Text!

Training A ▸ Einschlüsse in Zellen der Küchenzwiebel

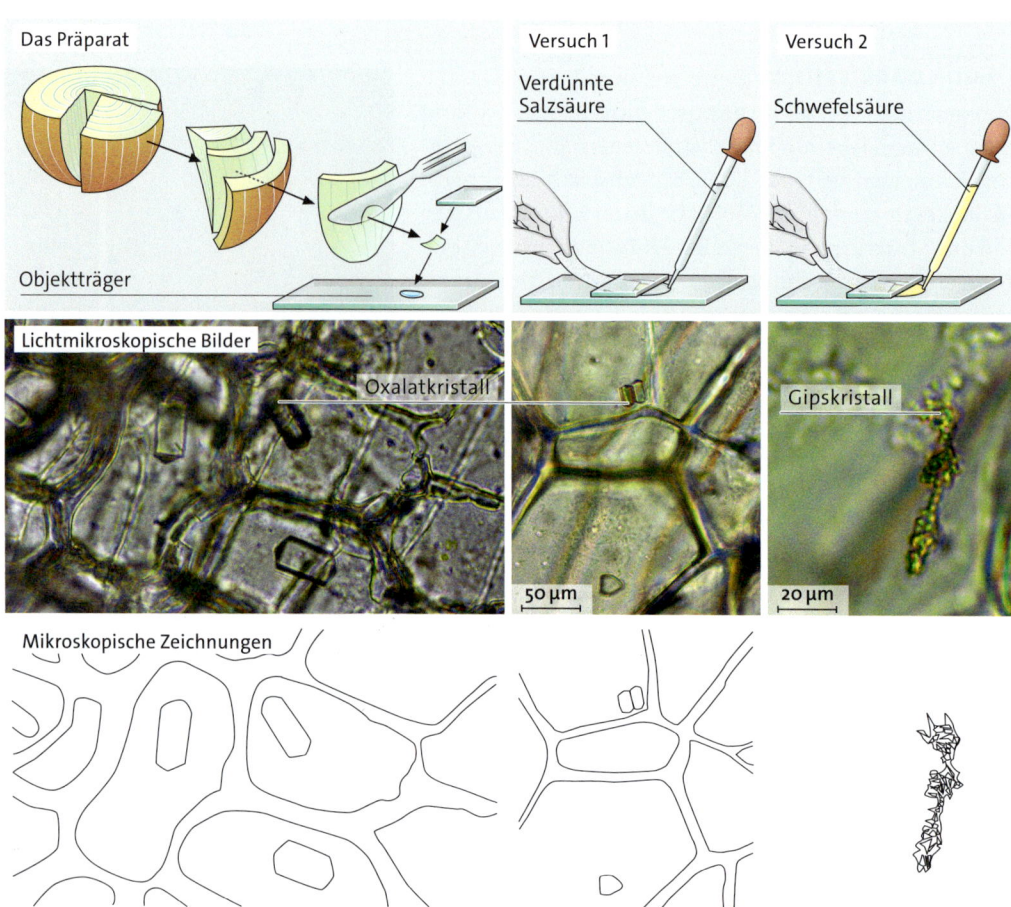

Viele Pflanzen, wie zum Beispiel die Küchenzwiebel, bilden in den Zellen äußerer Zellschichten Oxalatkristalle. Oxalate sind für viele Tiere giftig. Chemische Analysen zeigten, dass die Kristalle in den Zwiebelzellen aus Kalziumoxalat bestehen.

Um die Oxalatkristalle in den Zwiebelzellen zu untersuchen, präpariert man eine Küchenzwiebel so, dass man die Zellen direkt unter der äußersten Zellschicht mikroskopieren kann. Es werden zwei Versuche mit jeweils einem neuen Zwiebelzellenpräparat durchgeführt. Wenn man zum Präparat Salzsäure gibt, verändern sich die Oxalatkristalle. Gibt man Schwefelsäure hinzu, verschwinden die Oxalatkristalle und es bilden sich Gipskristalle. Diese in den Versuchen zu beobachtenden Reaktionen nutzt man daher als Oxalatnachweis.

a Beschreiben Sie die Anfertigung des lichtmikroskopischen Präparats, bis es auf dem Objekttisch liegt, sowie die anschließende mikroskopische Beobachtung!

b Vergleichen Sie die Fotos mit ihren zugehörigen Zeichnungen und begründen Sie, dass gute Zeichnungen angefertigt wurden!

c Beschreiben Sie die Versuchsergebnisse!

d Erläutern Sie am Beispiel des Oxalatnachweises die typischen Merkmale eines Nachweisversuchs!

e Begründen Sie, dass die Produktion von Oxalatkristallen für eine Pflanze von Vorteil sein kann, und erläutern Sie, wie Sie dies im Experiment testen würden!

Training B ▸ *Acetabularia* – Kommunikation von Zellplasma und Zellkern

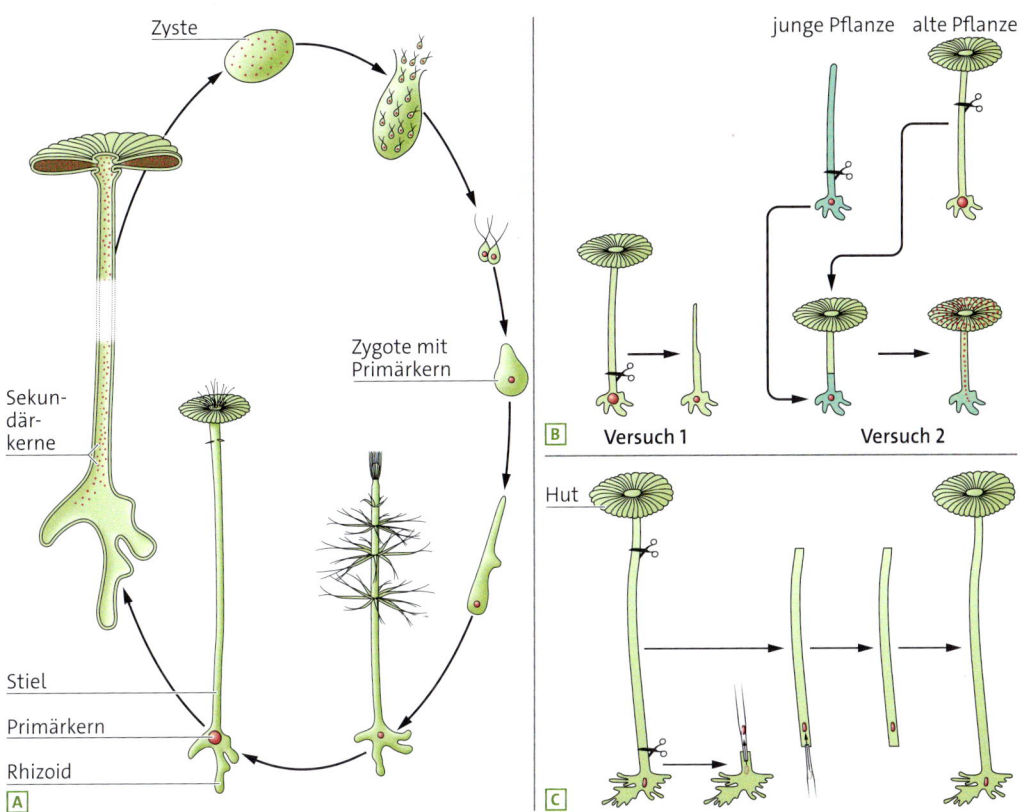

Die Schirmalge *Acetabularia* entwickelt sich aus zwei äußerlich gleichen Geschlechtszellen, die zu einer Zygote fusionieren. Diese vergrößert sich zu einem Stiel, der an seinem unteren Ende ein gelapptes Rhizoid besitzt. Das Rhizoid enthält den Zellkern. Am oberen Ende bildet der Stiel vergängliche Haarwirtel und schließlich einen etwa einen Zentimeter breiten Hut. Im ausgewachsenen Zustand ist der Hut in Kammern gegliedert. Im Labor wächst der Stiel in etwa drei Monaten auf eine Länge von bis zu fünf Zentimetern und einen Durchmesser von maximal 0,4 Millimetern an. Die Hutbildung benötigt einen weiteren Monat.

Während des Wachstums vergrößert sich der Zellkern der Zygote, der Primärkern. Sein Durchmesser nimmt auf das Hundertfache zu. Ist der Hut reif, zerfällt der Primärkern und im Rhizoid entstehen durch Meiose und anschließende Mitosen Tausend haploide Sekundärkerne. Diese werden durch Plasmaströmung in die Hutkam-

mern transportiert, wo einkernige Ruhestadien, die Zysten, gebildet werden. In den geschlossenen Zysten finden weitere Mitosen statt, die zu haploiden Geschlechtszellen führen. Die Hüte zerfallen und die Zysten sinken zum Grund. Nach einer Ruhephase öffnen sich die Zysten und die Geschlechtszellen werden frei.

a Beschreiben Sie die Durchführung und die Ergebnisse der Versuche in Abbildung B!

b Erläutern Sie mithilfe der Ergebnisse, welche Einflüsse das Zellplasma auf den Zellkern hat!

c Beschreiben Sie die Durchführung und die Ergebnisse der Versuchs in Abbildung C!

d Deuten Sie das Versuchsergebnis in Abbildung C als einen Vorgang, bei dem Zellplasma und Zellkern sich gegenseitig beeinflussen! Erläutern Sie im selben Sinn die Bildung der Sekundärkerne!

Zellulärer Bau der Lebewesen

Zelle: die kleinste lebensfähige Einheit.

Basiskonzept Struktur und Funktion: Grundidee, immer Bau und Funktion biologischer Strukturen gemeinsam zu betrachten.

Organisationsebenen: Die Gesamtfunktion des Organismus umfasst die Funktionseinheiten Zelle, Gewebe, Organ, Organsystem und Organismus.

Gewebe: Bezeichnung für Zellen mit gleichem Bau und gleicher Funktion.

Abziehpräparat: für die Lichtmikroskopie hergestelltes Präparat durch Abziehen einer dünnen Gewebeschicht.

Quetschpräparat: Weiches Gewebe, zum Beispiel Fruchtfleisch, wird zwischen Objektträger und Deckglas gequetscht.

Ausstrichpräparat: Flüssiges Gewebe, beispielsweise Blut, wird auf dem Objektträger ausgestrichen.

mikroskopische Zeichnung: objektgetreue Darstellung eines mikroskopischen Bildes, das die unterschiedlichen Schärfeebenen zu einem räumlichen Gesamtbild zusammenfassen kann.

Schemazeichnung: vereinfachte Darstellung eines mikroskopischen Bildes, in der die wesentlichen Strukturen übersichtlich angeordnet sind.

Lichtmikroskop: Gerät, das die Untersuchung lebender Objekte ermöglicht. Das Objekt wird von einem Lichtstrahl durchleuchtet und vergrößert dargestellt. Strukturen, die einen Abstand von mindestens 0,2 Mikrometer aufweisen, sind unterscheidbar.

Elektronenmikroskop: Gerät zur vergrößerten Abbildung sehr kleiner Objekte, das statt einer Lichtquelle eine Elektronenquelle im Vakuum verwendet. Dadurch wird die Auflösungsgrenze erhöht und es können feinere Zellstrukturen sichtbar gemacht werden.

Transmissionselektronenmikroskop: Elektronenmikroskop, bei dem die Elektronenstrahlen durchdringen das Präparat und erzeugen auf einem Bildschirm unterschiedliche Schattierungen.

Rasterelektronenmikroskop: Elektronenmikroskop, bei dem die Elektronenstrahlen tasten das Präparat rasterförmig ab. Die Strahlen werden reflektiert und auf einen Bildschirm geleitet. Es entsteht ein räumlicher Bildeindruck.

Gefrierbruchtechnik: Die Objekte für die Rasterelektronenmikroskopie werden zuerst tiefgefroren und dann aufgebrochen. Dabei entstehen reliefartige Oberflächen.

Fluoreszenzmikroskopie: lichtmikroskopisches Verfahren, bei dem das Präparat mit Fluoreszenzfarbstoffen gefärbt wird. Bei Bestrahlung des Präparates mit Licht einer bestimmten Wellenlänge wird durch abgestrahltes Licht einer anderen Wellenlänge ein Bild erzeugt.

STED-Mikroskopie: spezielle Form der Fluoreszenzmikroskopie, die eine besonders hohe Auflösung ermöglicht.

Zellkern: Zellbestandteil, der die Erbinformation enthält und deren Funktion steuert.

endoplasmatisches Retikulum, ER: von Membranen umschlossenes Hohlraumsystem der Zelle. Wenn es mit Ribosomen besetzt ist, wird es als raues Endoplasmatisches Retikulum bezeichnet, Bereiche ohne Ribosomen nennt man glattes Endoplasmatisches Retikulum.

Mitochondrium: von zwei Membranen umhüllter Zellbestandteil, der für die Energiebereitstellung in der Zelle verantwortlich sind.

Dictyosomen: stapelförmig angeordnete membranumgebene Hohlräume in der Zelle, in denen Sekrete gebildet werden. Die Gesamtheit der Dictyosomen bildet den Golgi-Apparat.

Zellplasma: gelartige oder flüssige Substanz, in die die Zellbestandteile eingebettet sind. Es wird auch als **Zytoplasma** bezeichnet.

Zytoskelett: Proteinstrukturen, die die Zelle durchziehen und eine stützende Funktion für die Zelle haben.

Chloroplasten: von zwei Membranen umschlossene Zellbestandteile von Pflanzenzellen, die für die Fotosynthese verantwortlich sind.

Vakuole: von einer Membran umschlossener, flüssigkeitsgefüllter Raum in Pflanzenzellen.

Zellwand: äußere, stabile Hülle der Pflanzenzellen. Auch Bakterienzellen sind von einer Zellwand umgeben.

Zellorganelle: von Membranen umschlossene Zellbestandteile mit bestimmten Funktionen.

Kompartimente: abgegrenzte Räume innerhalb der Zelle, die bestimmte Funktionen erfüllen.

In-vivo-Experiment: Experiment am lebenden Organismus.

In-vitro-Experiment: Experiment außerhalb des lebenden Organismus.

Adenosintriphophat, ATP: organisches Molekül, das der Energieübertragung in der Zelle dient.

Autoradiographie: Markierungsmethode in Zellpräparaten mithilfe radioaktiver Stoffe.

Kolonie: mehrere Zellen, die einen Zellverband bilden.

Volvox: ein **Modellorganismus,** der den Übergang von der Ein- zur Vielzelligkeit bei Pflanzen veranschaulicht.

somatische Zellen: Zellen, die keine Geschlechtszellen hervorbringen können.

Biomembranen

Biomembran: einheitliche Bezeichnung für alle Membranen in der Zelle.

Membranlipide: Grundbausteine der Biomembran. Sie bestehen aus einer unpolaren Schwanzregion und einer polaren Kopfregion.

Phospholipide: häufigste Form der Membranlipide. Ihre Kopfregion enthält einen Phosphorsäurerest.

hydrophil: Fachbegriff für polare, wasserliebende Moleküle oder Molekülregionen.

hydrophob: Fachbegriff für unpolare, wasserabweisende Moleküle oder Molekülregionen.

amphipathisch: Bezeichnung für Moleküle, die aus einer hydrophilen und einer hydrophoben Region bestehen.

Membranproteine: in die Biomembran eingelagerte Proteine.

Transmembranproteine: Proteine, die durch die Membran hindurchreichen.

periphere Membranproteine: Proteine, die der Membran aufliegen.

Glykoproteine: Kohlenhydrate, die mit Membranproteinen verknüpft sind. Sie dienen der Zell-Zell-Erkennung.

Glykolipide: Kohlenhydrate, die mit Membranlipiden verknüpft sind.

Fluid-Mosaik-Modell: Modellvorstellung zum Bau der Biomembran aus einem mosaikartigen Nebeneinander von Lipiden und Proteinen.

Lipid-Raft-Modell: Modellvorstellung der Biomembran, nach der Proteininseln wie Flöße in der Biomembran schwimmen.

Picket-Fence-Modell: Modellvorstellung, nach der das Zytoskelett in der Biomembran verankert ist und die Beweglichkeit der Proteininseln einschränkt.

Diffusion: Die Ausbreitung von Teilchen im zur Verfügung stehenden Raum aufgrund ihrer Eigenbewegung.

hypertone Lösung: Lösung, die eine höhere Konzentration an gelösten Ionen hat als das Zellinnere.

hypotone Lösung: Lösung, die eine geringere Konzentration an gelösten Ionen hat als das Zellinnere.

Plasmolyse: Abnahme des Zellvolumens durch Wasseraustritt aus der Zelle in einer hypertonen Lösung.

Deplasmolyse: Zunahme des Zellvolumens einer plasmolysierten Zelle in einer hypotonen Lösung.

selektiv permeabel: Bezeichnung für Membranen, die das Lösungsmittel passieren lassen, nicht aber bestimmte darin gelöste Stoffe.

Osmose: Diffusion eines Lösungsmittels durch eine selektiv permeable Membran.

osmotischer Druck: Druck, der durch die im Lösungsmittel gelösten Stoffe auf die umgebende Membran ausgeübt wird.

Kanalproteine: Kanäle durch Biomembranen. Sie ermöglichen eine erleichterte Diffusion in Richtung des Konzentrationsgradienten.

Ionenkanäle: Kanäle durch Biomembranen, die nur eine spezifische Ionenart passieren lassen.

Aquaporine: Kanalproteine, die einen schnellen Wassertransport ermöglichen.

Carrierproteine: binden an das zu transportierende Molekül und entlassen es auf der anderen Seite der Membran. Dies wird als Carrier-Transport bezeichnet.

Symport: Cotransport von zwei Stoffen durch eine Biomembran.

passiver Transport: Bezeichnung für Transportvorgänge an Biomembranen, die keine zusätzliche Energie benötigen.

aktiver Transport: Bezeichnung für Transportvorgänge an Biomembranen, die Energie benötigen. Sie sind im Gegensatz zum passiven Transport auch gegen den Konzentrationsgradienten möglich.

Zytosen: Transport größerer Partikel in membranumschlossenen Vesikeln. Man unterscheidet die Aufnahme von Stoffen durch Endozytose und die Abgabe von Stoffen durch Exozytose.

Eigenspende: Transplantation von eigenem Gewebe in einen anderen Bereich des Körpers.

Fremdspende: Transplantation eines Gewebes von einem Menschen auf einen anderen Menschen.

MHC-Proteine: Glykoproteine an der Zelloberfläche, die der Erkennung von körpereigenen und von körperfremden Zellen dienen.

Antigene: von MHC-Proteinen als fremd erkannte Zellen eines Fremdspenders.

Lymphozyten: weiße Blutzellen, die auf ihrer Zellmembran viele Antigenrezeptoren aufweisen.

Schlüssel-Schloss-Prinzip: Bezeichnung für die Fähigkeit von Rezeptoren, nur an bestimmte Antigene zu binden.

Antikörper: von Immunzellen produzierte Proteine, die an ein Antigen binden.

Immunreaktion: Abstoßungsreaktion von transplantiertem Fremdgewebe.

HLA: Abkürzung der genetisch festgelegten humanen Leukozytenantigene.

Immunsuppression: Hemmung der Immunreaktion durch spezifische Medikamente.

Bedeutung des Zellkerns

Stammzellen: kernhaltige Zellen eines Vielzellers, die die Fähigkeit haben, sich zu teilen und zu verschiedenen Zelltypen zu differenzieren.

totipotent: sind Zellen, aus denen sich ein vollständiger Organismus entwickeln kann.

Klon: Lebewesen mit identischer Erbinformation.

Chromatin: einheitliche, leicht färbbare Struktur des Zellkerns in der **Interphase.**

G_1-Phase: Phase im Zellzyklus, in der Proteine und RNA sowie neue Zellbestandteile hergestellt werden.

S-Phase: Phase im Zellzyklus, in der die DNA verdoppelt wird.

G_2-Phase: Phase im Zellzyklus, in der Proteine hergestellt werden, die für die Zellteilung wichtig sind, und sich die Zellkontakte zu den Nachbarzellen lösen.

Chromosomen: Organisationsform der DNA bei Eukaryoten. Chromosomen befinden sich im Zellkern und sind Träger der Erbinformation. Nach der S-Phase bestehen sie aus zwei identischen Chromatiden.

Mitose: Phase im Zellzyklus, in der sich der Zellkern teilt.

Zytokinese: Teilung der Zelle im Anschluss an die Mitose.

Spindelfaserapparat: Gerüst aus dünnen, hohlen Röhren, den **Mikrotubuli,** an dem die Chromatiden zu den Zellpolen gezogen werden. Er ist Bestandteil des Zytoskeletts.

Zytoskelett: Netzwerk im Zytoplasma einer Zelle, das Bewegungen, Transportvorgänge und die Stabilisierung der Zelle ermöglicht.

DNA-Struktur: Die DNA ist eine **Doppelhelix** zweier gegenläufiger Nukleotidstränge. Sie ist aus vier verschiedenen Nukleotiden aufgebaut. Die Einzelstränge sind über Wasserstoffbrückenbindungen miteinander verbunden.

Nukleotid: Ein DNA-Nukleotid besteht aus einem Zuckermolekül Desoxyribose, einer Phosphatgruppe und aus einer der organischen Basen Adenin, Cytosin, Guanin oder Thymin.

komplementäre Basenpaare: Bezeichnung für die in der DNA gegenüberstehenden Basenpaare Adenin und Thymin sowie Cytosin und Guanin.

DNA-Replikation: Die Verdoppelung der DNA durch Auftrennung in zwei Einzelstränge. Jeder Einzelstrang dient als Matrize für die Bildung eines neuen komplementären DNA-Strangs. Der Vorgang wird deshalb als **semikonservative Replikation** bezeichnet.

Eukaryoten: ein- und mehrzellige Lebewesen, deren Zellen einen Zellkern besitzen.

Prokaryoten: einzellige Lebewesen ohne Zellkern. Ihre ringförmige DNA liegt frei im Zytoplasma.

Plasmide: ringförmige kürzere DNA-Moleküle in Prokaryoten.

sexuelle Fortpflanzung: Neukombination von mütterlichem und väterlichem Erbgut durch Vermischung der Vorkerne aus Eizelle und Spermienzelle. Der Vorgang wird auch als **interchromosomale Rekombination** bezeichnet.

haploider Chromosomensatz: einfacher Chromosomensatz der Geschlechtszellen.

diploider Chromosomensatz: doppelter Chromosomensatz der Körperzellen.

Gonosomen: die das Geschlecht bestimmenden X- und Y-Chromosomen.

Autosomen: die Chromosomen, die nicht an der Bestimmung des Geschlechts beteiligt sind.

Zygote: befruchtete Eizelle mit diploidem Chromosomensatz.

Meiose: Vorgang der Geschlechtszellenreifung. Aus diploiden Urgeschlechtszellen entstehen haploide Geschlechtszellen.

Crossing-over: Stückaustausch zwischen Chromatiden homologer Chromosomen im Tetradenstadium der Meiose.

Morula: maulbeerähnliches Stadium der Embryonalentwicklung.

Blastozyste: hohlkugelförmiges Stadium der Embryonalentwicklung, dessen innen liegende Zellen die embryonalen Stammzellen sind.

Plazenta: Austauschgewebe zwischen mütterlichen und embryonalen Blutgefäßen zur Nährstoffversorgung und zum Abtransport kindlicher Stoffwechselausscheidungen.

Embryonalphase: Bezeichnung für die Entwicklung des Embryos innerhalb der ersten 12 Schwangerschaftswochen.

Fetalphase: Bezeichnung für die Entwicklung des Fetus ab der 12. Schwangerschaftswoche bis zur Geburt.

Embryopathie: durch von außen zugeführte Substanzen wie Alkohol oder Nikotin verursachte Entwicklungsstörungen des Ungeborenen.

embryonale Stammzellen: undifferenzierte Zellen, die sich zu allen verschiedenen Zelltypen differenzieren können. Sie werden als **pluripotent** bezeichnet.

Keimblätter: flache Zellschichten der frühen Embryonalentwicklung, aus denen sich die Organe entwickeln.

adulte Stammzellen: undifferenzierte Stammzellen, die nach der Geburt eine eingeschränkte Fähigkeit haben, sich zu differenzieren.

therapeutisches Klonen: Verfahren zur Gewinnung embryonaler Stammzellen aus differenzierten Zellen.

Zellkultivierung: Vermehrung menschlicher Zellen in einem Nährmedium.

Tracer: Moleküle, die mit speziellen Markierungen versehen werden, sodass ihre Verteilung in der Zelle und ihr Weg durch die Zellbestandteile sichtbar gemacht werden.

Stoffwechsel und Energie

In diesem Kapitel beschäftigen Sie sich mit

- ▶ den Grundlagen biologischer Reaktionen und biologisch bedeutsamen Molekülen;

- ▶ den Enzymen und ihrer Bedeutung für den Stoffwechsel und im Alltag;

- ▶ der Zellatmung, der Fotosynthese und der Gärung als den verschiedenen Formen der Energiebereitstellung in der Zelle;

- ▶ dem Einfluss körperlicher Aktivität auf den Stoffwechsel;

- ▶ dem Bau und der Funktion eines Muskels sowie den Effekten von Training und Doping.

Faultiere sind in ihrem Körperbau und Stoffwechsel hoch spezialisiert auf eine energiesparende Lebensweise. Maximales Nichtstun ist aus evolutionsbiologischer Sicht ihr Fitnessvorteil: Sie können sehr nährstoffarme Blätter als Nahrung verwerten.

01 Gepard jagt
Antilope

Grundlagen biologischer Reaktionen

Bei der Verfolgung einer Antilope beschleunigt der Gepard in etwa drei Sekunden auf eine Geschwindigkeit von 100 Kilometer pro Stunde und erreicht kurzfristig bis zu 120 Kilometer pro Stunde. In dieser kurzen Zeit erhöht sich seine Körpertemperatur von 38,5 auf 40 Grad Celsius und die Atemfrequenz steigt von 60 auf 140 Atemzüge pro Minute. Nach erfolgreicher Jagd benötigt er eine Erholungspause von 15 bis 20 Minuten, bevor er zu fressen beginnt. Wie ist das zu erklären?

LEBEWESEN ALS OFFENE SYSTEME · Wie der Gepard nimmt jedes Lebewesen Stoffe aus seiner Umgebung auf. Dies sind bei Tieren insbesondere die in der Nahrung enthaltenen Nährstoffe, Wasser und der mit der Atmung aufgenommene Sauerstoff. Außerdem scheiden sie Exkremente, Wasser und mit dem Ausatmen Kohlenstoffdioxid aus. Sie geben somit Stoffe an die Umwelt ab.

In den Lebewesen finden vielfältige Stoffwechselprozesse statt. So werden die in der Nahrung enthaltenen Nährstoffe aufgespalten und für den Aufbau körpereigener Strukturen genutzt. Auch Pflanzen nehmen Stoffe wie Wasser und Kohlenstoffdioxid sowie Mineralstoffe aus der Umgebung auf und nutzen diese zur Bildung körpereigener Strukturen. Sie geben andere Stoffe wie Sauerstoff an die Umgebung ab. Aufgrund des Stoffaustauschs mit der Umgebung werden Lebewesen als *offene Systeme* bezeichnet.

ENERGIE · Sowohl der Gepard als auch die Antilope bewegen sich mit hoher Geschwindigkeit. Je höher ihre Geschwindigkeit und je größer die Masse der Tiere ist, umso höher ist ihre Bewegungsenergie, die *kinetische Energie*. Die für die Bewegung notwendige Energie wird aus *chemischer Energie* bereitgestellt. Dies geschieht beim Abbau der mit der Nahrung aufgenommenen Nährstoffe. Diese Energieumwandlungen führen zur Freisetzung von Reaktionswärme. Sowohl für den Gepard als auch für die Antilope gilt somit, dass ein Teil der nutzbaren Energie in nicht nutzbare Wärmeenergie umgewandelt wird. Die Körpertemperatur steigt, die Reaktionswärme wird an die Umgebung abgegeben.

Biochemische Reaktionen der Energieumwandlung, bei denen Energie freigesetzt wird, bezeichnet man als **exergonische Reaktionen.** Die abgegebene Wärmenergie heißt *Reaktionsenthalpie*. Reaktionen, für die Energie benötigt wird, sind **endergonische Reaktionen.** So nutzen Pflanzen die Energie des Sonnenlichts für die Fotosynthese. Somit sind Lebewesen auch aus energetischer Sicht offene Systeme.

Beim Abbau der Nährstoffe entstehen aus verhältnismäßig großen Molekülen viele kleine Moleküle, die sich in unterschiedlicher Weise bewegen und schwingen. Das führt dazu, dass die Anzahl der möglichen Anordnungen der beteiligten Teilchen zunimmt. Damit nimmt auch ihre Unordnung zu. Man bezeichnet dies als Zunahme der **Entropie.** Die Entropie ist also ein Maß für die Unordnung.

Der amerikanische Physiker Josiah Willard GIBBS erkannte im 19. Jahrhundert, dass es möglich ist, aus den Änderungen der Enthalpie und der Entropie zu berechnen, ob eine chemische Reaktion exergonisch ist, also freiwillig abläuft, oder ob sie endergonisch ist und damit nicht freiwillig abläuft. Er definierte die *Gibbs-Energie* G, die auch als **freie Enthalpie** bezeichnet wird. Wenn ΔG für eine Reaktion negativ ist, läuft sie freiwillig ab, ist ΔG positiv, läuft sie nur unter Energiezufuhr ab.

ENERGETISCH NUTZBARE STOFFE · Die mit der Nahrung aufgenommenen Nährstoffe werden von Gepard und Antilope benötigt, um körpereigene Stoffe aufzubauen. Außerdem sind sie notwendig zur Bereitstellung der Energie, damit sich die Tiere in Bewegung setzen können.

Ein Beispiel für einen Nährstoff ist die Glukose. Der Abbau der Glukose führt zur Bildung von Wasser und Kohlenstoffdioxid:

$$C_6H_{12}O_6 + 6\,O_2 \rightarrow 6\,CO_2 + 6\,H_2O$$

Die Bildung dieser Stoffe ist nur möglich, wenn zunächst die chemischen Bindungen innerhalb der Glukosemoleküle gelöst werden. Dafür wird Energie benötigt. Die Bildung der Kohlenstoffdioxid- und der Wassermoleküle erfordert außerdem, dass Sauerstoffmoleküle an der Reaktion beteiligt sind. Die jeweilige Bindungsenergie

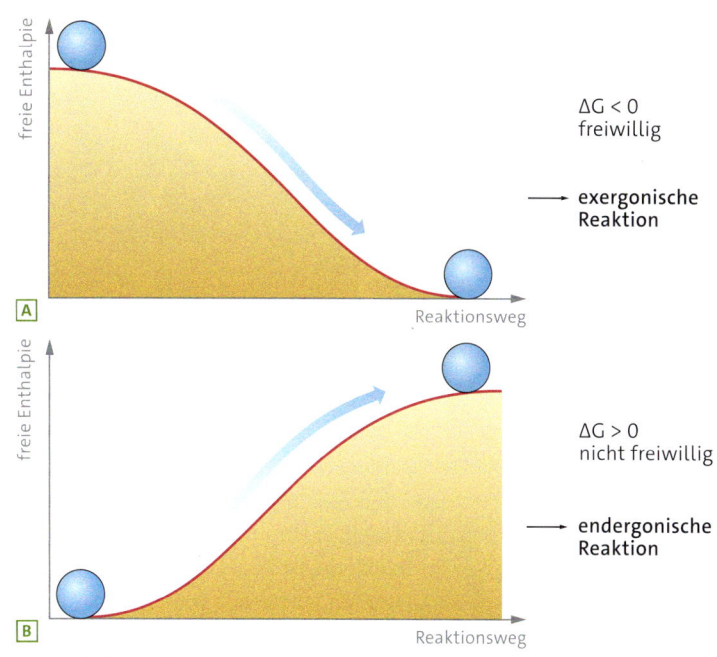

02 Modellvorstellung: **A** exergonische und **B** endergonische Reaktion

der entstehenden Moleküle ist größer als die der Ausgangsstoffe. Deshalb wird mehr Energie freigesetzt als für die Spaltung der Glukose- und der Sauerstoffmoleküle erforderlich ist. Der Abbau der Glukose ist daher in Gegenwart von Sauerstoff ein exergonischer Prozess.

Ohne den mit der Atmung aufgenommenen Sauerstoff könnte der Gepard die Nährstoffe nicht zur effizienten Energiebereitstellung nutzen. Daher steigt die Anzahl der Atemzüge beim jagenden Gepard stark an.

ΔG = Änderung der freien Enthalpie

//// **IM BLICKPUNKT PHYSIK** ////////////////

Hauptsätze der Thermodynamik

Die Energieumwandlungen der Lebensprozesse beruhen auf zwei Gesetzen der Thermodynamik:

- *Im 19. Jahrhundert wurde aus der Beobachtung vielfältiger Naturphänomene der Satz von der Erhaltung der Energie abgeleitet, der* **1. Hauptsatz der Thermodynamik:** *Energie kann nur übertragen oder umgewandelt, aber weder erzeugt noch vernichtet werden.*
- *Der* **2. Hauptsatz der Thermodynamik** *lautet, dass ein chemischer oder physikalischer Prozess in einem abgeschlossenen System stets in die Richtung läuft, in der die Unordnung, also die Entropie, zunimmt. Daraus folgt, dass Wärme von selbst nur von einem Bereich mit höherer Temperatur auf einen Bereich mit niedrigerer Temperatur übergeht.*

03 Verbrennung eines Zuckerwürfels: **A** ohne Asche, **B** mit Asche

KATALYSATOREN · Bei der Verbrennung eines Zuckerwürfels entsteht eine Flamme. Es handelt sich um einen *exergonischen Prozess.* Da die freie Enthalpie dieser Reaktion negativ ist, sind die Voraussetzungen für den freiwilligen Ablauf der Reaktion erfüllt. Dennoch brennt der Zuckerwürfel nicht von selbst. Auch der Versuch, einen Zuckerwürfel mit dem Feuerzeug zu entzünden, gelingt nicht. Das heißt, die zugeführte Wärmeenergie reicht nicht aus. Der Ablauf der chemischen Reaktion ist gehemmt. Gibt man ein wenig Asche auf den Zuckerwürfel, lässt er sich sofort entzünden. Die Energie, die notwendig ist, um eine Reaktion in Gang zu setzen, wird als **Aktivierungsenergie** bezeichnet. Beim Zuckerwürfel wird diese Energie durch die Asche gesenkt. Stoffe, die die Aktivierungsenergie herabsetzen, nennt man **Katalysatoren.**

ENZYME SIND BIOKATALYSATOREN · In den Zellen der Lebewesen laufen vielfältige chemische Reaktionen ab. Dazu gehört auch die Bereitstellung der chemischen Energie bei der Reaktion von Glukose mit Sauerstoff. Die hierfür notwendige Aktivierungsenergie wird soweit abgesenkt, dass dies bei den verhältnismäßig geringen Temperaturen in den Zellen der Lebewesen möglich ist. Die Zellen verfügen über sehr viele spezielle Proteine, die als *Biokatalysatoren* die unterschiedlichen Reaktionen katalysieren, die **Enzyme.** Die Herabsetzung der Aktivierungsenergie durch ein Enzym beschleunigt die Reaktionsgeschwindigkeit, das Enzym wird bei der Reaktion aber nicht verbraucht. Allerdings ist der Reaktionsweg ein anderer als bei der nicht katalysierten Reaktion. Das Enzym bildet mit dem umzusetzenden Molekül, dem Substrat, während der Reaktion einen Übergangszustand, der als **Enzym-Substrat-Komplex** bezeichnet wird. Erst im Folgeschritt kommt es zur Bildung der Produkte.

1 」 Beschreiben Sie, weshalb man Lebewesen als offene Systeme bezeichnet!

2 」 Erläutern Sie die Unterschiede zwischen einer chemischen Reaktion ohne Katalysator und einer mit Katalysator!

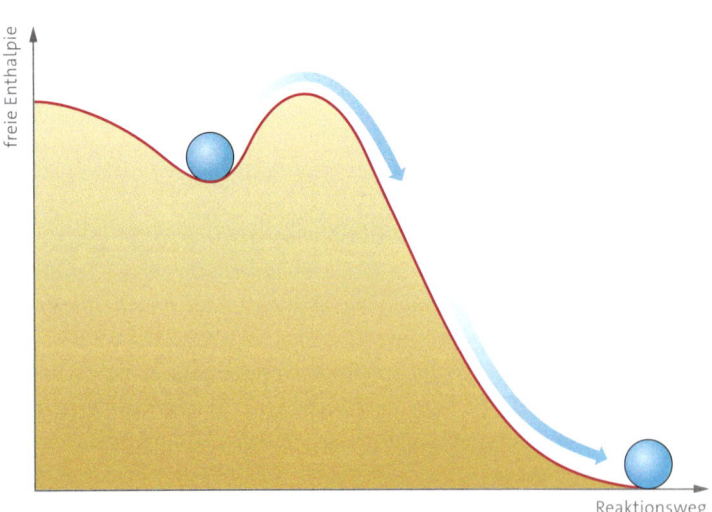

04 Modellvorstellung einer gehemmten Reaktion

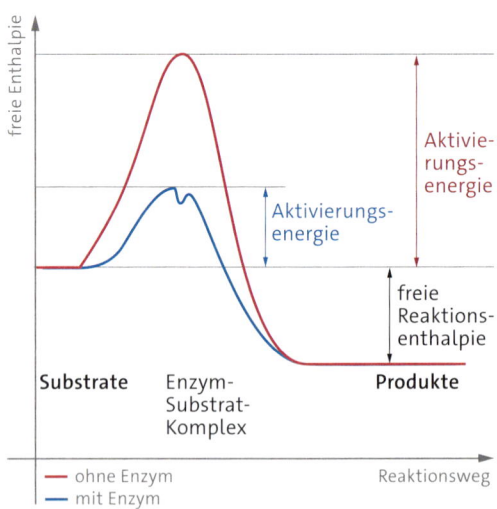

05 Energiediagramm einer katalysierten und unkatalysierten Reaktion

VERSUCH A ▸ Zersetzung von Wasserstoffperoxid [7]

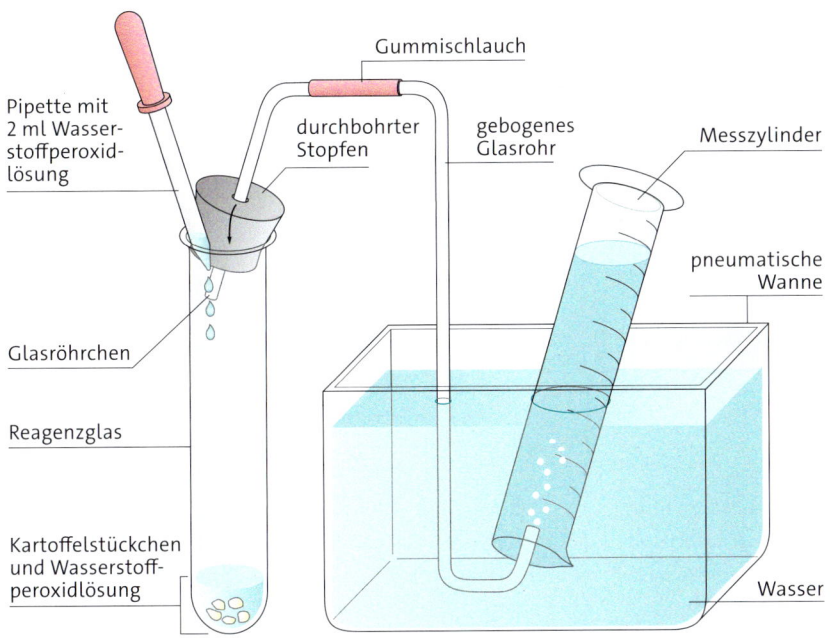

Pipette mit 2 ml Wasserstoffperoxidlösung

Gummischlauch

durchbohrter Stopfen

gebogenes Glasrohr

Messzylinder

pneumatische Wanne

Glasröhrchen

Reagenzglas

Kartoffelstückchen und Wasserstoffperoxidlösung

Wasser

Im Stoffwechsel entsteht zum Beispiel beim Fettsäureabbau als Nebenprodukt Wasserstoffperoxid, H_2O_2. Da Wasserstoffperoxid giftig ist, verfügen sowohl tierische als auch pflanzliche Zellen über ein Enzym, das Wasserstoffperoxid abbaut, die *Katalase*. Besonders hohe Konzentrationen der

Katalase finden sich in Leber- und in Nierenzellen sowie in Kartoffeln. Wasserstoffperoxid zersetzt sich sehr langsam in Wasser und Sauerstoff:

$$2\,H_2O_2 \rightarrow 2\,H_2O + O_2.$$

Das Enzym Katalase beschleunigt die Zersetzung enorm. Ein einziges Enzym setzt pro Sekunde bis zu 40 Millionen Wasserstoffperoxidmoleküle um. Die Wirkung der Katalase lässt sich beobachten, wenn man zu rohen Kartoffelstückchen zwei Milliliter einer dreiprozentigen Wasserstoffperoxidlösung (GHS07) gibt. Der entstandene Sauerstoff lässt sich mit der Glimmspanprobe nachweisen.

A1 Führen Sie das Experiment entsprechend der Abbildung durch und erstellen Sie ein Versuchsprotokoll!

A2 Stellen Sie eine Hypothese auf, in welcher Weise sich die Gasentwicklung steigern ließe!

Material B ▸ Energiediagramme der Zersetzung von Wasserstoffperoxid

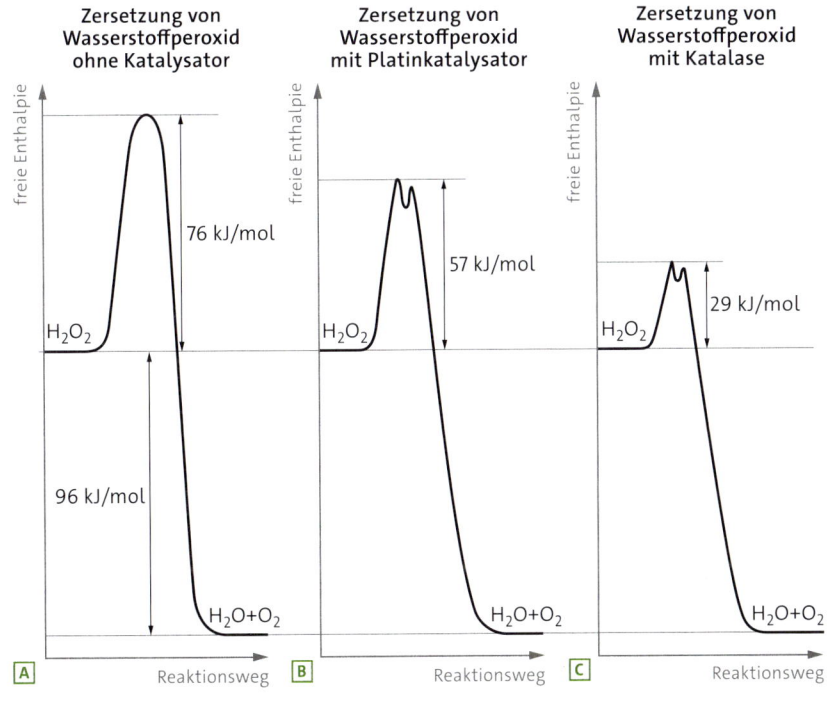

Zersetzung von Wasserstoffperoxid ohne Katalysator — freie Enthalpie — H_2O_2 — 76 kJ/mol — 96 kJ/mol — H_2O+O_2 — A — Reaktionsweg

Zersetzung von Wasserstoffperoxid mit Platinkatalysator — freie Enthalpie — H_2O_2 — 57 kJ/mol — H_2O+O_2 — B — Reaktionsweg

Zersetzung von Wasserstoffperoxid mit Katalase — freie Enthalpie — H_2O_2 — 29 kJ/mol — H_2O+O_2 — C — Reaktionsweg

Die abgebildeten Energiediagramme stellen den Reaktionsverlauf für die Zersetzung von Wasserstoffperoxid dar. Die Enthalpie wird in Joule, J, angegeben. Die Stoffmenge wird in Mol, mol, angegeben.

B1 Erläutern und vergleichen Sie die Energiediagramme!

B2 Begründen Sie, welche Bedeutung die geringe Aktivierungsenergie der Reaktion in Gegenwart der Katalase für die Zelle hat!

////// **IM BLICKPUNKT CHEMIE** //

Proteine

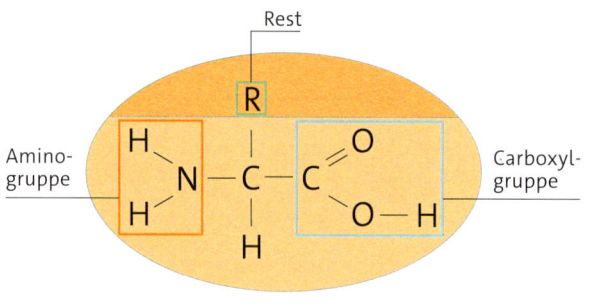

01 Allgemeine Strukturformel der Aminosäuren

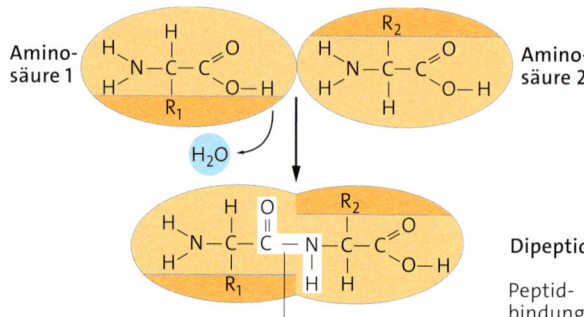

02 Peptidbindung

BAUSTEINE DER PROTEINE · Proteine sind Bestandteile aller Zellen und auf vielfältige Weise für die Funktion von Zelle und Organismus von Bedeutung. Sie regeln zum Beispiel Transportprozesse in Membranen oder sind Grundlage für die Struktur von Muskeln und Haut. Auch das Immunsystem ist auf die Wirkungsweise von Proteinen angewiesen. Zudem bestehen die meisten Enzyme ebenfalls aus Proteinen.

Man schätzt, dass es allein im menschlichen Organismus mehr als 80 000 unterschiedliche Proteine gibt. Trotz dieser Vielfalt sind alle nach dem gleichen Grundprinzip aufgebaut. Als Bausteine dienen 20 verschiedene Aminosäuren, deren Anzahl und Anordnung den Bau und damit die Funktion der Proteine bestimmen.

Aminosäuremoleküle haben eine einheitliche Grundstruktur mit zwei funktionellen Gruppen, einer *Aminogruppe*, $-NH_2$, und einer *Carboxylgruppe*, $-COOH$. Beide sind an ein zentrales Kohlenstoffatom gebunden. An diesem Kohlenstoffatom ist außerdem jeweils eine unterschiedliche Seitenkette, der *Rest R*, gebunden.

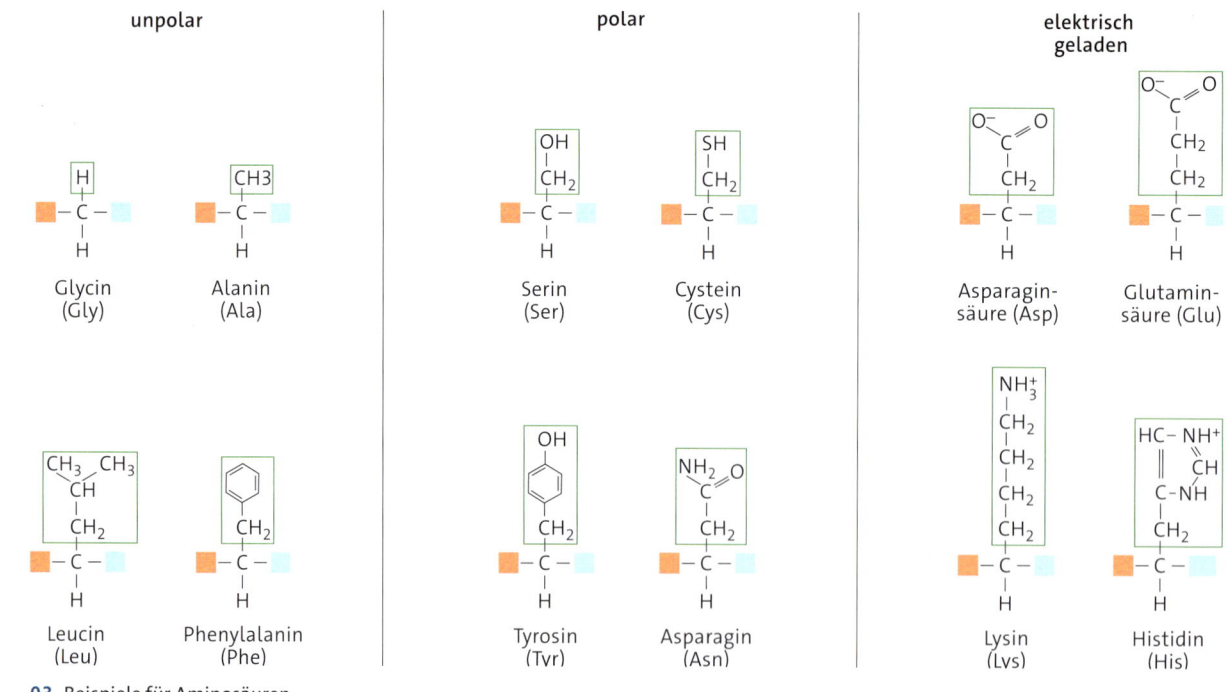

03 Beispiele für Aminosäuren

PRIMÄRSTRUKTUR · Wenn die Aminogruppe eines Aminosäuremoleküls mit der Carboxylgruppe eines anderen Aminosäuremoleküls reagiert, entsteht ein *Dipeptid*. Die entstandene Bindung heißt **Peptidbindung.** Bei dieser Reaktion wird ein Wassermolekül abgespalten. Auf diese Weise werden in der Zelle Aminosäuremoleküle zu langen *Polypeptidketten* verknüpft. Durch die unterschiedliche Zusammensetzung der Aminosäuresequenz erhält jedes Protein seinen charakteristischen Aufbau, seine *Primärstruktur*. Die Reihenfolge der Aminosäuremoleküle wird dabei durch die Basenfolge der DNA bestimmt.

SEKUNDÄRSTRUKTUR · Die Aminosäuremoleküle haben unterschiedliche chemische Eigenschaften und ziehen sich je nach Ladung gegenseitig an oder stoßen sich ab. Dabei kommt es zu Wasserstoffbrückenbindungen, die stellenweise zu sich wiederholenden Mustern führen. Häufig ordnen sich die Aminosäuren zu einer schraubigen Struktur an, der **α-Helix.** In einer anderen Anordnung liegen zwei Aminosäureketten in faltenähnlichen Abschnitten als **β-Faltblatt** vor. Diese beiden Muster bezeichnet man als *Sekundärstruktur*.

TERTIÄRSTRUKTUR · Über die Helix- und die Faltblattstruktur hinaus sind Polypeptidketten durch weitere intramolekulare Wechselwirkungen wie Ionenbindungen und Van-der-Waals-Kräfte zu räumlichen Gebilden geformt. Zwischen positiv und negativ geladenen Resten entstehen Ionenbindungen, zwischen polaren Resten *Wasserstoffbrücken* und zwischen den Seitenketten unpolarer Aminosäuren *Van-der-Waals-Kräfte*. Die endständigen Schwefelwasserstoffgruppen, SH, von zwei Aminosäuren Cystein können innerhalb der Polypeptidkette kovalent miteinander zu einer *Disulfidbrücke* verknüpft sein. Intramolekulare Wechselwirkungen haben somit eine Auswirkung auf die Raumstruktur der Polypeptidkette, die *Tertiärstruktur*.

QUARTÄRSTRUKTUR · In der Zellmembran vieler Bakterien befinden sich Kanäle für den Stofftransport. Sie sind aus drei Polypeptidketten aufgebaut und werden als Porine bezeichnet. Die räumliche Anordnung von Proteinen aus mehreren Polypeptidketten nennt man *Quartärstruktur*.

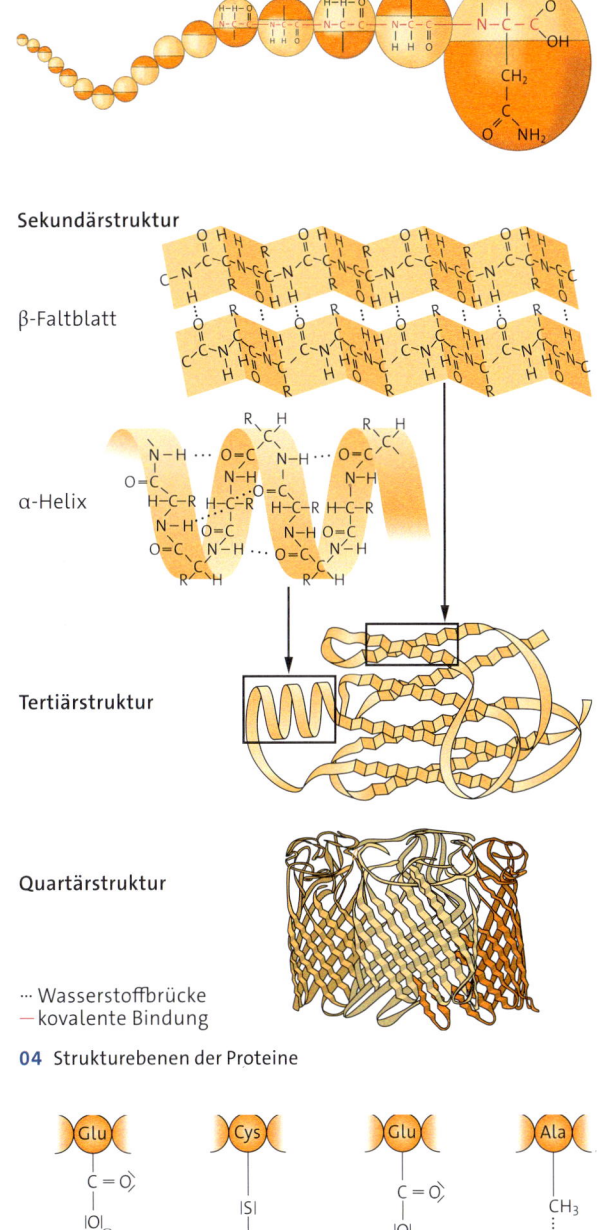

Primärstruktur

Sekundärstruktur

β-Faltblatt

α-Helix

Tertiärstruktur

Quartärstruktur

··· Wasserstoffbrücke
— kovalente Bindung

04 Strukturebenen der Proteine

A	B	C	D
Glu	Cys	Glu	Ala
Ser	Cys	Lys	Ala

05 Wechselwirkungen zwischen Aminosäuren: **A** Wasserstoffbrücke, **B** Disulfidbrücke, **C** Ionenbindung, **D** Van-der Waals-Kraft

01 Bombardierkäfer

Struktur und Funktion von Enzymen

Die mitteleuropäischen Arten des Bombardierkäfers sind nur etwa fünf bis sieben Millimeter groß, haben aber eine eindrucksvolle Verteidigungsstrategie. Wenn die Käfer angegriffen werden, schießen sie explosionsartig eine giftige und bis zu 100 Grad Celsius heiße Gaswolke aus ihrem Hinterleib. Wie funktioniert dieser Abwehrmechanismus?

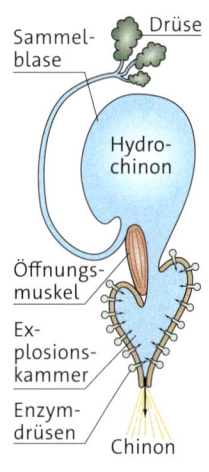

02 Abwehrmechanismus des Bombardierkäfers (Schema)

Sammel-
blase

Drüse

Hydro-
chinon

Öffnungs-
muskel

Ex-
plosions-
kammer

Enzym-
drüsen

Chinon

ENZYM UND SUBSTRAT · Der Bombardierkäfer produziert in Drüsen in seinem Hinterleib die Substanzen Wasserstoffperoxid und Hydrochinon, die dann in einer Sammelblase gespeichert werden. Bei Gefahr für den Käfer gelangen die beiden Substanzen in eine Explosionskammer. Gleichzeitig werden aus Enzymdrüsen die Enzyme Katalase und Peroxidase in die Kammer abgegeben. In der Reaktionskammer katalysiert die Katalase die Zersetzung des Wasserstoffperoxids zum Knallgasgemisch aus Sauerstoff und Wasser. Die Peroxidase oxidiert mithilfe des frei werdenden Sauerstoffs das Hydrochinon zu dem Giftstoff 1,4-Benzochinon. Die Ausgangsstoffe, die von den Enzymen katalysiert werden, heißen *Substrate*.

Bei diesen Reaktionen wird so viel Wärme frei, dass die Reaktionsprodukte bis zu 100 Grad Celsius heiß werden und Wasserdampf gebildet wird. Das Knallgas explodiert und der Giftstoff schießt aus dem Körper.

Damit ein Enzym die Reaktion eines bestimmten Substrats katalysieren kann, müssen Enzym und Substrat miteinander in Kontakt treten. Hierzu ist eine spezielle Region des Enzyms ausgeprägt, an die das Substrat binden kann. Es handelt sich meistens um eine taschenartige Vertiefung der Enzymoberfläche. Sie wird als das **aktive Zentrum** des Enzyms bezeichnet. Die Struktur des aktiven Zentrums ist so gestaltet, dass dort nur ein spezifisches Substratmolekül oder eine bestimmte Auswahl an spezifischen Substratmolekülen hineinpasst. Enzyme werden deshalb als **substratspezifisch** bezeichnet. Obwohl die Struktur der Proteine damals noch nicht bekannt war, entwickelte der Chemiker Emil FISCHER bereits im Jahr 1894 eine Modellvorstellung für enzymatische Reaktionen. Demnach passt das Substrat in das aktive Zentrum wie ein Schlüssel ins Schloss. Diese Modellvorstellung nennt man daher **Schlüssel-Schloss-Modell**.

PROZESSE IM AKTIVEN ZENTRUM · Sobald sich ein Substratmolekül an das aktive Zentrum des Enzyms anlagert, tritt es mit diesem in Wechselwirkung, zum Beispiel über Wasserstoffbrücken- oder Ionenbindungen. Es bildet sich ein *Enzym-Substrat-Komplex.* So bewirkt beispielsweise das Enzym Katalase, dass aus Wasserstoffperoxidmolekülen Wasser- und Sauerstoffmoleküle entstehen. Aus dem Substrat entstehen *Produkte.* Das Enzym bleibt dabei unverändert und steht für weitere Reaktionen zur Verfügung. Meistens katalysieren Enzyme nur eine bestimmte chemische Reaktion, sie sind **wirkungsspezifisch.**

Im aktiven Zentrum sind bei der Bildung des Enzym-Substrat-Komplexes verschiedene Abläufe möglich:

- Die Substratmoleküle werden passgenau für die katalytische Reaktion ausgerichtet.
- Das Substratmolekül wird unter Spannung gesetzt, wodurch sich Bindungen leichter lösen.
- Auf das Substrat werden Ladungen übertragen, wodurch instabile Bindungen entstehen.

Diese Abläufe tragen zu einem veränderten Reaktionsweg vom Substrat zum Produkt bei. Hierdurch wird die Aktivierungsenergie für die Reaktion herabgesetzt und damit beschleunigt.

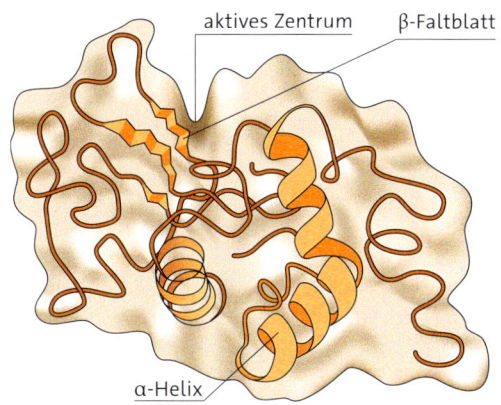

03 Enzym Lysozym

Das Schlüssel-Schloss-Prinzip ist die grundlegende Modellvorstellung des Ablaufs enzymatischer Reaktionen. Erst im Jahr 1965 wurde sie mithilfe der Röntgenstrukturanalyse bestätigt. Bei der Aufklärung der Tertiärstruktur des Enzyms Lysozym entdeckte man eine Vertiefung, in die das Substrat genau hineinpasst.

Im gleichen Zeitraum entdeckte man, dass sich die Struktur von Enzymen verändern kann. Dies gilt insbesondere für das aktive Zentrum. Die Wechselwirkungen mit dem Substrat führen dazu, dass sich seine Gestalt an das Substrat anpasst. Da die Passform durch das Substrat induziert wird, bezeichnet man diese Vorstellung als **Induced-fit-Modell.**

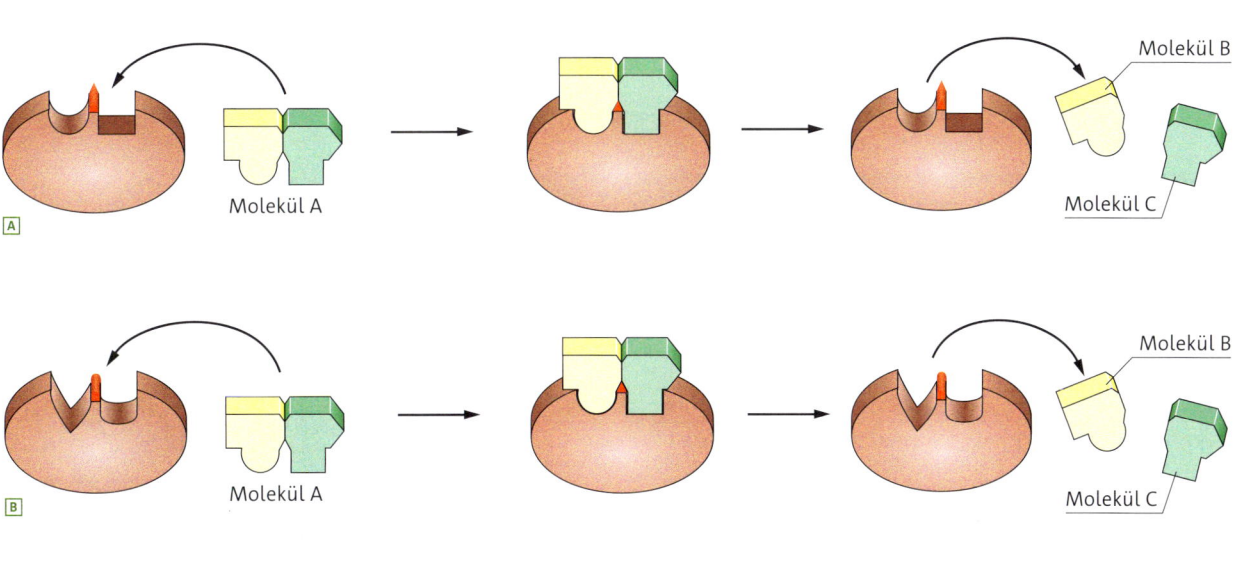

04 Ablauf einer enzymatischen Reaktion: **A** Schlüssel-Schloss-Modell, **B** Induced-fit-Modell, **C** allgemeine Wortgleichung

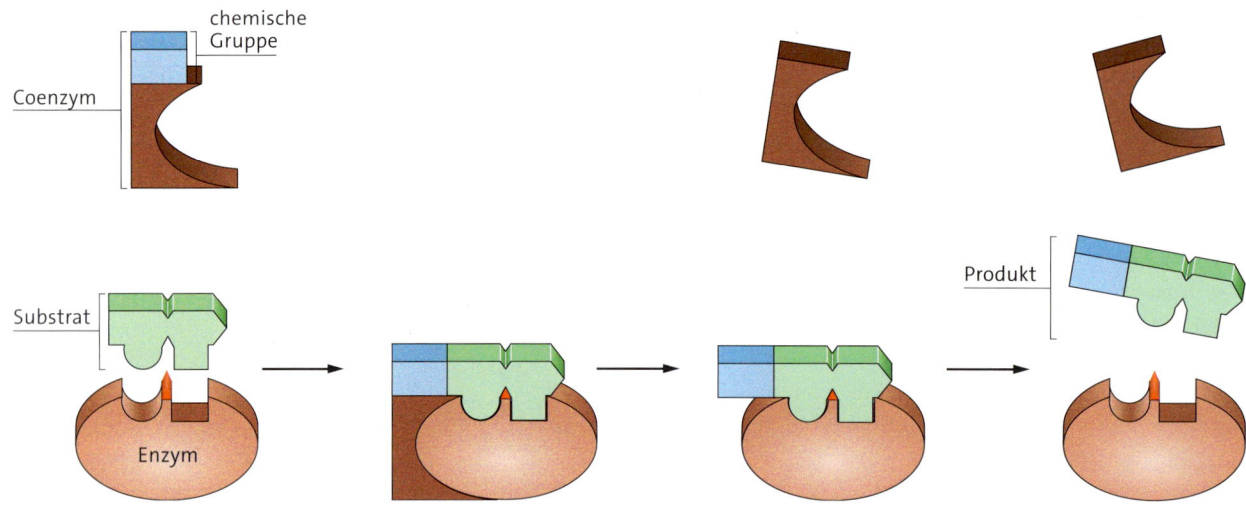

05 Modell zur Wirkung eines Coenzyms

MOLEKULARE PARTNER · Viele enzymatische Reaktionen sind von weiteren Reaktionspartnern abhängig. Dabei handelt es sich häufig um organische Moleküle, die während der enzymatischen Reaktion Elektronen, Wasserstoffatome oder chemische Gruppen auf das Substrat übertragen oder entfernen. Sie werden als **Coenzyme** oder auch als Cosubstrate bezeichnet. Coenzyme sind nicht mit dem Enzym verbunden.

Viele mit der Nahrung aufgenommene Spurenelemente wie Zink- oder Eisenionen sind als anorganische Ionen fest an bestimmte Enzyme gebunden und für das Funktionieren des Enzyms notwendig. Ein Beispiel hierfür ist die Urease, an die ein Nickelion gebunden ist. Diese anorganischen Ionen heißen **Cofaktoren.**

griech. prósthetos = hinzugefügt

Andere Enzyme sind dauerhaft mit organischen Molekülen verbunden. In das Enzym Katalase ist beispielsweise ein Ringsystem mit einem zentralen Eisenion, die Häm-Gruppe, eingebunden. Auch das für den Sauerstofftransport im Blut wichtige Hämoglobin trägt diese Häm-Gruppe. Eine derart dauerhaft mit dem Enzym verknüpfte Molekülgruppe nennt man **prosthetische Gruppe.**

1 Beschreiben Sie den Ablauf einer enzymatischen Reaktion nach dem Schlüssel-Schloss-Modell!

2 Vergleichen Sie die molekularen Partner enzymatischer Reaktionen!

Wirkgruppen zusammengesetzter Enzyme		
Coenzyme	NAD$^+$	Übertragung von Elektronen und Wasserstoff; Vitaminbestandteil: Niacin
	FAD	Übertragung von Elektronen und Wasserstoff; Vitaminbestandteil: Vitamin B$_2$
	Coenzym A	Übertragung der Acetylgruppe; Vitaminbestandteil: Pantothensäure
	ATP	Übertragung von Phosphat
prosthetische Gruppen	Häm	Übertragung von Elektronen in Cytochrom; Katalyse der Wasserstoffperoxidspaltung in Katalase
	Retinal	Lichtabsorption in Rhodopsin
Cofaktoren	Zn^{2+}	in Carboxypeptidase, Carboanhydrase, Alkoholdehydrogenase
	Ni^{2+}	in Urease

06 Beispiele für molekulare Partner von Enzymen

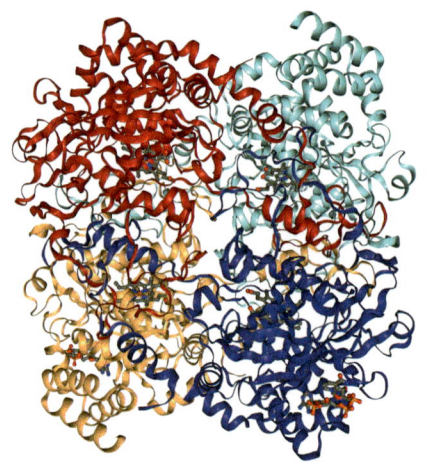

07 Struktur der Katalase

VERSUCH A ▸ Wirkung von Urease

Reagenzglas	1	2	3
Ureaselösung	1 ml	1 ml	–
Phenolphthalein-lösung	2 Tropfen	2 Tropfen	2 Tropfen
Harnstofflösung	5 ml	–	5 ml

Urease ist ein Enzym, das in Pflanzen-samen, Meeresmuscheln, Bakterien und Krebsen vorkommt. Es spaltet Harnstoff in Ammoniak und Kohlen-stoffdioxid. Bodenbakterien tragen auf diese Weise dazu bei, den gebundenen Stickstoff für die Pflanzen nutzbar zu machen. Die Wirkung der Urease lässt sich in einem Experiment beobachten.

Material: Ureaselösung (10 mg in 10 ml Wasser), Harnstofflösung (20 mg in 100 ml Wasser) sowie Phenolphthalein-lösung (0,1%ige, GHS02, 07).

Durchführung: Drei Reagenzgläser werden mithilfe von Pipetten gemäß der Tabelle befüllt.

A1 Führen Sie das Experiment durch und erstellen Sie ein Versuchs-protokoll!

A2 Begründen Sie die Vorgehensweise mit drei Versuchsansätzen!

Material B ▸ Wirkung von Urease auf Stoffe mit ähnlicher Molekülstruktur

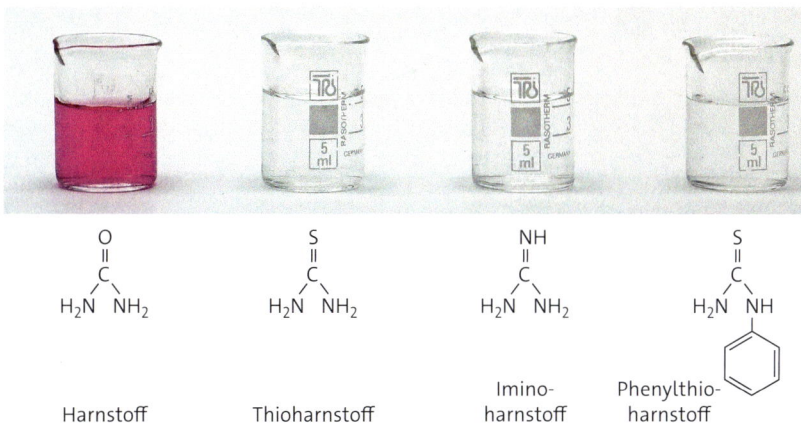

Harnstoff   Thioharnstoff   Imino-harnstoff   Phenylthio-harnstoff

Der Versuch A wird wiederholt, indem man zu der Ureaselösung verschiedene Stoffe gibt, die eine ähnliche Molekül-struktur wie Harnstoff haben.

B1 Erklären Sie die Beobachtungen!

B2 Wiederholt man den Versuch mit N-Methylharnstoff, so beobachtet man einen Farbumschlag des Indikators erst nach mehr als zwei Minuten. Stellen Sie eine Hypo-these auf, worauf dies zurück-zuführen sein könnte!

VERSUCH C ▸ Hydrolyse von Stärke

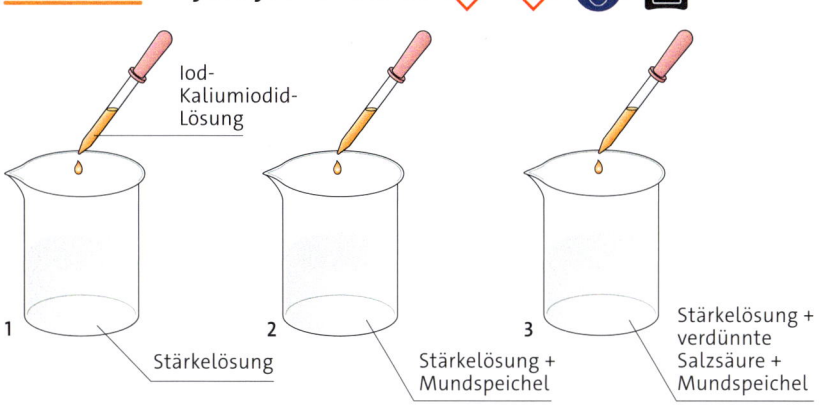

Iod-Kaliumiodid-Lösung

1   Stärkelösung

2   Stärkelösung + Mundspeichel

3   Stärkelösung + verdünnte Salzsäure + Mundspeichel

Durchführung:
Drei Bechergläser werden jeweils mit 30 Milliliter Stärkelösung befüllt.

Zum ersten Becherglas wird kein wei-teres Reagenz hinzugefügt. Zum zwei-ten Becherglas werden einige Milliliter Mundspeichel oder Amylase hinzu-gegeben. In das dritte Becherglas gibt man erst einen Milliliter verdünnte Salzsäure (GHS05, 07) und anschlie-ßend den Mundspeichel. Allen drei Bechergläsern werden zuletzt wenige Tropfen Iod-Kaliumiodid-Lösung zufügt.

C1 Führen Sie das Experiment durch und erstellen Sie ein Versuchs-protokoll!

C2 Deuten Sie das Versuchsergebnis hinsichtlich der Stärkeverdauung beim Menschen!

Einteilung von Enzymen

01 Oxidoreduktasen:
A Beispiel,
B allgemeines Prinzip

oxidiert

reduziert

Oxidation und Reduktion

OXIDOREDUKTASEN · Bienenhonig enthält ein Enzym, das für die Konservierung des Honigs wichtig ist. Dieses Enzym ist Bestandteil eines Sekrets, das die Biene dem zuckerhaltigen Nektar bereits beim Transport von der Blüte zum Bienenstock zufügt. Es katalysiert die Reaktion von Glukose und Sauerstoff zu Glukonolakton und dem keimtötenden Wasserstoffperoxid und heißt daher Glukoseoxidase.

Enzyme wie die Glukoseoxidase, welche die Oxidation und die Reduktion zweier chemischer Verbindungen katalysieren, gehören zur Gruppe der *Oxidoreduktasen*. Bei den Reaktionen werden Sauerstoffatome, Wasserstoffatome oder Elektronen übertragen.

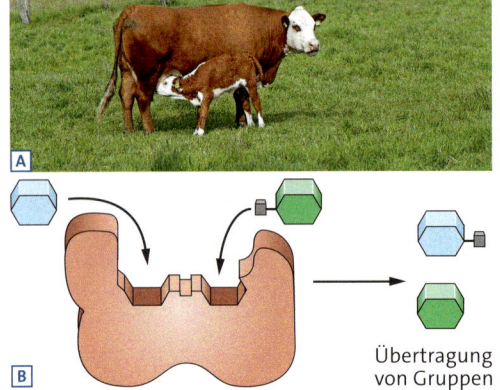

02 Transferasen:
A Beispiel,
B allgemeines Prinzip

Übertragung von Gruppen

TRANSFERASEN · Das wichtigste Kohlenhydrat der Säugetiermilch ist der Milchzucker, die Laktose. Kuh- und Schafsmilch enthalten etwa vier bis fünf Prozent Laktose, die Muttermilch des Menschen etwa sechs bis acht Prozent. Für die Bildung von Laktose ist ein Enzym verantwortlich, das die Übertragung eines Galaktoserests von einem größeren Molekül auf ein Glukosemolekül katalysiert, die Galaktosyltransferase. Enzyme, die funktionelle Gruppen wie Methyl- und Aminogruppen oder Phosphatreste übertragen, werden aufgrund ihrer Wirkung als *Transferasen* bezeichnet.

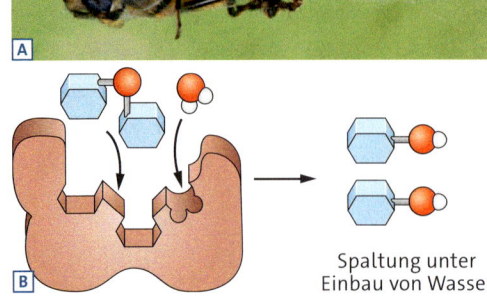

03 Hydrolasen:
A Beispiel,
B allgemeines Prinzip

Spaltung unter Einbau von Wasser

HYDROLASEN · Eine Kreuzspinne hat eine Fliege erbeutet. Nachdem sie die Beute getötet und in Spinnenseide eingewickelt hat, injiziert sie ein Verdauungssekret in deren Körper. Das Sekret enthält Enzyme, die die Nährstoffe spalten und dadurch wasserlöslich machen.

Auch die Verdauungsenzyme der Wirbeltiere und des Menschen spalten die aufgenommenen Nährstoffe in vergleichbarer Weise. Für jede Abspaltung einer Aminosäure aus einem Protein oder eines Einfachzuckers aus einem Stärkemolekül wird ein Wassermolekül benötigt. Aus diesen Hydrolysen leitet sich die Bezeichnung *Hydrolasen* für diese Enzymklasse ab.

LYASEN · Bei der Weinproduktion werden die geernteten Trauben zunächst zerdrückt, es entsteht die Maische. Anschließend wird in großen Edelstahltanks mithilfe einer speziellen Hefe Glukose zu Ethanol abgebaut. Ein wichtiger Schritt dieser alkoholischen Gärung ist die Spaltung von Pyruvat in Kohlenstoffdioxid und Acetaldehyd. Dies wird durch das Enzym Pyruvatdecarboxylase katalysiert.

Im Gegensatz zu den Hydrolasen benötigt die Pyruvatdecarboxylase zur Spaltung der chemischen Bindung keine Wassermoleküle. Solche Enzyme nennt man *Lyasen*.

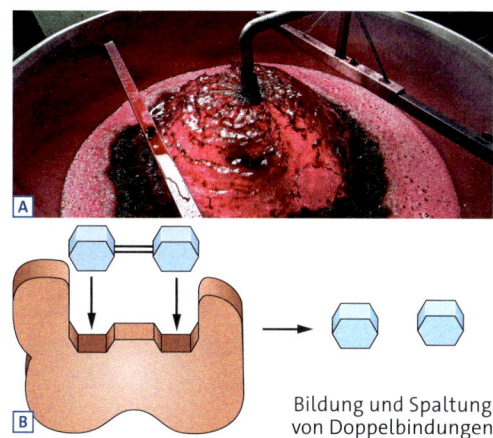

Bildung und Spaltung von Doppelbindungen

04 Lyasen:
A Beispiel,
B allgemeines Prinzip

ISOMERASEN · Die Süße in Limonaden und Süßigkeiten wird in der Industrie häufig durch den Zusatz von Zuckersirup erreicht. Zuckersirup lässt sich preiswert aus Mais oder Weizenstärke herstellen. Er enthält einen hohen Anteil der besonders süßen Fruktose. Für deren Produktion wird Glukose in Fruktose umgewandelt. Fruktose hat die gleiche Summenformel wie Glukose, aber eine andere Strukturformel, sie sind Isomere. Die Umwandlung erfolgt mithilfe eines Enzyms, der Glukose-Isomerase.

Enzyme, die die chemische Struktur des Substratmoleküls verändern, nicht aber dessen Summenformel, werden als *Isomerasen* zusammengefasst.

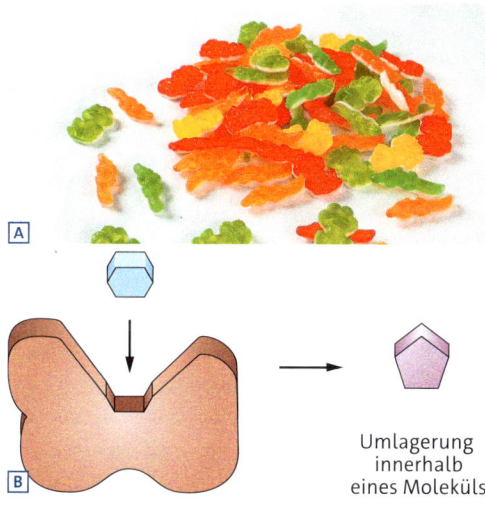

Umlagerung innerhalb eines Moleküls

05 Isomerasen:
A Beispiel,
B allgemeines Prinzip

LIGASEN · Die ultraviolette Strahlung des Sonnenlichts bewirkt nicht nur die Bräunung der Haut oder die Bildung eines Sonnenbrands. Sie führt gleichzeitig dazu, dass die DNA-Moleküle in den Zellen der Oberhaut geschädigt werden. Ein zelleigener Reparaturmechanismus beseitigt die meisten dieser Schäden. Hieran beteiligt ist ein Enzym, das die Bausteine der DNA miteinander verbindet, die DNA-Ligase. Da nicht alle Schäden der DNA repariert werden, erhöht sich mit jedem Sonnenbad das Hautkrebsrisiko. Enzyme, die kleinere Moleküle zu größeren Molekülen verknüpfen, nennt man *Ligasen*. Für ihre Reaktion benötigen sie Energie in Form von ATP.

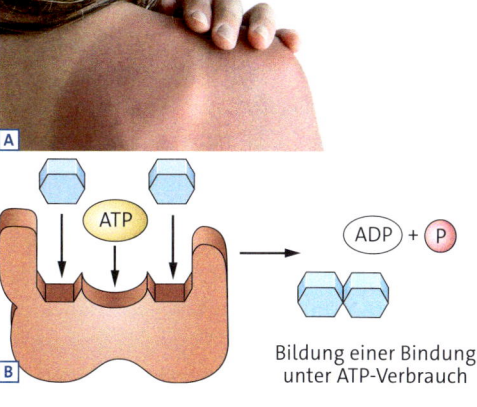

Bildung einer Bindung unter ATP-Verbrauch

06 Ligasen:
A Beispiel,
B allgemeines Prinzip

01 Great-Fountain-
Geysir

Einflüsse auf die Enzymaktivität

Der Great-Fountain-Geysir im Yellowstone-Nationalpark bricht etwa alle 9 bis 15 Stunden aus. Seine Fontäne kann bis zu 50 Meter hoch werden. Als Forscher der Indiana University im Jahr 1969 den Geysir untersuchten, stellten sie überrascht fest, dass in den 80 Grad Celsius heißen Quellen Bakterien leben. Sie nannten die Bakterienart Thermus aquaticus. *Worauf ist die Besonderheit dieser Bakterien zurückzuführen?*

ENZYMAKTIVITÄT UND TEMPERATUR · Bei einer Infektion erhöht sich die Temperatur des Menschen, er bekommt Fieber. Das Fieber hat zur Folge, dass die für die Abwehr der Krankheitserreger notwendigen Stoffwechselprozesse schneller ablaufen. Das lässt sich damit erklären, dass die Reaktionsgeschwindigkeit chemischer Reaktionen mit steigender Temperatur zunimmt. Da sich die miteinander reagierenden Teilchen schneller bewegen, kommt es zu mehr Kollisionen der beteiligten Reaktionspartner. Erhöht sich die Temperatur bei Fieber jedoch auf mehr als 40 Grad Celsius, besteht akute Lebensgefahr. Die Temperaturveränderung führt dazu, dass sich Wasserstoffbrückenbindungen in den aus Proteinen bestehenden

Enzymen lösen. Die Sekundär-, Tertiär- und Quartärstrukturen verändern sich und damit die räumliche Gestalt, die Enzyme *denaturieren*. Ihre Funktion ist deshalb beeinträchtigt. Eine weitere Temperaturerhöhung hat eine tiefer greifende Änderung der Molekülstruktur zur Folge, die Denaturierung ist nicht mehr reversibel. Dies wird zum Beispiel daran deutlich, dass das Eiklar des Hühnereis bei ungefähr 60 Grad Celsius fest wird.

Der starke Anstieg der Enzymaktivität bei steigenden Temperaturen entspricht einer Faustregel, die besagt, dass eine Temperaturerhöhung um 10 Grad Celsius etwa eine Verdoppelung der Reaktionsgeschwindigkeit zur Folge hat. Man bezeichnet sie als *Reaktionsgeschwindigkeit-Temperatur-Regel,* kurz **RGT-Regel.** Für die meisten Lebewesen ist die RGT-Regel auf einen physiologischen Temperaturbereich beschränkt, dessen Untergrenze durch den Gefrierpunkt des Wassers bestimmt ist und dessen Obergrenze bei etwa 40 Grad Celsius liegt.

Aufgrund der Temperaturempfindlichkeit von Enzymen hatte man im Great-Fountain-Geysir keine Lebewesen erwartet. Deshalb war es eine wissenschaftliche Sensation, dort Bakterien anzutreffen. Diese besitzen offensichtlich hitze-stabile Enzyme. Die Bedeutung dieser Entdeckung offenbarte sich in den 1980er-Jahren, als es gelang, selbst geringe Mengen DNA mithilfe eines Enzyms aus dem Bakterium *Thermus aquaticus* zu vervielfältigen. Man nennt das Enzym deshalb Taq-Polymerase. Heutzutage ist diese Vervielfältigungsmethode der DNA ein wichtiges Laborverfahren der molekularen Genetik.

Wenn man die Aktivität des Enzyms Pyruvatkinase bei unterschiedlichen Temperaturen in ein Diagramm einträgt, erkennt man den Verlauf einer *Optimumkurve*. Das Optimum der Enzymaktivität ist beim Eisfisch, der in den Gewässern um die Antarktis lebt, jedoch erheblich niedriger als bei der Forelle. Der Vergleich der Temperaturoptima verschiedener wechselwarmer, poikilothermer Lebewesen zeigt die evolutionäre Angepasstheit an die jeweiligen Lebensräume.

Bei gleichwarmen, homoiothermen Lebewesen wie Säugetieren und Vögeln liegt das Temperaturoptimum der Enzymaktivität im Bereich der Körpertemperatur.

ENZYMAKTIVITÄT UND pH-WERT · Bei der menschlichen Verdauung wird die Bedeutung des pH-Werts für die Enzymaktivität deutlich. Die pH-Werte in Magen und Dünndarm unterscheiden sich beispielsweise erheblich. Dieser Befund legt nahe, dass die in den jeweiligen Organen aktiven Enzyme durch den pH-Wert beeinflusst werden. Der pH-Wert des Magensafts liegt zwischen 1,5 und 2 und entspricht etwa dem Optimum des im Magen aktiven Pepsins. Das alkalische Sekret der Bauchspeicheldrüse neutralisiert den Nahrungsbrei, der aus dem Magen in den Dünndarm gelangt. Der pH-Wert steigt bis auf 8. Die hier vorhandenen Enzyme Amylase und Trypsin weisen entsprechend höhere pH-Optima auf als das Pepsin.

Bei unterschiedlichen pH-Werten liegen unterschiedliche H^+-Ionen-Konzentrationen vor, welche die Ladungen von Carboxyl- und Amino-Gruppen innerhalb des Enzyms verändern. Dadurch werden die Wechselwirkungen mit anderen geladenen Gruppen im Enzym so beeinflusst, dass sich dessen Struktur und damit die Aktivität des Enzyms verändert.

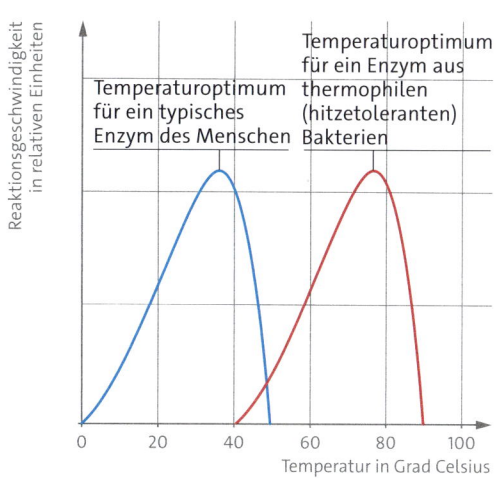

02 Temperaturoptima menschlicher Enzyme und der von *Thermus aquaticus*

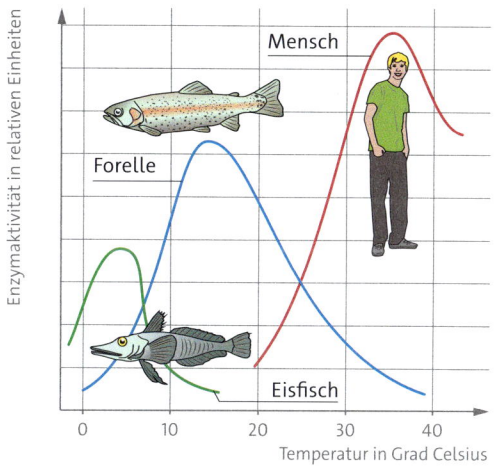

03 Temperaturabhängigkeit des Enzyms Pyruvatkinase, einem wichtigen Enzym beim Glukoseabbau

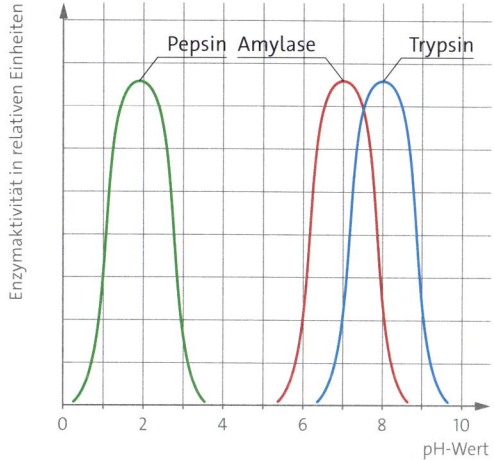

04 pH-Abhängigkeit menschlicher Verdauungsenzyme

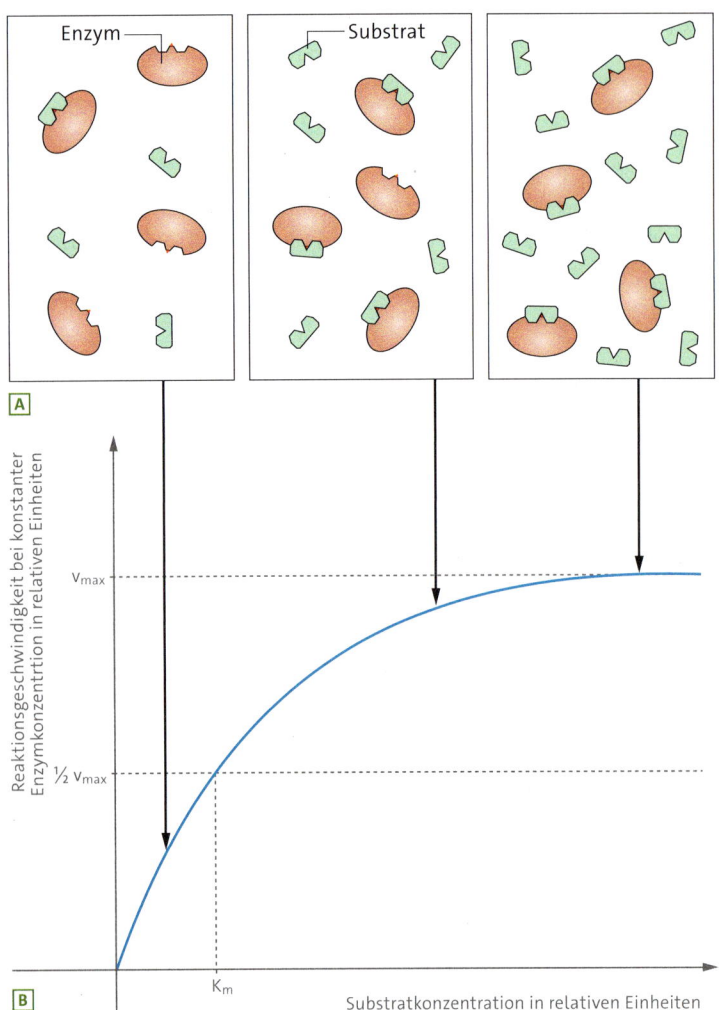

A

B

Reaktionsgeschwindigkeit bei konstanter Enzymkonzentrtion in relativen Einheiten

v_{max}

$\frac{1}{2} v_{max}$

K_m

Substratkonzentration in relativen Einheiten

05 Abhängigkeit der Reaktionsgeschwindigkeit von der Substratkonzentration bei konstanter Enzymkonzentration: **A** Modellvorstellung, **B** Diagramm

Enzym	umgesetzte Substratmoleküle pro Sekunde	Funktion des Enzyms
Lysozym	0,5	Bestandteil des Immunsystems, hydrolisiert aus Zuckern und Peptiden bestehende Makromoleküle
DNA-Polymerase	15–10 000	Synthese von DNA
Chymotrypsin	100	Enzym zur Eiweißverdauung
Laktatdehydrogenase	1000	katalysiert reversibel die Reaktion von Pyruvat zu Laktat bei der Milchsäuregärung
Urease	3000	setzt Harnstoff in Ammoniak und Kohlenstoffdioxid um
Katalase	40 000 000	setzt Wasserstoffperoxid in Wasser und Sauerstoff um

06 Maximale Wechselzahlen von Enzymen

SUBSTRATKONZENTRATION UND REAKTIONSGESCHWINDIGKEIT · Eine enzymatische Reaktion kann nur stattfinden, wenn ein Substratmolekül auf ein Enzymmolekül trifft. Je höher die Konzentration der Substratmoleküle, umso größer ist die Wahrscheinlichkeit, dass sie mit einem Enzymmolekül reagieren, die Reaktionsgeschwindigkeit steigt. Wenn nach dieser Modellvorstellung die aktiven Zentren aller vorhandenen Enzymmoleküle besetzt sind, führt eine weitere Erhöhung der Substratkonzentration zu keinem weiteren Anstieg der Reaktionsgeschwindigkeit. Trägt man die experimentell ermittelten Reaktionsgeschwindigkeiten bei steigenden Substratkonzentrationen in einem Diagramm auf, erhält man eine Sättigungskurve. Erhöht man in einem weiteren Ansatz die Enzymmenge, können mehr Substratmoleküle umgesetzt werden. Die Sättigung aller Enzymmoleküle erfolgt dann erst bei einer höheren Substratkonzentration. Der Verlauf der Sättigungskurve wird auch durch die Enzymkonzentration beeinflusst.

Die Abhängigkeit der Geschwindigkeit einer enzymatischen Reaktion von der Substratkonzentration wurde von der Medizinerin Maud MENTEN und dem Biochemiker Leonor MICHAELIS im Jahr 1912 untersucht. Dabei bestimmten sie, bei welcher Substratkonzentration die halbe Maximalgeschwindigkeit der Reaktion erreicht ist. Diese Konzentration wird deshalb als **Michaelis-Menten-Konstante, K_M,** bezeichnet. Je kleiner dieser Wert ist, umso stärker erhöht sich die Reaktionsgeschwindigkeit mit zunehmender Substratkonzentration.

Die maximale Reaktionsgeschwindigkeit eines einzelnen Enzymmoleküls hängt davon ab, wie schnell es die Reaktion mit einem Substratmolekül katalysiert, also wie viele Substratmoleküle ein Enzymmolekül bei einer hohen Substratkonzentration maximal pro Sekunde umsetzen kann. Diesen Wert bezeichnet man als *Wechselzahl*.

HEMMUNG VON ENZYMEN · Damit eine enzymatische Reaktion ablaufen kann, muss ein Substratmolekül mit dem aktiven Zentrum des Enzymmoleküls in Wechselwirkung treten. Substanzen, deren Molekülstrukturen denen der Substratmoleküle ähneln, können ebenfalls an das aktive Zentrum des Enzyms binden und so die Reaktion mit dem Substratmolekül verhindern. Sie wirken als *Hemmstoff,* auch *Inhibitor* genannt. Wenn Substrat- und Hemmstoffmoleküle um das aktive Zentrum des Enzymmoleküls konkurrieren, bezeichnet man diesen Vorgang als **kompetitive Hemmung.** Die Hemmwirkung steigt mit zunehmender Konzentration des Hemmstoffs. Manche Hemmstoffe treten nur sehr kurz mit dem aktiven Zentrum in Kontakt und geben es danach wieder frei, andere binden dort stärker. Somit ist die Hemmwirkung auch von der Affinität des Hemmstoffs zum aktiven Zentrum abhängig. Mit zunehmender Substratkonzentration nimmt die Konkurrenz durch den Hemmstoff und damit die Hemmwirkung ab. Die maximale Reaktionsgeschwindigkeit bleibt erhalten, wird aber erst bei einer höheren Substratkonzentration erreicht als ohne Hemmstoff. Einige Enzyme haben neben dem aktiven Zentrum eine zweite Bindungsstelle. Bindet dort ein Hemmstoff, ändert sich die Struktur des aktiven Zentrums. Es kann dann nicht mehr mit dem Substrat reagieren. Eine Erhöhung der Substratkonzentration beeinflusst die Wirkung des Hemmstoffs nicht. Deshalb reduziert sich die Maximalgeschwindigkeit der enzymatischen Reaktion. Dieser Vorgang heißt **nichtkompetitive Hemmung** oder *allosterische Hemmung.*

In Lebewesen werden enzymatische Reaktionen durch körpereigene, endogene Hemmstoffe reguliert. Zudem können Medikamente gezielt als Hemmstoffe eingesetzt werden. Substanzen, die die Struktur von Enzymen irreversibel verändern, bezeichnet man als *Enzymgifte.* Sie können für den Organismus tödlich sein. Chemische Kampfstoffe blockieren bestimmte, für die Signalleitung wichtige Enzyme des Nervensystems. Cyanide greifen das Enzym Cytochromoxidase in der Atmungskette an. Auch Schwermetalle wie Blei, Cadmium und Quecksilber verändern die Struktur von Enzymen irreversibel.

1 J Erläutern Sie den Einfluss von Temperatur und pH-Wert auf die Enzymaktivität!

2 J Begründen Sie den Verlauf der Sättigungskurven enzymatischer Reaktionen mit und ohne Hemmstoffe!

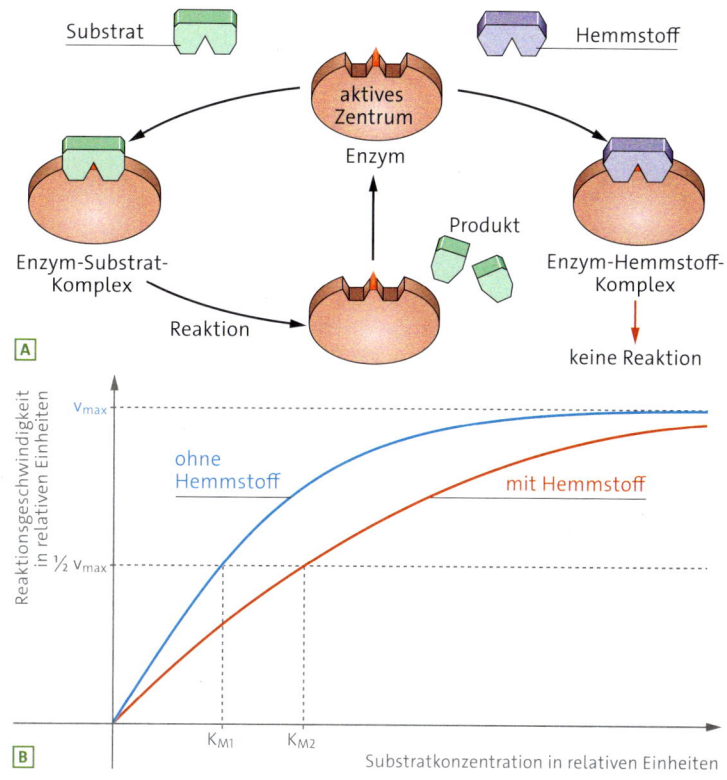

07 Kompetitive Hemmung: **A** Modell, **B** Diagramm

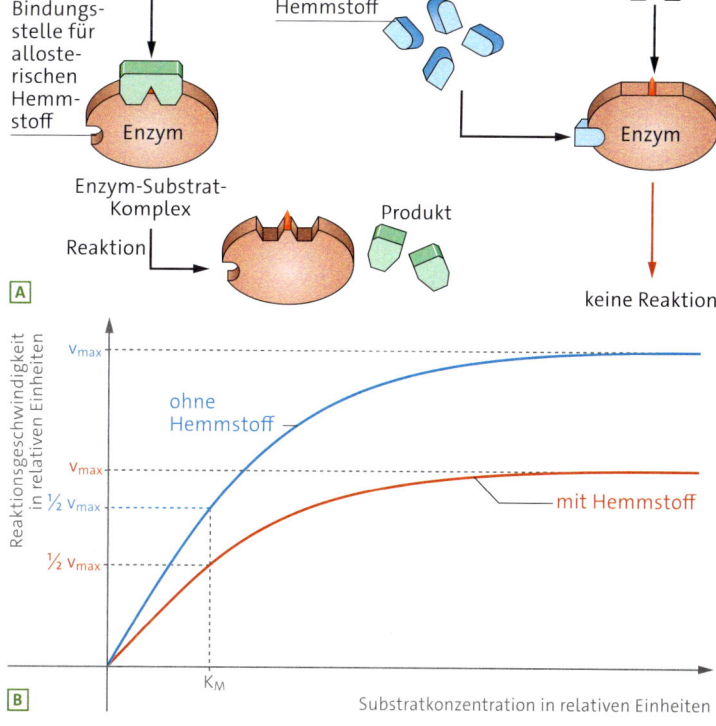

08 Nichtkompetitive Hemmung: **A** Modell, **B** Diagramm

VERSUCH A ▸ Enzymaktivität der Katalase in Abhängigkeit von der Temperatur

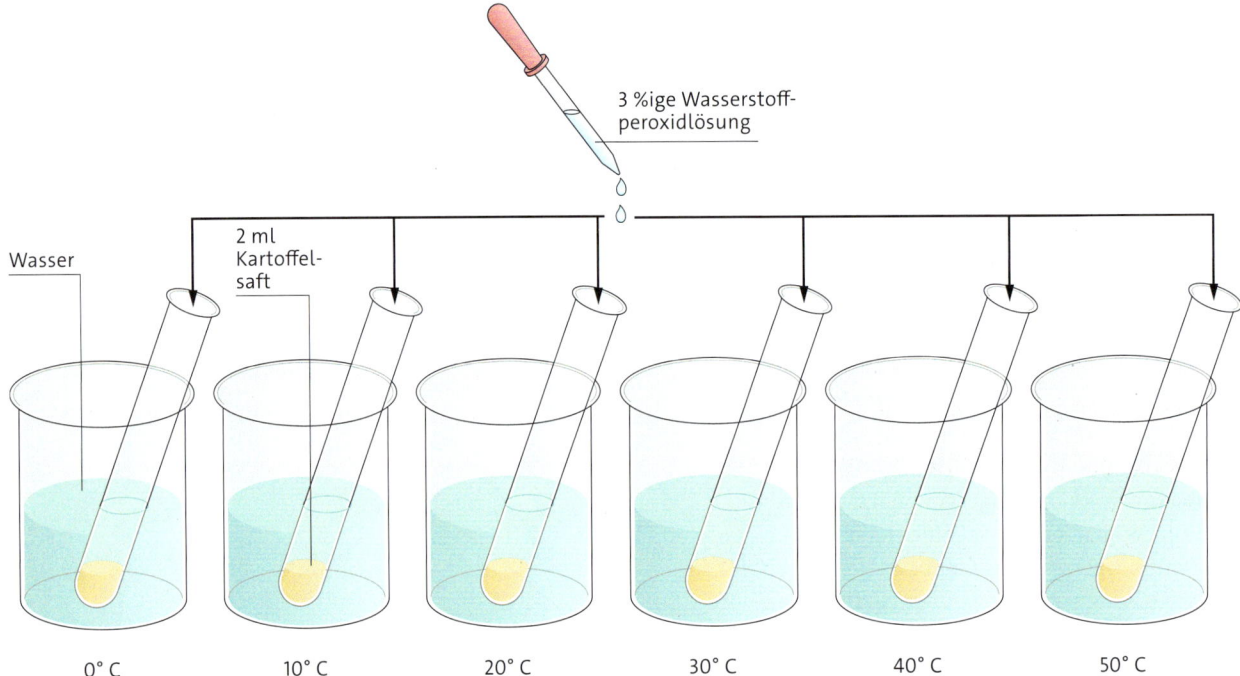

3 %ige Wasserstoff-peroxidlösung

Wasser

2 ml Kartoffel-saft

0° C   10° C   20° C   30° C   40° C   50° C

Vorbereitung:

Zunächst wird eine geschälte und zerkleinerte Kartoffel im Mörser mit ein wenig Sand und Wasser zerrieben, sodass eine wässrige Kartoffelsuspension entsteht, die anschließend filtriert wird. Da Kartoffelzellen das Enzym Katalase enthalten, kann der erhaltene Kartoffelsaft für die Versuche A und B verwendet werden.

Durchführung:

Es werden sechs verschieden temperierte Wasserbäder in 10-Grad-Schritten von 0 °C bis 50 °C vorbereitet. In die Wasserbäder wird jeweils ein Reagenzglas mit 2 ml Kartoffelsaft pipettiert und einige Minuten abgewartet, bis die Reagenzgläser die Umgebungstemperatur angenommen haben. Anschließend pipettiert man in jedes

Reagenzglas 5 ml einer 3%igen Wasserstoffperoxidlösung und misst nach jeweils einer Minute die Höhe der sich bildenden Schaumkrone.

A1 Stellen Sie Ihre Messwerte in einem Diagramm dar!

A2 Deuten Sie das Versuchsergebnis!

A3 Bewerten Sie die Messmethode!

VERSUCH B ▸ Enzymaktivität der Katalase im sauren- und im alkalischen Milieu

	Reagenzglas		
	1	2	3
Kartoffelsaft	2 ml	2 ml	2 ml
HCl-Lösung	2 ml	–	–
NaOH-Lösung	–	2 ml	–
H_2O	–	–	2 ml
H_2O_2-Lösung	5 ml	5 ml	5 ml

Durchführung:

In drei Reagenzgläser pipettiert man zunächst jeweils 2 ml Kartoffelsaft. Danach pipettiert man in das erste

Reagenzglas 2 ml verdünnte Salzsäure (GHS05 und 07), in das zweite Reagenzglas 2 ml Natronlauge (GHS05) und in das dritte Reagenzglas 2 ml destillier-

tes Wasser. Alle drei Reagenzgläser werden kurz geschüttelt.
Danach pipettiert man in jedes Reagenzglas 5 ml einer 3 %igen Wasserstoffperoxidlösung.

B1 Erstellen Sie eine Materialliste, führen Sie den Versuch durch und fertigen Sie ein Versuchsprotokoll an!

B2 Planen Sie einen weiteren Versuch, mit dem Sie überprüfen können, bei welchem pH-Wert die Enzymaktivität ihr Optimum hat!

Material C ▸ Katalasewirkung und Substratkonzentration

Reagenz-glas	Wasserstoff-peroxidlösung	Destilliertes Wasser	Konzentration der Wasserstoff-peroxidlösung in Wasser	Höhe der Schaumkrone
1	6 ml	0 ml	3 %	2,3 cm
2	5 ml	1 ml	2,5 %	2,2 cm
3	4 ml	2 ml	2 %	1,8 cm
4	3 ml	3 ml	1 %	1,2 cm
5	2 ml	4 ml	0,5 %	0,6 cm
6	1 ml	5 ml	0,2 %	0,1 cm

In sechs Reagenzgläser werden jeweils 2 ml Kartoffelsaft und anschließend entsprechend der Tabelle 3%ige Wasser- stoffperoxidlösung und destilliertes Wasser gegeben. Die Höhe der entste- henden Schaumkronen wird gemessen.

C1 Erstellen Sie ein Diagramm, indem Sie auf der x-Achse die Konzentra- tionen der Wasserstoffperoxid- lösung auftragen und auf der y-Achse die Höhe der jeweiligen Schaumkrone!

C2 Erklären Sie den Kurvenverlauf!

C3 Stellen Sie eine Hypothese auf, wie sich eine weitere Erhöhung der Substratkonzentration auf die Schaumhöhe auswirkt!

VERSUCH D ▸ Die Reaktion von Urease mit Harnstoff und mit N-Methylharnstoff

	Reagenzglas				
	1	2	3	4	5
Harnstofflösung (1%ig)	2 ml	2 ml	2 ml	–	–
N-Methylharnstoff-lösung	–	–	2 ml	–	–
Wasser	–	2 ml	–	–	–
Urease-Suspension	–	–	–	1 ml	1 ml
Phenolphthaleinlösung (GHS02, 07, 08)	–	–	–	3 Tr.	3 Tr.

In die Reagenzgläser vier und fünf pipettiert man jeweils 1 ml 1%ige Urease-Suspension und einige Tropfen Phenolphthaleinlösung (GHS02, 07). Anschließend gießt man gleichzeitig den Inhalt der Reagenzgläser vier und fünf in die Reagenzgläser zwei und drei.
Die Reaktionen lassen sich am besten vor einem weißen Hintergrund beob- achten.

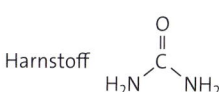

Harnstoff H₂N–C(=O)–NH₂

N-Methylharnstoff H₂N–C(=O)–NHCH₃

Durchführung:
In die Reagenzgläser eins bis drei werden die in der Tabelle aufgeführten Reagenzien pipettiert.

D1 Erstellen Sie eine Materialliste, führen Sie den Versuch durch und fertigen Sie ein Versuchsprotokoll an!

Material E ▸ Wirkung von Salzen auf Urease

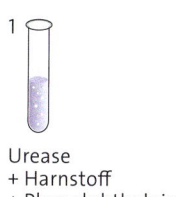

1
Urease
+ Harnstoff
+ Phenolphthalein

2
Urease
+ Harnstoff
+ Phenolphthalein
+ Kupfersulfat-lösung

3
Urease
+ Harnstoff
+ Phenolphthalein
+ Zinksulfat-lösung

4
Urease
+ Harnstoff
+ Phenolphthalein
+ Natriumchlorid-lösung

In einem Versuch wird der Einfluss von Kupfersulfat-, Zinksulfat- und Natrium- chlorid-Lösung auf die Reaktion von Urease mit Harnstoff untersucht. Hier- zu werden vier Reagenzgläser ent- sprechend der Abbildung vorbereitet. Abschließend pipettiert man zwei Tropfen Phenolphthaleinlösung in die vier Reagenzgläser und schüttelt kurz.

E1 Beschreiben Sie die Versuchsbeob- achtungen!

E2 Deuten Sie die unterschiedlichen Reaktionen!

01 Jeans mit Stonewashed-Effekt

Enzyme in Industrie und im Alltag

Die hellen Flecken einer Stonewashed-Jeans wurden früher mithilfe von Steinen hervorgerufen, die die dunkelblaue Farbe vom Gewebe abgerieben haben. Heute setzt die Industrie Enzyme ein, um denselben Effekt zu erzeugen. Weshalb werden Enzyme genutzt und welche Bedeutung haben sie in der industriellen Produktion und im Alltag?

BIOTECHNOLOGISCHE BEDEUTUNG · Behandelt man eine Jeans mit Bimssteinen, um den Stonewashed-Effekt zu erzeugen, fallen pro Hose etwa 600 Gramm giftiger, gewebe- und maschinenschädigender Steinabrieb an. Werden statt Bimssteinen Enzyme eingesetzt, welche die Fasern zunächst aufrauen, und dann solche, die den blauen Farbstoff durch Oxidation entfärben, lassen sich sowohl die Belastung von Luft, Wasser und Erdatmosphäre durch den hohen Ressourcen- und Energiebedarf als auch die Abfallmenge deutlich reduzieren.

Da Enzyme Reaktionen sehr spezifisch katalysieren, bieten sich viele Einsatzmöglichkeiten an bei der Entwicklung ganz gezielter Verfahren an. Da sie außerdem bereits in kleinen Mengen und mit geringerem Energiebedarf wirken, nut-zen Industrie und Handwerk sie zur Steuerung vieler Produktionsprozesse und zur Herstellung von Alltagsprodukten. In der Textil-, Wasch- und Reinigungsmittelindustrie zum Beispiel werden bereits über 250 verschiedene Enzyme zur Produktherstellung verwendet. Auch in der Lebensmittelindustrie, der Pharmaindustrie, der Medizin sowie der Umwelt- und Energiewirtschaft sind Verfahren entwickelt worden, um Produkte kostengünstiger, schonender und auch umweltverträglicher herzustellen. Die geringeren Produktionskosten, die größeren Gewinnchancen und auch Umweltschutzgründe sind deshalb wesentliche Argumente der Industrie für den Einsatz von Enzymen.

Für die Erforschung und Nutzung von Enzymen in Fertigung und Produktion liefern verschiedene Wissenschaftszweige Erkenntnisse, wie zum Beispiel die Biochemie, die Mikrobiologie, die Genetik, aber auch die Technik und Ingenieurwissenschaften. Diese überfachliche Zusammenarbeit von Wissenschaft, Wirtschaft und Technik zur Erforschung, Entdeckung und Nutzung der Enzyme sowie der Zellen und Lebewesen, die sie synthetisieren, bezeichnet man als **Biotechnologie.**

ENZYME IN WASCHMITTELN · Proteinhaltige Verschmutzungen, zum Beispiel durch Ei, Blut oder Milch, kleben besonders hartnäckig an den Textilfasern. Sie lassen sich mithilfe von Wasser, Seife oder künstlichen waschaktiven Substanzen, den Tensiden, kaum von der Faser lösen. Anfang des 20. Jahrhunderts gelang es, aus der Bauchspeicheldrüse von Tieren proteinspaltende Verdauungsenzyme zu gewinnen und in einem Vorwaschmittel einzusetzen, das Proteinflecken beseitigt. Diese *Proteasen* zersetzen die langkettigen Proteine enzymatisch in Aminosäuren und kurzkettige Peptide, sodass sich der anhaftende Schmutz von der Faser löst und mit der Waschlauge ausgewaschen werden kann. Die aufwändige Isolierung von Enzymen aus den Bauchspeicheldrüsen von Schlachttieren war allerdings zu teuer, um den steigenden Bedarf in Industrie und Haushalt zu decken.

In den 1950er-Jahren wurde ein bodenlebendes Bakterium, *Bacillus licheniformis,* entdeckt, welches das proteinspaltende Enzym *Subtilisin* synthetisiert. Dieses Enzym zerlegt ebenfalls langkettige Proteine. Es besitzt ein niedrigeres Temperaturoptimum und toleriert einen höheren pH-Wert von 9 oder 10, wie er in Waschlaugen vorliegt. Die Entdeckung von bakteriellen Enzymen veränderte die industrielle Gewinnung grundlegend, da Mikroorganismen kostengünstig im Labor kultiviert werden können. Dies geschieht in großen Kulturgefäßen, den *Bioreaktoren,* in denen für Bakterien oder Pilze günstige Lebensbedingungen herrschen und konstant gehalten werden. Die von ihnen unter diesen Bedingungen in großer Menge synthetisierten Enzyme lassen sich dann abschöpfen.

Heute werden neben Proteasen vielen Waschmitteln auch fettspaltende *Lipasen* und stärkespaltende *Amylasen* zugesetzt, um zum Beispiel fett- und stärkehaltige Flecken bei niedrigen Waschtemperaturen zu entfernen. Darüber hinaus dienen zum Beispiel zellulosespaltende *Zellulasen* der Glättung der Fasern, um ein frühzeitiges Altern der Textilien zu verhindern. Durch die Nutzung von Waschenzymen können die Waschtemperaturen gesenkt und die Textilien bei der Fleckenentfernung geschont und auch die Menge an eingesetztem Waschmittel kann reduziert werden.

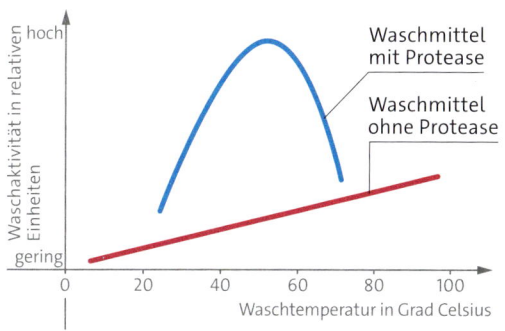
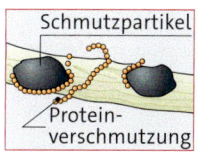
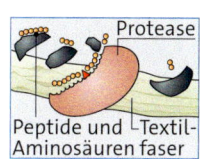

02 Waschaktivität von enzymhaltigen Waschmitteln in Abhängigkeit von der Waschtemperatur

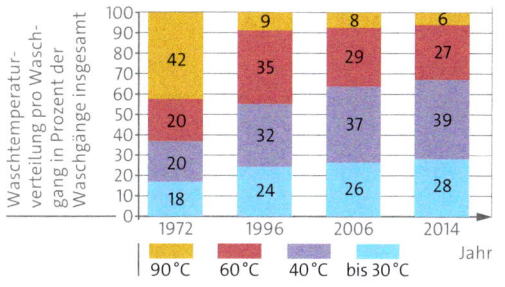

03 Waschtemperaturen der in den Haushalten benutzten Waschgänge von 1972 bis 2014

Der Einsatz von Enzymen in Wasch- und Reinigungsmitteln birgt auch Risiken. Beim Kontakt mit den körperfremden Proteinen können vor allem bei Menschen, die in der Produktion arbeiten, Allergien auftreten. Um solche Kontaktallergien zu vermeiden, umhüllt man die Enzyme mit einer feinen Wachsschicht, sodass Kügelchen entstehen. Niedrige Waschtemperaturen im Haushalt können hygienische Probleme zur Folge haben. Bei Temperaturen unter 60 Grad Celsius und beim Einsatz von Waschmitteln ohne oxidierende Bleichmittel werden möglicherweise nicht alle Mikroorganismen in hygienisch anspruchsvoller Wäsche, wie zum Beispiel Unterwäsche oder Handtücher, zuverlässig abgetötet.

1) Begründen Sie den Einsatz von Enzymen in Produktion und Haushalt an jeweils einem Beispiel!

2) Erläutern Sie die Bedeutung von Waschmittelenzymen für die Umwelt! Nehmen Sie die Abbildungen 02 und 03 zu Hilfe!

3) Recherchieren Sie weitere biotechnologische Einsatzmöglichkeiten von Enzymen in Industrie und Alltag!

ENZYME IN MEDIZIN UND DIAGNOSTIK ·
Vielen erwachsenen Menschen fehlt im Darm das Enzym Laktase, das den Milchzucker, die Laktose, abbaut. Sie sind laktoseintolerant und reagieren mit Durchfall, Blähungen und Bauchkrämpfen auf Milchkonsum. Mithilfe von Tabletten, die das fehlende Enzym Laktase enthalten, können die Betroffenen die Milch leichter verdauen. Auch zur Behandlung von Blutgerinnseln in Blutgefäßen, die zu Schlaganfall und Herzinfarkt führen können, werden abbauende Enzyme eingesetzt. Neben einem solchen direkten Einsatz in der Therapie nutzt man Enzyme auch zur Produktion von Medikamenten und in der Diagnostik, wie zum Beispiel zur Bestimmung des Blutzuckerspiegels.

GENTECHNISCHE PRODUKTION VON ENZYMEN IN DER LEBENSMITTELINDUSTRIE ·
Etwa 18 Millionen Tonnen Käse werden jährlich weltweit aus Milch mithilfe von Enzymen hergestellt. Bereits seit über 8000 Jahren – mit dem Beginn von Ackerbau und Viehzucht – nutzten Menschen ein Enzym aus dem Magen von Kälbern, das *Chymosin*. Diese Protease spaltet Milcheiweiß, die Milch wird dickflüssig. Obwohl nur wenige Tropfen Chymosin ausreichen, um aus 10 000 Litern Milch 1000 Kilogramm Käse herzustellen, benötigte man dazu jedes Jahr über 70 Millionen Kälbermägen. Daher gewinnt man heute Proteasen, die ähnlich wie Chymosin wirken, zum Beispiel aus Pflanzen wie der Ananas, aber vor allem aus gentechnisch veränderten Mikroorganismen. Im Jahr 1987 wurde das Gen für die Synthese von Kälberchymosin entschlüsselt und konnte nun isoliert, vervielfältigt und in Mikroorganismen eingeschleust werden. Die Mikroorganismen enthalten somit neben der eigenen Erbsubstanz auch Genabschnitte des Kalbes. Diese gentechnisch veränderten Mikroorganismen lassen sich dann in riesigen Stahlgefäßen unter optimalen pH-Wert-Bedingungen kultivieren. In solchen *Bioreaktoren* erzeugen sie große Mengen des gewünschten Enzyms, das filtriert und zur Käseherstellung genutzt wird. In den USA werden inzwischen über 80 Prozent der Käsesorten mithilfe des gentechnisch hergestellten Chymosins erzeugt.

SCREENING VON ENZYMEN FÜR DEN UMWELTSCHUTZ ·
Forscher suchen gezielt nach Enzymen, die umweltschädigende Stoffe abbauen und somit die Umweltbelastung verringern können. Besonders Mikroorganismen, die extreme Lebensbedingungen überleben, testet man auf ihre Enzymaktivität. Man lässt sie auf Nährböden wachsen, die verschiedene umweltschädigende Stoffe enthalten, und ermittelt die überlebenden Mikroorganismen. Durch dieses *Screeningverfahren* konnten Bakterien gefunden werden, die auf einem Nährboden überleben, der Erdöl enthält. Diese Bakterien besitzen offenbar Enzyme, die das für andere Lebewesen giftige Erdöl spalten können. Von ihrer DNA kann man Abschnitte, die die Information für die Synthese des erdölabbauenden Enzyms enthalten, in gut kultivierbare Mikroorganismen wie Hefen einbringen. Diese synthetisieren dann das gewünschte Enzym in größeren Mengen.

4 ⌡ Beschreiben Sie die Vorgehensweise der Gewinnung von Enzymen für neue Anwendungen!

5 ⌡ Nennen Sie Vor- und Nachteilen des Einsatzes von Enzymen und wägen Sie ihre Bedeutung für unseren Alltag ab!

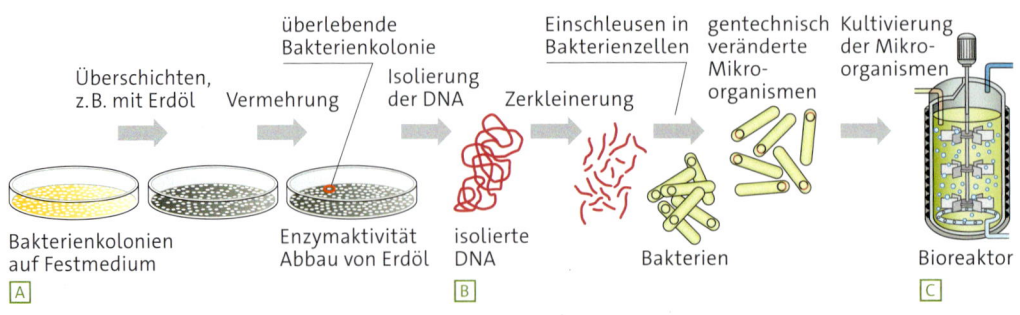

04 Biotechnologische Verfahren zur Gewinnung neuer Enzyme aus Mikroorganismen:
A Screening und Selektion,
B gentechnische Veränderung,
C Kultivierung im Bioreaktor

Überschichten, z.B. mit Erdöl — Vermehrung — überlebende Bakterienkolonie — Isolierung der DNA — Zerkleinerung — Einschleusen in Bakterienzellen — gentechnisch veränderte Mikroorganismen — Kultivierung der Mikroorganismen

Bakterienkolonien auf Festmedium · Enzymaktivität Abbau von Erdöl A · isolierte DNA B · Bakterien · Bioreaktor C

Material A ▸ Waschtemperaturen und Textilhygiene

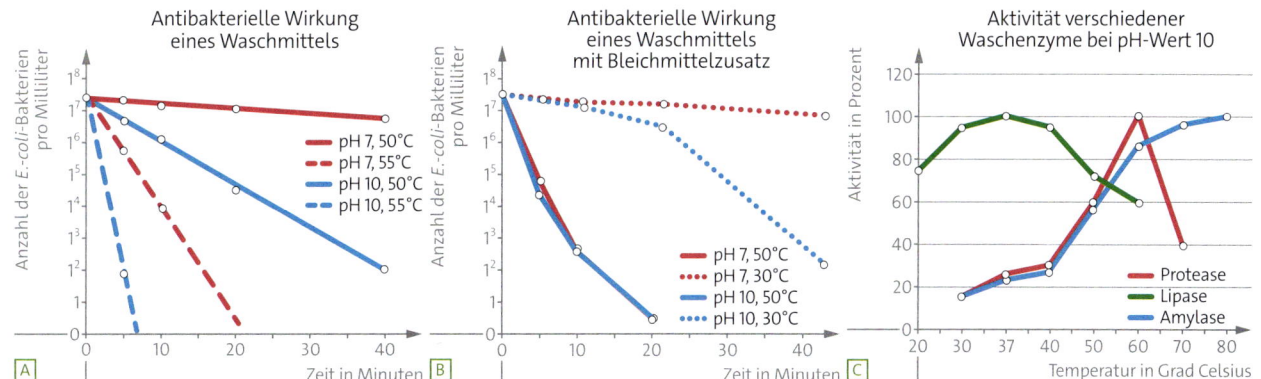

Antibakterielle Wirkung eines Waschmittels

— pH 7, 50 °C
---- pH 7, 55 °C
— pH 10, 50 °C
---- pH 10, 55 °C

A — Zeit in Minuten

Antibakterielle Wirkung eines Waschmittels mit Bleichmittelzusatz

— pH 7, 50 °C
······ pH 7, 30 °C
— pH 10, 50 °C
······ pH 10, 30 °C

B — Zeit in Minuten

Aktivität verschiedener Waschenzyme bei pH-Wert 10

— Protease
— Lipase
— Amylase

C — Temperatur in Grad Celsius

Mithilfe von enzymhaltigen Waschmitteln wird selbst stark verschmutzte Wäsche bereits bei niedrigen Temperaturen wieder sauber. Das schont die Umwelt. Viele Wäschestücke wie benutzte Handtücher oder Unterwäsche sind allerdings nicht nur durch Verschmutzungen, sondern auch durch Mikroorganismen belastet.
Um herauszufinden, ob bei niedrigen Waschtemperaturen auch Mikroorga-

nismen sicher abgetötet werden, führte man verschiedene Versuche mit E.-coli-Bakterien durch.
Im ersten Versuch untersuchte man die Empfindlichkeit der E.-coli-Bakterien gegenüber Temperatur und pH-Wert (Abbildung A). In einem weiteren Versuch wurde zusätzlich der Einfluss von Bleichmitteln getestet, die in Vollwaschmitteln, enthalten sind (Abbildung B).

A1 Beschreiben Sie die in den Abbildungen A und B dargestellten Untersuchungsergebnisse!

A2 Werten Sie die Versuchsergebnisse vergleichend aus!

A3 Diskutieren und begründen Sie, welche Temperaturen für das Waschen von verschiedenen Textilien zu empfehlen sind! Nehmen Sie dazu die Abbildung C zu Hilfe!

Material B ▸ Laktosefreie Milch bei Laktoseunverträglichkeit

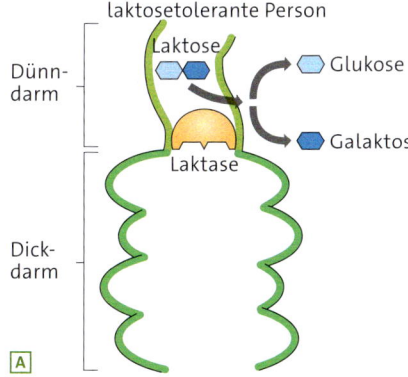

Dünndarm

laktosetolerante Person

Laktose → Glukose
Laktose → Galaktose
Laktase

Dickdarm

A

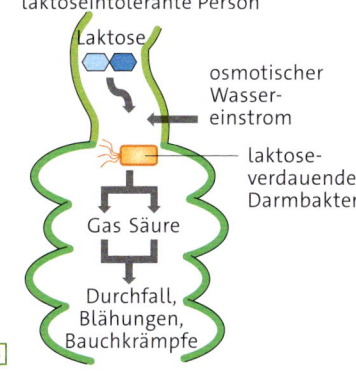

laktoseintolerante Person

Laktose
osmotischer Wassereinstrom
laktoseverdauende Darmbakterien
Gas Säure
Durchfall, Blähungen, Bauchkrämpfe

B

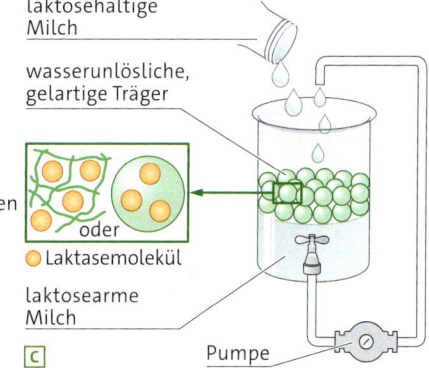

laktosehaltige Milch
wasserunlösliche, gelartige Träger
oder
● Laktasemolekül
laktosearme Milch
Pumpe

C

Laktose ist ein Disaccharid, das in Milch vorkommt. Säuglinge verdauen Laktose ohne Probleme. Viele Erwachsenen vertragen keine Milch, da ihnen das Enzym Laktase im Dünndarm fehlt. Sie sind laktoseintolerant.
Die Lebensmittelindustrie stellt mithilfe des Enzyms Laktase laktosefreie Milch und Milchprodukte her.

Das Enzym wird dazu an größere, wasserunlösliche, gelartige Träger gebunden oder von diesen eingeschlossen und so immobilisiert.

B1 Vergleichen Sie die Vorgänge im Darm nach dem Milchkonsum bei einer laktosetoleranten und einer laktoseintoleranten Person!

B2 Beschreiben Sie die Herstellung laktosefreier Milch anhand des vereinfachten Modells und erläutern Sie dabei die Vorteile der Immobilisierung des Enzyms!

B3 Diskutieren Sie Vor- und Nachteile von laktosefreien Produkten gegenüber Laktosetabletten!

01 Energie-
nachschub
beim Marathon

Energiebereitstellung in der Zelle

Bei einem Marathonlauf müssen die Muskeln über mehrere Stunden hohe Leistungen erbringen. Dafür ist eine ausreichende Energieversorgung notwendig. Viele Läufer essen während des Marathonlaufs Bananen oder kohlenhydratreiche Gele. Weshalb ist diese Energiezufuhr in Form von Kohlenhydraten für die Ausdauerleistung der Muskeln notwendig?

ENERGIEBEDARF · Die Bewegungen eines Marathonläufers werden mithilfe von Skelettmuskeln ermöglicht. Der Läufer leistet somit äußerlich erkennbare *mechanische Arbeit.* Alle Organe, Gewebe und Zellen des Körpers benötigen auch in Ruhe eine ausreichende Energieversorgung, zum Beispiel für die Funktion der Muskelzellen, der Drüsenzellen sowie der Zellen in Gehirn und im Nervensystem. Man spricht von *chemischer Arbeit.* Viele andere Prozesse in den Körperzellen erfordern ebenfalls die Bereitstellung von Energie, auch ohne äußerlich erkennbare Bewegung. Die Zellen zum Beispiel verrichten chemische Arbeit beim Auf- und Umbau von Stoffen und machen somit die

beteiligten Substrate oder Enzyme reaktionsbereit. Moleküle werden zum Beispiel mithilfe von Carriern gegen ein bestehendes Konzentrationsgefälle durch die Membran transportiert. Die Carrier verrichten *Transportarbeit.*
Der durchschnittliche Energiebedarf eines Marathonläufers beträgt etwa 10 500 Kilojoule. Dieser Energiebedarf wird durch die Nahrung gedeckt. Die in der Nahrung enthaltenen Nährstoffe dienen als Energielieferanten. Da eine Banane einen Brennwert von etwa 400 Kilojoule hat, müsste ein Marathonläufer etwa 26 Bananen essen.

BEDEUTUNG VON ATP · Zellen können durch entsprechende Stoffwechselvorgänge die in den Molekülen der Nährstoffe chemisch gebundene Energie für die Verrichtung von Arbeit verfügbar machen. Als Produkt dieser Abbauprozesse wird letztlich Adenosintriphosphat, abgekürzt **ATP,** gebildet. Damit wird der Energiebedarf für verschiedene Formen der Arbeit gedeckt. ATP dient somit als universeller Energieträger der Zelle.

ATP ist ein Nukleotid aus der organischen Base Adenin, dem Zucker Ribose und drei Phosphatgruppen. Durch die drei Phosphatgruppen befinden sich negative Ladungen dicht gedrängt auf engem Raum. Da sich gleiche Ladungen abstoßen, wird die endständige Phosphatgruppe in einer Reaktion mit Wasser leicht abgespalten und es entstehen Adenosindiphosphat, abgekürzt *ADP,* und *anorganisches Phosphat.* Das durch diese *Hydrolyse* freigesetzte Phosphat kann enzymatisch auf ein anderes Molekül übertragen werden. Dieses Molekül wird phosphoryliert und ist dadurch bereit für Reaktionen, die es im nicht phosphoryliertem Zustand nicht eingehen würde.

Da in der Zelle ein neu gebildetes ATP-Molekül durchschnittlich innerhalb einer Minute verbraucht wird, muss ATP kontinuierlich gebildet werden, damit eine andauernde Leistungsfähigkeit gelingt.

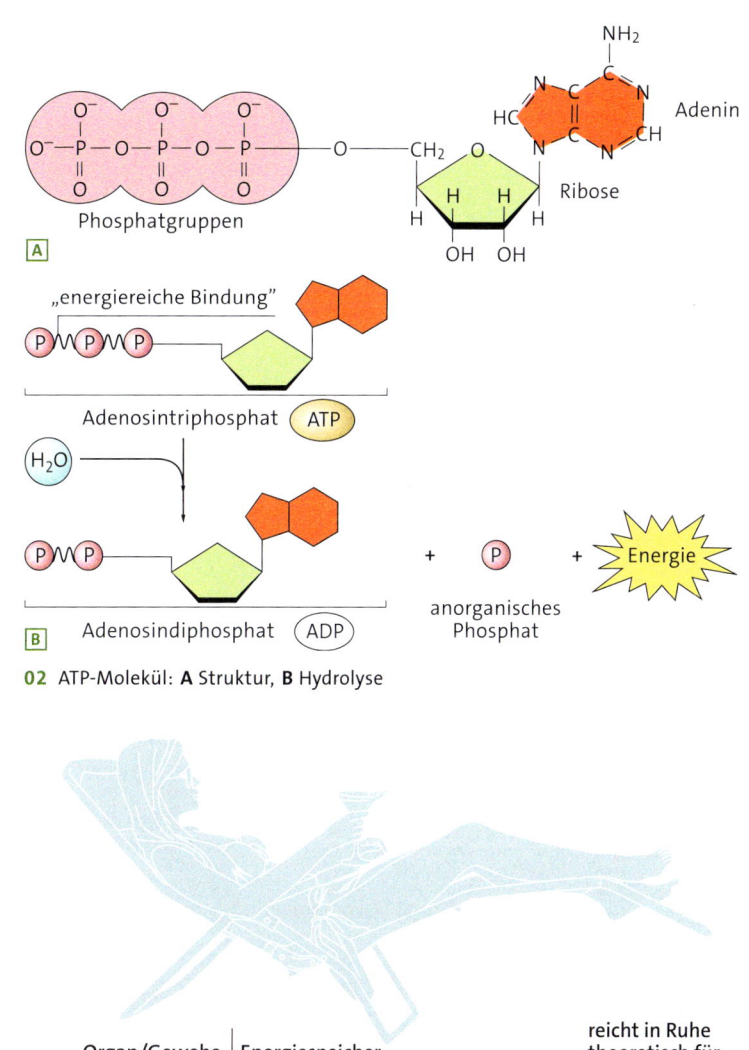

02 ATP-Molekül: **A** Struktur, **B** Hydrolyse

ENERGIESPEICHER DES KÖRPERS · Die aus der Nahrung resorbierte Glukose liegt in geringen Mengen gelöst im Blutplasma vor und kann zur Deckung des unmittelbaren Bedarfs von den Zellen weiterverarbeitet werden. Weitere Energiereserven in Form von Kohlenhydraten liegen als langkettige Verbindungen aus vielen Glukosemolekülen vor, das *Glykogen.* Diese Glykogenspeicher befinden sich vorwiegend in der Leber und in der Skelettmuskulatur. Sie sind allerdings begrenzt und reichen in Ruhe für etwa einen Tag. Der Marathonläufer ist unter Belastung damit maximal für 60 bis 90 Minuten versorgt.

Ein weiterer, großer Energiespeicher sind Proteine, vor allem Muskelproteine. Auch diese kann der Körper zur Energiegewinnung nutzen. Der größte Energiespeicher sind die Lipide in Zellen des Fettgewebes. Da die Prozesse des Fettabbaus mehr Zeit benötigen, werden Fette vor allem bei geringer, lang andauernder Belastung zur Energiebereitstellung für die Muskelarbeit genutzt. Dieser Speicher reicht dann für Wochen, in Ruhe sogar für Monate. Ein gut trainierter Marathonläufer baut allerdings auch unter Belastung schon anteilig Fettreserven ab. Dadurch bleibt sein Glykogenspeicher länger verfügbar. Durch Training kann der Marathonläufer seine Speicher also effektiver kombinieren und nutzen.

Organ/Gewebe	Energiespeicher	reicht in Ruhe theoretisch für...
Blutplasma	12 g Glukose	30 Minuten
Leber, Muskel	450 g Glykogen	18-24 Stunden
Muskel	6 kg Protein	10-12 Tage
Fettgewebe	15 kg Lipide	50-60 Tage

03 Energiespeicher des Körpers

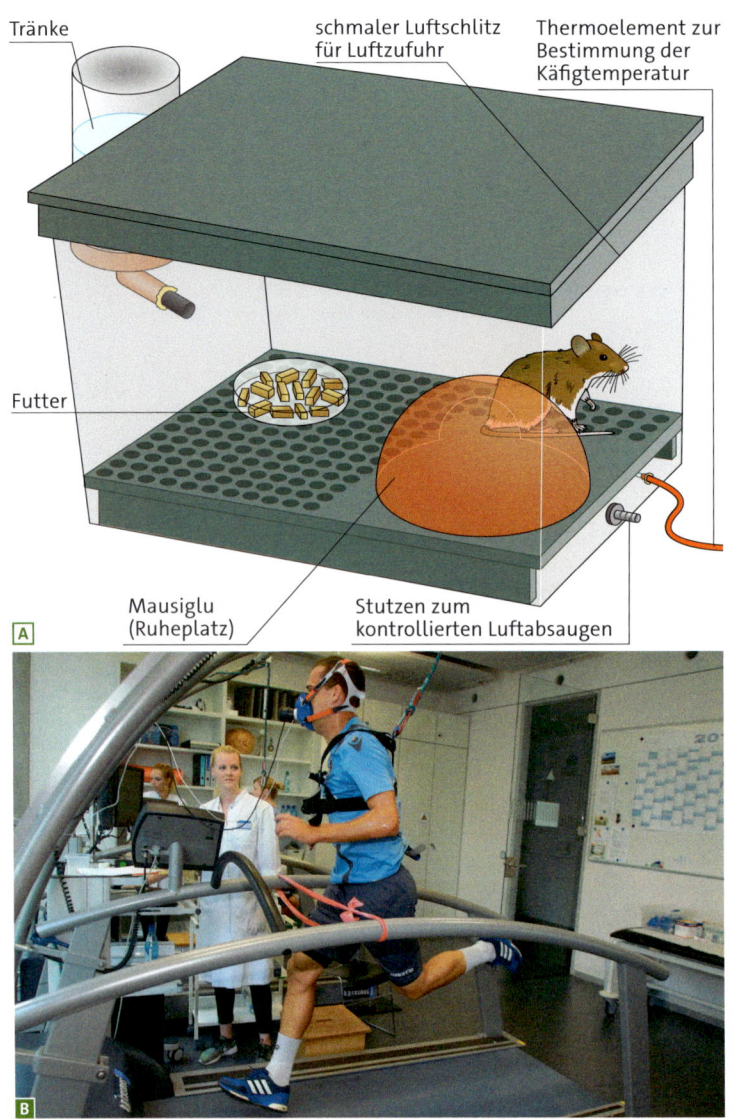

Tränke

schmaler Luftschlitz
für Luftzufuhr

Thermoelement zur
Bestimmung der
Käfigtemperatur

Futter

Mausiglu
(Ruheplatz)

Stutzen zum
kontrollierten Luftabsaugen

A

B

04 Ermittlung des respiratorischen Quotienten: **A** im Tierversuch,
B beim Menschen unter Belastung

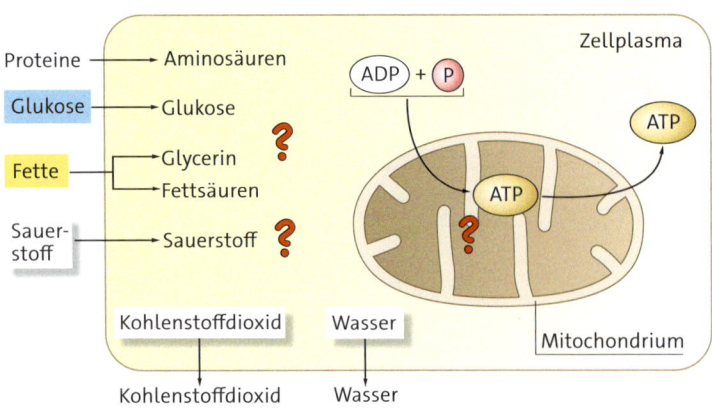

Proteine → Aminosäuren

Glukose → Glukose

Fette → Glycerin / Fettsäuren

Sauer-stoff → Sauerstoff

ADP + P

ATP

ATP

Zellplasma

Mitochondrium

Kohlenstoffdioxid   Wasser

Kohlenstoffdioxid   Wasser

05 Gedankenmodell: Energiebereitstellung in der Zelle

NUTZUNG DER ENERGIESPEICHER · Wie findet man heraus, welcher Energiespeicher vom Körper genutzt wird? Aus den gemessenen Atemgasen kann das Verhältnis aus der Kohlenstoffdioxidmenge der ausgeatmeten und der Sauerstoffmenge der eingeatmeten Luft ermittelt werden, der **respiratorische Quotient,** abgekürzt **RQ.**
Im Tierversuch hat man die Atemgase von Mäusen untersucht, die entweder kohlenhydratreich, fettreich oder proteinreich ernährt wurden. Die Ergebnisse zeigen, dass alle drei Nährstoffgruppen vom Körper zur Energiegewinnung verwertet werden können. Dazu ist in allen Ansätzen Sauerstoff erforderlich. Die benötigte Sauerstoffmenge ist abhängig von den verstoffwechselten Nährstoffmolekülen. Der Tierversuch belegt, dass eine Zelle zur Energiebereitstellung nicht nur Kohlenhydrate, sondern verschiedene Ausgangsstoffe nutzen kann. Weil unabhängig von der Substratart Sauerstoff benötigt wird, lässt sich vermuten, dass der Abbau zur Energiegewinnung zumindest anteilig in gleichen Teilreaktionen passiert, die aerob ablaufen.
Auch für den menschlichen Körper lässt sich mithilfe der Atemgase der respiratorische Quotient unter Belastungsbedingungen ermitteln. Im Laufbandtest trägt die Testperson eine über Mund und Nase dicht abschließende Maske mit integrierten Sensoren. Mithilfe der Sensoren lassen sich aus dem eingeatmeten beziehungsweise ausgeatmeten Luftvolumen pro Atemzug die Differenz der beiden Gase im Vergleich zur bekannten Konzentration in der Außenluft messen. Werden ausschließlich Kohlenhydrate abgebaut, beträgt der RQ-Wert genau 1,0. Zum Fettabbau ist mehr Sauerstoff nötig, der RQ-Wert liegt bei 0,7. Der RQ-Wert für Proteine beträgt 0,8. Auf diese Weise lassen sich bei der Muskelarbeit aus dem RQ-Wert ebenso Annahmen über die Art des genutzten Energieträgers treffen. Für den Marathonläufer sind diese Werte wichtig, weil er so herausfindet, ab welcher Belastungsintensität seine Fettverbrennung einsetzt. Mit diesen Methoden konnte eine erste Vorstellung über die Prozesse der Energiebereitstellung in der Zelle gewonnen werden.

1 Beschreiben Sie, wie die Energieversorgung der Muskelzellen gewährleistet wird!

Material A ▸ Bedeutung von ATP

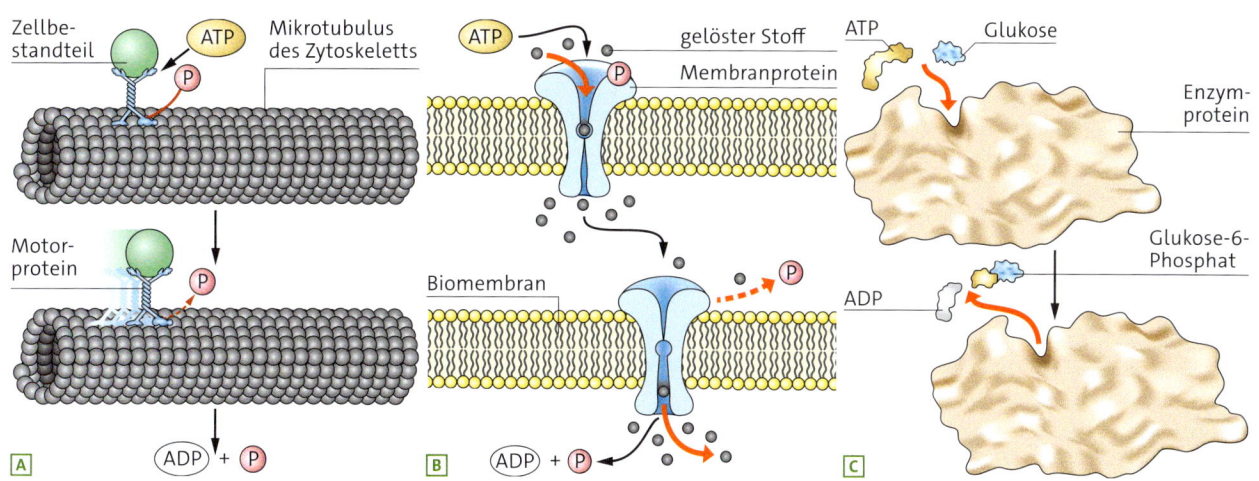

A1 Erläutern Sie die biologische Bedeutung von Motorproteinen und beschreiben Sie anhand der Abbildung A die Bedeutung von ATP für zelluläre Bewegungsabläufe!

A2 Erläutern Sie die Reaktion zwischen ATP und dem Membranprotein mithilfe der Abbildung B! Nennen Sie die geleistete Arbeit und beschreiben Sie deren Bedeutung für die Zelle!

A3 Beschreiben Sie die enzymkatalysierte Reaktion mithilfe der Abbildung C und erläutern Sie das Prinzip der energetischen Kopplung mit ATP als Coenzym einer enzymatischen Reaktion!

Material B ▸ Hungerstoffwechsel

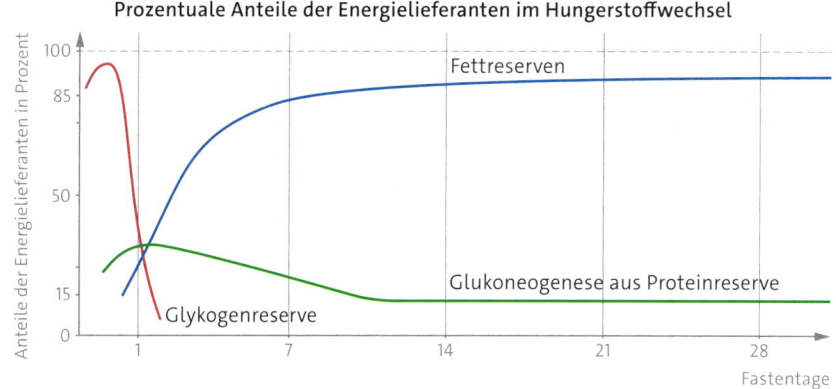

Bei vollständigem Nahrungsmangel stellt sich der Stoffwechsel um. Man spricht dann von *Hungerstoffwechsel*. Der Hungerstoffwechsel ermöglicht für eine bestimmte Zeit den Erhalt der Energiebilanz und somit ein Überleben aus körpereigenen Energiespeichern. Der Mensch kann etwa 17 bis 75 Tage ohne Nahrung überleben. Das Gehirn steuert mithilfe von Botenstoffen die Umstellung der Stoffwechselprozesse.

Diese Umstellung lässt sich in verschiedene Phasen gliedern, in denen verschiedene Reserven zum Erhalt der Lebensfunktionen genutzt werden. Man unterscheidet unmittelbare Effekte bis zu vier Stunden nach der letzten Mahlzeit, gefolgt von einer frühen Phase bis zum vierten Tag und einer späten Hungerphase nach vier Wochen. Nur die vorhandenen Reserven sind zur Energiegewinnung nutzbar.

Ein Stoffwechselweg ist zum Beispiel der Umbau körpereigener Proteine, etwa Muskelproteine in Kohlenhydrate, die *Glukoneogenese*. Die Kohlenhydrate können dann zur Energiegewinnung in der Zellatmung genutzt werden.

B1 Beschreiben Sie die typischen Stoffwechselprozesse der drei Phasen des Hungerstoffwechsels als Anpassungen an die fehlende Nahrungsaufnahme!

B2 Beschreiben Sie anhand der Abbildung die zeitliche Abfolge der Nutzung der körpereigenen Energiespeicher!

B3 Leiten Sie die zu erwartenden RQ-Werte für die einzelnen Phasen ab! Begründen Sie, weshalb der Körper in der Anfangsphase des Hungerns stärker auf Proteine zurückgreift als auf Fette und dies erst in einer späteren Phase umgestellt wird!

Kohlenhydrate

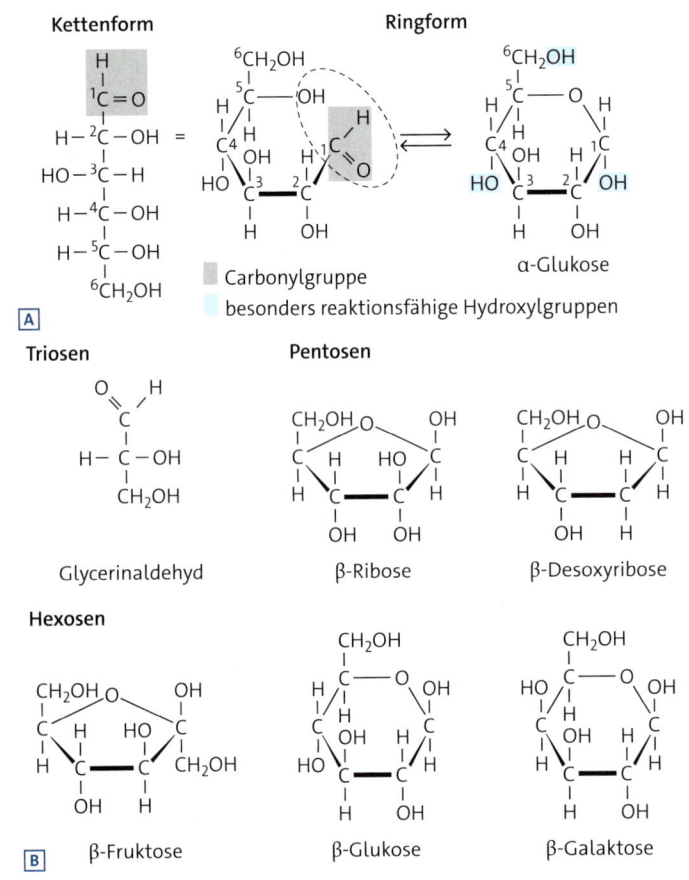

A

B β-Fruktose   β-Glukose   β-Galaktose

01 Monosaccharide: **A** Glukose in unterschiedlichen Darstellungsformen, **B** Beispiele

A
α-Glukose   α-Glukose   Maltose
(α-1,4-glykosidische Bindung)

Saccharose (α-1,2-Bindung)   Laktose (β-1,4-Bindung)

B α-Glukose   Fruktose   β-Glukose   β-Galaktose

02 Disaccharide: **A** Kondensationsreaktion, **B** Beispiele

Kohlenhydrate sind für alle Lebewesen als Bau- und Gerüstsubstanzen, als Reservestoffe und als Grundlage des Energiestoffwechsels sehr bedeutsam. Sie sind Verbindungen aus Kohlenstoff, Wasserstoff und Sauerstoff und lassen sich anhand ihrer Molekülstruktur in verschiedene Gruppen einteilen.

BAU DER KOHLENHYDRATE · Die einfachsten Kohlenhydrate sind die Einfachzucker oder **Monosaccharide.** Viele von ihnen, beispielsweise solche in Honig oder Obst, schmecken süß, weshalb man sie auch „Zucker" nennt. Ihre Moleküle bestehen aus drei bis sieben Kohlenstoffatomen sowie einer Carbonylgruppe, −C=O, und einer Hydroxylgruppe, −OH. Aufgrund der Polarität der Hydroxylgruppe sind Monosaccharide wasserlöslich. Nach der Anzahl der Kohlenstoffatome unterscheidet man zum Beispiel *Triosen, Pentosen* oder *Hexosen.*

Zu den Hexosen gehört die **Glukose,** auch Traubenzucker genannt. Sie hat die Summenformel $C_6H_{12}O_6$. Die Moleküle liegen entweder als Kettenform oder Ringform vor, wobei das Kohlenstoffgerüst jeweils als durchnummerierte Kette dargestellt wird, die fünf Hydroxylgruppen und eine Carbonylgruppe trägt. Der Ringschluss erfolgt, indem die Carbonylgruppe mit einer Hydroxylgruppe eines anderen Kohlenstoffatoms der Kette reagiert. Im Falle von Glukose reagieren die Gruppen des ersten und des fünften Kohlenstoffatoms miteinander. Bei der räumlichen Ringdarstellung kennzeichnet die dickere Linie die Ansicht von vorne. Je nachdem, ob die Hydroxylgruppe unterhalb oder oberhalb der gedachten Ringebene liegt, unterscheidet man zwischen α- und β-Glukose.

Wenn sich zwei Monosaccharide verbinden, entstehen Zweifachzucker oder **Disaccharide.** Bei dieser Kondensationsreaktion wird ein Wassermolekül abgespalten und es entsteht eine Bindung über ein Sauerstoffatom, eine *glykosidische Bindung.* **Maltose** zum Beispiel entsteht aus zwei α-Glukosemolekülen, deren Hydroxylgruppen an den ersten und vierten Kohlenstoffatomen α-1,4-glykosidisch verknüpft sind.

Mehrere Monosaccharide können zu sehr lang-kettigen, großen Molekülen verknüpft sein. Diese Verbindungen heißen Vielfachzucker oder **Polysaccharide.**

Die meisten Polysaccharide dienen der Zelle als Baustoffe. Der wichtigste pflanzliche Baustoff ist die **Zellulose.** Sie ist Hauptbestandteil der Zellwände. Zellulosemoleküle bestehen aus β-Glukosemolekülen, die über 1,4-Bindungen zu langen, unverzweigten Ketten verbunden sind. Sie bilden lange Fasern, die zur Zellwandstabilität beitragen. Viele Säugetiere besitzen keine Enzyme zur Spaltung der Zellulosemoleküle, sodass dieser Bestandteil der pflanzlichen Nahrung unverdaut bleibt und somit ein Ballaststoff ist. Andere Polysaccharide dienen als Reservestoffe, da sich aus ihnen leicht wieder Monosaccharide gewinnen lassen. Der wichtigste pflanzliche Reservestoff ist **Stärke.** Sie besteht aus α-Glukosemolekülen, die 1,4-glykosidisch zu schraubig gewundenen Ketten verbunden sind. Unverzweigte, schraubig gewundene Glukoseketten aus mehreren Hundert Glukosemolekülen nennt man Amylose. Stärkemoleküle mit größerer Kettenlänge und mit zusätzlichen Seitenverzweigungen, die durch 1,6-Bindungen entstehen, heißen *Amylopektin.* Der Reservestoff in Tierzellen, zum Beispiel in Muskel- und Leberzellen, und in Pilzzellen heißt **Glykogen.** Glykogen ist ähnlich gebaut wie Stärke, jedoch stärker verzeigt als Amylopektin.

ZELLERKENNUNG · Die Lipide und Proteine einer Biomembran sind mit Kohlenhydratketten verbunden, die man daher als *Glykolipide* beziehungsweise *Glykoproteine* bezeichnet. Die Kohlenhydratketten ragen wie kleine Äste aus der Membran ins Zelläußere. Ihre Zusammensetzung ist für jedes Lebewesen spezifisch, sodass jede Zelle ihren individuellen „Zellausweis" besitzt. Dies ist bedeutsam für die Kommunikation zwischen Zellen mittels Hormonen und anderen Botenstoffe oder auch für die Erkennung durch Zellen des Immunsystems, die dadurch körpereigene von körperfremden Zellen unterscheiden können.

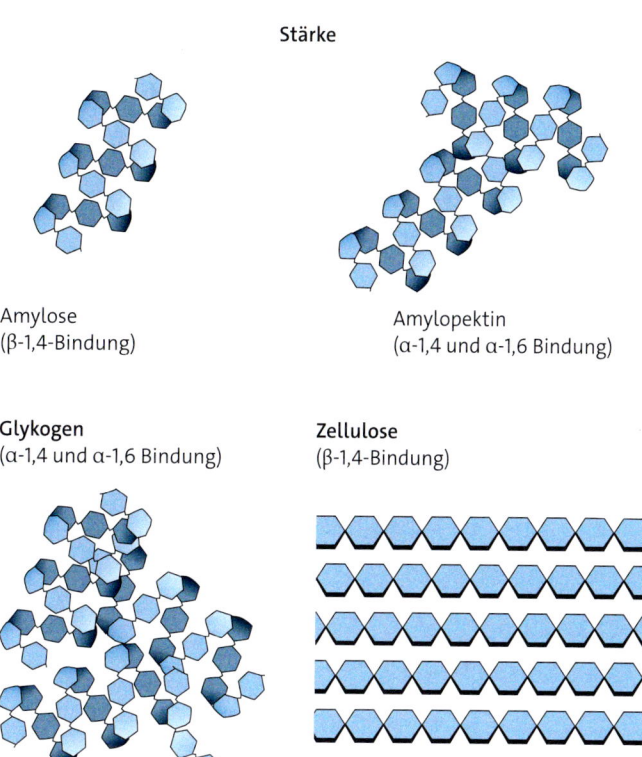

Stärke

Amylose
(β-1,4-Bindung)

Amylopektin
(α-1,4 und α-1,6 Bindung)

Glykogen
(α-1,4 und α-1,6 Bindung)

Zellulose
(β-1,4-Bindung)

03 Polysaccharide

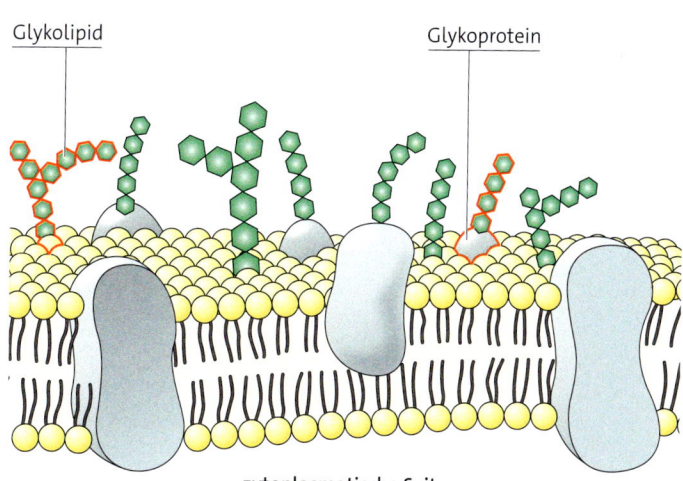

extrazelluläre Seite

Glykolipid

Glykoprotein

zytoplasmatische Seite

04 Schema einer Biomembran

Biomembran siehe Seite 40

1 J Vergleichen Sie die drei Gruppen der Kohlenhydrate in tabellarischer Form!

01 Laborarbeit

Glykolyse

Mit relativ einfachen Laborgeräten hat man nach und nach herausgefunden, wie Kohlenhydrate in der Zelle zur Energiebereitstellung genutzt werden. Wie ist das möglich?

ERKENNTNISMETHODEN · Um den Kohlenhydratabbau zu untersuchen, hat man im Mörser zerkleinerte Muskelfasern mit Glukose versetzt. Messungen zeigten, dass dieser Muskelbrei genauso viel Sauerstoff verbraucht, wie er Kohlenstoffdioxid herstellt. Die Bilanz lässt sich in einer Reaktionsgleichung darstellen:
$$C_6H_{12}O_6 + 6\,O_2 \rightarrow 6\,CO_2 + 6\,H_2O.$$

Zentrifugation, Homogenat siehe Seite 28 und 29

Daraus lässt sich allerdings nicht schließen, welche Einzelreaktionen in einer Zelle ablaufen. Die Einzelreaktionen wurden in der ersten Hälfte des 20. Jahrhunderts aufgeklärt und in eine sinnvolle Reihenfolge gebracht. Dazu hat man lebende Zellen eines Gewebes mit bestimmten Stoffen versorgt und gemessen, ob die Zellen diese Stoffe aufnehmen und verbrauchen sowie eventuell andere Stoffe wieder abgeben. Bei dieser *Blackbox-Methode* kennt man *Input* und *Output* und versucht daraus zu erschließen, was in der Zelle chemisch geschieht.

Nachdem man einem Muskelbrei Glukose hinzugab, konnte man schon nach kurzer Zeit erhöhte Konzentrationen von Glukose-6-phosphat und Fruktose-6-phosphat nachweisen. Daher hat man dann diese beiden Stoffe in weiteren Versuchen zu einem Muskelbrei gegeben. Dabei zeigte sich, dass sie den Sauerstoffverbrauch genauso steigerten wie die Glukose. Eine mögliche Hypothese ist, dass in Zellen Glukose zu Glukose-6-phosphat und dieses zu Fruktose-6-phosphat umgewandelt wird. Später entdeckte man Enzyme, die solche Umwandlungen katalysieren. Damit wurde die Hypothese bestätigt.

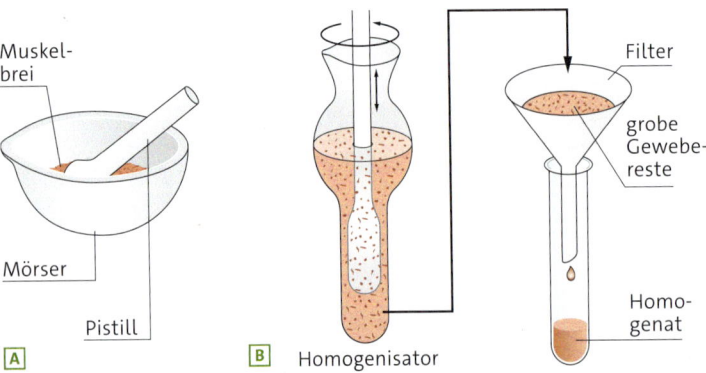

02 Herstellung des Untersuchungsmaterials: **A** Muskelbrei, **B** Zellhomogenat

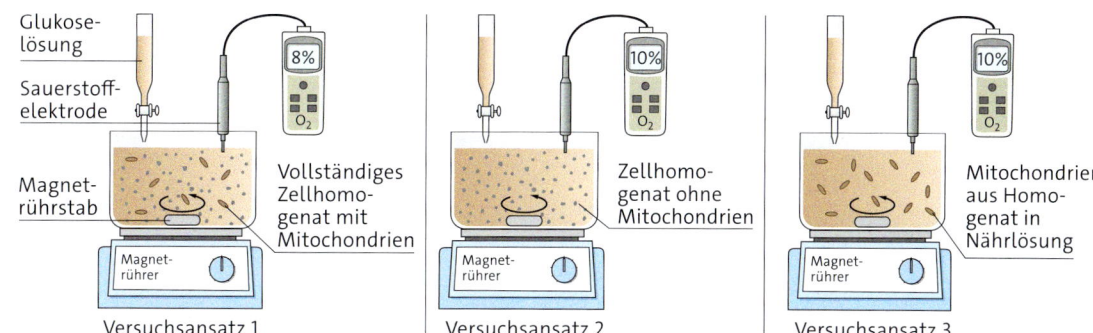

Alle drei Versuchsansätze starten mit einem Sauerstoffgehalt von 10 Prozent und werden jeweils identisch behandelt.

Glukoselösung — Sauerstoffelektrode — Magnetrührstab — Magnetrührer — Vollständiges Zellhomogenat mit Mitochondrien — 8% — Versuchsansatz 1

Zellhomogenat ohne Mitochondrien — 10% — Versuchsansatz 2

Mitochondrien aus Homogenat in Nährlösung — 10% — Versuchsansatz 3

03 Versuchsergebnisse zur Glukoseverwertung in Zellplasma und Mitochondrien

In weiteren Versuchen verwendete man statt eines Muskelbreis Zellhomogenate. Weil ein Zellhomogenat sämtliche Zellbestandteile enthält, hoffte man, dass in ihm die chemischen Reaktionen genauso ablaufen wie in der lebenden Zelle.

Auch bei aus einem Zellhomogenat isolierten Mitochondrien lassen sich chemische Reaktionen beobachten, die wahrscheinlich in intakten Zellen ebenfalls in den Mitochondrien stattfinden. Wenn man zum Beispiel ein vollständiges Zellhomogenat mit Glukose versetzt, wird wie bei intakten Zellen Sauerstoff verbraucht und Kohlenstoffdioxid gebildet. Entfernt man die Mitochondrien durch Zentrifugieren vom Rest des Zellhomogenats, verbraucht dieses Zellhomogenat ohne Mitochondrien bei Glukosezugabe keinen Sauerstoff. Auch die in eine Nährlösung gegebenen Mitochondrien verbrauchen alleine keinen Sauerstoff. Zum Verarbeiten von Glukose und Sauerstoff müssen demnach in lebenden Zellen Zellplasma und Mitochondrien zusammenarbeiten.

Da der Kohlenhydratabbau in den Zellen Energie für weitere Stoffwechselprozesse liefert, indem ATP hergestellt wird, hat man in Zellhomogenaten die ATP-Bildung gemessen. Die Messungen zeigten, dass nur dann größere Mengen ATP gebildet werden, wenn Sauerstoff verbraucht wird. Daraus lässt sich schlussfolgern, dass beim Abbau von Glukose chemische Reaktionen im Zellplasma und in den Mitochondrien zur Bildung von ATP zusammenwirken müssen.

ERGEBNISSE · Bei der Suche nach weiteren Stoffen, die man nach der Zugabe von Glukose in einem Homogenat findet, stößt man unter

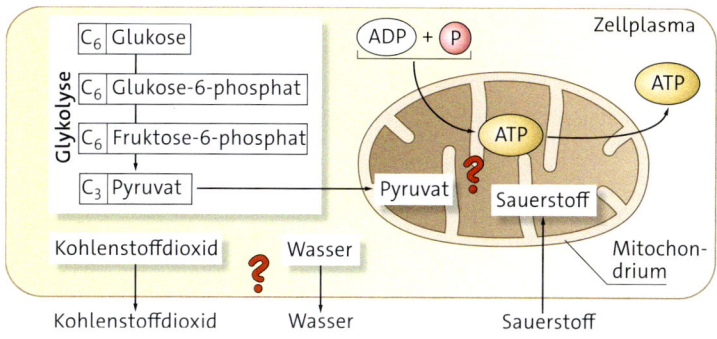

04 Gedankenmodell zur Zellatmung

anderem auf den Stoff **Pyruvat.** Wenn man statt Glukose Pyruvat zu einer Lösung mit Mitochondrien gibt, wird Sauerstoff verbraucht und ATP gebildet. Nimmt man radioaktiv markiertes Pyruvat, kann man es in den Mitochondrien eines Zellhomogenats nachweisen. Daher nimmt man an, dass die Verwertung der Glukose in einer Zelle in zwei Teilprozessen erfolgt. Zunächst entsteht im Zellplasma nach mehreren Reaktionsschritten aus Glukose Pyruvat. Anschließend wird Pyruvat in den Mitochondrien umgesetzt, wobei Sauerstoff verbraucht wird und ATP entsteht.

Da Pyruvatmoleküle drei Kohlenstoffatome haben, Glukosemoleküle aber sechs, müssen zur Bildung von Pyruvat Glukosemoleküle „zerlegt" werden. Diesen schrittweisen Abbau von Glukose zu Pyruvat bezeichnet man als **Glykolyse.** Diese ersten Ergebnisse lassen sich in einem Gedankenmodell zusammenfassen.

1 Fassen Sie die Erkenntnisse zur Zellatmung als Ergebnisse der Blackbox-Methode zusammen! Berücksichtigen Sie dabei die Untersuchungen von Muskelbrei und Zellhomogenaten!

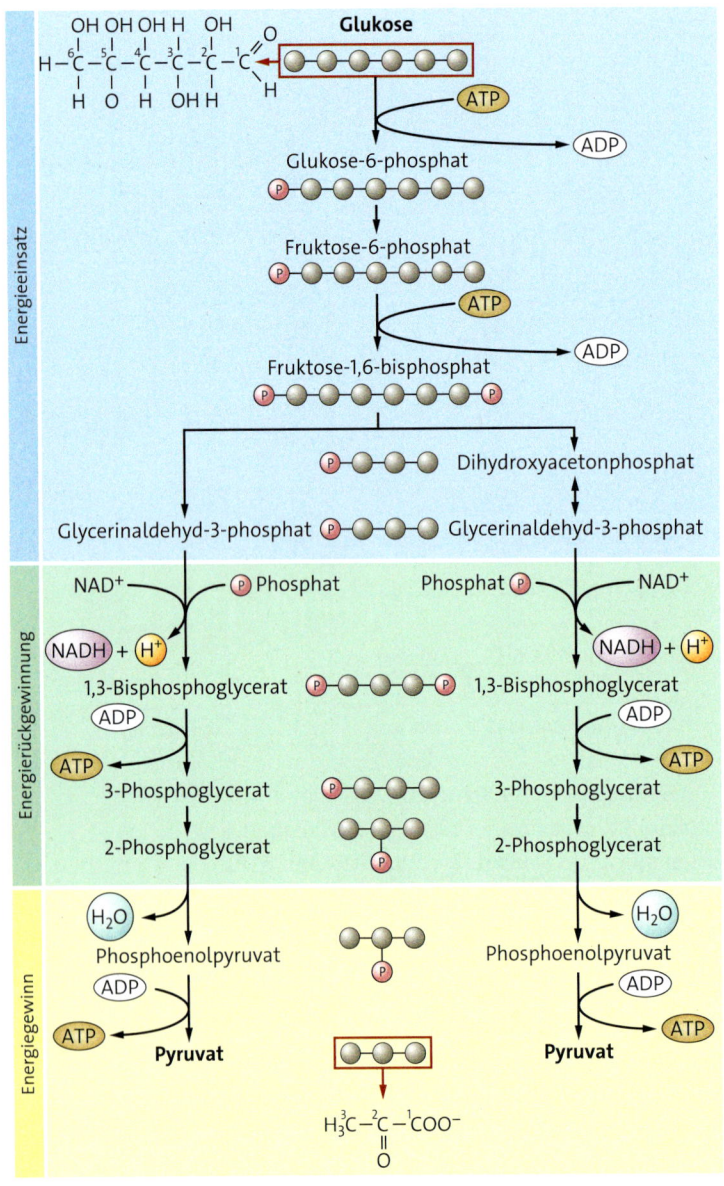

05 Phasen der Glykolyse unter energetischem Aspekt (⬤ Kohlenstoffatom)

06 Reduktion von NAD$^+$ bei der Reaktion mit Glycerinaldehyd-3-phosphat

Glycerinaldehyd -3-phosphat + Phosphat · NAD$^+$ · 1,3 Bisphosphoglycerat · NADH + H$^+$

ENERGIEBILANZ DER GLYKOLYSE · Es hat etwa drei Jahrzehnte gedauert, bis die Einzelschritte der Glykolyse aufgeklärt waren. Dabei hat man festgestellt, dass die chemische Umwandlung der Glukose in vielen Zellen einem bestimmten Ablauf folgt. Dieser lässt sich unter energetischem Aspekt in drei Phasen gliedern, die die Energiebilanz der Glykolyse beschreiben.

In der ersten Phase wird zunächst ATP verbraucht und damit Energie zur Herstellung von *Fruktose-1,6-bisphosphat* bereitgestellt. Aus seinen Molekülen werden letztlich jeweils zwei Moleküle *Glycerinaldehyd-3-phosphat* gebildet. Dieses wird in der zweiten Phase in *3-Phosphoglycerat* umgewandelt. Dabei wird wieder ATP gebildet und somit die eingesetzte Energie zurückgewonnen. Die dritte Phase liefert Energie für die Zelle, weil beim schrittweisen Abbau zu *Pyruvat* ATP gebildet wird, das dann zur Energieübertragung bei anderen chemischen Reaktionen zur Verfügung steht. Die Glykolyse liefert demnach pro Molekül Glukose 2 Moleküle ATP. Die stoffliche Umwandlung erfolgt so, dass aus einem Glukosemolekül, $C_6H_{12}O_6$, zwei Pyruvatmoleküle, $C_3H_3O_3^-$, und zwei Protonen, H^+, entstehen sowie vier Wasserstoffatome mit zwei NAD$^+$ zu zwei NADH + H$^+$ reagieren.

REGULATION DER GLYKOLYSE · Bei der Erforschung der Glykolyse fiel schon früh auf, dass zu ihrem Ablauf NAD$^+$ und ADP benötigt werden. Wenn das in der Reaktion mit *Glycerinaldehyd-3-phosphat* gebildete NADH nicht wieder oxidiert wird, kommt die Glykolyse in der zweiten Phase und damit allgemein zum Stillstand. Wenn in einem Präparat wenig ADP vorhanden ist, weil aus ihm ATP hergestellt wurde, stoppt der Glukoseabbau in der Glykolyse in der dritten Phase. Darüber hinaus hemmt eine hohe ATP-Konzentration das Enzym für den Reaktionsschritt zum *Fruktose-1,6-bisphosphat* und das Enzym für den Reaktionsschritt vom *Phosphoenolpyruvat* zum *Pyruvat*. Daher verlangsamt sich in einer Zelle der Ablauf der Glykolyse, wenn kein weiteres ATP benötigt wird.

2 Erläutern Sie mithilfe der Summenformeln von Glukose und Pyruvat die Bilanz der Glykolyse!

Material A ▸ Versuche mit Mitochondriensuspensionen

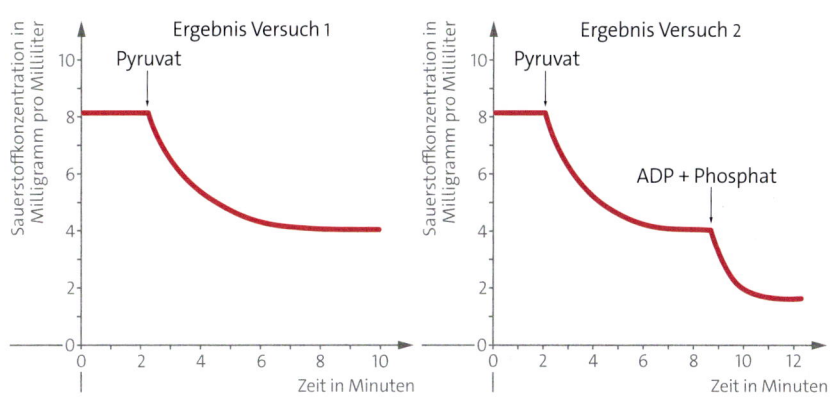

Bei zwei Versuchen hat man zu einer Flüssigkeit mit fein verteilten intakten Mitochondrien, einer *Mitochondriensuspension*, jeweils zu einem bestimmten Zeitpunkt Pyruvat hinzugegeben. Im zweiten Versuch wurden zu einem späteren Zeitpunkt zusätzlich noch ADP und Phosphat hinzugefügt.

A1 Beschreiben und vergleichen Sie die Versuchsergebnisse!

A2 Deuten Sie die Ergebnisse aus dem ersten Versuch!

A3 Stellen Sie eine Hypothese dazu auf, weshalb im zweiten Versuch der Sauerstoffgehalt in der Mitochondriensuspension weiter abnimmt! Begründen Sie mithilfe dieser Hypothese das Ergebnis des ersten Versuchs!

A4 Deuten Sie die Ergebnisse als Möglichkeit, die Glukoseverwertung in einer Zelle zu regulieren!

Material B ▸ Glykolyse bei Hefezellen

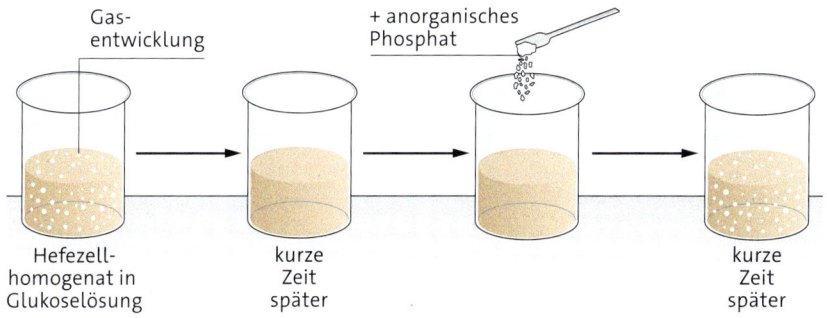

Zur Aufklärung der Glykolyse hat man neben Muskelzellen auch Hefezellen benutzt. Im Hefezellhomogenat findet die Glykolyse ohne Zellatmung statt.

Dennoch wird Kohlenstoffdioxid gebildet, der entweicht. Dieser Vorgang heißt *Gärung*. Er ist mit der Glykolyse verknüpft.

B1 Beschreiben Sie die Durchführung und das Ergebnis des Versuchs!

B2 Begründen Sie das Versuchsergebnis mithilfe der Abbildung 05 auf Seite 132!

Material C ▸ Bedeutung von Enzymen und Coenzymen bei der Glykolyse

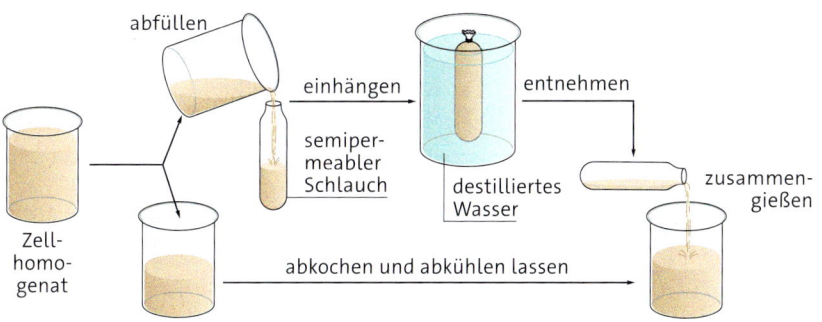

In einem Versuch wurde ein Teil eines glukosehaltigen Zellhomogenats gekocht, sodass alle Enzyme funktionsunfähig waren und damit keine Glykolyse möglich war. Ein anderer Teil wurde in einen Schlauch aus einer semipermeablen Membran gegeben, sodass die kleinen Moleküle, unter anderem ADP, Phosphat, ATP und NAD^+, aus dem Homogenat in die Umgebung diffundierten. Auch in einem solchen Homogenat kann keine Glykolyse stattfinden.
Wenn man nun dieses Homogenat mit dem abgekochten und abgekühlten Homogenat mischt, findet bei Zugabe von Glukose Glykolyse statt.

C1 Deuten Sie das Versuchsergebnis!

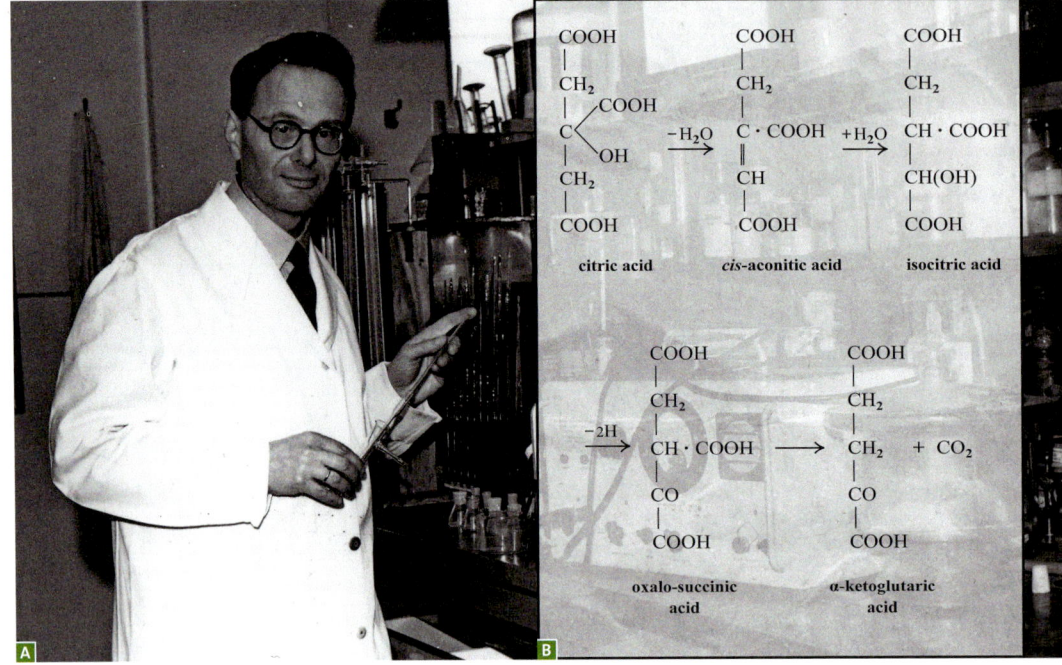

01 Erforschung des Zitratzyklus:

A Hans Adolf KREBS im Labor;

B Auszug aus einer Arbeit von Carl MARTIUS und Franz KNOOP zum Kohlenhydratabbau

Zitratzyklus und Atmungskette

Nachdem die Reaktionen des Abbaus der Glukose bis zum Pyruvat bekannt waren, erforschte man die Sauerstoff verbrauchenden Prozesse des Glukoseabbaus. Der deutsche Mediziner und Biochemiker Hans Adolf KREBS entwickelte dabei eine Hypothese, welche die Ergebnisse der durchgeführten Experimente schlüssig erklärt. Wie gelang ihm dies?

Hans Adolf KREBS 1900–1981, 1953 Nobelpreis für die Hypothese des Zitratzyklus

α-Ketoglutarat
↓
Succinat
↓
Fumarat
↓
Malat
↓
Oxalacetat

02 Erste Reaktionskette beim Glukoseabbau

REAKTIONSKETTEN · In den ersten 40 Jahren des 20. Jahrhunderts war noch nicht bekannt, dass Pyruvat in der Mitochondrienmatrix umgesetzt wird. Trotzdem gelang es den Forschern, mithilfe der *Blackbox-Methode* die Reaktionen zu erschließen, die im Mitochondrium stattfinden: Immer, wenn man den untersuchten Präparaten Stoffe hinzugab, bei denen sich der Sauerstoffverbrauch des Präparats erhöhte, konnte man vermuten, dass diese Stoffe am Glukose- oder Pyruvatabbau beteiligt sind. Wenn man Stoffe hinzugab, die einzelne der vermuteten Reaktionen hemmten, häufte sich das zugehörige Edukt im Präparat an, der Sauerstoffverbrauch kam zum Erliegen. So vermutete man, dass in der Zelle Succinat mithilfe eines bestimmten Enzyms zu Fumarat umgesetzt

wird. Das Enzym wird durch Malonat kompetitiv gehemmt. Gab man Malonat zum Präparat, reicherte sich Succinat an, es entstand kein Fumarat. Insgesamt wurden drei Reaktionsketten in den Präparaten bestätigt: α-Ketoglutarat → Succinat → Fumarat → Malat → Oxalacetat ist die erste Reaktionskette. Bei einer zweiten Reaktionskette konnte gezeigt werden, dass das in der Glykolyse entstandene Pyruvat unter Abgabe von Kohlenstoffdioxid an der Reaktion von Oxalacetat zu Zitrat beteiligt ist, die erste Kette also verlängert und mit der Glykolyse verknüpft werden kann.

REAKTIONSKREISLAUF · Bis zum Frühjahr 1937 hatten sich alle Forscher lediglich Reaktionsketten zum Kohlenhydratabbau in der Zelle vorgestellt. Wenn man annimmt, dass Reaktionsketten ablaufen, lässt sich folgendes Versuchsergebnis nicht erklären: Nach der Zugabe von Fumarat zu einem Präparat wird deutlich mehr Sauerstoff verbraucht, als zu seiner chemischen Oxidation nötig ist. Fumarat wird darüber hinaus nur teilweise umgesetzt. Also fördert Fumarat weitere Reaktionen mit Sauerstoff. Welche Reaktionen das sind und wie diese

Förderung zustande kommt, konnte nicht bestimmt werden. Die von den deutschen Chemikern Carl MARTIUS und Franz KNOOP entdeckte dritte Reaktionskette brachte KREBS auf eine neue Idee. Weil Zitrat im Präparat über die Zwischenstufen cis-Aconitat, Isozitrat und Oxalsuccinat zu α-Ketoglutarat umgesetzt wird, beschreiben die drei erforschten Einzelketten einen möglichen Reaktionskreislauf: Oxalacetat reagiert unter Beteiligung von Pyruvat zu Zitrat. Aus diesem wird über Zwischenstufen wieder Oxalacetat. Wenn man einen Reaktionskreislauf annimmt, dann lässt sich das Versuchsergebnis erklären: Wenn man Fumarat zu einem Präparat gibt, erhöhen sich nach und nach alle Stoffkonzentrationen im Kreislauf, wobei die zunächst erhöhte Konzentration des Fumarats leicht sinkt. Wegen der nun erhöhten Konzentration von Oxalacetat kann mehr Pyruvat umgesetzt werden. Somit wird im Präparat mehr Sauerstoff verbraucht.

KREBS nannte den von ihm vorgeschlagenen Reaktionskreislauf **Zitratzyklus.** Heute weiß man, dass seine Reaktionen in der Mitochondrienmatrix stattfinden. Der Zitratzyklus ist ein Gedankenmodell. Einzelne Moleküle werden nicht, wie das Schema suggeriert, von einer Reaktion zur nächsten weitergereicht. Sie bilden eine Reaktionsfolge, weil sie irgendwo in der Mitochondrienmatrix einen Reaktionspartner finden.

ABBAU DER GLUKOSEMOLEKÜLE · Während der Glykolyse entstehen im Zellplasma aus einem Molekül Glukose mit sechs Kohlenstoffatomen zwei Moleküle Pyruvat mit drei Kohlenstoffatomen. In der Mitochondrienmatrix reagiert Pyruvat zunächst mit einem Coenzym, dem Coenzym-A, sodass Kohlenstoffdioxid mit einem Kohlenstoffatom und ein an das Coenzym gebundener Essigsäurerest mit zwei Kohlenstoffatomen, das Acetyl-CoA, entstehen. Bei dieser Reaktion wird NAD^+ reduziert und Pyruvat oxidiert. Diesen Vorgang nennt man daher **oxidative Decarboxylierung** des Pyruvats. Wie anschließend Kohlenstoffdioxid entsteht, hat man durch Vergleichen der Summen- und Strukturformeln von Edukten und Produkten erkannt. Zum Beispiel wird aus Oxalsuccinat

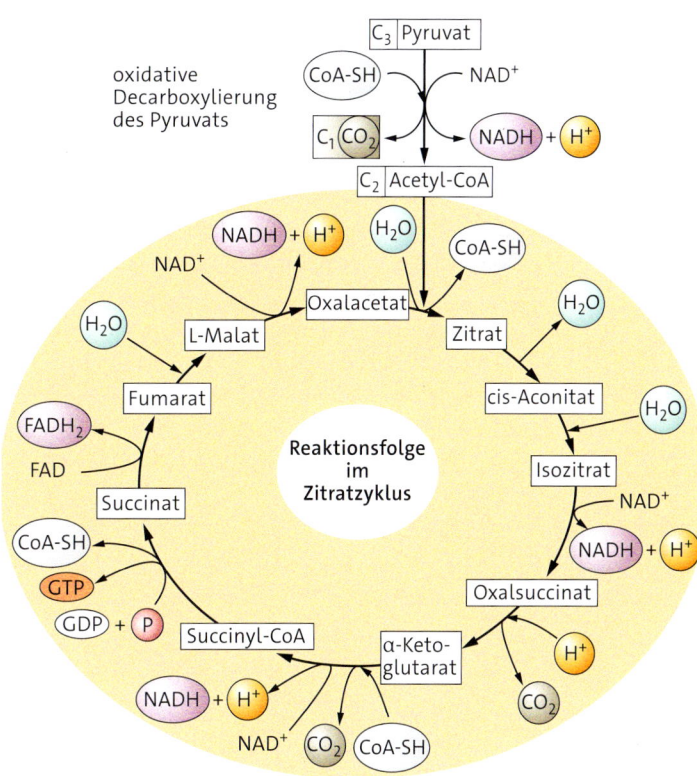

03 Schema zum Gedankenmodell *Zitratzyklus* innerhalb der Mitochondrienmatrix

mit der Summenformel $C_6H_3O_7^{3-}$ im untersuchten Muskelzellbrei α-Ketoglutarat mit der Summenformel $C_5H_4O_5^{2-}$ und, wie Abzählen der Atome bestätigt, wird Kohlenstoffdioxid, CO_2, gebildet. Aus einem Pyruvatmolekül werden insgesamt drei Moleküle CO_2 gebildet. Zudem entstehen bei einigen Reaktionen $NADH + H^+$. Wasserstoffatome aus Pyruvat- und Wassermolekülen werden hier verwertet, zwei weitere bei der Bildung von Flavin-Adenin-Dinukleotid, $FADH_2$. Außerdem wird Guanosintriphosphat, GTP, gebildet, das anschließend zur Herstellung von ATP genutzt wird.

Der Blick auf die Summenformel der Zellatmung, $C_6H_{12}O_6 + 6 O_2 \rightarrow 6 CO_2 + 6 H_2O$, zeigt, dass bisher erklärt wurde, wie das Kohlenstoffdioxid gebildet, aber nicht, wie der Sauerstoff verarbeitet wird und Wasser entsteht. Dies geschieht in Folgereaktionen, bei denen die bei der Glykolyse und dem Zitratzyklus gebildeten Stoffe $NADH + H^+$ und $FADH_2$ genutzt werden.

1 ⌡ Erläutern Sie Forschungsschritte und Ergebnisse zum Modell des Zitratzyklus!

Carl MARTIUS
1906–1993

Georg Franz KNOOP
1875–1946

Oxalsuccinat
$C_6H_3O_7^{3-}$
↓
α-Ketoglutarat
$C_5H_4O_5^{2-}$
+
Kohlenstoffdioxid
CO_2

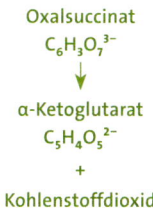

04 Reaktion mit Kohlenstoffdioxidbildung in Zellen

GTP reagiert mit ADP zu ATP und GDP.

ATP-LIEFERANT MITOCHONDRIUM · Bei der Glykolyse im Zellplasma entstehen pro Molekül Glukose zwei Moleküle ATP, beim Abbau von Pyruvat im Zitratzyklus zwei Moleküle GTP. Gemessen am Energiegehalt der Glukose ist das sehr wenig. So zeigten weitere Untersuchungen, dass insgesamt etwa 32 Moleküle ATP gebildet werden. Die zugehörigen Reaktionen laufen im Mitochondrium ab, sind aber anders als der Zitratzyklus im Wesentlichen an die innere Mitochondrienmembran gebunden. Diese ist an vielen Stellen in das Innere des Mitochondriums eingestülpt und hat so im Vergleich zur äußeren Membran eine sehr große Oberfläche. Die eingestülpten Bereiche nennt man *Cristae*. Die innere Membran ist nur für Stoffe durchlässig, die durch Carrier transportiert werden. Das ist für die ATP-Synthese entscheidend: Protonen, H^+-Ionen, werden durch die drei Proteinkomplexe I, III und IV aus der Matrix in den Intermembranraum gepumpt. So entsteht zwischen dem Intermembranraum und der Matrix des Mitochondriums ein Konzentrationsgefälle für Protonen, ein **Protonengradient.** Durch spezielle Enzyme in der Membran, die **ATP-Synthasen,** gelangen die Protonen wieder in die Matrix zurück. Dabei wird die Energie des Konzentrationsgefälles für die Bildung von ATP aus ADP und Phosphat genutzt.

Die Hypothese, dass ein Konzentrationsgefälle die Energie für die ATP-Bildung liefert, veröffentlichte der britische Biochemiker Peter D. MITCHELL im Jahr 1961. Sie war zu diesem Zeitpunkt revolutionär, denn bisher kannte man Reaktionen mit ADP als Coenzym, bei denen ATP gebildet wird, wie zum Beispiel bei zwei Schritten der Glykolyse. MITCHELLs Hypothese kann mit folgendem Experiment geprüft werden. Aus einem Zellhomogenat werden Mito-

Peter Dennis MITCHELL 1920–1992 1978 Nobelpreis für Chemie für die Hypothese zur chemiosmotischen Kopplung

chondrien isoliert. Sie werden in eine Pufferlösung mit einem pH-Wert von 8, also geringer Protonenkonzentration, gegeben. Nach einiger Zeit stellt sich in der Mitochondrienmatrix ebenfalls der pH-Wert 8 ein. Es wird kein ATP gebildet. Gibt man nun die isolierten Mitochondrien in eine Pufferlösung mit niedrigem pH-Wert, also einer hohen Protonenkonzentration, produzieren die Mitochondrien aus ADP und Phosphat ATP.

Das Ergebnis des Experiments lässt sich mit MITCHELLs Hypothese erklären. Im ersten Schritt des Experiments befördern die Protonenpumpen Protonen aus der Matrix, was den pH-Wert in der Matrix erhöht. Die Pufferlösung behält ihren pH-Wert. Weil kein Konzentrationsgefälle zwischen außen und innen besteht, kann kein ATP gebildet werden. Im zweiten Schritt lassen die ATP-Synthasen Protonen dem Konzentrationsgefälle folgend wieder durch die Membran in die Matrix wandern. Dies treibt die ATP-Bildung an. Damit ist die Hypothese bestätigt.

REDOXREAKTIONEN · Die Protonenpumpen transportieren Protonen gegen ein Konzentrationsgefälle. Die hierzu notwendige Energie wird in einer Reaktionskette, der **Atmungskette,** freigesetzt. Diese läuft in der Mitochondrienmembran ab. Die in der Glykolyse und im Zitratzyklus gebildeten Produkte NADH + H^+ und $FADH_2$ werden an zwei verschiedenen Anfängen der Atmungskette oxidiert. Sie geben jeweils zwei Elektronen und zwei Protonen ab. Die Elektronen werden durch die Proteinkomplexe I bis IV unter Beteiligung der Elektronenakzeptoren Ubichinon und Cytochrom c weitergereicht. Bei diesen Reaktionen werden also von einem Reaktionspartner Elektronen auf den nächsten übergeben. Weil man Elektronenabgabe als Oxidation und Elektronenaufnahme als Reduktion auffasst, laufen hier mehrere *Redoxreaktionen* nacheinander ab. Die Protonen verbleiben zunächst in der Matrix. Sie können durch die Proteinkomplexe I, III und IV in den Intermembranraum gepumpt werden. Bei der letzten Redoxreaktion in der Atmungskette werden die Elektronen auf das Sauerstoffmolekül übertragen, von dem nun ein Atom mit zwei Protonen zu einem Wassermolekül reagieren kann.

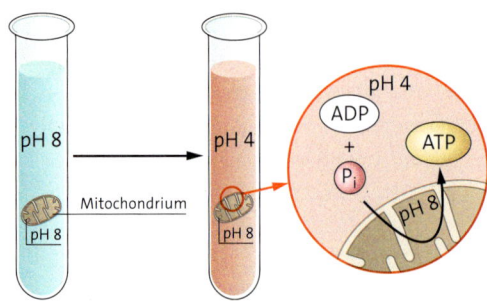

05 Versuch zur Bestätigung von MITCHELLs Hypothese

Weil die Redoxreaktionen die Energie für den Protonentransport und damit für die ATP-Bildung liefern, spricht man von **oxidativer Phosphorylierung** des ADP zu ATP.

BILANZ DER ZELLATMUNG · Die Bilanz der Stoffumwandlungen während der Glykolyse und des Zitratzyklus ergibt, dass pro Molekül Glukose 24 Elektronen aus NADH und $FADH_2$ sowie 12 mal 2 Wasserstoffatome mit 12 Sauerstoffatomen zu 12 Molekülen Wasser reagieren. Die bisher benutzte Summenformel zur Zellatmung muss daher abgeändert werden: $C_6H_{12}O_6 + 6\,O_2 + 6\,H_2O \rightarrow 6\,CO_2 + 12\,H_2O$. Diese Summenformel berücksichtigt nicht die Einzelreaktionen sowie die ATP-Bildung. Sie bleibt daher ein Modell, das die Bilanz der Zellatmung wiedergibt.

2 Erläutern Sie ausgehend von Abbildung 06 C die Mechanismen der ATP-Bildung im Mitochondrium!

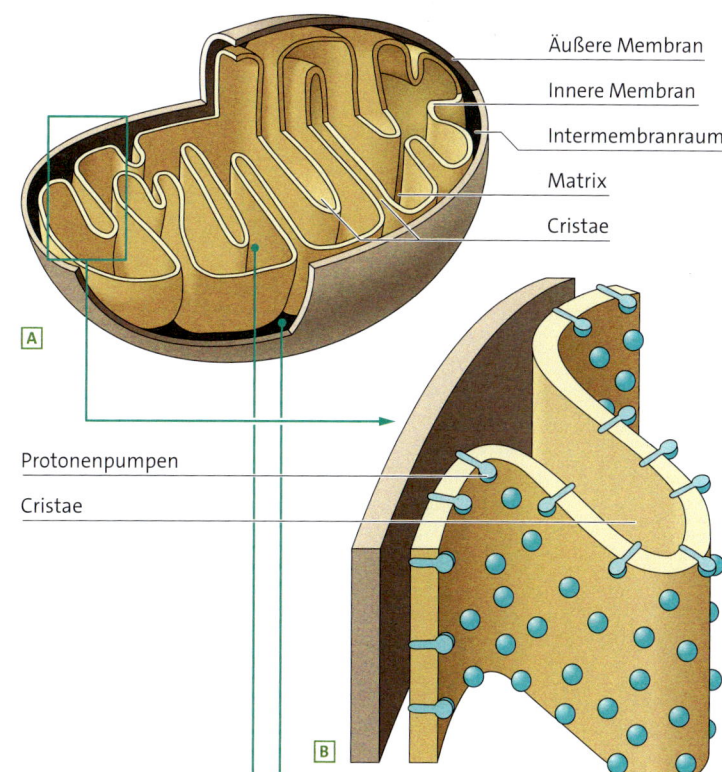

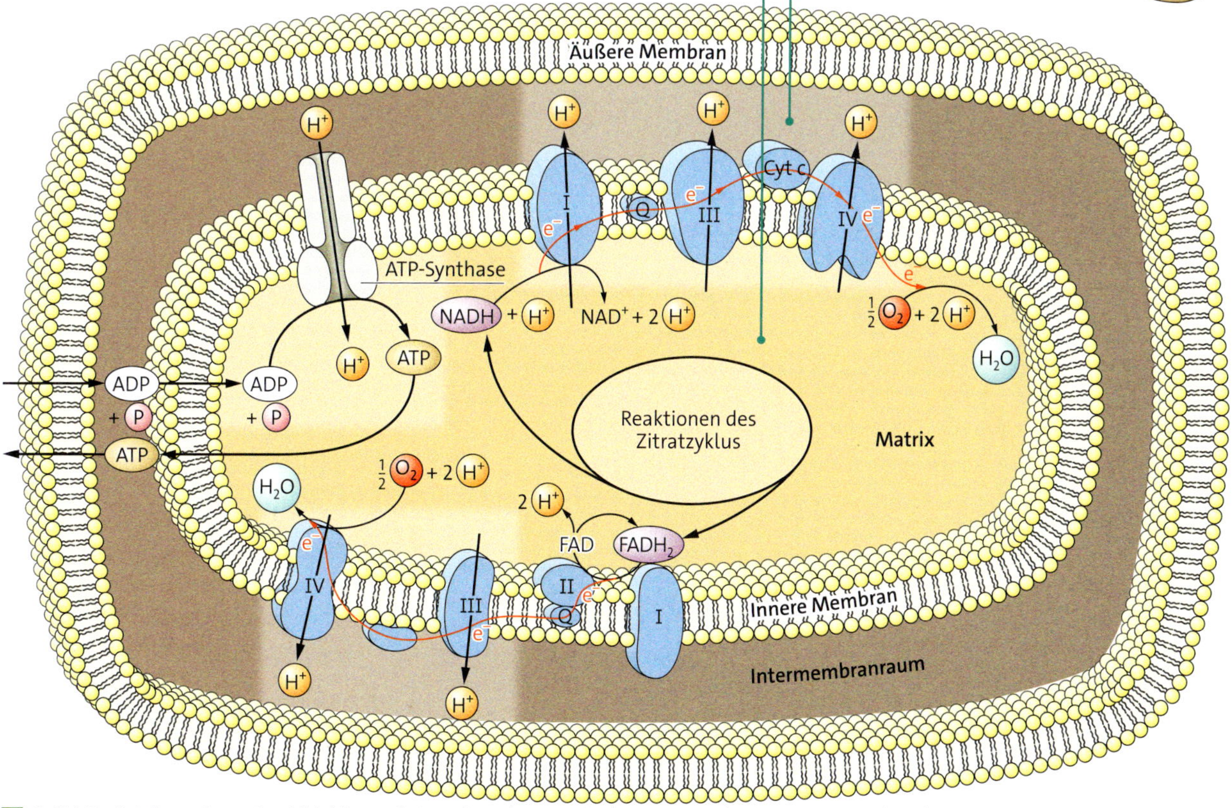

Äußere Membran
Innere Membran
Intermembranraum
Matrix
Cristae

Protonenpumpen
Cristae

A

B

Äußere Membran

ATP-Synthase

H^+ ATP

ADP + P

ATP

H_2O

$\frac{1}{2}O_2 + 2\,H^+$

$2\,H^+$

FAD $FADH_2$

IV   III   II   I

Q

e^-

Innere Membran

Intermembranraum

NADH + H^+ NAD$^+$ + 2H^+

I Q III   Cyt c   IV e^-

$\frac{1}{2}O_2 + 2\,H^+$

H_2O

Reaktionen des Zitratzyklus

Matrix

H^+ H^+ H^+

H^+

ADP + P

H^+

H^+

H^+

C I - IV: Proteinkomplexe; Q = Ubichinon, Cyt c = Cytochrom c: Redoxsysteme der inneren Mitochondrienmembran

06 Mitochondrium (Schema): **A** Bau, **B** Lage der Protonenpumpen, **C** ATP-Bildung

Material A ▸ Kompetitive Hemmung der Succinatdehydrogenase

Anfangskonzentration des Succinats (in Einheiten)	5	10	50	100	150	200	250
Konzentration des reduzierten Methylenblaus (in Einheiten) ohne Anwesenheit von Malonat	14	24	47	58	62	63	63
Konzentration des reduzierten Methylenblaus (in Einheiten) bei Anwesenheit von Malonat	0	0	8	43	55	58	61

$$\begin{array}{c} COO^- \\ | \\ CH_2 \\ | \\ CH_2 \\ | \\ COO^- \end{array} \xrightarrow{\text{Succinat-dehydrogenase}} \begin{array}{c} {}^-OOC \diagdown \quad \diagup H \\ C \\ \| \\ C \\ H \diagup \quad \diagdown COO^- \end{array} + H_2$$

Succinat   Fumarat

$$\begin{array}{c} COO^- \\ | \\ CH_2 \\ | \\ COO^- \end{array} \xrightarrow{\text{Succinat-dehydrogenase}} \text{keine Reaktion}$$

Malonat

In einem Vorversuch wurde geklärt, dass man die Reaktion von Succinat zu Fumarat verfolgen kann, wenn man dem Versuchsgefäß eine definierte Menge Methylenblau hinzugibt. Dieses reagiert mit dem gebildeten Wasserstoff, wird also reduziert, und entfärbt sich immer mehr, je länger die Reaktion läuft. Im eigentlichen Versuch wurde der Abbau von Succinat mithilfe des Enzyms Succinatdehydrogenase untersucht. Es wurden zwei Versuchsreihen mit unterschiedlichen Konzentrationen von Succinat hergestellt. Zu jedem Ansatz wurden dieselbe Menge Enzym und Methylenblau gegeben. In die eine Versuchsreihe wurde in jedes Gefäß jeweils dieselbe Menge Malonat gegeben. In die Gefäße der anderen Versuchsreihe wurde kein Malonat gegeben.

A1 Stellen Sie die Versuchsergebnisse grafisch dar und vergleichen Sie diese!

A2 Begründen Sie, dass Malonat die Reaktion kompetitiv hemmt!

A3 Erläutern Sie, wie man die Hemmung des Enzyms durch Malonat zur Klärung eines Stoffwechselschrittes nutzen kann! Nehmen Sie Seite 134 zu Hilfe!

Material B ▸ Sauerstoffverbrauch von Mitochondrien

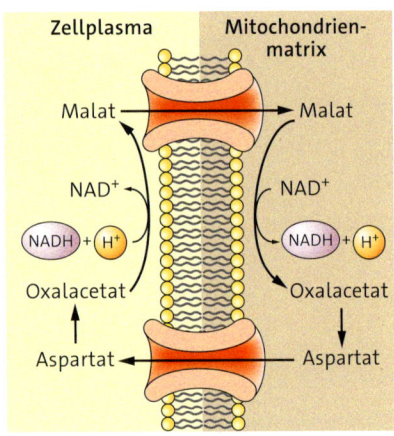

ablaufende Reaktionen

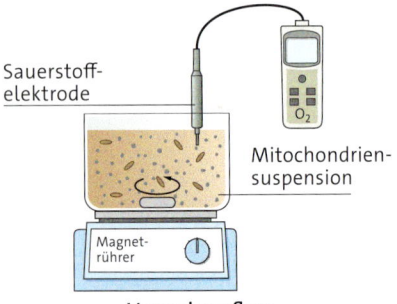

Versuchsaufbau

Im Zellplasma und in der Mitochondrienmatrix gibt es miteinander verknüpfte Reaktionen. Diese bewirken, dass im Plasma vorhandenes NADH zu NAD^+ oxidiert wird und in der Matrix vorhandenes NAD^+ zu NADH reduziert wird. Im Zellplasma entsteht dabei Malat aus Aspartat, in der Matrix Aspartat aus Malat. Diese beiden Stoffe werden wechselseitig mithilfe von verschiedenen Carriern durch die innere Mitochondrienmembran geschleust und damit ausgetauscht. Auch für Succinat und Malonat gibt es eine Transportmöglichkeit aus dem Plasma in die Mitochondrienmatrix.

In einem Versuch wurden zu einer Mitochondriensuspension im Reaktionsgefäß folgende Stoffe hinzugegeben:

- Ansatz 1: NADH,
- Ansatz 2: Succinat,
- Ansatz 3: Malonat,
- Ansatz 4: NADH + Succinat,
- Ansatz 5: NADH + Malonat,
- Ansatz 6: Succinat + Malonat,
- Ansatz 7: Succinat + Malonat + NADH.

Für jeden Ansatz wurde der Sauerstoffgehalt über eine bestimmte Zeit gemessen.

B1 Erläutern Sie, wie man mithilfe von radioaktiv markiertem Malat den beschriebenen Kreislauf zwischen Zellplasma und Mitochondrienmatrix nachweisen kann!

B2 Begründen Sie für jeden der sieben Ansätze, ob Sauerstoff verbraucht wird oder nicht! Gehen Sie dabei auf einzelne Schritte des Zitratzyklus und der Atmungskette ein!

B3 Begründen Sie mithilfe der zu erwartenden Ergebnisse für die Zugabe von NADH, dass die Glykolyse und die Atmungskette im Stoffwechsel miteinander gekoppelt sind!

Material C ▸ ATP-Synthase in künstlichen Lipidvesikeln

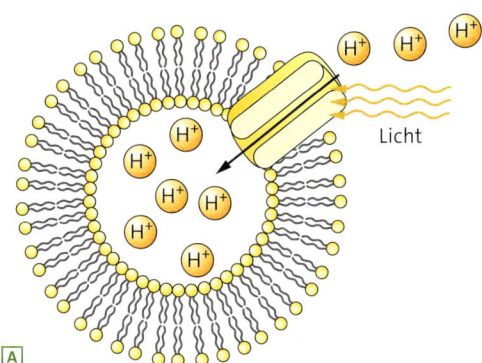

In einem Experiment ist es gelungen, künstliche Lipidvesikel, Liposomen, herzustellen. Dazu hat man das Phospholipid Lecithin in Wasser gegeben und kräftig umgerührt. Auf diese Weise entstehen Liposomen, die eine Membran aus einer Lipiddoppelschicht haben.

Darüber hinaus hat man aus Bakterienzellen Proteine isoliert, die in der Bakterienmembran als Protonenpumpen arbeiten. Die Energie für den Protonen-transport durch die Membran erhalten diese Pumpen durch das Licht. Ihre Moleküloberfläche ist so beschaffen, dass sie sich bei Zugabe zu einer Liposomensuspension selbstständig in die Lipidschicht integrieren. Wenn man solche Liposomen beleuchtet, reichern sie im Innern Protonen an.

In einem zweiten Schritt ist es gelungen, in die Liposomenmembran zusätzlich zu den Protonenpumpen ATP-Synthase-Moleküle zu integrieren.

Wenn solche Liposomen belichtet werden, stellen sie aus ADP und Phosphat ATP her.

C1 Erläutern Sie, weshalb sich Phospholipide selbstständig zu Liposomen formen können!

C2 Begründen Sie, unter welchen Bedingungen der beschriebene Versuch MITCHELLs Hypothese der ATP-Synthese bestätigt!

Material D ▸ Wärmebildung mithilfe chemischer Reaktionen

Der Dsungarische Zwerghamster lebt in den zentralasiatischen Steppen und ist etwa 85 Millimeter groß. Seine Körpermasse schwankt von 19 bis 45 Gramm, im Winter ist sie am geringsten. In seinem Lebensraum sinken die Temperaturen im Winter bis unter minus 40 Grad Celsius. Auch dann suchen die Tiere an der Erdoberfläche nach Nahrung. Derart kleine Tiere verlieren bei dieser Kälte viel Körperwärme. Einige Besonderheiten sichern ihr Überleben. Der Energiebedarf sinkt bei geringerer Körpermasse, da weniger Körpermasse beheizt wird. Gleichzeitig ist die Fellisolation gut, auch die Fußsohlen sind behaart. Die Tiere fallen täglich in eine Tagesschlaflethargie, bei der sie den Energieumsatz stark absenken. In Aktivitätsphasen haben die Hamster eine hohe Körpertemperatur. Im Winter steigern sie die Zahl der Mitochondrien in den Zellen des braunen Fettgewebes.

Diese enthalten in der inneren Membran Proteine, die Protonen vom Intermembranraum an den ATPasen vorbei in die Matrix lassen. Es entsteht Wärme durch den Ablauf chemischer Reaktionen. Beim Abbau von Fettsäuren in diesen Zellen werden Acetyl-CoA, $NADH + H^+$ und $FADH_2$ gebildet.

D1 Erläutern Sie die Merkmale des Zwerghamsters unter energetischen Aspekten!

D2 Erläutern Sie die Wärmebildung im braunen Fettgewebe! Nehmen Sie die Abbildungen 03 und 06 zu Hilfe!

Überblick: Zitratzyklus im Zellstoffwechsel

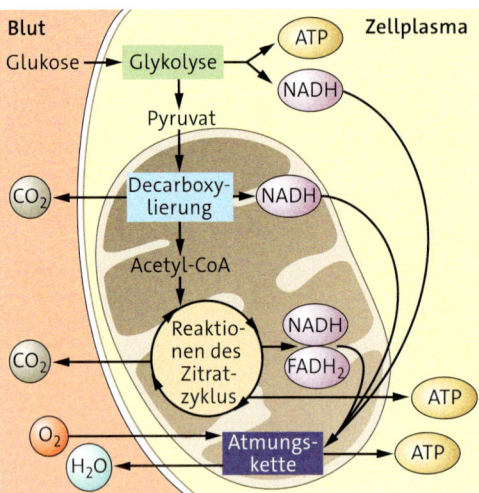

01 Orte der Zellatmung

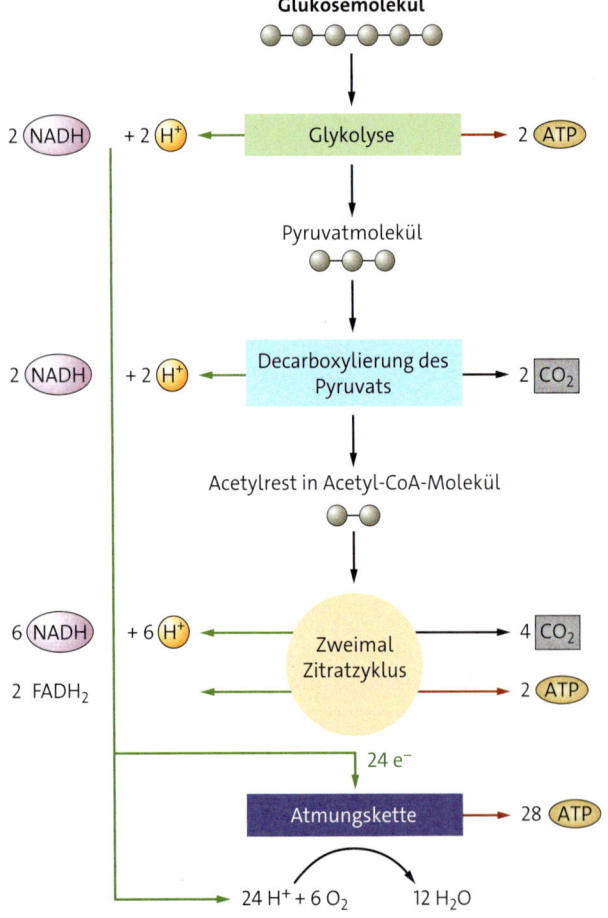

02 Schritte und Ergebnis der Zellatmung (⬤ Kohlenstoffatom)

ZELLATMUNG IM ÜBERBLICK · Eine Zelle nimmt Glukose und Sauerstoff beispielsweise aus dem Blut auf und verarbeitet sie in der Zellatmung. Im Zytoplasma wird im Rahmen der *Glykolyse* zunächst *Glukose* zu *Pyruvat* abgebaut. Dieses gelangt in die Mitochondrien und wird dort zu *Acetyl-CoA* decarboxyliert. Dabei wird *Kohlenstoffdioxid* freigesetzt. Acetyl-CoA wird in der Mitochondrienmatrix im *Zitratzyklus* umgesetzt. Letztlich reagieren dabei alle Kohlenstoffatome der Glukose zu *Kohlenstoffdioxid*. Einige *Wasserstoffatome* der Glukose werden während der Glykolyse, die meisten während des Zitratzyklus zur Herstellung von *NADH + H⁺* und *FADH₂* genutzt. Zu Beginn der *Atmungskette* werden diese beiden Stoffe oxidiert. Sie geben H⁺-Ionen in die Matrix ab, die schließlich mit *Sauerstoff* zu *Wasser* reagieren. Der Sauerstoff ist also der endgültige Wasserstoffakzeptor bei der Zellatmung. Kohlenstoffdioxid und Wasser werden vom Blut aufgenommen.

Der vollständige Abbau der Glukose liefert der Zelle den Energieträger *ATP*. Pro Molekül Glukose werden in der Glykolyse und im Zitratzyklus jeweils 2 ATP gebildet. Weitere 28 ATP entstehen nach Ablauf der Atmungskette. Für ihre Teilreaktionen liefern NADH und FADH₂ die Elektronen. Mithilfe der frei werdenden Reaktionsenergie wird ein Protonengradient aufgebaut. Nach aktuellem Forschungsstand wird dieser Gradient für die ATP-Synthese, aber auch für den Transport von ADP und ATP durch die Mitochondrienmembran genutzt. Ein bedarfsgerechter Glukoseabbau wird unter anderem dadurch erreicht, dass hohe ATP-Konzentrationen einzelne Reaktionen des Kohlenhydratabbaus hemmen und damit die gesamte Zellatmung drosseln.

Die Energieausbeute einer Zelle durch die Zellatmung kann man nur schätzen, weil Messungen unter den in der Zelle gegebenen Bedingungen zu schwierig sind. Die Verbrennung von einem Mol Glukose im Labor liefert einen Energiewert von etwa 2880 Kilojoule, die Hydrolyse von ATP 32,3 Kilojoule je Mol. Pro Mol Glukose erbringen dann 32 Mol ATP 1033,6 Kilojoule. Der Rest wird als Wärme frei.

UMSCHLAGPLATZ MITOCHONDRIENMATRIX ·

Beim Menschen und bei den meisten Tieren liefert die Zellatmung die Hauptmenge an ATP. Zellen können aber nicht nur Glukose und andere Kohlenhydrate zur ATP-Produktion nutzen, sondern auch Fette und Proteine. Einerseits werden diese Stoffe aus der Nahrung zugeführt, andererseits sind sie im Körper vorhanden, wie zum Beispiel Glykogen oder gespeicherte Fette. Der Abbau dieser Stoffe heißt **Dissimilation.**

In Gegenwart von Sauerstoff wird jeder dieser Stoffe zunächst zu Acetyl-CoA abgebaut. Acetyl-CoA wird dann in den Reaktionen des Zitratzyklus weiterverarbeitet. Daher ist die Mitochondrienmatrix eine zentrale Stelle für diese Abbauwege. In ihr wird auch das benötigte ATP gebildet und an alle weiteren Orte in der Zelle exportiert. Einige Stoffe des Zitratzyklus sind für weitere Stoffwechselreaktionen wichtig. Oxalacetat kann beispielsweise zur Produktion von Nukleotiden verwendet werden. Dabei verringert sich seine Konzentration in der Mitochondrienmatrix. Die Reaktionen des Zitratzyklus laufen dann langsamer ab. Oxalacetat kann aber aus Pyruvat nachgeliefert werden. Dieses entsteht aus aufgenommener Glukose durch Glykolyse. Der Stoffvorrat in der Mitochondrienmatrix wird wieder aufgefüllt. Die in der Matrix vorhandenen Stoffe verknüpfen die Reaktionen des Zitratzyklus mit wichtigen Stoffwechselwegen für den Aufbau und Abbau von Zellbausteinen. Man kann die Mitochondrienmatrix daher als „Stoffumschlagplatz" ansehen.

Wenn mehr Kohlenhydrate in die Zelle aufgenommen werden als zur Energiebereitstellung nötig sind, steigt die Konzentration des durch Glykolyse gebildeten Acetyl-CoA. Es kann dann mit Oxalacetat zu Zitrat reagieren, das aus der Mitochondrienmatrix ins Zellplasma transportiert wird. Hier wird es zur Synthese von Fettsäuren genutzt. Wenn Fette im Überschuss vorliegen, wird Reservefett gebildet. Da Oxalacetat aus Pyruvat nachgebildet werden kann, bleibt der Stoffvorrat für den Zitratzyklus konstant. Weil unsere Nahrung meistens genügend Fette für den Betriebs- und Baustoffwechsel enthält, führt übermäßiger Zuckergenuss zwangsläufig zur Einlagerung von Reservefett.

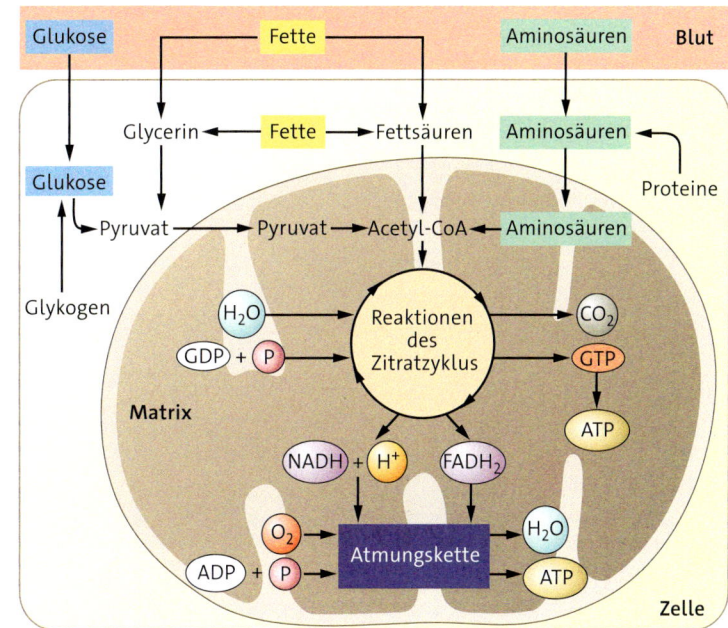

03 Rolle des Zitratzyklus bei der Dissimilation

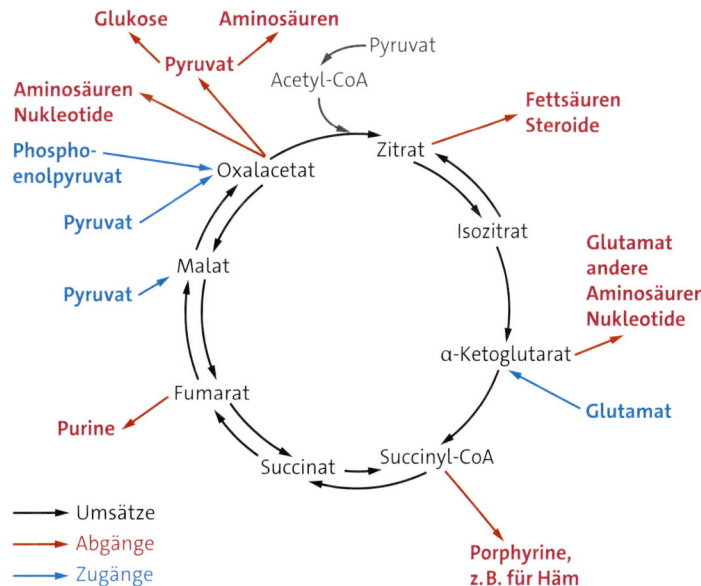

04 Umsätze, Abgänge und Zugänge beim Stoffvorrat für den Zitratzyklus

1 ⌡ Erläutern Sie die wesentlichen Schritte der Zellatmung!

2 ⌡ Erläutern Sie die Bedeutung des Zitratzyklus für die Dissimilation!

3 ⌡ Beschreiben Sie die Bedeutung der Reaktionen in der Mitochondrienmatrix für den Zellstoffwechsel!

01 Karausche überlebt im zugefrorenen See in Finnland

Gärung

In einem zugefrorenen Gewässer nimmt die Sauerstoffkonzentration im Winter schnell ab. Obwohl die Karausche, die zu den karpfenartigen Fischen gehört, unter der Eisdecke leblos aussieht, übersteht sie den Winter monatelang in dem sauerstoffarmen Wasser. Wie ist das zu erklären?

Laktat = Säurerest der Milchsäure

ANAEROBE STOFFWECHSELWEGE · Nicht nur im Winter, sondern auch bei sommerlicher Hitze kann der Sauerstoffgehalt im Gewässer deutlich sinken. Es lässt sich dann zunächst beobachten, dass die Fische ihre Aktivität reduzieren. Dadurch verringern sie ihren Energiebedarf. Außerdem erhöht sich die Atemfrequenz. Die Fische schnappen manchmal sogar an der Wasseroberfläche nach Luft. Der Sauerstoff aus der aufgenommenen Luft kann so kurzzeitig die Sauerstoffkonzentration an den Kiemen verbessern. Bei niedrigen Temperaturen jedoch können Karauschen sogar über 100 Tage in sehr sauerstoffarmem Wasser überleben.

Vergleicht man den Zellstoffwechsel der Karausche unter sauerstoffreichen und sauerstoffarmen Bedingungen, lassen sich Unterschiede feststellen. Bei ausreichendem Sauerstoffangebot wird in den Zellen Glukose vollständig zu Wasser und Kohlenstoffdioxid oxidiert und in

Glykolyse siehe Seite 132

den Mitochondrien ATP synthetisiert. Man spricht von **aerober Dissimilation**.

Unter sauerstoffarmen Bedingungen wird ebenfalls Glukose abgebaut, allerdings lässt sich im Blut nun eine Konzentrationszunahme von Laktat und Ethanol messen. Laktat und Ethanol sind Stoffwechselprodukte eines anaeroben Glukoseabbaus. Diese Form der **anaeroben Dissimilation** nennt man **Gärung**. Entsteht beim anaeroben Abbau von Glukose Laktat, spricht man von **Milchsäuregärung**. Wenn Ethanol das Endprodukt des Stoffwechselprozesses ist, handelt es sich um eine **alkoholische Gärung**. Die Karauschen gewinnen offenbar für eine gewisse Zeit genügend ATP aus einem anaeroben Abbau von Glukose und können so den Winter auch bei Sauerstoffmangel und stark reduziertem Stoffwechsel überstehen.

Gärung kommt bei vielen Lebewesen vor, die in ihrem Lebensraum zeitweise oder dauerhaft ohne Sauerstoff auskommen, zum Beispiel Mikroorganismen am Gewässergrund oder in den Wurzeln überfluteter Reispflanzen.

MILCHSÄUREGÄRUNG · Bei der Milchsäuregärung beginnt der anaerobe Abbau von Glukose mit der Glykolyse. Glukose wird dabei über mehrere Schritte im Zellplasma zu Pyruvat oxidiert.

Das geschieht durch die Übertragung von H^+-Ionen, Protonen, auf NAD^+, das zu $NADH + H^+$ reduziert wird. NAD^+ wird dabei verbraucht und muss regeneriert werden, damit die Glykolyse weiter ablaufen kann. Bei der Milchsäuregärung erfolgt die Regeneration des NAD^+ durch Reduktion des Pyruvats zu Laktat und die gleichzeitige Oxidation des $NADH + H^+$ zu NAD^+. Pro Molekül Glukose werden dabei zwei Moleküle Laktat und zwei ATP-Moleküle gebildet. Das Laktat wird in die umgebende Flüssigkeit ausgeschieden und kann dort zu einer Veränderung des pH-Wertes führen.

Beim Menschen findet Milchsäuregärung vor allem in den mitochondrienarmen weißen Muskelfasern statt. Bei kurzfristigen hohen Belastungen, zum Beispiel einem Sprint, kann ein Teil des Energiebedarfs durch Milchsäuregärung in den Muskelzellen gedeckt werden. Dadurch steigt die Laktatkonzentration im Muskel und im Blut. Nach der körperlichen Aktivität braucht der Körper eine Erholungsphase, in der das Laktat verarbeitet wird. Es wird entweder in den Muskelzellen zur aeroben Energiegewinnung genutzt oder in der Leber zur Synthese von Glykogen verwendet.

ALKOHOLISCHE GÄRUNG · Auch bei der alkoholischen Gärung erfolgt zunächst die Glykolyse. Von den dabei gebildeten Pyruvatmolekülen wird in einem ersten Reaktionsschritt je ein Kohlenstoffdioxidmolekül abgespalten, das Pyruvat wird zu Acetaldhyd, ein Molekül mit zwei Kohlenstoffatomen, decarboxyliert. In einem zweiten Schritt wird Acetaldehyd zu Ethanol reduziert. Dabei wird $NADH + H^+$ verbraucht und NAD^+ zurückgewonnen. Bei der alkoholischen Gärung werden je Molekül Glukose zwei Moleküle Ethanol, zwei Moleküle Kohlenstoffdioxid und zwei ATP gebildet. Ethanol ist ein Zellgift, das die Zellmembranen schädigt, es wird von den Zellen ausgeschieden.

Bis auf die karpfenartigen Fische sind keine Wirbeltiere bekannt, die Ethanol produzieren. Bei sauerstoffarmen Bedingungen im zugefrorenen Gewässer können die Karauschen das in den Muskeln gebildete Laktat zu Pyruvat umsetzen. Dieses wird über Acetaldehyd zu Ethanol reduziert. Das zu den Kiemen transportierte

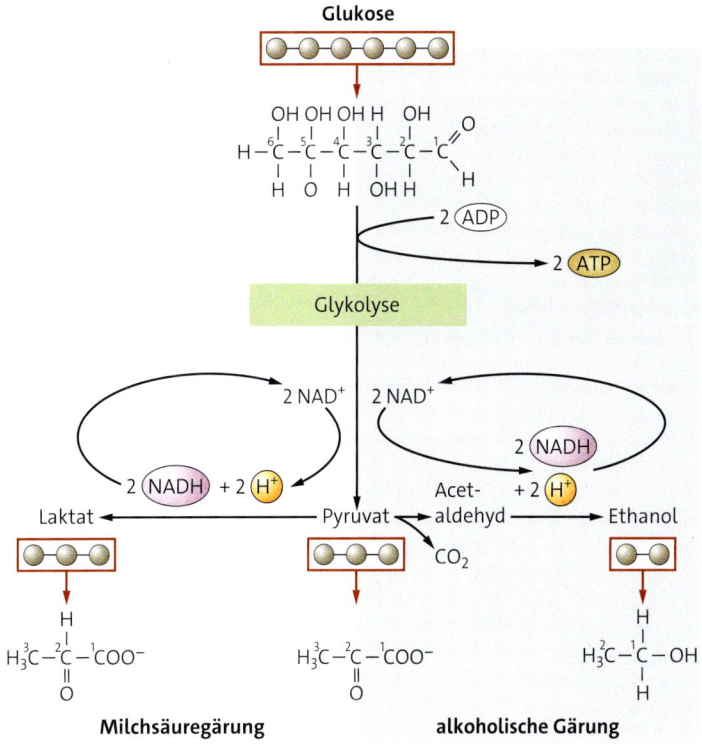

02 Gärungsformen

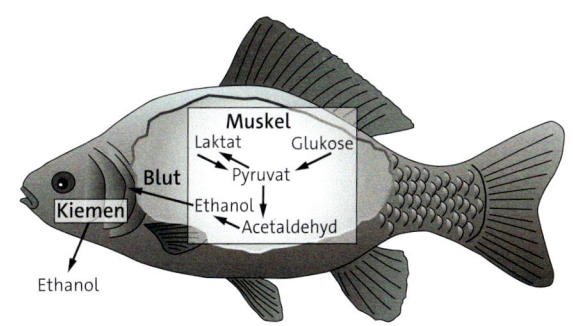

03 Stoffwechselwege bei der Karausche unter sauerstoffarmen Bedingungen im Winter

Ethanol wird dort ausgeschieden. Dadurch wird eine Anreicherung von Laktat im Blut der Karausche verhindert.

1 ⌡ Vergleichen Sie tabellarisch die Phasen und die Bilanz der aeroben und anaeroben Dissimilation!

2 ⌡ Erläutern Sie die Bedeutung der anaeroben Dissimilation für das Überleben der Karausche!

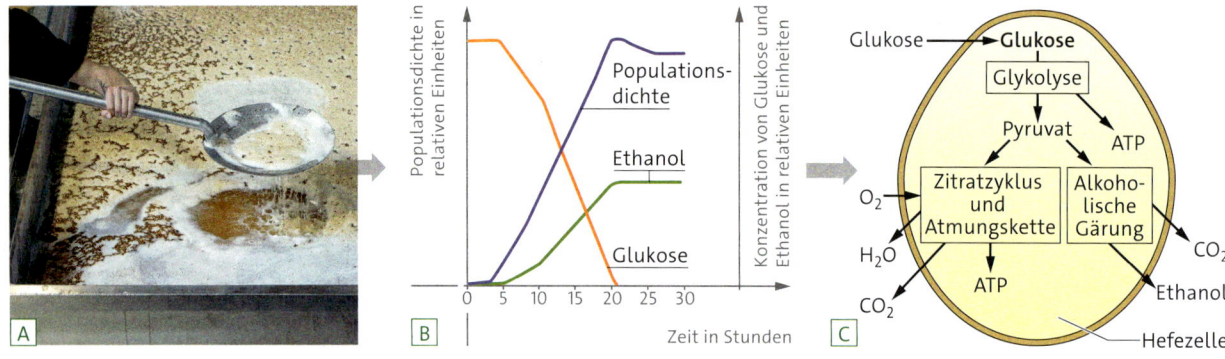

04 Stoffwechsel der Hefe: **A** Versuchsansatz, **B** Versuchsergebnisse, **C** Modell

GÄRUNGSTECHNOLOGIE · Bei der Herstellung, Veredelung und Konservierung von Lebensmitteln werden bereits seit Jahrtausenden Gärungsprozesse genutzt. Im 19. Jahrhundert konnte Louis PASTEUR zeigen, dass Mikroorganismen dabei eine entscheidende Rolle spielen. Die einzellige Hefe *Saccharomyces cerevisiae* wird zum Brotbacken und Bierbrauen eingesetzt. Zur Energiegewinnung nimmt sie Zucker, zum Beispiel Glukose, aus ihrer Umgebung auf, die sie entweder *aerob* zu Wasser und Kohlenstoffdioxid oder *anaerob* zu Kohlenstoffdioxid und Ethanol abbaut. Die Produkte der alkoholischen Gärung scheidet sie ins Umgebungsmedium aus. Das abgegebene Kohlenstoffdioxid sorgt für die Teiglockerung beim Brotbacken, der Ethanol wird zur Herstellung von alkoholischen Getränken und Bioethanol genutzt.

Andere Mikroorganismen, zum Beispiel Milchsäurebakterien der Gattung *Lactobacillus,* vergären die Laktose der Milch. Die entstehende Milchsäure denaturiert das Milcheiweiß und dickt die Milch an. Es entstehen zum Beispiel Joghurt und Kefir.

Hefen können sowohl mit als auch ohne Sauerstoff überleben, sie sind **fakultative Anaerobier.** Wann aber betreiben Hefen Gärung? PASTEUR untersuchte mithilfe von zuckerhaltigem Traubensaft, ob Sauerstoff einen Einfluss auf den bevorzugten Stoffwechselweg hat. Er stellte fest, dass Hefen bei Anwesenheit von Luftsauerstoff deutlich weniger Zucker verbrauchen und sich gut vermehren, die Bildung von Alkohol geht jedoch zurück. Er schloss daraus, dass Sauerstoff die Gärung hemmt. Dieses Phänomen des unterschiedlichen Zuckerverbrauchs in Abhängigkeit

von den Sauerstoffbedingungen wird als **Pasteur-Effekt** bezeichnet. Dieser wurde lange als Anpassung der Hefen an die günstigere Energiebilanz der aeroben Dissimilation gedeutet. In Folgeexperimenten im 20. Jahrhundert stellte man allerdings fest, dass Hefezellen auch bei Anwesenheit von Sauerstoff alkoholische Gärung betreiben, insbesondere dann, wenn eine gute Zuckerversorgung vorliegt. Das entspricht auch den Erfahrungen beim Bierbrauen und bei der Weinherstellung. Unterbindet man die Sauerstoffzufuhr vollständig, kommt die Gärung bald zum Erliegen, die Teilungsfähigkeit der Hefen lässt nach. Offenbar beeinflusst nicht nur das Sauerstoffangebot, sondern auch die angebotene Zuckermenge die Umstellung des Stoffwechsels der Hefe von Zellatmung auf Gärung. Bei guter Glukoseversorgung bewirken die Auslastung der Enzyme der Atmungskette in den Mitochondrien sowie die ATP-Konzentration in den Zellen, welcher Stoffwechselweg beschritten wird. Außerdem schädigt die zunehmende Anreicherung des Ethanols als Zellgift die Hefezellen.

Es braucht viel Erfahrung und Wissen, sowohl zu den verschiedenen Hefe- und Bakterienarten als auch zu den unterschiedlichen Umgebungsfaktoren, um die Gärungsprozesse für das gewünschte Produkt optimal zu steuern. Damit Produkte mit der gewünschten Qualität entstehen, werden in den Gäransätzen die Temperatur, die Sauerstoffzufuhr, die Zuckerart und die Zuckermenge genau kontrolliert.

Louis Pasteur 1822–1895, französischer Biochemiker und Mitbegründer der medizinischen Mikrobiologie

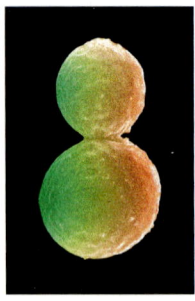

05 *Saccharomyces cerevisiae* (EM-Aufnahme)

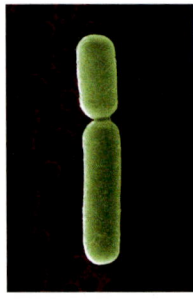

06 *Lactobacillus* (EM-Aufnahme)

3) Erläutern Sie anhand der Abbildung 04 die Ethanolproduktion der Hefe beim Bierbrauen!

Material A ▸ Untersuchung von Gärungsbedingungen

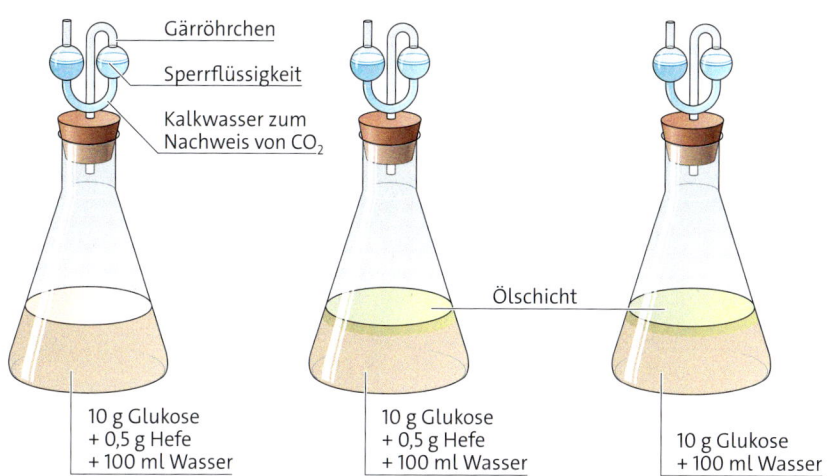

Gärröhrchen
Sperrflüssigkeit
Kalkwasser zum Nachweis von CO_2
Ölschicht

10 g Glukose
+ 0,5 g Hefe
+ 100 ml Wasser

10 g Glukose
+ 0,5 g Hefe
+ 100 ml Wasser

10 g Glukose
+ 100 ml Wasser

Hefeteig lässt sich unterschiedlich zubereiten. Eine Gruppe von Schülerinnen und Schülern möchte verschiedene Rezepturen testen. Zunächst wollen sie überprüfen, unter welchen Bedingungen Hefe ein Gas abgibt, das den Teig lockert. Im Internet haben sie verschiedene Möglichkeiten gefunden, den Versuch durchzuführen. Einen möglichen Versuchsaufbau mit drei Erlenmeyerkolben zeigt die Abbildung.

A1 Gliedern Sie das Anliegen der Schülerinnen und Schüler in Teilprobleme und formulieren Sie experimentell überprüfbare Versuchsfragen und Hypothesen!

A2 Beschreiben Sie anhand des ersten Erlenmeyerkolbens den abgebildeten Versuchsaufbau und erläutern sie die Funktion eines Gärröhrchens!

A3 Diskutieren Sie den abgebildeten Versuchsaufbau kritisch!

A4 Planen und erläutern Sie auf Grundlage dieses Versuchs verschiedene Experimente zum Nachweis der Vergärbarkeit verschiedener Kohlenhydrate oder der Abhängigkeit der Gärungsaktivität von der Temperatur!

Material B ▸ Gärungsbedingungen beeinflussen den Geschmack – Herstellung von Kombucha

A

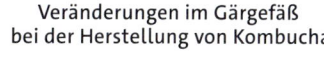
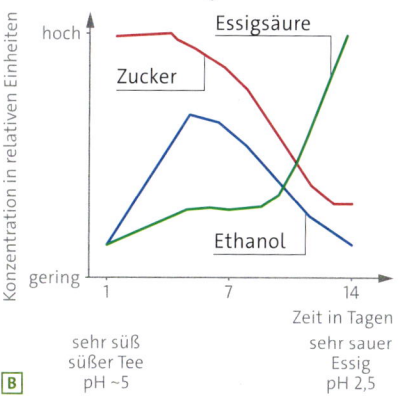

Veränderungen im Gärgefäß bei der Herstellung von Kombucha

Konzentration in relativen Einheiten
hoch
Essigsäure
Zucker
Ethanol
gering
1   7   14
Zeit in Tagen

sehr süß
süßer Tee
pH ~5

sehr sauer
Essig
pH 2,5

B

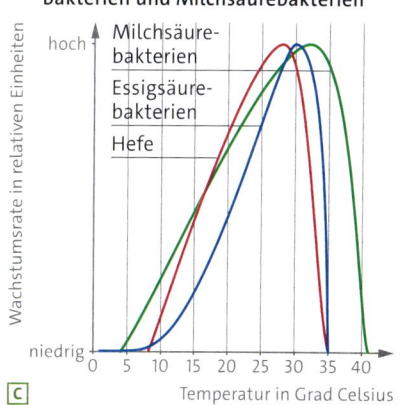

Wachstumsraten von Hefe, Essigsäurebakterien und Milchsäurebakterien

Wachstumsrate in relativen Einheiten
hoch
Milchsäurebakterien
Essigsäurebakterien
Hefe
niedrig
0 5 10 15 20 25 30 35 40
Temperatur in Grad Celsius

C

Kombucha ist ein Erfrischungsgetränk mit geringem Alkoholgehalt. Das Getränk wird mithilfe des gallertartigen Teepilzes hergestellt, der aus Hefepilzen, Milchsäure- und Essigsäurebakterien besteht. Die Essigsäurebakterien oxidieren Ethanol zu Essigsäure.

Für die Zubereitung von Kombucha wird der Teepilz mit gesüßtem schwarzen Tee bei 20 bis 25 Grad Celsius angesetzt. Durch die Stoffwechselaktivität der Mikroorganismen steigt die Temperatur im Gärgefäß. Nach etwa 8 bis 12 Tagen ist der Kombucha fertig. Der Teepilz ist gewachsen und kann für einen neuen Ansatz genutzt werden.

B1 Beschreiben Sie die Veränderungen im Gärgefäß in Abbildung B!

B2 Erläutern Sie die Untersuchungsergebnisse in Abbildung C!

B3 Deuten Sie die Veränderungen im Gäransatz, indem Sie die Ergebnisse in Beziehung zueinander setzen!

B4 Fassen Sie zusammen, wovon der Geschmack und die Zusammensetzung des Kombuchas abhängt!

01 Jogging

Bau und Funktion von Muskeln

Bei einem Läufer kann man beobachten, wie die Beinmuskeln bei der Bewegung ihre Form verändern, sie sind dick oder dünn. Was geschieht bei diesen Veränderungen im Muskel?

WILLKÜRLICHE BEWEGUNGEN · Alle willkürlichen Bewegungen, wie zum Beispiel das Heben und Senken der Beine beim Laufen, werden durch *Skelettmuskeln* ermöglicht. Die Skelettmuskeln sind über Sehnen mit den Knochen des Skeletts verbunden. Durch Zusammenziehen der Muskeln werden die Knochen bewegt. Dabei wirken gegenüberliegende Skelettmuskeln als Gegenspieler, Antagonisten. Kontrahiert zum Beispiel beim Laufen der Beugemuskel auf der Unterseite des Oberschenkels, wird der Streckmuskel auf der Oberseite beim Heben des Beines passiv gedehnt.

BAU DES SKELETTMUSKELS · Ein Skelettmuskel besteht aus vielen **Muskelfaserbündeln,** die von einer **Muskelhülle** aus Bindegewebe umgeben sind. Innerhalb der Muskelhülle verlaufen die Muskelfaserbündel parallel in Längsrichtung. Jedes einzelne dieser Bündel besteht aus vielen **Muskelfasern.** Diese etwa 50 Mikrometer dicken und mehrere Zentimeter langen Zellen sind während der Embryonalentwicklung durch Verschmelzung einzelner Vorläuferzellen entstanden. Ausgewachsene Muskelfasern enthalten daher im Zellplasma viele Mitochondrien und viele peripher liegende Zellkerne.

Eine einzelne Muskelfaser enthält viele längs verlaufende **Myofibrillen.** In einer Myofibrille befinden sich zahlreiche hintereinander liegende Einheiten, die **Sarkomere.** Diese sind die funktionellen Abschnitte eines Skelettmuskels, die die Kontraktion ermöglichen. Die Sarkomere sind über zwei äußere, aus Proteinen bestehende Flächen verbunden, die **Z-Scheiben.** Innerhalb des Sarkomers verlaufen fädige Proteine, die Filamente. Die dünnen **Aktinfilamente** sind an den Z-Scheiben verankert. Die dicken **Myosinfilamente** liegen in der Mitte eines Sarkomers und sind über sehr dünne elastische Proteine, die **Titinen,** mit den Z-Scheiben verbunden. Die äußeren Bereiche der Myosinfilamente werden von den Aktinfilamenten überragt. Diese Bereiche erscheinen im mikroskopischen Bild als dunkle Querstreifen und heben sich von den hellen Bereichen in der Mitte des Sarkomers und an den Seiten der Z-Scheiben ab. Dadurch entsteht das typische *quer gestreifte Muster* der Skelettmuskulatur.

MUSKELKONTRAKTIONEN · Im entspannten Muskel überlappen die parallel angeordneten Myosin- und Aktinfilamente nur zu einem kleinen Teil. Bei der Muskelkontraktion gleiten sie aneinander vorbei, sodass sie stärker überlappen. Der Abstand zwischen den Z-Scheiben wird kürzer und die hellen Streifen werden schmaler. Wie lässt sich diese Verkürzung auf molekularer Ebene erklären?

Jedes Myosinfilament besteht aus einigen Myosinmolekülen, die eine Schaftregion und einen rundlichen Kopf besitzen. Zunächst ist an jedem Kopf ein ATP gebunden und der Myosinkopf bildet zum Myosinschaft einen 90-Grad-Winkel. Wird das ATP hydrolysiert, entstehen ADP und anorganisches Phosphat und der Winkel des Myosinkopfes wird geändert, der Myosinkopf wird gespannt. Durch Nervenimpulse ausgelöst, geht der Myosinkopf eine Bindung mit dem Aktinfilament ein. Diese Verbindung nennt man **Querbrücke.** Lösen sich ADP und das anorganische Phosphat vom Myosinkopf, knickt dieser bis auf 50 Grad ab. Dadurch wird das Aktinfilament zur Mitte des Sarkomers bewegt. Bindet erneut ein ATP an den Myosinkopf, löst er sich vom Aktinfilament. Damit ist der Ausgangszustand wieder erreicht. Je häufiger dieser Zyklus abläuft, desto kürzer wird das Sarkomer und desto stärker ist die Muskelkontraktion. Die Stärke der Kontraktion hängt von ankommenden Nervenimpulsen ab. Diese Modellvorstellung zur Muskelkontraktion nennt man **Gleitfilamenttheorie.**

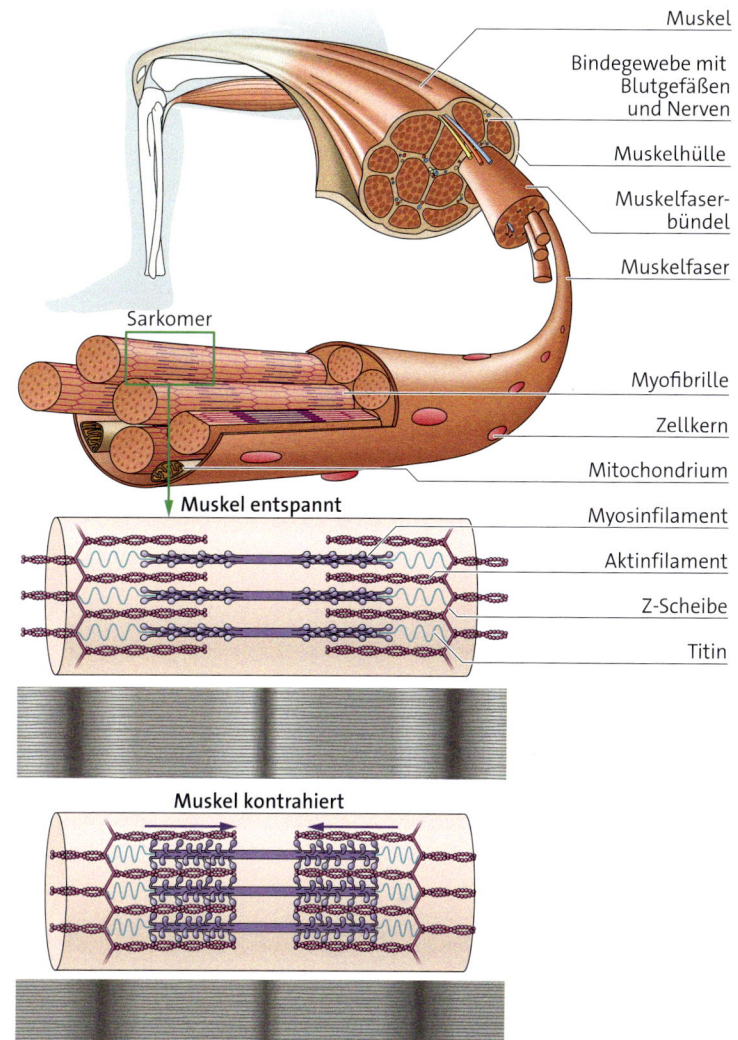

Muskel entspannt

Muskel kontrahiert

02 Bau eines Skelettmuskels vom sichtbaren Bereich zur Feinstruktur

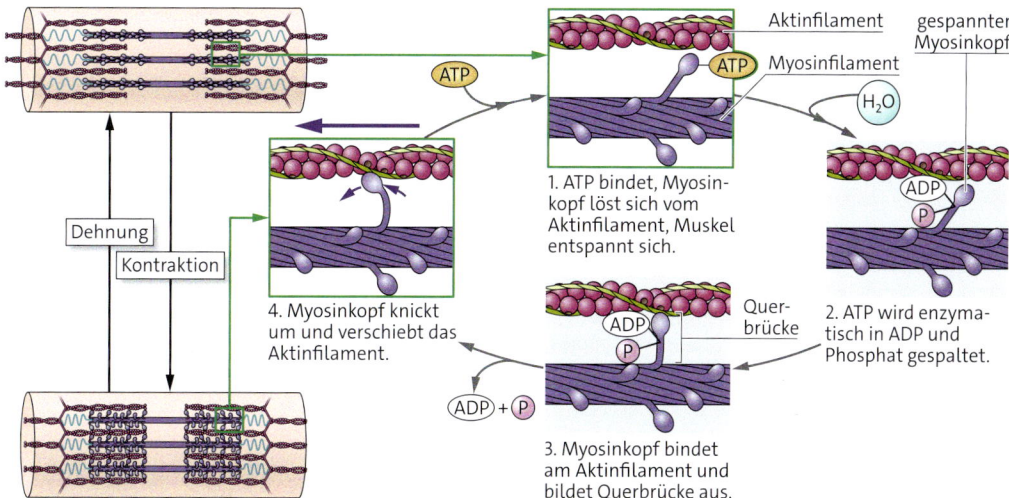

03 Molekulare Vorgänge der Muskelkontraktion

MUSKELFASERTYPEN · Die Skelettmuskulatur besteht aus unterschiedlichen Muskelfasertypen. Im Lichtmikroskop lassen sich helle und dunkle Bereiche erkennen, die man als weiße und rote Muskelfasern bezeichnet.

Die **weißen Muskelfasern** enthalten weniger Myoglobin und sind von weniger Blutkapillaren umgeben als die roten Muskelfasern. Daher erscheinen weiße Muskelfasern im Lichtmikroskop heller als die roten. Die weißen Muskelfasern kontrahieren sehr schnell, ermüden jedoch sehr rasch. Der Gehalt an Glykolyseenzymen ist bei ihnen sehr hoch, der Anteil an Mitochondrien hingegen vergleichsweise gering. Dementsprechend nutzt dieser Muskeltyp für die Kontraktionen zunächst den nur wenige Sekunden reichenden ATP-Vorrat der Muskelzelle, den ebenfalls begrenzten Vorrat an *Kreatinphosphat* und bei längerer Muskelbelastung die ATP-Moleküle, die durch anaeroben Abbau von Glukose entstehen. Bei diesem Prozess der Gärung entsteht Laktat.

Die **roten Muskelfasern** enthalten viel Myoglobin und sind von vielen Blutkapillaren umgeben. Daher erscheinen sie im Lichtmikroskop dunkler als die weißen. Im Vergleich zu den weißen Muskelfasern kontrahieren sie langsamer, aber ausdauernder. Zudem ist ihre Mitochondriendichte viel höher. Dadurch kann in ihnen ATP über den aeroben Weg bereitgestellt werden. In der Glykolyse im Zellplasma und in den anschlie-

Das Myoglobin ist ein Protein, das den Sauerstoff vom Hämoglobin des Blutes aufnimmt und in die Muskelzellen transportiert.

Kreatinphosphat + ADP → Kreatin + ATP

ßenden Prozessen der Zellatmung wird mehr ATP pro Molekül Glukose zur Verfügung gestellt. Der erhöhte Glukosebedarf wird aus den Vorräten an *Glykogen* in den Muskel- und Leberzellen gedeckt. Um an Glukose zu kommen, muss Glykogen abgebaut werden. Glykogen besteht aus sehr vielen Glukosemolekülen und dient als Langzeitenergiespeicher. Der Glykogenabbau wird durch Nervenimpulse aktiviert. Zusätzlich kann Glykogen über den Abbau von Fettsäuren und Proteinen geliefert werden. Die Glukose wird zusammen mit dem Sauerstoff über die Blutkapillaren zu den Muskelzellen transportiert.

Für alle aeroben Prozesse, die ATP liefern, benötigen die Muskeln eine intensivere Sauerstoffversorgung, die durch gesteigerte Atmung und einen höheren Puls erreicht wird.

Das vor allem in den weißen Muskelfasern anaerob produzierte Laktat wird nach der Muskelbelastung aerob abgebaut. Das dabei entstehende ATP wird zur Bildung von Kreatinphosphat genutzt und so der Speicher in den Muskelzellen wieder aufgefüllt. Laktat lässt sich nur relativ kurze Zeit nach einer Muskelaktivität wie einem Dauerlauf im Muskel nachweisen.

Der Anteil der Muskelfasertypen variiert in den verschiedenen Muskeln und Organen. Neben den roten und weißen Muskelfasertypen gibt es auch Mischformen. Die Verteilung der Fasertypen in den Muskeln ist größtenteils genetisch bedingt. Sportler trainieren bestimmte Muskelpartien, um ihre Schnelligkeit oder Ausdauer zu steigern. Durch viel Ausdauertraining können Anteile der weißen Muskelfasern in rote umgewandelt werden. Dadurch wird die Ausdauerleistung gesteigert, die Schnelligkeit und Schnellkraft hingegen verringert. Ob auch rote Muskelfasern in weiße umgewandelt werden können, ist wissenschaftlich noch nicht abschließend geklärt.

1) Erläutern Sie die mikroskopisch sichtbaren Veränderungen in einem Sarkomer während der Muskelkontraktion!

2) Erklären Sie die Funktionsweise einer Muskelfaser unter Berücksichtigung des ATPs!

3) Vergleichen Sie tabellarisch die Muskelfasertypen!

Muskel entspannt   Muskel kontrahiert

Energie

ATP   ADP + P

Kreatin (K) | Laktat (anaerobe Energiegewinnung) | $CO_2 + H_2O$ (anaerobe Energiegewinnung) | Glukose aus Glykogen + O_2 | Glukose aus Glykogen | Kreatinphosphat (KP)

1 ATP   2 ATP   38 ATP

04 Energiebereitstellung für die Muskelkontraktion

Material A ▸ Muskelfasertypen

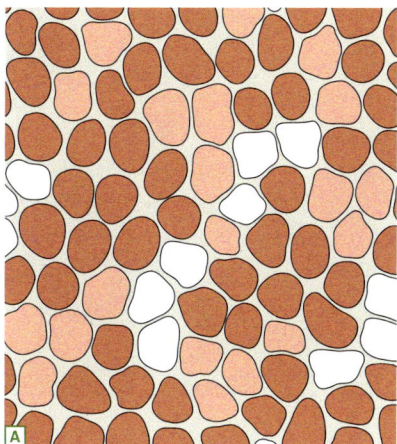

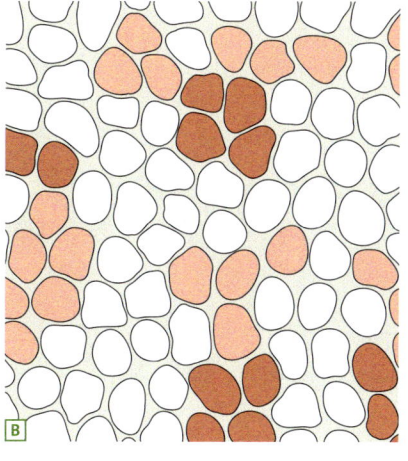

Die Verteilung der Muskelfasertypen in den Muskeln ist sehr unterschiedlich. Beim Menschen befinden sich rote

Muskelfasern zum Beispiel in der Rückenmuskulatur und weiße Muskelfasern in den Augenmuskeln.

Bei Haushühnern kommen rote Muskelfasern vor allem in den Beinen und weiße Muskelfasern in den Brustmuskeln vor.

A1 Vergleichen Sie die Anteile der Muskelfasertypen in den Muskelquerschnitten A und B und ordnen Sie die Querschnitte begründet den im Text genannten Beispielen zu!

A2 Erklären Sie anhand der anatomischen Merkmalsausprägungen der Muskelfasern die unterschiedliche Leistungsfähigkeit!

Material B ▸ Muskelkater

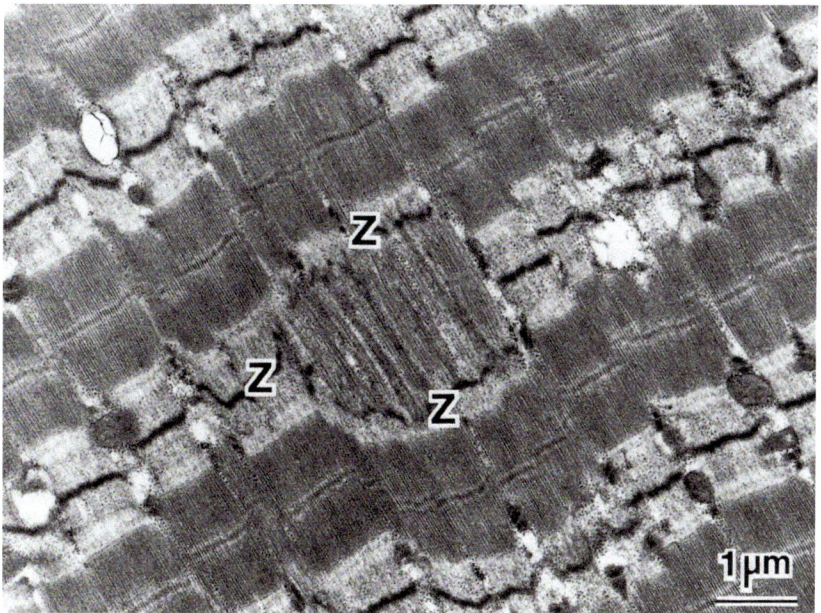

Nach sportlicher Betätigung und ungewohnten oder untrainierten Bewegungsabläufen tritt gelegentlich nach ein bis zwei Tagen Muskelkater auf. Lange Zeit wurde die Hypothese vertreten, dass die Übersäuerung der Muskeln durch Anreicherung von Laktat die Ursache für Muskelkater sei. Heute

weiß man, dass Laktat schnell aus den Muskeln entfernt und in der Leber abgebaut wird. Außerdem hat man festgestellt, dass bei Muskelkater die Myofibrillen kleine Risse, vor allem in den Z-Scheiben, aufweisen. Diese Risse rufen Entzündungen hervor, durch die Flüssigkeitsansammlungen entstehen.

Dadurch werden die Schmerzrezeptoren gereizt, die in dem Bindegewebe um die Muskelfaserbündel eingelagert sind. Sie leiten die Nervenimpulse zum Gehirn weiter und man empfindet Schmerzen. Erst nach sieben bis zehn Tagen sind die Risse in den Muskelfibrillen vollständig abgeheilt. Muskelkater ist also ein Zeichen für Überlastung. Beim Muskelkater werden schnelle weiße Muskelfasern mehr geschädigt als langsame rote Muskelfasern.

B1 Laktat wird schnell aus Muskeln entfernt und in der Leber abgebaut. Erläutern Sie, weshalb diese Erkenntnis im Widerspruch zu der früheren Erklärung von Muskelkater steht!

B2 Formulieren Sie jeweils eine Hypothese, weshalb ein warmes Bad und sehr leichtes Ausdauertraining bei der Heilung von Muskelkater helfen können, eine tiefe Massage und eine direkte Wiederholung des Muskelkaters auslösenden Trainings jedoch nicht!

01 Sportler auf einem Ruderergometer

Energieumsatz bei Belastung

Ein Sportler trainiert mit dem Ruderergometer. Auf dem Display kann er ablesen, mit welcher Intensität und Ausdauer er trainiert. Gleichzeitig errechnet das Gerät einen Durchschnittswert für die umgesetzte Energie. Wie verändert die körperliche Aktivität den Energieumsatz und wie lässt sich das ermitteln?

ENERGIEUMSATZ · Lebewesen sind während ihres gesamten Lebens auf Nahrungszufuhr angewiesen. Sie übertragen die in der Nahrung enthaltene Energie auf die für den Körper nutzbare, körpereigene Energieformen, vor allem ATP. Auch bei völliger Ruhe benötigt ein Lebewesen Energie in Form von ATP zur Aufrechterhaltung aller grundlegenden Funktionen der Organe, wie zum Beispiel Herzschlag, Atmung und Gehirntätigkeit. Die dafür umgesetzte Energie bezeichnet man als **Grundumsatz.**

Jede zusätzliche Beanspruchung des Körpers erhöht den gesamten Energieumsatz. Bereits die Verdauung unterschiedlicher Nährstoffe erhöht den Energiebedarf. Die Thermoregulation des Körpers zur Anpassung an verschiedene Umgebungstemperaturen erhöht den Energieumsatz um etwa fünf bis zehn Prozent. Bei körperlicher Aktivität ist der Energiebedarf am größten. Die dafür zusätzlich benötigte Energiemenge bezeichnet man als **Leistungsumsatz.** Je nach Umfang und Intensität der körperlichen Aktivität kann er 15 bis 50 Prozent des **Gesamtumsatzes**

Gesamtenergieumsatz = Grundumsatz + Leistungsumsatz + nahrungsbedingter und temperaturregulierender Energieumsatz

ausmachen. Der Gesamtumsatz setzt sich somit aus Grundumsatz, Leistungsumsatz und in geringerem Maße aus nahrungsbedingtem und temperaturregulierendem Energieumsatz zusammen.

DIREKTE KALORIMETRIE · Für eine ausgeglichene Energiebilanz des Organismus sollte die Energiezufuhr durch die Nahrung mit dem tatsächlichen Energiebedarf übereinstimmen. Nimmt ein Lebewesen mehr Nährstoffe auf als es tatsächlich benötigt, werden die nicht genutzten Nährstoffe chemisch zu Glykogen und vor allem zu Körperfett umgewandelt und gespeichert. Um die Energiezufuhr zu bestimmen, muss man den für den Organismus verwertbaren Energiegehalt von Nährstoffen und Nahrungsmitteln kennen. Dazu gibt man eine bestimmte Menge eines Nahrungsmittels in die Brennkammer eines *Kalorimeters.* Die bei der Verbrennung des Nahrungsmittels entstehende Wärme erwärmt das Wasser, das die Brennkammer umgibt. Die Temperaturänderung des Wassers wird mit einem Thermometer gemessen und lässt Rückschlüsse auf die Energiefreisetzung der Nahrungsmittelprobe zu. Da zur Erhitzung von einem Gramm Wasser um ein Grad Celsius eine **Kalorie** beziehungsweise 4,2 Joule benötigt werden, kann man aus dem Temperaturanstieg den **physikalische Brennwert** des Nährstoffs bestimmen. Dieser beträgt für Fette etwa neun Kilokalorien pro Gramm, das entspricht etwa 39 Kilojoule, für Kohlenhydrate etwa 17 Kilojoule und für Proteine etwa 23 Kilojoule pro Gramm Nährstoff. Da der Organismus zum Beispiel Proteine nicht vollständig oxidiert und Nahrungsmittel nicht vollständig verwertet, ist ihr **physiologischer Brennwert** geringer. Dem französischen Chemiker Antoine de LAVOISIER gelang es, das Prinzip der Kalorimetrie auf die Messung des *Energieumsatzes* eines Lebewesens zu übertragen. Dabei wird die Wärme, die ein Lebewesen bei allen Stoffwechselaktivitäten abgibt, in einer wärmeisolierten Kammer bestimmt. Der Temperaturanstieg in der Kammer wird als direktes Maß für den Energieumsatz gewertet. Dieses Verfahren der **direkten Kalorimetrie** zeigt, dass die Wärmeabgabe eines Menschen bei vollständiger Ruhe durchschnittlich vier Kilojoule pro Kilogramm Körpergewicht und Stunde beträgt. Das entspricht dem minimalen Energiedarf eines Menschen zur Aufrechterhaltung seiner Körperfunktionen, also seinem *Grundumsatz*. Aufgrund der unterschiedlichen Anteile von Muskelmasse und Fettanteile ist er bei Frauen im Durchschnitt etwa zehn Prozent geringer als der von Männern. Der Grundumsatz verändert sich im Tagesverlauf und wird durch die Fitness, den Gesundheitszustand und auch durch Stress beeinflusst.

INDIREKTE KALORIMETRIE · Betrachtet man die Summengleichung der Dissimilation, so erkennt man, dass sich der Energieumsatz auch indirekt aus der Veränderung von Substraten und Edukten bestimmen lässt.
Beim zellulären aeroben Abbau von 1 Mol Glukose mit dem physikalischen Brennwert von

2868 Kilojoule werden 6 Mol – das entspricht in etwa 134 Liter – Luftsauerstoff verbraucht und 6 Mol Kohlenstoffdioxid sowie 32 Mol ATP gebildet. Daraus lässt sich berechnen, dass pro Liter verbrauchtem Sauerstoff 21 Kilojoule Energie freigesetzt werden, wenn die Nahrung ausschließlich aus Kohlenhydraten besteht. Da zur Oxidation von Fetten und Proteinen etwas mehr Sauerstoff nötig ist, liegt der Energieumsatz bei gemischter Kost durchschnittlich bei 20 Kilojoule pro Liter verbrauchtem Sauerstoff. Die Energiemenge, die bei der Oxidation von einem Liter Sauerstoff im Organismus freigesetzt wird, heißt *kalorisches Äquivalent*. Dieses kann man indirekt zur Bestimmung des Energieumsatzes nutzen.
In der Praxis wird mithilfe einer mit Sauerstoff- und Kohlenstoffdioxidsensoren ausgestatteten Atemmaske, eines Spirometers, die Menge an verbrauchtem Sauerstoff und erzeugtem Kohlenstoffdioxid in Litern bestimmt. Der mit dieser **indirekten Kalorimetrie** gemessener Sauerstoffbedarf in Ruhe beträgt durchschnittlich 3,5 Milliliter Sauerstoff pro Minute und Kilogramm Körpermasse und kann bei maximaler Belastung auf dem Ruderergometer auf 35 bis 42 Milliliter Sauerstoff pro Kilogramm pro Minute steigen. Multipliziert mit dem kalorischen Äquivalent lässt sich der Energieumsatz bestimmen. Diese Werte nutzen zum Beispiel Ergometer und Trackingarmbänder zur Abschätzung des Energiebedarfs.

1 ⌡ Beschreiben Sie die verschiedenen Methoden zur Bestimmung des Grund- und des Leistungsumsatzes eines Menschen!

Brennwert = Maß für die in einem Stoff chemisch gebundene Energie, die in Form von Wärme bei der Verbrennung pro Kilogramm des Stoffs abgegeben wird.

Antoine de LAVOISIER 1743–1794

Berechnung des durchschnittlichen Grundumsatzes: Frauen: Körpermasse × 24 × 3,8 pro Kilogramm und Tag, Männer: Körpermasse × 24 × 4,2 pro Kilogramm und Tag

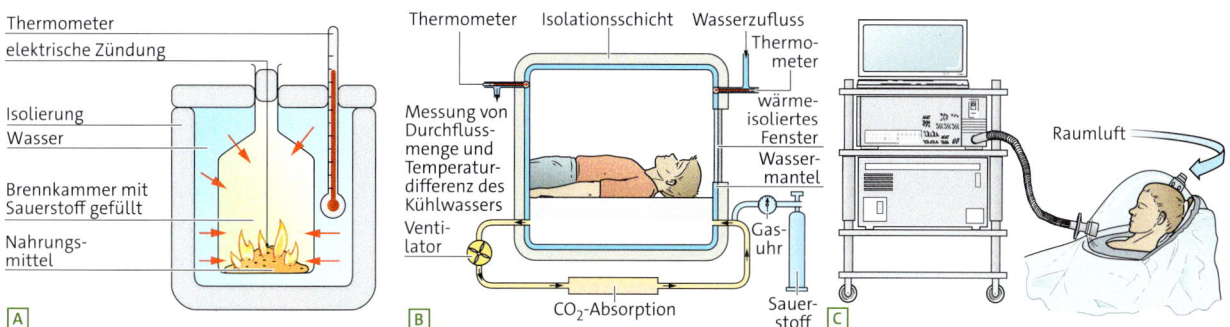

02 Kalorimetrie: **A** Kalorimeter, **B** direkte Kalorimetrie: Versuchsaufbau, **C** indirekte Kalorimetrie

ATP-BEREITSTELLUNG BEI BELASTUNG · Je nach körperlicher Belastung steigt der Energiebedarf der Muskelzellen unterschiedlich stark an. Da für Muskelkontraktionen ATP benötigt wird und der ATP-Vorrat in den Muskelzellen nur für wenige Sekunden ausreicht, hängt die Leistungsfähigkeit des Organismus von der Bereitstellung und Nachlieferung des ATPs ab.

In geringem Umfang wird ATP aus der Spaltung von ebenfalls in den Muskelzellen vorhandenem *Kreatinphosphat* gewonnen. Dabei können größere Mengen ATP ohne Verbrauch von Sauerstoff, also anaerob, für etwa 10 bis 20 Sekunden regeneriert werden. Für länger als eine Minute andauernde körperliche Anstrengungen regeneriert der Körper ATP aus dem anaeroben oder aeroben Abbau von Nährstoffen in den Zellen. Besonders in der ersten Minute der körperlichen Belastung und bei hohen Belastungsintensitäten werden ATP-Moleküle anaerob aus dem Abbau von Glukose in der *Glykolyse* gewonnen. Dabei wird das im Zellplasma gebildete Pyruvat besonders in den mitochondrienarmen weißen Muskelfaserzellen zu Laktat, dem Säurerest der Milchsäure, umgesetzt. Bei dieser *Milchsäuregärung* synthetisieren die Zellen kurzfristig pro Molekül Glukose 2 Mol ATP. Trotz der hohen Umsetzungsraten reicht die *anaerobe Energiebereitstellung* zwar für Spitzenbelastungen aus, dauerhaft jedoch nicht für die Deckung des Grundumsatzes. Aerobe und anaerobe Prozesse ergänzen sich somit in allen Aktivitätsphasen.

Kreatinphosphat siehe Seite 148

Milchsäuregärung siehe Seite 143

Die Energiebereitstellung mithilfe von eingeatmetem Sauerstoff in der *Atmungskette,* also der *aeroben Abbau* von Nährstoffen, braucht etwa 90 Sekunden, bis sie ihr Maximum erreicht hat und pro Mol Glukose 32 Mol ATP liefert. Bei längerer Ausdauerbelastung wird ATP überwiegend aus dem Abbau von Glykogen und nach etwa 20 Minuten besonders aus der Oxidation von Fettsäuren regeneriert. Nach der körperlichen Belastung ist die Atemfrequenz noch erhöht. Mit dem aufgenommenen Sauerstoff wird Laktat in den Mitochondrien der Skelett- und Herzmuskelzellen abgebaut und zur oxidativen ATP-Bildung in den Mitochondrien genutzt. In der Leber dient es außerdem zur Regeneration der Glykogenreserven. Zudem wird durch den zusätzlich eingeatmeten Sauerstoff ATP und Kreationphosphat gebildet und dadurch das Defizit in den Speichern ausgeglichen.

MESSUNG DER BELASTUNGSGRENZE · Um die körperliche Leistungsfähigkeit, die *Fitness,* zu testen, läuft oder radelt die Testperson auf einem *Spiroergometer* bei ansteigenden Belastungsintensitäten, bis sie völlig erschöpft ist. Die ermittelte Sauerstoffaufnahme und Herzschlagfrequenz geben Auskunft über die Sauerstoffversorgung und den Sauerstofftransport. Sie steigen mit zunehmender Belastung weitgehend linear bis zu einem Maximum an. Zum Zeitpunkt des Belastungslimits lässt sich die *maximale Sauerstoffaufnahme* pro Minute bestimmen. Je höher die maximale Sauerstoffaufnahme ist und je später das Belastungslimit eintritt, desto besser ist der Trainingszustand. Die *Laktatkonzentration im Blut* gibt Auskunft über die Anpassungsfähigkeit des Stoffwechsels an Spitzenbelastungen. Laktatbildung und Laktatabbau sind bei mittleren Belastungsintensitäten im Fließgleichgewicht, im *steady state.* Wenn mit steigender Belastung mehr Laktat gebildet als gleichzeitig abgebaut werden kann, steigt der Laktatwert im Blut. Das ist ein Hinweis auf die Kapazitätsgrenze der Mitochondrien zur oxidativen Verarbeitung der Nährstoffe und der Effektivität des Laktatabbaus.

2 | Beschreiben Sie die Wege der ATP-Resynthese!

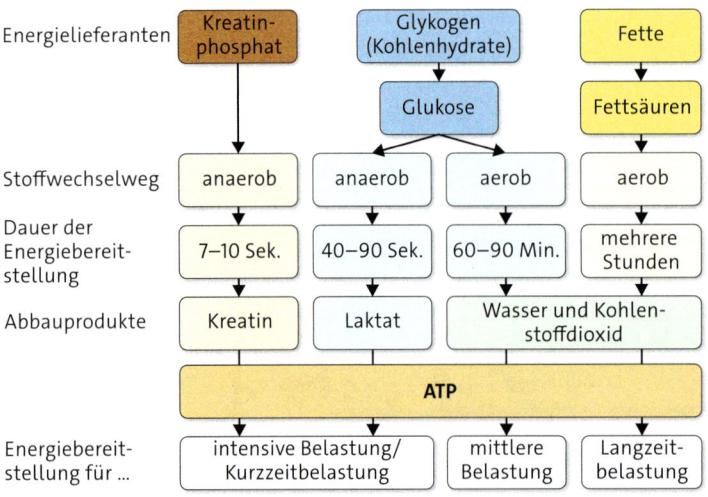

03 Anaerobe und aerobe Regeneration von ATP bei unterschiedlicher Belastung

Material A ▸ Energieumsatz im Alltag

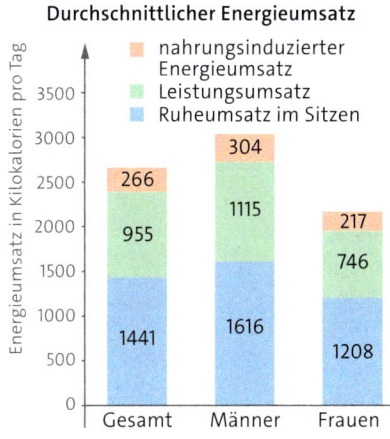

Durchschnittlicher Energieumsatz

- nahrungsinduzierter Energieumsatz
- Leistungsumsatz
- Ruheumsatz im Sitzen

In einer Untersuchung wurden bei 178 Männern und 154 Frauen der Energieumsatz innerhalb einer Woche und die Durchschnittswerte pro Tag bestimmt. Dazu ermittelte man mithilfe der indirekten Kalorimetrie den Ruheumsatz im Sitzen. Die Dauer, Intensität und Häufigkeit der körperlichen Aktivität wurde mit einem elektronischen Aktivitäts- und Herzfrequenzmesser gemessen, den die Versuchspersonen am Körper trugen. Daraus wurde der Energieumsatz ermittelt.

A1 Fassen Sie die Untersuchungsergebnisse zusammen!

A2 Erläutern Sie an diesem Beispiel das Verfahren der indirekten Kalorimetrie!

A3 Stellen Sie Vermutungen an, weshalb sich der Ruheumsatz bei Frauen und Männern unterscheidet!

A4 Leiten Sie gesundheitsbezogene Empfehlungen für die Teilnehmer der Studie aus den Befunden ab!

Material B ▸ Energiebereitstellung bei unterschiedlichen Laufdisziplinen

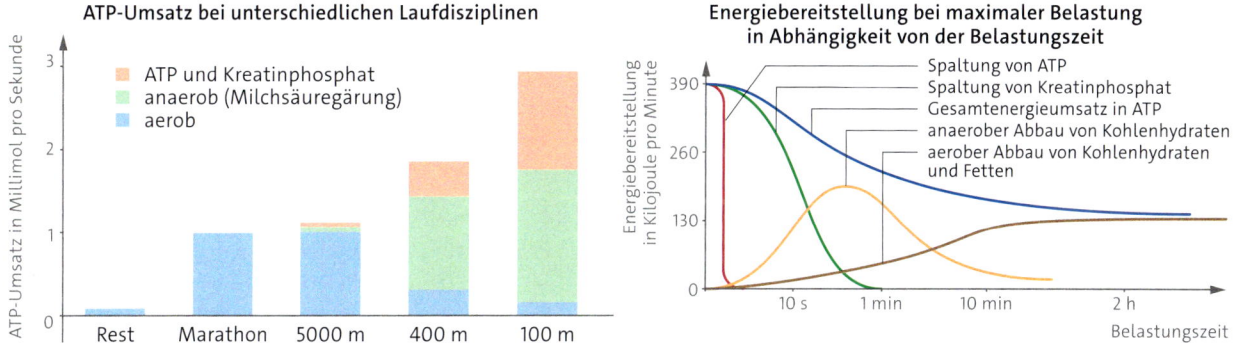

ATP-Umsatz bei unterschiedlichen Laufdisziplinen

- ATP und Kreatinphosphat
- anaerob (Milchsäuregärung)
- aerob

Energiebereitstellung bei maximaler Belastung in Abhängigkeit von der Belastungszeit

- Spaltung von ATP
- Spaltung von Kreatinphosphat
- Gesamtenergieumsatz in ATP
- anaerober Abbau von Kohlenhydraten
- aerober Abbau von Kohlenhydraten und Fetten

B1 Beschreiben Sie die Ergebnisse in der linken Abbildung!

B2 Erläutern Sie die Stoffwechselwege zur Resynthese von ATP!

B3 Interpretieren Sie die Ergebnisse mithilfe der rechten Abbildung!

Material C ▸ Die Bedeutung der Ernährung für eine Ausdauerbelastung

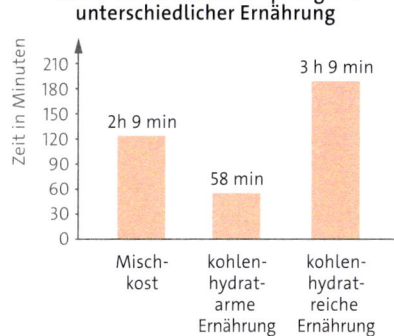

Muskelglykogenkonzentration im Muskelgewebe bis zur Erschöpfung bei unterschiedlicher Ernährung

- vor dem Ausdauerradfahren
- nach dem Ausdauerradfahren

Fahrdauer bis zur Erschöpfung bei unterschiedlicher Ernährung

In einem Versuch wurde untersucht, welche Auswirkungen drei verschiedene dreitägige Diäten auf die Ausdauerleistung haben. Als Maß für die Ausdauer wurde der Glykogengehalt im Muskelgewebe vor und nach maximalem Ausdauerradfahren sowie die Zeit bis zur Erschöpfung gemessen.

C1 Beschreiben Sie die Untersuchungsergebnisse zur Wirkung der drei Diäten!

C2 Erläutern Sie die Bedeutung des Glykogens für die Energieversorgung des Körpers bei einer Ausdauerbelastung!

C3 Deuten Sie die Befunde und ziehen Sie Schlussfolgerungen bezüglich einer günstigen Ernährung vor einer Langzeitbelastung!

01 Training

Leistungssteigerung und Sport

Es ist noch kein Meister vom Himmel gefallen! Jeder weiß, dass sich durch Training Schnelligkeit, Ausdauer oder Kraft steigern lassen. Was passiert bei der Leistungssteigerung im Körper?

LEISTUNGSSTEIGERUNG DURCH TRAINING · Um in einer Sportart bessere Leistungen zu erzielen, muss man den Körper systematisch und regelmäßig belasten. Man spricht von sportlichem *Training*. Diese wiederholten Übungen steigern nicht nur die Muskelaktivität, sondern haben positive Auswirkungen auf den gesamten Bewegungsapparat sowie das Herz-Kreislauf-System, das Nervensystem und den Stoffwechsel. Kraft und Ausdauer werden unterschiedlich trainiert.

KRAFTTRAINING · Trainiert man regelmäßig mit dem Ziel, Muskelmasse aufzubauen und die Kraftfähigkeiten zu erhöhen, spricht man von *Krafttraining*. Im Verlauf des Krafttrainings wird relativ schnell die Muskelkraft gesteigert. Das ist darauf zurückzuführen, dass in der ersten Trainingsphase ein motorisches Lernen stattfindet, das sich in einem verbesserten Zusammenspiel von Nerven und Muskeln zeigt. Dadurch werden mehr Muskelfasern gleichzeitig zur Kontraktion gebracht. Erst nach längerer Trainingszeit nimmt die Anzahl der Myofibrillen zu. Dadurch vergrößert sich der Querschnitt der Muskelfasern und somit vergrößern sich die Muskeln. Eine Volumenvergrößerung der Muskeln durch Vermehrung der Muskelfasern ist nicht eindeutig belegt. Während des Krafttrainings wird zusätzlich die Anzahl der glykolytischen Enzyme erhöht. So können die Muskeln mehr ATP in kürzerer Zeit nutzen.

Durch intensives Training mit Gewichten und anderen Kraftübungen kann aus roten Muskelfasern ein Mischtyp zwischen roten und weißen Muskelfasern entstehen. Eine vollständige Umwandlung von roten in weiße Muskelfasern konnte noch nicht belegt werden. Zudem kann durch entsprechendes Krafttraining der Querschnitt eines Muskels vergrößert werden, ohne dass sich das Verhältnis von roten und weißen Muskelfasern ändern muss.

vor dem Training   nach kurzer Trainingszeit   nach längerer Trainingszeit

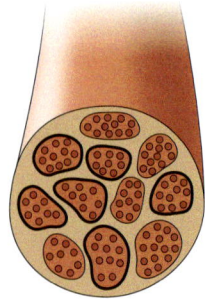 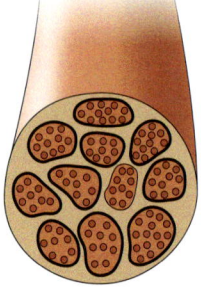 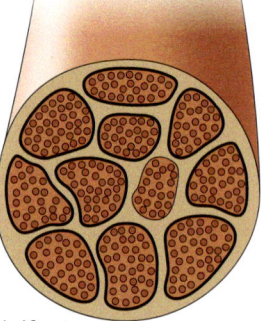

● kontrahierte Muskelfaser   ● entspannte Muskelfaser

02 Muskelfaserveränderung durch Krafttraining

AUSDAUERTRAINING · Ein regelmäßiges Training mit dem Ziel, über einen langen Zeitraum Leistung zu erbringen, bezeichnet man als *Ausdauertraining*. Ausdauertraining ist für alle Menschen gut. Regelmäßiges und intensives Ausdauertraining, zum Beispiel Joggen, wirkt sich positiv auf den Körper aus, vor allem auf das Herz-Kreislauf-System. Dabei vergrößern sich die Herzinnenräume und der Durchmesser der Herzmuskelzellen. Dadurch transportiert das Herz mehr Blut pro Herzschlag und Zeiteinheit, das Schlagvolumen steigt. Zudem wird das Atemvolumen pro Zeiteinheit gesteigert, sodass mehr Sauerstoff aufgenommen und transportiert wird. Außerdem kommt es zu einer Erhöhung der Anzahl an Blutkapillaren in der Muskulatur, sodass die Muskeln mehr Sauerstoff in kurzer Zeit erhalten. Zeitgleich nimmt die Mitochondriendichte zu, sodass eine erhöhte Anzahl von Enzymen der Atmungskette mehr ATP pro Zeiteinheit liefert. Auch die Bildung von Fett abbauenden Enzymen kann gefördert werden.

Durch intensives Ausdauertraining können weiße Muskelfasern in rote umgewandelt werden. Dadurch können sich allerdings Schnelligkeit und Schnellkraft verringern.

TRAININGSSTEUERUNG · Durch optimales Training kann sich der Körper an stärkere Belastungen anpassen. Jede körperliche Belastung führt zunächst zu einem Abbau von Energiereserven, der mit einer Verminderung der Leistungsfähigkeit einhergeht. Nach dem Training braucht der Körper eine Erholungsphase, in der die Energiereserven vorübergehend sogar ein höheres Niveau als vor dem Training erreichen. Man spricht von einer **Überkompensation.** In dieser Phase stehen den Muskeln mehr Energiereserven zur Verfügung als vor der ersten Belastung. Dadurch ist der Körper leistungsfähiger. Folgen in dieser Phase neue Belastungen, kann es zu einer kontinuierlichen Leistungssteigerung kommen. Durch günstig abgestimmte Zeitintervalle von Training und Erholung kann die Leistungsfähigkeit der Muskeln weiter gesteigert werden. Folgen keine weiteren Trainingsreize, geht das Leistungsniveau auf den ursprünglichen Wert zurück. Ungünstig gesetzte Trainingsbelastungen können das Leistungsniveau sogar senken.

Physiologische Messwerte	Untrainierter		Ausdauersportler	
	in Ruhe	maximal	in Ruhe	maximal
Herzvolumen in Milliliter	700		1400	
Herzgewicht in Gramm	300		500	
Schlagvolumen in Milliliter	70	100	140	190
Herzzeitvolumen in Liter pro Minute	5,6	18	5,6	35
Atemzeitvolumen in Liter pro Minute	8,0	100	8,0	200
Sauerstoffaufnahme in Liter pro Minute	0,3	2,8	0,3	5,2

03 Physiologische Messwerte eines Untrainierten und eines Ausdauersportlers im Vergleich

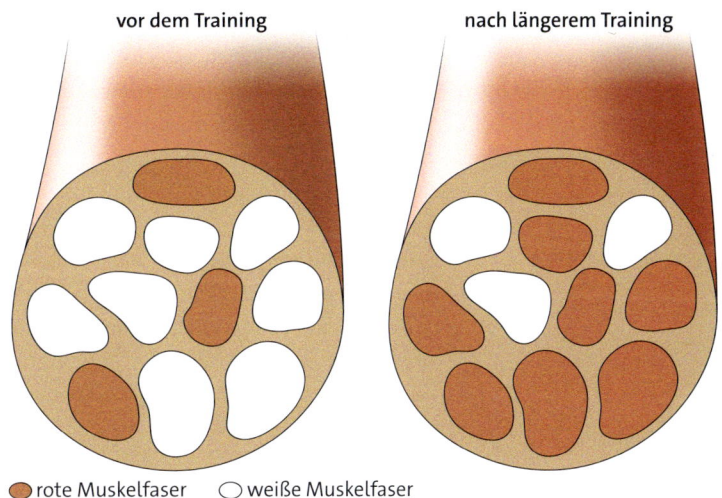

vor dem Training — nach längerem Training

⬤ rote Muskelfaser ◯ weiße Muskelfaser

04 Änderung der Muskelfasertypen durch Ausdauertraining

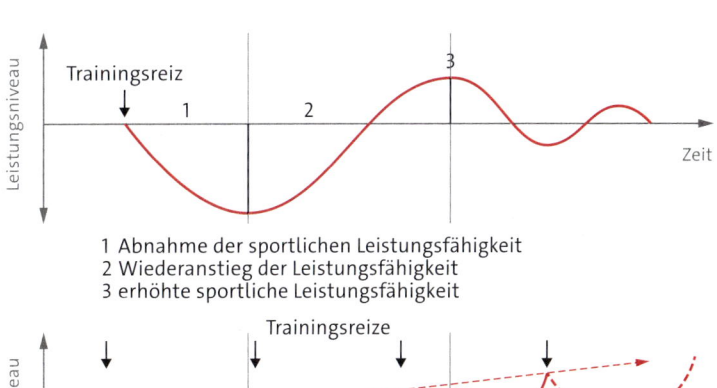

1 Abnahme der sportlichen Leistungsfähigkeit
2 Wiederanstieg der Leistungsfähigkeit
3 erhöhte sportliche Leistungsfähigkeit

05 Überkompensation: **A** Schema, **B** Nutzen für optimales Training

Muskelaufbaupräparate

z. B. Anabolika,
Wachstumshormone

Risiken: Sehnenrisse,
Impotenz, schwere Organ-
schäden, Herzinfarkt u. a.

Blutmanipulation

z. B. EPO, Blutdoping
(Bluttransfusion)

Risiken: Thrombosen,
Gefäßverschlüsse, Herz-
infarkt u. a.

Stimulanzien und Narkotika

z. B. Amphetamine,
Methadon

Risiken: hoher Blutdruck,
Herzrhythmusstörungen,
Kreislaufzusammenbrüche,
Abhängigkeit u. a.

Dopingverschleiernde Stoffe

z. B. Diuretika

Risiken: hoher Blutdruck,
Austrocknung, Nieren-
schäden u. a.

06 Dopingmethoden und Dopingmittel

*Im anabolen Stoff-
wechsel werden unter
Energieverbrauch
körpereigene Stoffe
aus einfachen Bau-
steinen aufgebaut.*

DOPING · Nicht nur im Leistungssport, sondern auch im Fitnessbereich, im Breitensport und in Alltagssituationen versuchen manche Menschen, ihre Leistungsfähigkeit zu steigern. Die Anwendung von unerlaubten Mitteln oder Methoden heißt *Doping*.

Dopingmittel, die den Muskelaufbau stärken, sind vor allem bei Bodybuildern beliebt. Wenn solche **Muskelaufbaupräparate** den anabolen Stoffwechsel steigern, bezeichnet man sie als *Anabolika*. Sie enthalten künstlich hergestellte Substanzen, die dem männlichen Sexualhormon Testosteron ähneln. Als Nebenwirkungen können schwere Organschäden auftreten.

Ausdauersportler wollen durch Dopingmittel vor allem die Sauerstoffversorgung der Muskelzellen verbessern. Das erreichen sie zum Beispiel dadurch, dass sie sich kurz vor dem Wettkampf Eigenblut oder Fremdblut einer geeigneten Person injizieren lassen oder das körpereigene Hormon Erythropoetin, kurz *EPO*, einnehmen. Durch diese **Blutmanipulation** wird die Anzahl der roten Blutzellen erhöht und die Sauerstoffaufnahme verbessert. Die hohe Anzahl von Blutzellen verdickt das Blut, sodass es zu Gefäßverschlüssen und damit zu Herzinfarkten oder Schlaganfällen kommen kann.

Amphetamine oder *Methadon* beeinflussen das Nervensystem und wirken kurzfristig anregend oder machen den Sportler weniger schmerzempfindlich. Solche Dopingmittel nennt man Aufputschmittel oder **Stimulanzien** beziehungsweise Betäubungsmittel oder **Narkotika**. Neben-

wirkungen können Herzrhythmusstörungen und Kreislaufzusammenbrüche sein.

Bestimmte chemische Substanzen vergrößern die Harnmenge und verdünnen so die Konzentration der Dopingmittel in den Harnproben, sodass es kurzfristig zu Gewichtsverlust kommt. Werden solche **Diuretika** in hoher Konzentration eingenommen, kann es zur Austrocknung des Körpers und zur Schädigung der Nieren kommen.

SPEZIELLE TRAININGSMETHODEN · Viele Spitzensportler trainieren nicht nur intensiv Kraft und Ausdauer, sondern nutzen spezielle Trainingsmethoden zur Leistungssteigerung. Bei der **Kryotherapie** geht der Sportler für zweieinhalb Minuten in eine etwa minus 100 Grad Celsius kalte Ganzkörperkältekammer. Aufgrund der Kälte wird die Haut weniger durchblutet und das Blut in Richtung Muskulatur umverteilt, sodass kurz nach der Anwendung ein Leistungsschub möglich ist. Ein wochenlanges Training von mindestens zehn Stunden pro Tag in einer sauerstoffarmen Kammer, einer **Hypoxiekammer**, führt zu einer Erhöhung der Anzahl roter Blutzellen und somit zu einer Leistungssteigerung. Schnelle Muskelkontraktionen, wie sie beim Fußball oder Boxen benötigt werden, lassen sich durch das **elektrische Muskelstimulationstraining** fördern. Dabei bewirken Elektroden in einer Weste sowie auf Beinen und Armen einen niederfrequenten Reizstrom, der zur Erregung der Nervenzellen im peripheren Nervensystem führt. Dadurch werden Muskeln am ganzen Körper stimuliert. Wird diese Methode regelmäßig angewendet, kann sie den Muskelaufbau fördern. Sie sollte allerdings mit anderen Methoden kombiniert werden. Beim **mentalen Training** werden Bewegungsabläufe vor dem inneren Auge detailliert wiederholt, sodass die Bewegungen besser und präziser ablaufen. Eine **Selbstgesprächsregulation** fördert die Konzentration des Sportlers auf sich. Diese beiden Methoden fördern die mentalen Fähigkeiten und damit die Leistungsfähigkeit.

1) Begründen Sie an konkreten Beispielen, weshalb die speziellen Trainingsmethoden im Vergleich zu den Dopingmethoden ungefährlich für den Körper sind!

Material A ▸ Sollen leistungssteigernde Substanzen im Sport erlaubt werden?

1 Eine Ärztin: „Seit dem Verbot von Anabolika werde ich von manchen Sportlern nach Wachstumshormonen oder Erythropoetin, EPO, gefragt. Wachstumshormone sind ursprünglich körpereigene Hormone, die das Längenwachstum und das Wachstum des Bewegungsapparats bewirken. EPO wird von der Niere produziert und fördert die Bildung von Erythrozyten und damit die Sauerstoffaufnahme. Heute werden beide gentechnisch hergestellt und sind wichtige Medikamente, die bei einigen Krankheiten sehr hilfreich sind. Sportler versprechen sich von den Präparaten eine Steigerung von Muskelmasse und Muskelkraft oder Ausdauer. Für mich kommt es nicht in Frage, ein Medikament, das für Menschen mit Erkrankungen zugelassen ist, zur Steigerung von Leistungen und zur Selbstoptimierung einzusetzen. Als Ärztin habe ich das Wohl des Patienten im Blick. Alle Medikamente haben Nebenwirkungen. Bei Wachstumshormonen zum Beispiel können Allergien, Diabetes, abnormes Wachstum, vor allem der Hände, Füße, Nase, aber auch der inneren Organe auftreten. Sogar Herzversagen ist eine mögliche Nebenwirkung. EPO erhöht das Thromboserisiko und kann zum Kreislaufversagen führen."

2 Ein Radsportprofi nach Karriereende: „Ich habe mit EPO gedopt. Dadurch habe ich mir gegenüber der Konkurrenz einen Vorteil von bis zu 15 Prozent verschaffen können. Es soll doch jedem selbst überlassen sein, wie er seine Leistung optimiert, ob durch technische Hilfsmittel oder Medikamente. In einer Befragung von Spitzensportlern in der Leichtathletik aus den 1960er- und 1980er-Jahren gaben 31 von 100 Athleten an, Anabolika freiwillig oder unter Druck ihrer Trainer oder der staatlichen oder kommerziellen Sportfunktionäre genommen zu haben."

3 Ein Dopingforscher: „Viele Dopingkonsumenten sind sich gar nicht bewusst, dass sie Teil eines lohnenden Geschäfts sind, das für die Hersteller und Händler hohe Gewinne abwirft. Jeder zusätzliche Konsum steigert die Gewinnchancen. Ich warne deshalb vor einem schleichenden Übergang, wenn zunächst legale Aufbaupräparate und Nahrungsergänzungsmittel im Fitnessstudio genommen werden. Der Einsatz von Medikamenten, die der Selbstoptimierung und Selbstvermarktung dienen, ist dann gebahnt. Doping wird gelernt!"

4 Ein Jurist: „Das Verbot von Doping soll die Athleten im organisierten Sport vor dem Einsatz unfairer Mittel und gesundheitlichen Risiken schützen. Jedes Jahr wird eine Liste der verbotenen Substanzen und Methoden veröffentlicht. Berufssportler werden in Dopingkontrollen auf den Gebrauch solcher Stoffe getestet und im Falle eines normwidrigen Verhaltens vom Wettbewerb ausgeschlossen."

5 Die Ethikkommission der Bundesärztekammer: „Gibt der Arzt den Wünschen nach Leistungsoptimierung durch leistungssteigernde Mittel nach, widerspricht dies den eigentlichen Aufgaben eines Arztes. Durch leistungssteigernde Mittel werden vermeidbare Risiken in Kauf genommen, statt gesundheitliche Risiken zu reduzieren und Menschen zu heilen. Das Mitwirken von Ärzten an Dopingpraktiken steht deshalb im Widerspruch zu der elementaren Pflicht eines Arztes. Außerdem verstoßen Ärzte, die sich an Dopingpraktiken beteiligen, gegen geltendes Recht und sie wirken daran mit, sportliche Fairness zu untergraben. Die gesundheitlichen Folgeschäden müssen letztlich von allen in der Gesellschaft getragen werden."

6 Eine Sportsoziologin: „Freizeit- und Breitensport ist heute für viele mehr als körperliche Bewegung, Gesundheit und Wettkampf. Es geht auch um Erfolg, Anerkennung, finanziellen Gewinn, Selbstdarstellung und Selbstoptimierung. Gut auszusehen und Anerkennung zu finden, ist für manche ein Ziel, für das sie auch gesundheitliche Risiken eingehen, in dem Glauben, dass sie sonst nicht mithalten könnten. Sie behaupten, es würden doch alle dopen. Etwa 20 % der Fitnessstudiobesucher nutzen leistungssteigernde Substanzen, von denen 15 % durch einen Arzt mit Dopingmitteln versorgt werden."

7 Ein Fitnessstudiobesucher: „Wir sprechen schon manchmal darüber, was man außer Training noch machen kann, damit die Muskeln schnell wachsen. Ich habe mal Proteinpulver und Vitaminpräparate probiert, meine Freunde haben mir das empfohlen. Aber eigentlich halte ich insgesamt nicht viel davon, ich setze lieber auf gute Vorbereitung und Ernährung. Für mich hat Sport auch etwas mit der Überwindung von eigenen Grenzen aus eigener Kraft zu tun."

A Gewinnen und dabei gut aussehen, das wollen doch alle! Ein bisschen nachhelfen ist doch normal!

B Sportler sind Vorbilder! Wenn sie statt Training auf Doping setzen, ist das ein schlechtes Vorbild!

C Es ist doch Illusion, Doping kontrollieren zu wollen, dann lieber gleich freigeben!

D Doping ist unfair und kann die Gesundheit gefährden, daran würde eine Freigabe nichts ändern! Eher noch den Druck auf den Einzelnen erhöhen!

A1 Nennen Sie die in den Stellungnahmen erwähnten gesundheitlichen und gesellschaftlichen Gründe, zu Dopingmitteln zu greifen! Recherchieren Sie im Internet weitere Motive!

A2 Untersuchen Sie die Argumente für oder gegen Doping im Hinblick auf ihre Begründungen und zugrunde liegenden Motive!

A3 Nennen Sie die Wertvorstellungen, die den Argumenten für oder gegen Doping zugrunde liegen!

A4 Diskutieren Sie die Folgen einer Freigabe von Doping für die verschiedenen hier genannten Personengruppen!

A5 Nehmen Sie begründet Stellung zu den Äußerungen in den Sprechblasen!

01 Krone einer Rotbuche im Gegenlicht

Fotosynthese

> *Sonnenlicht fällt auf das grüne Blätterdach einer Rotbuche und nur ein geringer Teil kommt auf dem Boden an. Einen Teil des Lichtes benutzen Pflanzen zur Produktion von körpereigenen Stoffen und zum Wachsen. Was geschieht aber in einer Pflanze bei diesem als Fotosynthese bezeichneten Prozess genau?*

LICHT UND ABSORPTION · Licht, das auf einen Gegenstand trifft, wird entweder hindurchgelassen, reflektiert oder aufgenommen. Welcher dieser Vorgänge eintritt, hängt von der Wellenlänge des Lichts und von der Struktur des Gegenstandes ab, auf den das Licht fällt. Die Lichtaufnahme bezeichnet man als **Absorption.**
Anhand eines einfachen Modells lässt sich beschreiben, was dabei passiert: Die Elektronen in der Hülle von Atomen haben in der Regel einen bestimmten Energieinhalt, den man **Grundzustand** nennt. Durch Energieaufnahme können sie in einen sogenannten angeregten Zustand „springen". Da der Abstand zwischen Grundzustand und **angeregtem Zustand** je nach Atom- oder Molekülart eine ganz bestimmte Größe hat, ist auch zum „Anheben" eines Elektrons ein ganz bestimmter Energiebetrag erforderlich. Diese Energiemenge kann von Licht bestimmter Wellenlänge stammen. Fällt also weißes Licht auf solche Moleküle, wird aus dem Spektrum genau eine Wellenlänge absorbiert. Die Mischung der nicht absorbierten Farben wird reflektiert und lässt die Stoffe farbig aussehen. Licht trifft also nicht auf grüne Blätter. Vielmehr lässt es Blätter grün erscheinen, weil sie Stoffe enthalten, deren Moleküle bestimmte Wellenlängen aus dem weißen Licht absorbieren.

Das angeregte Elektron fällt meistens wieder zurück in den Grundzustand und gibt dabei die aufgenommene Energie in Form von Wärme oder Licht ab. Im Fall von Chlorophyll jedoch können Elektronen auf andere Verbindungen übertragen werden. Diese Elektronenübertragung setzt eine Kette von Folgereaktionen in Gang, bei denen organische Stoffe produziert werden. Alle diese Prozesse, die mit der Lichtabsorption beginnen, sind Bestandteile der **Fotosynthese.**

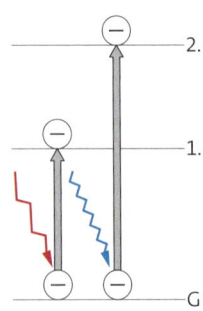

02 Elektronen „springen" aus dem Grundzustand in angeregte Zustände

1 Erklären Sie mithilfe des Modells, weshalb Laubblätter grün, Tomaten rot oder Bananen gelb gefärbt sind!

WIRKUNGSSPEKTREN · Um herauszufinden, bei welchen Wellenlängen des Lichtes Fotosynthese besonders gut abläuft, führte Theodor Wilhelm ENGELMANN bereits in den 1980-er Jahren einen klassischen Versuch durch: Er bestrahlte einen Algenfaden, *Spirogyra spec.*, mit Licht, das er mit einem Prisma in die Spektralfarben zerlegt hatte. Danach konnte er beobachten, dass sich Bakterien, die Sauerstoff zum Leben benötigen, besonders an den Stellen der Alge aufhielten, auf die blaues und rotes Licht fiel. Auch wenn man zum Beispiel Blau-, Gelb-, Grün- oder Rotfilter in den Lichtstrahl einer starken Lampe hält und damit Wasserpestsprosse belichtet, kann man anhand der jeweils entstehenden Gasbläschen auf die Sauerstoffproduktion bei der Fotosynthese schließen. Wertet man diese Versuche grafisch aus, erhält man das **Wirkungsspektrum** der Fotosynthese. Daraus geht hervor, dass blaues und rotes Licht für die Fotosynthese besonders wirksam sind.

ABSORPTIONSSPEKTREN · Die Licht absorbierenden Stoffe in den Laubblättern nennt man **Blattpigmente.** Fotosynthetisch aktiv sind vor allem Chlorophyll a und b sowie Carotinoide und Xanthophyll. Man kann sie aus den Blättern extrahieren und durch chromatografische Verfahren isolieren.

Bestrahlt man nun die Lösung eines Blattpigments mit Licht einer bestimmten Wellenlänge, so kann man messen, wie viel des eingestrahlten Lichts (I_0) durch die Probe hindurchgeht *(I)* und wie viel absorbiert wird. Der Logarithmus des Quotienten aus I_0 und I ergibt einen Wert, den man als **Extinktion** *(E)* bezeichnet. Sie ist ein Maß für die Absorption. Eine Apparatur, mit deren Hilfe man diese Messung mit sich ändernden Wellenlängen durchführen und gleichzeitig die jeweilige Extinktion grafisch darstellen kann, heißt **Spektralfotometer.** Das Ergebnis einer solchen Messung ist das sogenannte **Absorptionsspektrum** des jeweiligen Pigments. Aus ihm kann man ablesen, bei welchen Wellenlängen das Pigment besonders gut absorbiert. Die Absorptionsspektren der beiden Chlorophylle zeigen, dass dies vor allem im roten und im blauen Spektralbereich der Fall ist.

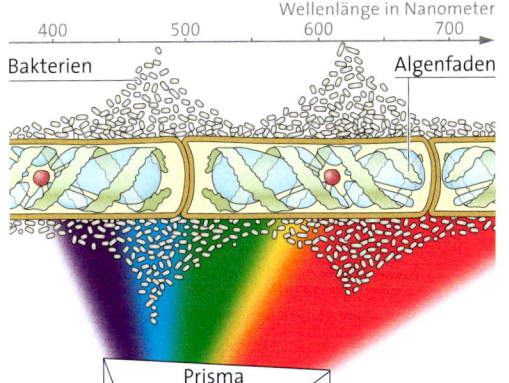

03 ENGELMANNscher Versuch

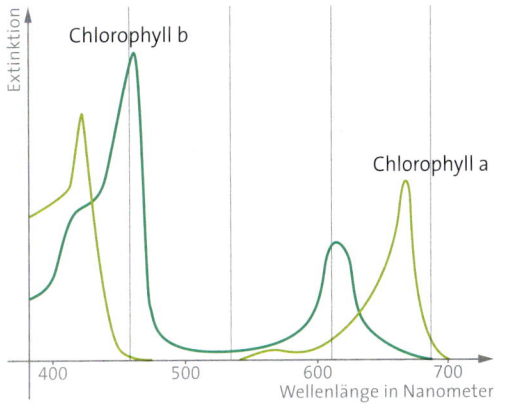

04 Absorptionsspektren von Chlorophyll a und b

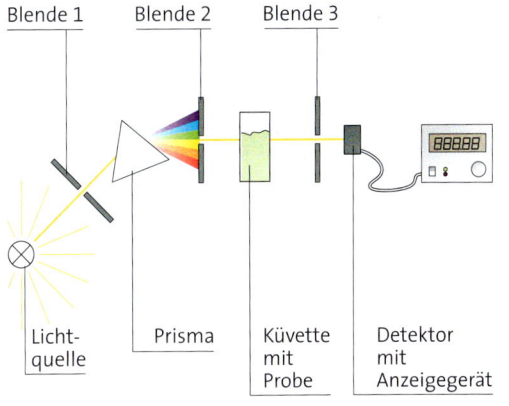

05 Spektralfotometer: Strahlengang

Aus diesen Beobachtungen geht also hervor, dass Fotosynthese vor allem bei denjenigen Wellenlängen stattfindet, bei denen die Blattpigmente Chlorophyll a und b Licht absorbieren. Das Wirkungsspektrum der Fotosynthese stimmt demnach mit dem Absorptionsspektrum von Chlorophyll überein.

$$E = \lg \frac{I_0}{I}$$

2 Erläutern Sie, worauf man beim Kauf einer Gewächshausbeleuchtung achten sollte!

/// **IM BLICKPUNKT CHEMIE** //

Chromatografie

Die Chromatografie ist eine der wichtigsten Methoden zur Trennung von Stoffgemischen. Sie wurde Anfang des 20. Jahrhunderts von dem russischen Botaniker Michael TSWETT entdeckt, der damit zum ersten Mal Blattfarbstoffe trennte. Heute versteht man darunter eine ganze Reihe von Verfahren, die nach dem gleichen Prinzip arbeiten. In der Biologie ist der Fortschritt der physiologischen Forschung eng mit der Anwendung und Weiterentwicklung der Chromatografie verbunden.

Wird ein Stoffgemisch durch eine feinporige oder poröse Trägerschicht bewegt, können die Komponenten getrennt werden. Dabei wird eine Flüssigkeit oder ein Gas, die sogenannte **mobile Phase**, an einem Feststoff, der sogenannten **stationären Phase**, vorbeitransportiert. Eine chromatografische Trennung des Stoffgemisches ist immer dann erfolgreich, wenn die verschiedenen Bestandteile des Gemisches

- unterschiedlich fest an die stationäre Phase binden und/oder
- sich unterschiedlich gut in der mobilen Phase lösen.

Ein Stoff wird also umso weiter transportiert, je besser er sich in der mobilen Phase löst und je weniger gut er an der stationären Phase adsorbiert. Dieses Wechselspiel von **Löslichkeit** und **Adsorption** sorgt somit dafür, dass die Stoffe aus dem Gemisch unterschiedlich weit „wandern". Der Trennvorgang lässt sich bei Farbstoffgemischen direkt beobachten. Farblose Stoffe können – nach der chromatografischen Trennung – mit speziellen Farbreagenzien oder mithilfe von UV-Licht sichtbar gemacht werden.

Nach der eingesetzten mobilen Phase unterscheidet man Gas- und Flüssigkeitschromatografie. Die Flüssigkeit wird auch **Laufmittel** oder Fließmittel genannt. Je nach verwendeter stationärer Phase gibt es Papier-, Dünnschicht-, Säulen- und Gelchromatografie. Bei der Dünnschichtchromatografie werden Folien eingesetzt, die mit einer dünnen Trägerschicht, zum Beispiel Kieselgel oder Cellulose, beschichtet sind.

Führt man eine Dünnschichtchromatografie, kurz DC, eines Aceton-Extrakts aus grünen Blättern auf Kieselgelplatten durch und verwendet man ein Laufmittel aus 100 Milliliter Petroleumbenzin, 10 Milliliter Isopropanol und einem Tropfen (!) Wasser, so erkennt man nach etwa 40 Minuten neben der Start- und Frontlinie die aufgefächerten Zonen der einzelnen Pigmente. Man erhält ein Chromatogramm.

Zu den Kenngrößen eines Chromatogramms zählt der **R_f-Wert**. Dieser gibt die Laufstrecke eines bestimmten Stoffes im Verhältnis zum Abstand zwischen Start- und Frontlinie wieder. Er ist jedoch von sehr vielen standardisierten Bedingungen abhängig. Da diese nur schwer reproduzierbar sind, lässt man in der Praxis zur Identifizierung bestimmter Substanzen oft den bekannten Stoff mit dem Stoffgemisch mitlaufen. Dann lässt sich der gesuchte Stoff einfach zuordnen.

3 」 Erläutern Sie, weshalb Carotin unter den angegebenen Bedingungen weiterläuft, also einen größeren Rf-Wert hat als Chlorophyll a oder Chlorophyll b!

Front
Carotin

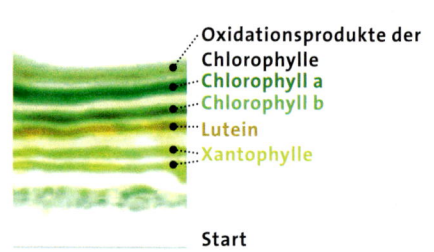

Oxidationsprodukte der Chlorophylle
Chlorophyll a
Chlorophyll b
Lutein
Xantophylle

Start

06 Chromatogramm von Blattpigmenten

ORT DER FOTOSYNTHESE · Alle grünen Pflanzenteile besitzen Zellen, in denen bis zu 100 **Chloroplasten** enthalten sein können. Die Chloroplasten in den Zellen des Palisadengewebes von Laubblättern sind linsenförmig und haben eine Größe von etwa fünf bis zehn Mikrometern. Auch Moose und Algen verfügen über Chloroplasten, jedoch von abweichender Form und Größe. Elektronenmikroskopische Untersuchungen zeigen, dass diese Zellbestandteile von einer Hülle umgeben sind, die einen als *Stroma* bezeichneten Bereich einschließt. Die innere Membran der Hülle geht in ein zusammenhängendes, in sich geschlossenes Membransystem über. Diese **Thylakoidmembran** durchzieht das Stroma als *Stromathylakoid*. Sie weist aber auch Abschnitte auf, die geldrollenartig gestapelt aussehen und Grana heißen (Singular: Granum).

Wie alle Membranen besteht die Thylakoidmembran aus einer etwa sechs Nanometer dicken Lipiddoppelschicht mit integrierten Proteinen. Von anderen Membranen unterscheidet sie sich durch einen überdurchschnittlich hohen Proteinanteil und den Gehalt an Pigmenten. Diese fotosynthetisch wirksamen Farbstoffe, vor allem Chlorophyll a und b sowie Carotin und Xanthophyll, sind an spezielle Proteinkomplexe gebunden, die man insgesamt als **Fotosysteme** bezeichnet.

In einem Fotosystem stehen sich zwei Chlorophyllmoleküle gegenüber. Sie sind von mindestens einhundert anderen Pigmentmolekülen umgeben. Die äußeren Chlorophyll- und Carotinmoleküle wirken dabei als Antennenpigmente, die Energie aus Licht bestimmter Wellenlänge absorbieren und diese den beiden zentralen Chlorophyllteilchen zuleiten. Ausschließlich diese Chlorophylle können angeregte Elektronen auf andere Nichtpigmentmoleküle übertragen. Das Chlorophyllmolekül besteht aus einem flächig ausgerichteten Porphyrinring mit einem Magnesium-Ion im Zentrum. Ein langer Kohlenwasserstoffrest verankert das Chlorophyll in der Thylakoidmembran.

4 Beschreiben Sie die Struktur der Thylakoidmembran und erläutern Sie die Funktionsweise der Fotosysteme!

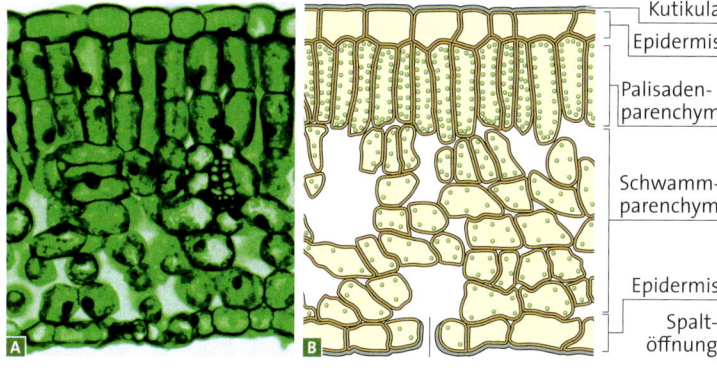

07 Querschnitt eines Laubblatts: **A** Foto, **B** Schema

Kutikula
Epidermis
Palisadenparenchym
Schwammparenchym
Epidermis
Spaltöffnung

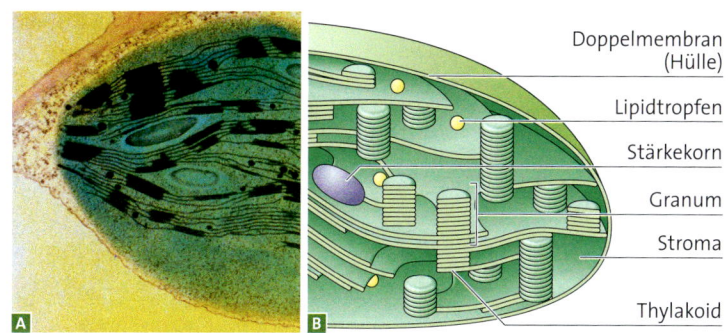

08 Chloroplast: **A** EM-Bild, **B** Schema

Doppelmembran (Hülle)
Lipidtropfen
Stärkekorn
Granum
Stroma
Thylakoid

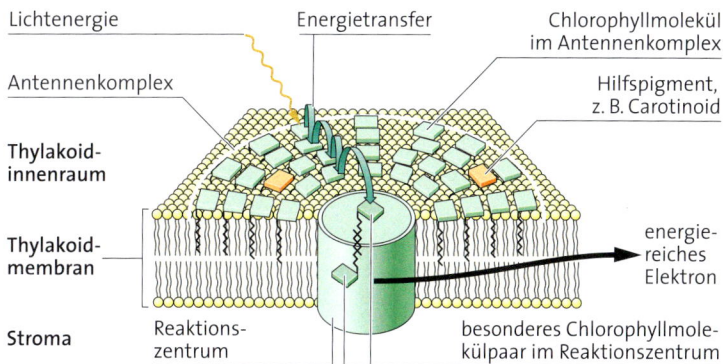

09 Fotosystem in der Thylakoidmembran (Schema)

Lichtenergie
Energietransfer
Chlorophyllmolekül im Antennenkomplex
Antennenkomplex
Hilfspigment, z. B. Carotinoid
Thylakoidinnenraum
Thylakoidmembran
energiereiches Elektron
Stroma
Reaktionszentrum
besonderes Chlorophyllmolekülpaar im Reaktionszentrum

10 Fotosynthesepigmente

LICHTABHÄNGIGE REAKTION · Der bei der Fotosynthese zu beobachtende Verbrauch von Kohlenstoffdioxid und Wasser sowie die Produktion von Sauerstoff und Kohlenhydraten erfolgen innerhalb der Chloroplasten in zwei verschiedenen Reaktionen: Auf eine lichtabhängige **Primärreaktion** folgt eine lichtunabhängige **Sekundärreaktion.** Im Jahr 1937 konnte der britische Chemiker Robert HILL zeigen, dass isolierte Chloroplasten bei Belichtung künstliche Farbstoffe reduzierten, wobei gleichzeitig Sauerstoff entstand. In den 1950-er Jahren wurde durch weitere Experimente bewiesen, dass dabei die zelleigenen Stoffe $NADP^+$ zu $NADPH + H^+$ reduziert und ADP und P in ATP umgewandelt wurden. $NADP^+/NADPH + H^+$ ist ein Redoxsystem, das Elektronen aufnimmt oder abgibt. ADP + P/ATP ist ein System, das Energie aufnehmen, transportieren und abgeben kann. P steht dabei für Phosphat. Untersuchungen an isolierten Thylakoiden belegten schließlich, dass die lichtabhängige Reaktion an die Thylakoide gebunden ist, während die lichtunabhängige Reaktion im Stroma abläuft.

Das grundlegende Problem bei der lichtabhängigen Reaktion besteht darin, fest gebundene Elektronen aus dem Wassermolekül auf $NADP^+$ zu übertragen und es somit zu reduzieren. Da Elektronen energetisch nur „abwärtsfließen" können, müssen sie vorher Energie aufnehmen. Der Energiebedarf ist jedoch so groß, dass zwei hintereinandergeschaltete Fotosysteme angeregt werden müssen. Erst diese von dem amerikanischen Biologen Robert EMERSON im Jahr 1957 herausgefundene zweifache Energieaufnahme reicht für die Reduktion des $NADP^+$ aus. An der Primärreaktion sind neben den Fotosystemen weitere Redoxsysteme und das Enzym ATP-Synthase beteiligt. Die Redoxsysteme sind über eine zweistufige **Elektronentransportkette** miteinander verbunden. Die dabei transportierten Elektronen stammen aus dem Wasser. Bei dessen Spaltung mithilfe eines Enzymkomplexes werden außerdem H^+-Ionen, also Protonen, und elementarer Sauerstoff freigesetzt. Diesen Vorgang nennt man **Fotolyse des Wassers.** Gleichzeitig mit den Elektronentransporten werden vom Redoxsystem Plastochinon H^+-Ionen in das Innere der Thylakoide transportiert. Diese erzeugen zusammen mit den aus der Wasserspaltung stammenden H^+-Ionen einen Protonengradienten zwischen Thylakoidinnenraum und Stroma. Die Diffusion von H^+-Ionen ins Stroma liefert Energie für die ATP-Synthese, die durch die ATP-Synthase katalysiert wird. Dieser Prozess heißt **Fotophosphorylierung.** Er

Redoxsystem = Molekülpaar, das Elektronen aufnehmen oder abgeben kann

$NADP^+/NADPH+H^+$ = Nicotinamid-Adenin-Dinukleotid-phosphat

11 Lichtabhängige Reaktion (Schema mit Elektronentransport) → Protonenfluss liefert die erforderlichen H^+-Ionen zur Komplettierung des $NADPH + H^+$. Durch Wiederholung der Reaktionsfolgen entsteht in der Primärreaktion aus Wasser, $NADP^+$ und ADP+P Sauerstoff, $NADPH + H^+$ und ATP. Das reduzierte Kosubstrat $NADPH + H^+$ und der Energieträger ATP sind Ausgangsstoffe für die nachfolgenden Reaktionen.

LICHTUNABHÄNGIGE REAKTION · Kern der lichtunabhängigen Reaktion der Fotosynthese ist ein zyklischer Reaktionsablauf, der nach seinen Entdeckern Calvin-Benson-Zyklus oder kurz **Calvin-Zyklus** genannt wird. In diesem Zyklus, der ohne Licht auskommt, werden die vorab in der lichtabhängigen Reaktion gebildeten Stoffe $NADPH + H^+$ und ATP zur Reduktion von Kohlenstoffdioxid verwendet. Er besitzt einen Eingang für Kohlenstoffdioxid und einen Ausgang für Produkte. Sein Reaktionsablauf lässt sich in drei Phasen gliedern:

In der **Carboxylierung** reagiert Kohlenstoffdioxid unter Wirkung des Schlüsselenzyms Ribulose-1,5-bisphosphat-Carboxylase, kurz Rubisco, mit dem C_5-Zucker Ribulosebisphosphat. Das entstehende Produkt zerfällt sofort in zwei Moleküle 3-Phosphoglycerat, kurz 3-PGS.

Die **Reduktion** wird eingeleitet mit der Reaktion von 3-PGS mit ATP zu Bis-Phosphoglycerinsäure

und ADP. Diese „energiereiche" 3-PGS kann nun von dem in der lichtabhängigen Reaktion gebildeten $NADPH + H^+$ zu 3-Phosphoglycerinaldehyd (3-PGA) reduziert werden. Das dabei entstehende $NADP^+$ und das ADP stehen für die lichtabhängige Reaktion wieder zur Verfügung. Wenn hinreichend 3-PGA entstanden ist, findet in einer komplexen Reaktionsfolge die **Regeneration** des Ribulosebisphosphats statt: Zehn Moleküle 3-PGA reagieren zu sechs Molekülen Ribulosebisphosphat. Gleichzeitig kann aus zwei 3-PGA-Molekülen ein Glukosemolekül entstehen.

Für die lichtunabhängige Reaktion lässt sich demnach folgende Gleichung formulieren:
$6\ CO_2 + 12\ NADPH+H^+ + 18\ ATP$
$\rightarrow C_6H_{12}O_6 + 6\ H_2O + 12\ NADP^+ + 18\ ADP + P$

Die Produkte der lichtabhängigen Reaktion gehen also als Edukte in die lichtunabhängige Reaktion ein. Es besteht jedoch nur formal ein Glukosemolekül, denn ein großer Teil des 3-PGA fließt sofort in andere Stoffwechselwege.

Die Ergebnisse führen zu einer Gesamtgleichung der Fotosynthese, in der die Herkunft des Sauerstoffs erkennbar ist:
$12\ H_2O + 6\ CO_2 \rightarrow C_6H_{12}O_6 + 6\ O_2 + 6\ H_2O$

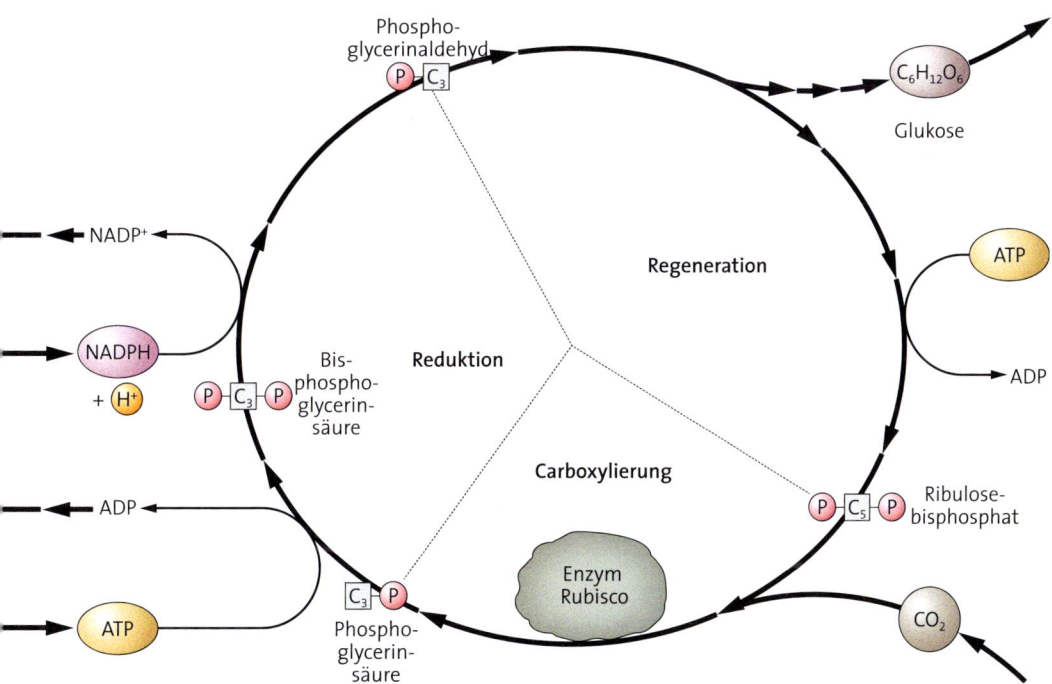

12 Lichtunabhängige Reaktion (Calvin-Zyklus), stark vereinfacht

Material A ▸ Fluoreszenz in einer Rohchlorophylllösung

Man stellt eine Rohchlorophylllösung her, indem man grüne Blätter mit Seesand und Aceton im Mörser zerreibt, den entstehenden Extrakt mit Aceton verdünnt und die Lösung in ein Becherglas dekantiert. Anschließend bestrahlt man die Lösung mit blauem Licht, indem man einen Blaufilter in den Strahlengang einer starken Lampe hält.

A1 Beschreiben Sie das beobachtete Ergebnis!

A2 Deuten Sie die Beobachtungen mithilfe des Modells zur Absorption von Licht!

A3 Stellen Sie Vermutungen darüber an, was bei Bestrahlung mit grünem Licht geschieht!

Material B ▸ Fotosyntheserate unter Starklicht und Schwachlicht

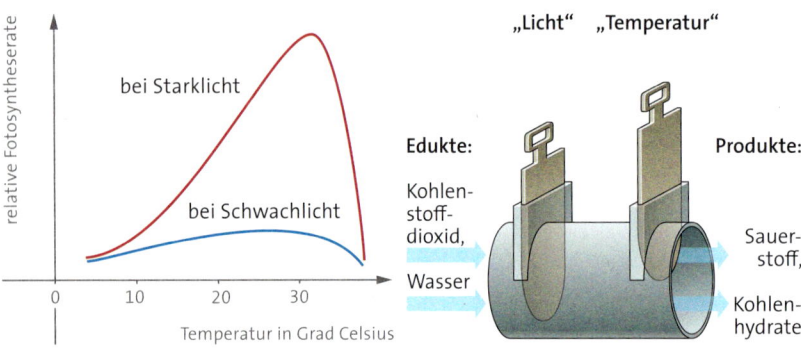

Das Diagramm zeigt die Temperaturabhängigkeit der Fotosynthese unter Starklicht- und unter Schwachlichtbedingungen. Die Abbildung stellt modellhaft ein Reaktionsrohr dar, in dem Stoffe umgewandelt werden können. Mithilfe von zwei Verschlusseinrichtungen lässt sich der Durchfluss kontinuierlich regulieren.

B1 Beschreiben Sie die Versuchsergebnisse! Vergleichen Sie dabei die grafisch dargestellten Werte!

B2 Erläutern Sie die modellhafte Abbildung, indem Sie erklären, welche Konsequenzen verschiedene Positionen der Verschlusseinrichtungen auf den Durchlass der Stoffe haben!

B3 Erläutern Sie die Einflüsse von Licht und Temperatur auf die Fotosyntheserate und vergleichen Sie diese mit den Aussagen des Modells!

Material C ▸ Fotosyntheseleistung in Abhängigkeit von Kohlenstoffdioxid und Lichtintensität

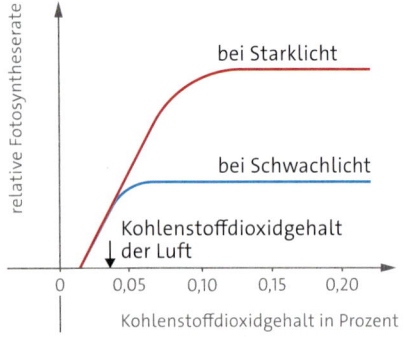

Das Diagramm zeigt die idealisiert gezeichneten Ergebnisse einer Versuchsserie mit einer Laborpflanze. Starklicht entspricht etwa Tageslicht, Schwachlicht etwa dem Zehnfachen der Lichtintensität, die an einem Schülerarbeitsplatz vorliegen muss.
In einigen Gewächshäusern wird der Kohlenstoffdioxidgehalt zur Produktionssteigerung auf etwa 0,08 Prozent erhöht. Der Kohlenstoffdioxidgehalt der Luft ist von 1965 bis 2018 von etwa 0,032 auf 0,041 Prozent gestiegen. Trotz des erhöhten Kohlenstoffdioxidgehalts der Luft hat man keine erhöhte pflanzliche Biomassenproduktion in der Biosphäre messen können.

C1 Beschreiben Sie die Versuchsergebnisse und skizzieren Sie eine mögliche Versuchsdurchführung!

C2 Begründen Sie, weshalb man in einem Gewächshaus den Kohlenstoffdioxidgehalt der Luft erhöht!

C3 Begründen Sie die Versuchsergebnisse! Nutzen Sie die Abbildungen auf Seite 162 und 163!

C4 Entwickeln Sie eine Hypothese zur unveränderten pflanzlichen Biomassenproduktion!

Material D ► Fotosynthese bei Schwefelpurpurbakterien

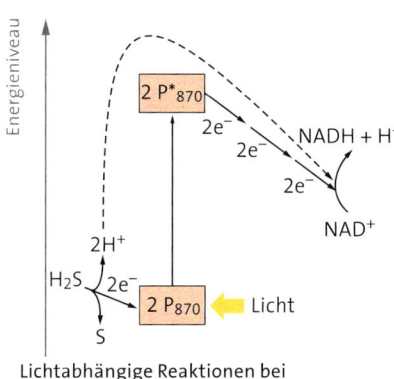

Lichtabhängige Reaktionen bei
Schwefelpurpurbakterien (Schema)

Die Abbildung zeigt schematisch, wie die Elektronenanregung und der Elektronentransport in der lichtabhängigen Reaktion bei den zu den Archaeen gehörenden Schwefelpurpurbakterien ablaufen. Nicht dargestellt sind Protonenfluss und ATP-Synthese. Beide finden analog zu den entsprechenden Vorgängen bei Pflanzen statt. Dies gilt auch für die lichtunabhängige Reaktion, die praktisch in gleicher Weise wie bei den grünen Pflanzen verläuft.

D1 Vergleichen Sie die lichtabhängige Reaktion bei Schwefelpurpurbakterien und bei Pflanzen!

D2 Formulieren Sie die Gesamtgleichung der Fotosynthese bei Schwefelpurpurbakterien!

D3 Begründen Sie, weshalb die Fotosynthese bei Schwefelpurpurbakterien die Erkenntnis unterstützt, dass bei Pflanzen der Sauerstoff aus dem Wasser entsteht!

Material E ► Fotosynthese bei Schwefelpurpurbakterien

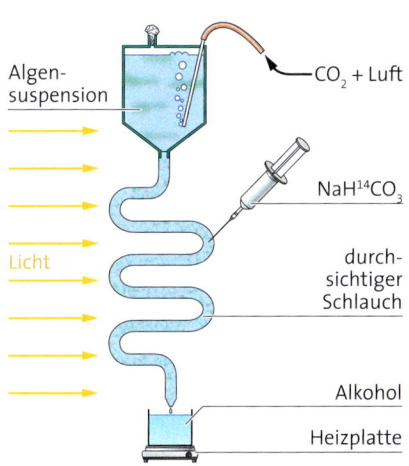

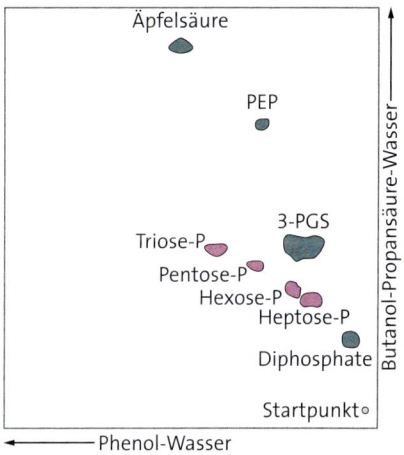

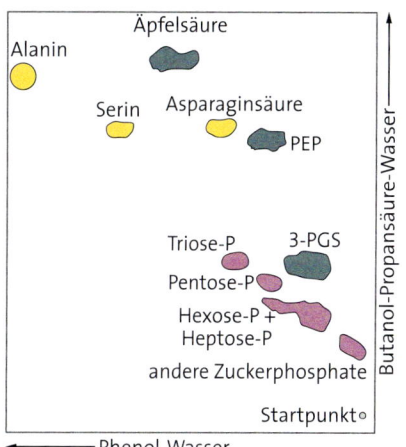

A Algenkultur mit $NaH^{14}CO_3$ behandelt

B Fotosyntheseprodukte 0,5 Sekunden und 2 Sekunden nach Zugabe von $^{14}CO_2$

Zur Aufklärung der lichtunabhängigen Reaktion wurde eine $NaH^{14}CO_3$-haltige Lösung in eine Algenkultur gespritzt. Aus $NaHCO_3$ wird CO_2 freigesetzt.

Durch Ablassen der Algenkultur nach definierten Zeitspannen wurden die Algen in siedendem Alkohol abgetötet und die entstandenen radioaktiven Produkte analysiert. Da radioaktive ^{14}C-Isotope genauso reagieren wie andere Kohlenstoffatome, kann man den Weg des Kohlenstoffs im Stoffwechsel verfolgen. Dazu wurde der Algenextrakt punktförmig auf Papier aufgetragen und im ersten Fließmittel

chromatografiert. Nach dem Trocknen wurde das Chromatogramm um 90 Grad gedreht und in einem zweiten Fließmittel chromatografiert. Danach wurde dieses zweidimensionale Chromatogramm im Dunkeln auf eine Röntgenplatte gelegt. Die dabei entstandenen Bilder mit Schwärzungen der Fotoplatte zeigen die Abbildung B. Dieses Verfahren heißt Autoradiografie.

E1 Beschreiben Sie den Versuchsablauf und erläutern Sie, auf welche Weise verschiedene Reaktionszeiten für den Einbau des Kohlenstoffdioxids erreicht werden!

E2 Beschreiben Sie die Ergebnisse, die man aus Abbildung B gewinnen kann, und erläutern Sie das experimentelle Verfahren!

E3 Erläutern Sie anhand des durchgeführten Versuchs den Begriff „Tracerexperiment", indem Sie von der Wortbedeutung (engl. trace = Spur) ausgehen!

E4 Werten Sie die Autoradiogramme aus und leiten Sie anhand der Schwärzungen die Reihenfolge der Bildung von Stoffen im Calvin-Zyklus begründet ab!

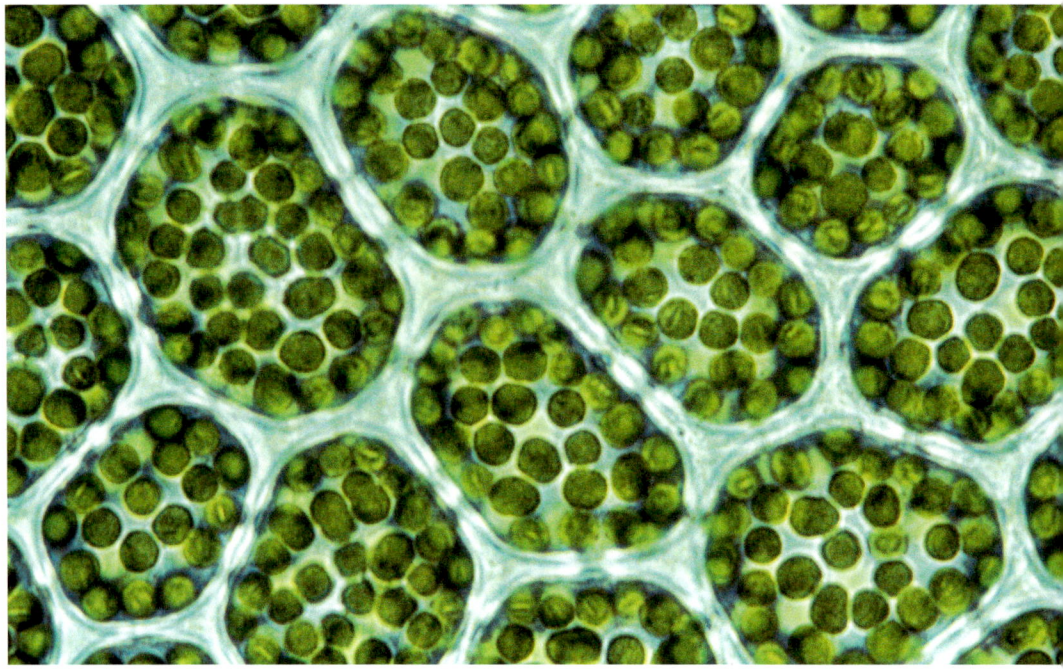

01 Mikroaufnahme eines Moosblättchens (500-fache Vergrößerung)

Fotosynthese im Zellstoffwechsel

In grünen Pflanzenzellen findet unter günstigen Bedingungen Fotosynthese statt: Aus anorganischen Stoffen werden organische Stoffe hergestellt und Sauerstoff wird freigesetzt. Welche Bedeutung haben diese stoffaufbauenden Prozesse der Fotosynthese für den weiteren Stoffwechsel?

BEDEUTUNG DER FOTOSYNTHESE · Viele Menschen sehen den Sauerstoff als wichtigstes Fotosyntheseprodukt an. Auch wenn heutiges Leben auf der Erde Sauerstoff voraussetzt, so ist doch die entscheidende Leistung der Fotosynthese die Produktion von organischen Stoffen. Das kann man auch daran erkennen, dass es andere Fotosyntheseformen gibt, bei denen kein Sauerstoff produziert wird. Allen Fotosyntheseformen gemeinsam ist jedoch die Bildung von organischen Stoffen, vorwiegend Kohlenhydraten. In ihnen ist Lichtenergie in Form chemischer Bindungen gespeichert. Pflanzen, aber auch andere Lebewesen nutzen diese energiereichen Stoffe für den eigenen Stoffwechsel. Daher ist die Fotosynthese die entscheidende treibende Kraft des Lebens auf der Erde.

FOTOSYNTHESE UND ZELLATMUNG · Bereits in den fotosynthetisch aktiven Pflanzenzellen kommt es zu einem erheblichen Ab- und Umbau des primären Fotosyntheseprodukts 3-PGA. Ein großer Teil dieses im Calvin-Zyklus entstandenen Stoffes wird ins Cytoplasma der Zelle transportiert und in Pyruvat umgewandelt. Pyruvat gelangt in Mitochondrien und wird dort in den Zitratzyklus eingeschleust. Dieser zentrale Stoffwechselprozess liefert einerseits reichlich Reduktionsmittel $NADH + H^+$ und $FADH_2$ für die Zellatmung und damit für die ATP-Synthese. Andererseits gehen aus dem Pyruvat und Bestandteilen des Zitratzyklus auch die Ausgangsstoffe für den Aminosäure- und Fettstoffwechsel hervor. An dieser Stelle ist der Kohlenhydratstoffwechsel mit dem Protein- und Fettstoffwechsel verknüpft. Auch die Synthesewege anderer Pflanzeninhaltsstoffe haben hier ihren Ursprung.

Die Zellatmung läuft nicht nur nachts ab, wenn kein Licht für die Fotosynthese zur Verfügung steht, sondern auch tagsüber. So bleibt die Konzentration von ATP in den Zellen immer relativ hoch, auch wenn es dauernd für viele andere Reaktionen benötigt wird.

TRANSPORT UND SPEICHERUNG · Ein anderer Teil des 3-PGA wird noch im Stroma der Chloroplasten in Fruktosephosphat und Glukosephosphat umgebaut. Aus diesen energiereichen Monosacchariden kann das Disaccharid Saccharose oder auch Cellulose gebildet werden. Cellulose ist als Hauptbestandteil pflanzlicher Zellwände die häufigste organische Verbindung. Saccharose ist bei den Pflanzen analog zur Glucose bei Tieren die Transportform für Zucker. Sie wird über die Siebzellen der Gefäßbündel aus den Blättern in solche Pflanzenzellen befördert, die – wie die Zellen von Wurzel, Spross oder Knospen – keine Chloroplasten besitzen und somit keine Fotosynthese betreiben können. Die Zuckerkonzentration in den Siebröhren kann dabei 25 Prozent betragen und die Transportgeschwindigkeit bis zu einem Meter pro Stunde. In Speicherorganen wie Knollen oder Samen wird die Saccharose in das Polysaccharid Stärke umgewandelt, die man dann **Reservestärke** nennt. Sie wird in Leukoplasten gelagert. Stärke ist als Makromolekül osmotisch praktisch unwirksam.

Auch das in den Chloroplasten verbleibende 3-PGA wird im Stroma zum größten Teil in Stärke umgewandelt, die dann als **Assimilationsstärke** bezeichnet wird. Bei hoher Fotosyntheseaktivität entstehen große Stärkekörner, die nachts teilweise wieder abgegeben werden.

ÜBERSCHUSSPRODUKTION · Die Stoffproduktion in der Fotosynthese geht meistens über den Bedarf der Zelle für den eigenen Bau- und Betriebsstoffwechsel hinaus. Die Überschüsse werden von verschiedenen Pflanzen sehr unterschiedlich verwendet:

Einjährige Pflanzen nutzen günstige Bedingungen zu schneller Produktion und investieren die Überschüsse anfangs in Blätter, später in Blüten und Samen. Mehrjährige Kräuter sammeln Überschüsse häufig in unterirdischen Speicherorganen an und bilden dann erst Blüten aus. Bäume und Sträucher lagern ihre Überschüsse vorwiegend in Sprosse und Stämme ein. Einzellige Algen setzen überschüssige Produktion unmittelbar in Zellteilung und Zellwachstum um.

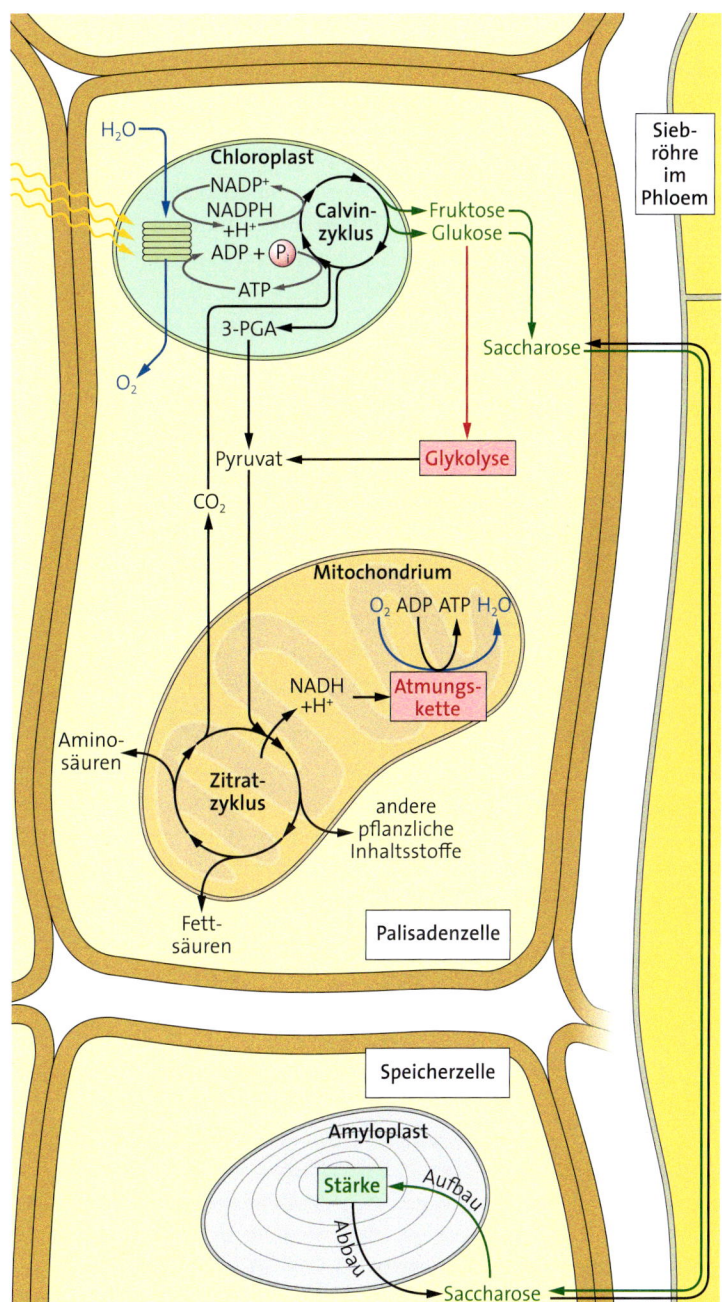

02 Reaktionen des primären Fotosyntheseprodukts

Die pflanzliche Produktion ist in ihrer Gesamtheit Lebensgrundlage für Pflanzen- und Allesfresser und damit Ausgangspunkt der Nahrungsketten.

1 ⌡ Erläutern Sie die verschiedenen Reaktionswege des primären Fotosyntheseprodukts 3-PGA!

C$_4$-PFLANZEN · Viele Pflanzen binden das Kohlenstoffdioxid für die Fotosynthese in einer Reaktion, bei der sie *3-Phosphoglycerinsäure* bilden. Deren Moleküle enthalten drei Kohlenstoffatome. Zur Unterscheidung von Pflanzen mit anderen Stoffwechselwegen bei der Fotosynthese nennt man sie **C$_3$-Pflanzen**. Bei anderen Pflanzen, wie beim Mais, entsteht dagegen beim Einbau von Kohlenstoffdioxid zunächst *Oxalacetat*, ein Stoff mit vier Kohlenstoffatomen je Molekül. Man bezeichnet sie deshalb als **C$_4$-Pflanzen**.

03 Blattaufbau und Stoffwechselweg:
A C$_3$-Pflanze,
B C$_4$-Pflanze

04 Fotosyntheseleistung bei einer C$_3$- und einer C$_4$-Pflanze im Laborversuch

05 Fotosynthesestoffwechsel bei CAM-Pflanzen

In Laborversuchen wachsen C$_4$-Pflanzen bei geringen Kohlenstoffdioxidkonzentrationen in der Luft besser als C$_3$-Pflanzen. Diese haben allerdings eine höhere maximale Fotosyntheserate. An natürlichen Standorten ist der Kohlenstoffdioxidgehalt der Luft so hoch, dass C$_4$-Pflanzen, im Unterschied zu C$_3$-Pflanzen, ihre maximale Fotosyntheseleistung erreichen können.

An trockenen Standorten verengen C$_4$-Pflanzen tagsüber ihre Spaltöffnungen, sodass die Verdunstung verringert wird. Dadurch gelangt nur sehr wenig Kohlenstoffdioxid in ihre Zellen. In den Mesophyllzellen arbeitet ein Enzym, das Kohlenstoffdioxid und Phosphoenolpyruvat, PEP, miteinander reagieren lässt. Das entstandene Oxalacetat wird in Malat umgewandelt. Malat gelangt über Plasmodesmen in Bündelscheidezellen, wo es das Kohlenstoffdioxid wieder abgibt. Dieses reichert sich hier an. Mithilfe des Enzyms *RuBisCo* kann jetzt *3-Phosphoglycerinsäure* hergestellt werden. Der Calvinzyklus läuft ab. So werden bei einer C$_4$-Pflanze die Kohlenstoffdioxidfixierung in der Zelle und die Weiterverarbeitung räumlich getrennt.

CAM-PFLANZEN · Bei einigen Pflanzen trockener Standorte, wie dem Geldbaum erfolgt die Trennung zeitlich. Sie öffnen ihre Spaltöffnungen nachts und speichern Kohlenstoffdioxid durch die Bildung von Malat, das sie in ihren Vakuolen anreichern. Auch H$^+$-Ionen werden in die Vakuole transportiert. Der Vakuolensaft wird stärker sauer. Bei Licht betreiben diese Pflanzen Fotosynthese. Gespeichertes Malat und H$^+$-Ionen verlassen die Vakuole. Der Vakuolensaft wird wieder weniger sauer. Aus Malat wird Kohlenstoffdioxid freigesetzt. Der Calvinzyklus kann ablaufen. Da dieser Stoffwechsel zunächst bei Dickblattgewächsen, Crassulaceen, beobachtet wurde, nennt man ihn englisch *Crassulacean Acid Metabolism*, CAM. Der in der Fotosynthese gebildete Sauerstoff reichert sich dabei an und mindert die Fotosyntheseleistung. CAM-Pflanzen haben allerdings an Standorten mit extremem Wassermangel einen ökologischen Konkurrenzvorteil gegenüber C$_3$- und C$_4$-Pflanzen.

2) Vergleichen Sie die Fotosynthese von C$_3$-, C$_4$- und CAM-Pflanzen!

Material A ▸ Nachweis von Stärke als Assimilationsprodukt

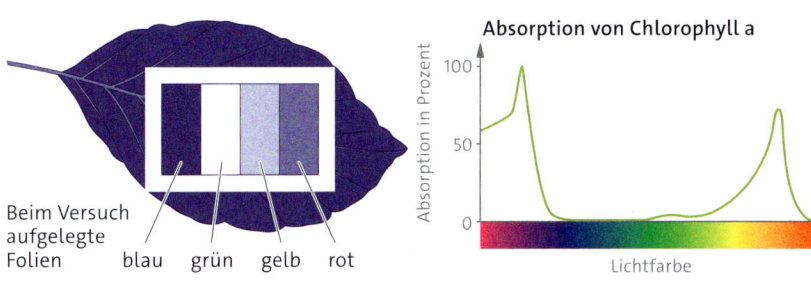

Absorption von Chlorophyll a

Beim Versuch aufgelegte Folien — blau, grün, gelb, rot

Auf einem für 24 Stunden verdunkelten Laubblatt wurde ein Papprahmen mit verschiedenfarbigen Folien befestigt. Anschließend wurde das Blatt mit Sonnenlicht bestrahlt. Nachdem Rahmen und Folien entfernt worden waren, erfolgte ein Stärkenachweis.

A1 Beschreiben Sie die Durchführung des Stärkenachweises!

A2 Beschreiben und vergleichen Sie die dargestellten Ergebnisse!

A3 Begründen Sie die Ergebnisse des Stärkenachweises!

Material B ▸ Nachweis der sekundären Assimilationsprodukte Glukose und anderer Zucker

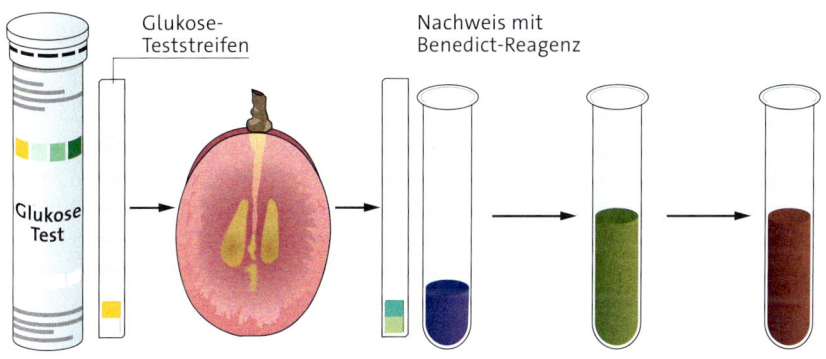

Glukose-Teststreifen

Nachweis mit Benedict-Reagenz

Bei der Fotosynthese wird im Chloroplasten Stärke gespeichert. Im Zellplasma können als sekundäre Produkte Glukose, Fruktose und Saccharose gebildet werden. In einigen Zellen können sie angereichert werden. Zum Nachweis gibt es verschiedene Verfahren. Glukosegehalte kann man mit Teststäbchen bestimmen. Reduzierende Zucker lassen sich mit Fehlingscher Lösung oder Benedict-Reagenz nachweisen. Saccharose kann man mit Säure spalten und dann reduzierende Zucker nachweisen.

B1 Recherchieren Sie, wie die Nachweise durchgeführt werden und wie spezifisch sie sind!

B2 Planen Sie eine Versuchreihe zur Bestimmung des Zuckergehalts in verschiedenen Reifestadien von Früchten! Führen Sie die Versuche, soweit es möglich ist, durch!

Material C ▸ Der tägliche Säurewechsel bei CAM-Pflanzen

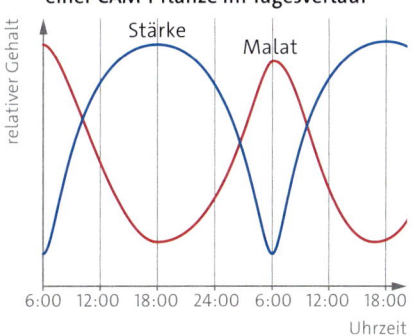

Malatgehalt und Stärkegehalt in den Zellen einer CAM-Pflanze im Tagesverlauf

Stärke — Malat

Der Geldbaum, *Crassula ovata*, ist eine beliebte Zimmerpflanze. Die Blätter dieser CAM-Pflanze kann man für den Nachweis des Säurewechsels in den Zellen benutzen: Einige Blätter werden in einer Plastikdose in den Kühlschrank gestellt. Andere Blätter belichtet man in einer durchsichtigen Dose für dieselbe Zeit. Zur Auswertung zermörsert man ein wenig Blattgewebe. Man misst den pH-Wert des Presssafts und schätzt so die Menge des gespeicherten Kohlenstoffdioxids ab. Stärke- und Malatgehalt sind im Diagramm dargestellt.

C1 Erstellen Sie ein vollständiges Versuchsprotokoll zum pH-Wert!

C2 Werten Sie die im Diagramm dargestellten Messergebnisse aus!

Chemosynthese und Stickstoffkreislauf

CHEMOSYNTHESE · Der russische Mikrobiologe Sergej WINOGRADSKY veröffentlichte 1887 Erkenntnisse über Bakterien, die zwar wie Pflanzen Kohlenstoffdioxid zum Aufbau körpereigener Stoffe fixieren, aber dabei nicht das Licht als Energiequelle nutzen. Bei ihnen liefert die Oxidation von anorganischen Stoffen wie Methan, Ammoniak und Schwefelwasserstoff die notwendige Energie. Dieser Weg, körpereigene Stoffe zu bilden, heißt daher analog zur Fotosynthese **Chemosynthese.** Er kommt ausschließlich bei Prokaryoten vor. Sie sind *chemolithotroph.* Die meisten chemolithotrophen Bakterien leben in Grenzbereichen zwischen aerobem und anaerobem Milieu, zum Beispiel im Boden oder in den obersten Sedimentschichten

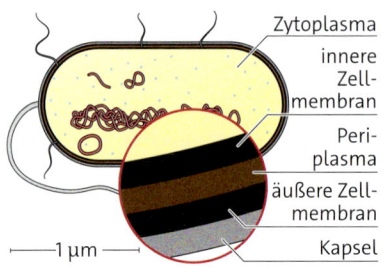

01 Bau eines Bakteriums

Zytoplasma
innere Zellmembran
Periplasma
äußere Zellmembran
Kapsel

⊢1 µm⊣

von Seen. In der Tiefsee in der Nähe heißer Quellen hängen ganze Lebensgemeinschaften von schwefeloxidierenden Bakterien ab. Nur wenige Arten können solche Lebensräume besiedeln, Chemolithotrophie macht sie konkurrenzlos.

CHEMOSYNTHESESTOFFWECHSEL · Die im Boden lebende Bakterienart *Nitrospira* oxidiert Nitrit, NO_2^-, zu Nitrat, NO_3^-. Diese Oxidation liefert auf der Periplasmaseite der Zellmembran H^+-Ionen. Die Reaktion von Sauerstoff mit H^+-Ionen verringert die Konzentration der H^+-Ionen auf der Zytoplasmaseite. So entsteht ein Protonengradient. Er liefert, ähnlich wie bei der Fotosynthese, die Energie für die Bildung von ATP und, anders als bei der Fotosynthese, auch für die Bildung von $NADPH + H^+$. Sowohl bei der Fotosynthese als auch bei der Chemosynthese führen die Reaktionen des Calvinzyklus zur Bindung von Kohlenstoffdioxid und zur Bildung körpereigener Stoffe. Daher sind alle Lebewesen, die einen der beiden Stoffwechselwege haben, *kohlenstoffautotroph* oder *autotroph.* Die meisten Chemolithotrophen leben

am Übergang vom anaeroben zum aeroben Milieu, weil sie einerseits den Sauerstoff für die Oxidation anorganischer Stoffe benötigen und andererseits diese Stoffe brauchen, die aus anaeroben Stoffwechselvorgängen stammen und von solchen Organismen hergestellt werden, die im anaeroben Milieu leben. Durch Diffusion gelangen die Stoffe in die Grenzschicht.

NITRIT- UND NITRATBAKTERIEN · Bakterien, die chemische Energie aus der Oxidation von Stickstoffverbindungen gewinnen, sind ökologisch sehr bedeutsam. Sie stellen dabei Nitrat aus Nitrit her und geben es an die Umwelt ab. Nitrat ist die wichtigste Stickstoffquelle für Pflanzen. Die Pflanzen nehmen Nitrat auf und bauen den Stickstoff dann zum Beispiel in Aminosäuren ein.

Im Boden kommen drei Bakteriengruppen gemeinsam und häufig vor. Die erste oxidiert Ammonium, NH_4^+, zu Nitrit, NO_2^-, die zweite Nitrit zu Nitrat, NO_3^-, die dritte erledigt beide Schritte in einer Zelle. Man nennt sie *Nitrifizierer.* Häufig sind Arten der Gattungen *Nitrosomonas, Nitrobacter* und *Nitrospira.*

Die energieliefernden Reaktionen sind die Ammoniumoxidation: $NH_4^+ + 1{,}5\,O_2 \rightarrow NO_2^- + H_2O + 2\,H^+ +$ Energie und die Nitritoxidation: $NO_2^- + 0{,}5\,O_2 \rightarrow NO_3^- + H_2O +$ Energie. In der Zelle wird die Energie zum Aufbau des Protonengradienten genutzt.

1 ⌡ Erläutern Sie die physiologischen und ökologischen Besonderheiten der chemolithotrophen Bakterien!

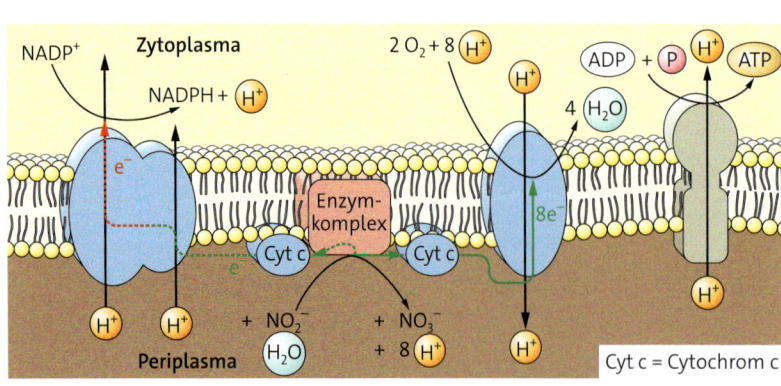

NADP⁺
Zytoplasma
$NADPH + H^+$
$2\,O_2 + 8\,H^+$
ADP + P + H^+ ATP
$4\,H_2O$
Enzymkomplex
Cyt c
Cyt c
8e⁻
H^+
$+ NO_2^-$
$+ H_2O$
$+ NO_3^-$
$+ 8\,H^+$
H^+
Periplasma
Cyt c = Cytochrom c

02 Aufbau eines Protonengradienten bei *Nitrospira*

STICKSTOFFKREISLAUF · Stickstoffatome sind Bestandteile lebenswichtiger Moleküle, besonders von Aminosäuren, Proteinen und Nukleotiden. Sie sind häufig in Aminogruppen an Kohlenstoffatome gebunden, $-\overset{|}{\underset{|}{C}}-NH_2$. Einige Lebewesen beziehen Stickstoff aus anorganischen Stoffen. Sie sind *stickstoffautotroph*. Nur ganz wenige Bakterienarten verwerten dabei den Luftstickstoff, N_2. Einige leben frei im Boden. Knöllchenbakterien leben symbiontisch, zum Beispiel in den Wurzeln von Schmetterlingsblütlern. Einige Cyanobakterien binden ebenfalls Luftstickstoff.

Pflanzen und viele Mikroorganismen nehmen dagegen Ammonium, NH_4^+, oder häufiger Nitrat, NO_3^-, auf. Nitrat wird dabei reduziert. In der Zelle entsteht zunächst die Aminosäure Glutamin, die an alle Stellen einer Zelle oder des Lebewesens transportiert werden kann. Aus Glutamin können letztlich alle körpereigenen Stoffe gebildet werden, die Stickstoffatome enthalten. Der Stickstoff wird dabei in die körpereigene Substanz eingebaut, also **assimiliert.** Tiere, Pilze und viele Bakterien ernähren sich von organischen Stoffen und nehmen den Stickstoff daher mit verdauten Nährstoffen auf. Deren Umbau zu körpereigenen Stoffen heißt ebenfalls **Assimilation.**

Der Abbau von Proteinen in lebenden oder toten Lebewesen liefert Stoffe mit kleineren Molekülen. Bestimmte Bakterien und Pilze verwerten die Abbauprodukte und zersetzen sie bis zum Ammonium. Dieses kann nun direkt wieder assimiliert werden oder durch chemolithotrophe Bakterien zu Nitrat umgewandelt werden.

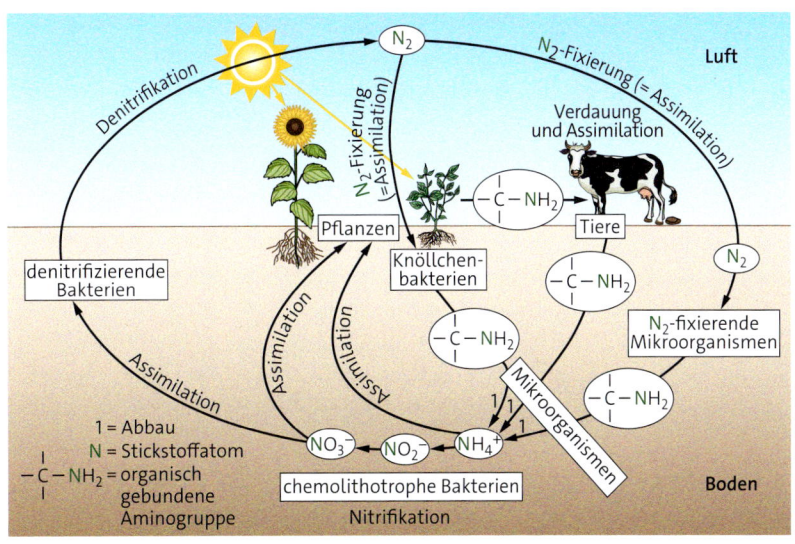

03 Stickstoffkreislauf in der Biosphäre

Diesen Vorgang nennt man **Nitrifikation.** Nitrat ist gut wasserlöslich und gelangt daher leicht zu den Pflanzenwurzeln.

Staunässe im Boden führt zu Sauerstoffarmut. Hier leben Bakterien, die bei der Zellatmung die Elektronen aus der Atmungskette nicht auf Sauerstoff übertragen, sondern auf Nitrat. Mit dieser Nitratatmung produzieren sie ATP. Aus dem Nitrat wird dabei zum größten Teil Luftstickstoff, N_2, gebildet. Diesen Vorgang bezeichnet man als **Denitrifikation.** In kleineren Mengen entstehen auch die Gase Stickstoffmonoxid, NO, und Distickstoffoxid, N_2O.

Erfasst man alle geschilderten Teilreaktionen in einem Schema, zeigt sich, dass Stickstoffatome Kreisläufe beschreiben können. Sie durchlaufen dabei Stoffwechselprozesse in Lebewesen und werden im Boden und in der Luft transportiert. Man spricht vereinfacht vom **Stickstoffkreislauf.** Im Schema wurden einige für den

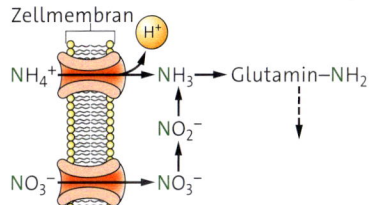

04 Stickstoffassimilation

Kreislauf bedeutsame Vorgänge nicht erfasst. Nitrat kann ausgewaschen und stickstoffhaltiger Humus kann abgelagert werden. Wenn Stickoxide in der Luft zu Salpetersäure reagieren, kann Nitrat neu gebildet werden. Der Kreislauf hat Zugänge und Abgänge. Pflanzen können auch organisch gebundenen Stickstoff aufnehmen: Viele Bäume nehmen durch die Wurzeln Aminosäuren auf, fleischfressende Pflanzen verdauen Nährstoffe.

2 Beschreiben Sie mithilfe der Abbildung 03 den Stickstoffkreislauf!

Training A ► Regulierende Faktoren der Glykolyse

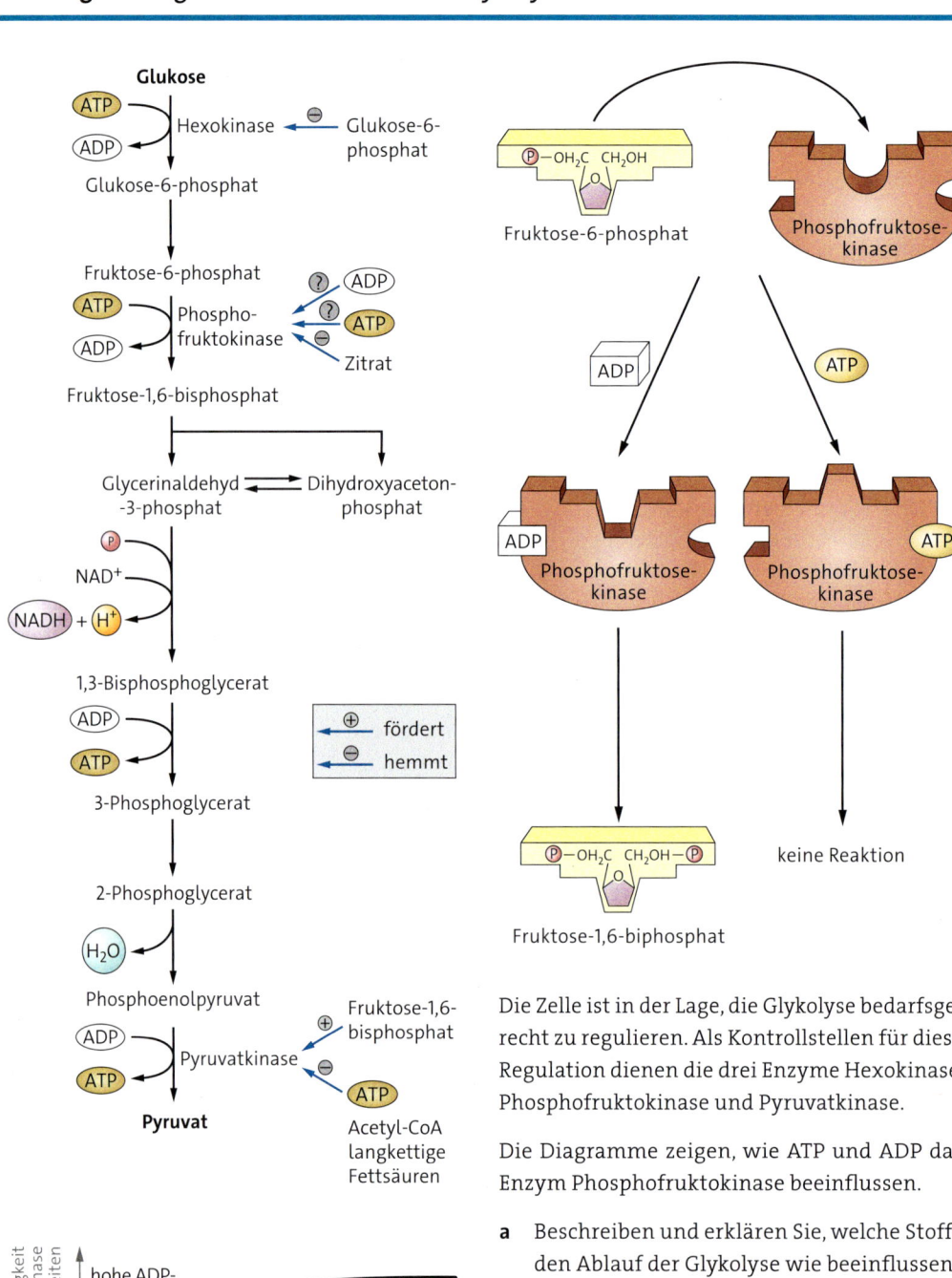

Die Zelle ist in der Lage, die Glykolyse bedarfsgerecht zu regulieren. Als Kontrollstellen für diese Regulation dienen die drei Enzyme Hexokinase, Phosphofruktokinase und Pyruvatkinase.

Die Diagramme zeigen, wie ATP und ADP das Enzym Phosphofruktokinase beeinflussen.

a   Beschreiben und erklären Sie, welche Stoffe den Ablauf der Glykolyse wie beeinflussen!

b   Beschreiben Sie anhand des Diagramms den Einfluss von ATP und ADP auf die Glykolyse!

c   Erklären Sie den Einfluss von ATP und ADP auf die Glykolyse!

d   Erklären Sie das im Diagramm dargestellte Ergebnis anhand der Modellvorstellung zur allosterischen Hemmung und Aktivierung!

Training B ▸ Leistungsdiagnostik und Trainingserfolge

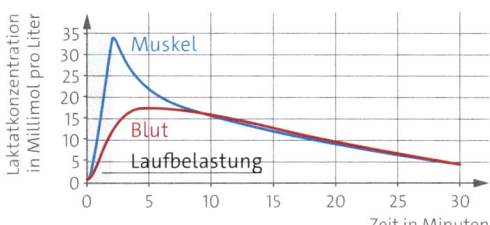

Während und nach einer intensiven körperlichen Belastung, zum Beispiel einem 400-Meter-Lauf, verändert sich die Laktatkonzentration im Blut und in den Muskeln. Mithilfe der veränderten Laktatwerte werden im Leistungssport der Trainingszustand und Trainingserfolg bestimmt.

Eine Spitzensportlerin im Mittel- und Langstreckenlauf führte jährlich einen Leistungstest durch. Dazu lief die Sportlerin auf einem Laufband. Die Geschwindigkeit des Laufbands wurde stufenweise in festgesetzten Zeitintervallen von jeweils drei Minuten erhöht, bis die Sportlerin ihre maximale Leistungsfähigkeit erreichte und die Belastung abbrach. Am Ende jeder Belastungsstufe wurden die Laktatkonzentration im Blut und die Herzfrequenz bestimmt.

a Beschreiben Sie die Veränderungen der Laktatkonzentrationen in Blut und Muskel während und nach einem 400-Meter-Lauf!

b Stellen Sie die im Schema gezeigten Stoffwechselwege der Energiebereitstellung für eine Muskelkontraktion dar!

c Deuten Sie die Veränderungen der Laktatkonzentration mithilfe des Schemas!

d Beschreiben Sie die Ergebnisse des Leistungstests der Sportlerin in den Jahren 2014 und 2015!

e Stellen Sie Vermutungen an, welche Trainingseffekte die Veränderungen der Laktatkonzentration und der Herzfrequenz erklären könnten!

Messergebnisse des Leistungstests bei Belastungsintervallen von drei Minuten
(— Dezember 2014, — Dezember 2015)

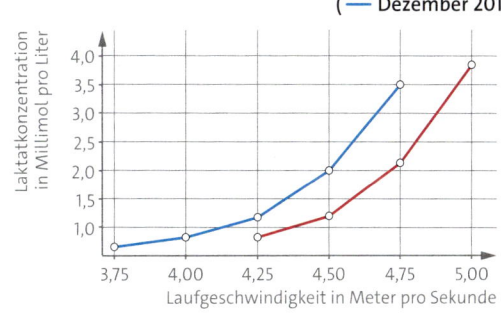

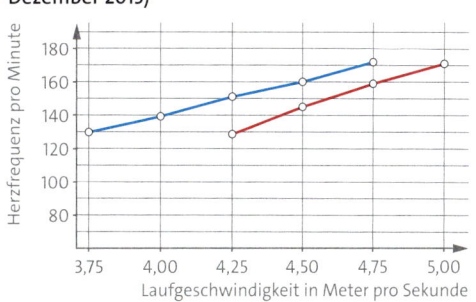

Enzymatik

exergonische Reaktion: biochemische Reaktion, bei der Energie freigesetzt wird. Sie läuft freiwillig ab.

endergonische Reaktion: biochemische Reaktion, die Energie benötigt. Sie läuft nicht freiwillig ab.

Entropie: ist ein Maß für die Unordnung eines Systems.

freie Enthalpie: auch Gibbs-Energie G. Die Änderung der freien Enthalpie oder Gibbs-Energie gibt an, ob eine Reaktion freiwillig ($\Delta G < 0$) oder unter Energiezufuhr abläuft ($\Delta G > 0$).

Aktivierungsenergie: ist die Energie, die benötigt wird, um eine Reaktion in Gang zu setzen.

Katalysatoren: Stoffe, die die Aktivierungsenergie herabsetzen.

Enzyme: spezielle Proteine, die als Biokatalysatoren die Aktivierungsenergie herabsetzen.

Enzym-Substrat-Komplex: ein Übergangszustand, den ein Enzym mit dem umzusetzenden Molekül, dem Substrat, vorübergehend bildet.

Substrat: Ausgangsstoffe, die von Enzymen katalysiert werden.

Substratspezifität: Ein Enzym kann nur ein Substrat oder eine bestimmte Anzahl an spezifischen Substraten in seinem aktiven Zentrum aufnehmen.

Wirkungsspezifität: Ein Enzym kann nur eine ganz bestimmte Veränderung des Substrates bewirken und damit nur eine bestimmte chemische Reaktion katalysieren.

aktives Zentrum: taschenartige Vertiefung der Enzymoberfläche, die so gestaltet ist, dass nur spezifische Substrate hineinpassen.

Schlüssel-Schloss-Modell: Modellvorstellung für enzymatische Reaktionen, nach der das Substrat in das aktive Zentrum des Enzyms passt wie ein Schlüssel ins Schlüsselloch.

Induced-fit-Modell: Modellvorstellung für enzymatische Reaktionen, nach der sich das aktive Zentrum des Enzyms in seiner Gestalt an das Substrat anpasst.

Coenzyme, auch **Cosubstrate:** organische Moleküle, die während der enzymatischen Reaktion Elektronen, Wasserstoffatome oder chemische Gruppen auf das Substrat übertragen oder entfernen.

Cofaktoren: anorganische Ionen, die fest an ein Enzym gebunden sind.

prosthetische Gruppe: organische Moleküle, die dauerhaft mit einem Enzym verknüpft sind.

Oxidoreduktase: Enzym, das einen Reaktionspartner oxidiert und einen anderen reduziert. Dabei werden Sauerstoffatome, Wasserstoffatome oder Elektronen übertragen.

Transferase: Enzym, das eine funktionelle Gruppe wie Methyl- und Aminogruppen oder einen Phosphatrest auf andere Moleküle überträgt.

Hydrolase: Enzym, das Nährstoffe spaltet und dabei ein Wassermolekül benötigt.

Lyase: Enzym, das ein Substrat spaltet, ohne ein Wassermolekül zu benötigen.

Isomerase: Enzym, welches die chemische Struktur des Substratmoleküls, nicht aber die Summenformel verändert.

Ligase: Enzym, das kleinere Moleküle zu einem größeren verknüpft.

Reaktionsgeschwindigkeit-Temperatur-Regel, RGT-Regel: ist eine Faustregel, die besagt, dass eine Temperaturerhöhung um zehn Grad Celsius etwa eine Verdoppelung der Reaktionsgeschwindigkeit einer chemischen Reaktion zur Folge hat.

Michaelis-Menten-Konstante, K_M: Substratkonzentration, bei der die halbe Maximalgeschwindigkeit einer Reaktion erreicht ist.

kompetetive Hemmung: Vorgang, bei dem das Substrat- und das Hemmstoffmolekül um das aktive Zentrum des Enzymmoleküls konkurrieren.

nichtkompetetive Hemmung: auch allosterische Hemmung genannt. Vorgang, bei dem ein Hemmstoff an einer zweiten Bindungsstelle des Enzyms bindet. Dadurch ändert sich die Struktur des aktiven Zentrums. Dies reduziert die maximale Geschwindigkeit der Reaktion.

Biotechnologie: überfachliche Zusammenarbeit von Wissenschaft, Wirtschaft und Technik zur Erforschung, Entdeckung und Nutzung der Enzyme sowie der Zellen und Lebewesen, die sie synthetisieren.

Stoff- und Energieumwandlung

Adenosintriphosphat, ATP: ein Nukleotid aus der organischen Base Adenin, dem Zucker Ribose und drei Phosphatgruppen, das als universeller Energieträger der Zelle dient.

Glykogen: in Tier- und Pilzzellen vorliegende Speicherform der Kohlenhydrate, die aus vielen Glukosemolekülen besteht.

respiratorischer Quotient, RQ: Verhältnis aus der Kohlenstoffdioxidmenge der ausgeatmeten Luft und der Sauerstoffmenge der eingeatmeten Luft.

Glykolyse: Folge von einzelnen chemischen Reaktionen, bei der die Glukose schrittweise zu Pyruvat abgebaut werden.

NAD^+, Nicotinamidadenindinukleotid: Coenzym, das bei Redoxreaktionen Wasserstoffionen und Elektronen aufnimmt und dabei zu **NADH** $+ H^+$ reduziert wird.

Zitratzyklus: Reaktionskreislauf in der Mitochondrienmatrix, durch den das Pyruvat über mehrere Schritte vollständig zu Kohlenstoffdioxid oxidiert wird. Er ist der zentrale Abschnitt der Zellatmung und dient vor allem zur Bildung von NADH $+ H^+$ sowie als Ausgangspunkt verschiedener Biosynthesewege.

oxidative Decarboxylierung: chemische Reaktion, bei der Kohlenstoffdioxid aus Verbindungen abgespalten und das restliche Molekül oxidiert wird.

Proton, auch **Wasserstoffion** oder **H^+-Ion:** ein stabiler, elektrisch positiv geladener Bestandteil der Atome.

Protonengradient: Konzentrationsgefälle für Protonen an einer Membran. Der Protonengradient ist die Grundlage der Energiegewinnung durch oxidative Phosphorylierung.

ATP-Synthase: spezielles Enzym in der Membran, durch das Protonen entlang des Konzentrationsgefälles durch eine Membran transportiert werden. Dabei wird die Energie des Konzentrationsgefälles für die Bildung von ATP aus ADP und Phosphat genutzt.

Atmungskette: Kette von Redoxreaktionen in der inneren Mitochondrienmembran, in deren Verlauf der Wasserstoff des NADH mit dem Sauerstoff zu Wasser oxidiert wird. Diese Redoxreaktionen liefern die Energie für den Protonentransport und damit für die ATP-Bildung.

Oxidation: Abgabe von Elektronen.

Reduktion: Aufnahme von Elektronen.

Redoxreaktion: Reaktion, bei der ein Reaktionspartner oxidiert wird, also Elektronen abgibt, und ein anderer gleichzeitig reduziert wird, also Elektronen aufnimmt.

oxidative Phosphorylierung: Prozess, bei dem die Redoxreaktionen in der Atmungskette die Energie für den Protonentransport und damit für die ATP-Bildung liefern.

Zellatmung: aerobe Form des Energiestoffwechsels, bei dem die Glykolyse im Zytoplasma und der Zitratzyklus in den Mitochondrien abläuft.

Dissimilation: abbauender Stoffwechsel, bei dem Kohlenhydrate, Fette, Aminosäuren oder andere Stoffe zur ATP-Bildung genutzt werden.

aerobe Dissimilation: vollständiger Abbau von Glukose zu Wasser und Kohlenstoffdioxid, bei dem ATP synthetisiert wird.

anaerobe Dissimilation, auch **Gärung:** Abbau von Glukose zu Laktat oder Ethanol unter sauerstoffarmen Bedingungen.

fakultative Anaerobier: Zellen oder Lebewesen, die optimal in Gegenwart von Sauerstoff leben, aber auch in Abwesenheit von Sauerstoff leben können und ihren Stoffwechsel auf Gärung oder anaerobe Atmung umschalten.

Pasteur-Effekt: Zuckerverbrauch in Abhängigkeit von den Sauerstoffbedingungen.

Sport und Stoffwechsel

Muskelfaser: lange, dünne Zellen mit vielen Zellkernen und Mitochondrien, die aus der Verschmelzung von Vorläuferzellen entstanden sind. Mehrere Muskelfasern bilden ein **Muskelfaserbündel.**

Myofibrille: Bestandteil der Muskelfaser, der aus zahlreich hintereinanderliegenden Sarkomeren besteht.

Sarkomer: funktionelle Einheit einer Myofibrille und somit eines Skelettmuskels, die die Kontraktion ermöglicht.

Z-Scheibe: aus Proteinen bestehende, äußere Fläche, die zwei Sarkomere miteinander verbindet.

Aktinfilament: dünnes, fädiges Protein des Sarkomers.

Myosinfilament: dicker Proteinfaden, der mittig im Sarkomer liegt und über Titin mit den Z-Scheiben verbunden sind.

Querbrücke: Verbindung eines Myosinkopfs mit einem Aktinfilament bei der Muskelkontraktion.

Gleitfilamenttheorie: Modellvorstellung zur Muskelkontraktion, nach welcher Aktin- und Myosinfilamente durch die Beweglichkeit des Myosinkopfs aneinander vorbeigleiten.

weiße Muskelfaser: Muskelfasern mit wenig Blutkapillaren, die sehr schnell kontrahieren, jedoch auch schnell ermüden.

rote Muskelfaser: Muskelfaser mit vielen Blutkapillaren, die langsamer kontrahieren, jedoch sehr ausdauernd sind.

Grundumsatz: Energie, die zur Aufrechterhaltung der grundlegenden Funktionen eines Organismus bei völliger Ruhe benötigt wird.

Leistungsumsatz: bei körperlicher Aktivität zusätzlich benötigte Energiemenge, die über den Grundumsatz hinausgeht.

Gesamtumsatz: setzt sich aus Grundumsatz, Leistungsumsatz und in geringem Maße aus nahrungsbedingtem und temperaturregulierendem Energieumsatz zusammen.

Brennwerte: ein Maß für die in einem Stoff enthaltene Wärmeenergie. Er wird in Kilojoule (KJ) oder Kilokalorie (Kcal) pro Gramm Nährstoff angegeben.

physikalischer Brennwert: gibt den Energiegehalt eines Stoffes an und wird durch den vollständigen Abbau des Stoffes ermittelt.

physiologischer Brennwert: gibt die spezifische Energie eines Stoffes an, die bei deren Verstoffwechselung im Körper eines Organismus verfügbar gemacht werden kann. Da der Körper Stoffe nicht vollständig oxidieren kann, ist dieser Wert geringer als der physikalische Brennwert.

Energieumsatz: Übertragung der in Nahrung enthaltenen Energie auf die für den Körper nutzbaren, körpereigenen Energieformen, vor allem ATP.

direkte Kalorimetrie: Verfahren zur Messung der Wärmeenergie, die bei Stoffwechselaktivitäten der Lebewesen frei wird und über die vom Körper abgegebene Wärme direkt ermittelt wird.

indirekte Kalorimetrie: Verfahren zur Messung der Wärmenergie, die bei Stoffwechselaktivitäten der Lebewesen frei wird und über den Sauerstoffverbrauch indirekt ermittelt wird.

Überkompensation: Energiereserven, die nach einer Trainingseinheit höher liegen als vor dem Training.

Doping: Anwendung von unerlaubten Mitteln oder Methoden zur Steigerung der Leistungsfähigkeit.

Fotosynthese und Chemosynthese

Absorption: Aufnahme von Strahlungsenergie durch Anregung von Elektronen.

Absorptionsspektrum: grafische Darstellung der Absorption in Abhängigkeit von eingestrahlten Wellenlängen. Absorptionsspektren werden mit einem Spektralfotometer aufgenommen.

Fotosynthese: Umwandlung von Lichtenergie in chemische Energie und Aufbau von organischer Substanz aus anorganischen Stoffen. Besteht aus lichtabhängiger Primär- und lichtunabhängiger Sekundärreaktion.

Blattpigmente: Licht absorbierende Farbstoffe in Blättern, beispielsweise Chlorophyll.

Chromatografie: Methode zur Trennung eines Stoffgemisches, bei der Stoffe aufgrund unterschiedlicher Löslichkeit in einem Fließmittel und unterschiedlicher Adsorption an einem Träger getrennt werden.

Chloroplast: von Chlorophyll grün gefärbter Zellbestandteil, Ort der Fotosynthese.

Thylakoidmembran: Membransystem der Chloroplasten.

Fotosysteme: Fotosynthetisch wirksame Farbstoffe, die an Proteinkomplexe gebunden sind.

Elektronentransportkette: Reaktionskette von Redoxsystemen, in der Elektronen transportiert werden.

Fotolyse des Wassers: fotochemische Spaltung von Wasser, bei der Elektronen, Protonen und elementarer Sauerstoff freigesetzt werden.

Fotophosphorylierung: Aufbau von ATP aus ADP und P durch Nutzung absorbierter Strahlungsenergie.

Calvin-Zyklus: zyklischer Reaktionsablauf der lichtunabhängigen Reaktion der Fotosynthese, in dem Kohlenstoffdioxid reduziert und in organische Substanz eingebaut wird.

Reservestärke: aus Saccharose gebildete Kohlenhydrate, die in Leukoplasten gespeichert werden.

Assimilationsstärke: in Stärke umgewandeltes 3-PGA, die in den Chloroplasten verbleibt.

C_3-Pflanzen: Pflanzen, bei denen das Kohlenstoffdioxid in der Fotosynthese zunächst zu einem Molekül mit drei Kohlenstoffatomen reagiert. Dies ist bei den meisten heimischen Pflanzen der Fall.

C_4-Pflanzen: Pflanzen, bei denen das Kohlenstoffdioxid in der Fotosynthese zunächst zu einem Molekül mit vier Kohlenstoffatomen reagiert. Dieses wird gespeichert, sodass die Pflanzen auch bei geschlossenen Spaltöffnungen Kohlenstoffdioxid für die Fotosynthese zur Verfügung haben.

CAM-Pflanzen: Pflanzen, bei denen das Kohlenstoffdioxid für die Fotosynthese zunächst zu Malat reagiert. In einem speziellen Stoffwechselweg, dem Crassulacean Acid Metabolism, wird über das Malat Kohlenstoffdioxid zumeist nachts gespeichert und steht tagsüber auch bei geschlossenen Spaltöffnungen zur Fotosynthese zur Verfügung.

Chemosynthese: Stoffwechselweg bestimmter Prokaryoten, für den die Oxidation von anorganischen Stoffen wie Methan, Ammoniak und Schwefelwasserstoff die notwendige Energie zum Aufbau körpereigener Stoffe liefert.

chemolithotroph: Bezeichnung der Lebewesen, die Chemosynthese betätigen.

Assimilation: schrittweise erfolgende Stoffumwandlung körperfremder in körpereigene Stoffe.

Nitrifikation: Oxidation von Ammoniak, NH_3, beziehungsweise Ammoniumionen, NH_4^+, zu Nitrat, NO_3^-.

Denitrifikation: Umwandlung des im Nitrat, NO_3^-, gebundenen Stickstoffs zu Luftstickstoff, N_2, und Stickoxiden.

Stickstoffkreislauf: beschreibt die zyklisch verlaufende Umwandlung von Stickstoff in seine verschiedenen Erscheinungsformen in der Biosphäre.

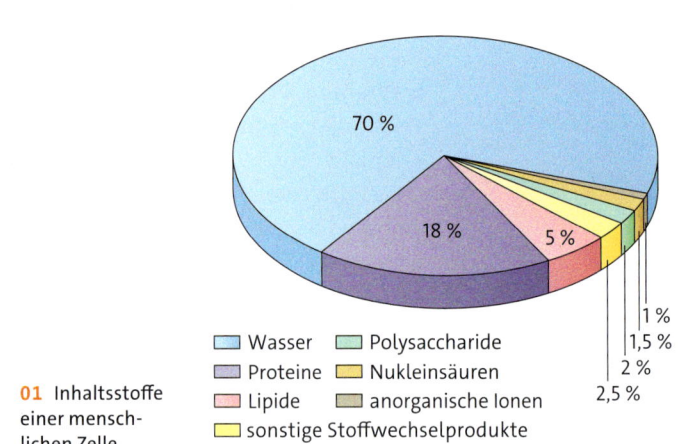

70 %

18 %   5 %

1 %
1,5 %
2 %
2,5 %

☐ Wasser   ☐ Polysaccharide
☐ Proteine ☐ Nukleinsäuren
☐ Lipide   ☐ anorganische Ionen
☐ sonstige Stoffwechselprodukte

01 Inhaltsstoffe einer menschlichen Zelle

ZELLINHALTSSTOFF WASSER · Untersucht man eine menschliche Zelle auf ihre Inhaltsstoffe, so stellt man fest, dass sie überwiegend aus Wasser besteht. Bei Säuglingen liegt der Wasseranteil bei etwa 70 Prozent und verringert sich im Erwachsenenalter. Auch die Zellen anderer Lebewesen bestehen zum Großteil aus Wasser. Bei Pflanzen können es bis zu 90 Prozent, bei Quallen sogar 98 Prozent sein. Welche Bedeutung hat dieser hohe Wasseranteil für die Zelle und die weiteren darin enthaltenen Stoffe? Wasser ist das zentrale Lösungsmittel lebender Organismen. Das bedeutet, dass die biochemischen Reaktionen in der Zelle Reaktionen im wässrigen Milieu sind. Diese Reaktionen lassen sich besser verstehen, wenn man die chemischen Eigenschaften der beteiligten Stoffe kennt.

BINDUNGEN IN MOLEKÜLEN · Die Eigenschaften von Stoffen sind im Bau der Stoffe, in ihrer Struktur begründet. Stoffe bestehen aus *Molekülen,* die wiederum aus *Atomen* bestehen. Atome haben einen positiv geladenen Kern und eine Hülle negativ geladener Elektronen. Viele Atome können sich dadurch verbinden, dass ein gemeinsames Elektronenpaar gebildet wird. Es enthält von jedem der beiden Atome ein Elektron. Somit entsteht eine *Elektronenpaarbindung,* die **kovalente Bindung.** Wasserstoffmoleküle bestehen beispielsweise aus zwei Wasserstoffatomen, die kovalent miteinander verbunden sind. Dies wird bei der Darstellung des Moleküls mit einem Bindungsstrich verdeutlicht.

Wenn sich zwei Atome das gemeinsame Elektronenpaar gleichermaßen teilen, liegt die negative Ladung dieser Elektronen genau zwischen den beiden Atomen. Die Elektronenpaarbindung ist *unpolar.* Dies gilt auch für Bindungen zwischen Kohlenstoff- und Wasserstoffatomen.

Die Atome von Elementen, die im Periodensystem auf der rechten Seite oben stehen, wie Sauerstoff, Chlor oder Stickstoff, ziehen bindende Elektronenpaare besonders stark an. Dies wird beim Chlorwasserstoffmolekül, HCl, deutlich. Die Ladung der bindenden Elektronen ist näher am Chloratom als am Wasserstoffatom. Das Chloratom erhält dadurch eine negative Teilladung, δ^-, und das Wasserstoffatom eine positive Teilladung, δ^+.

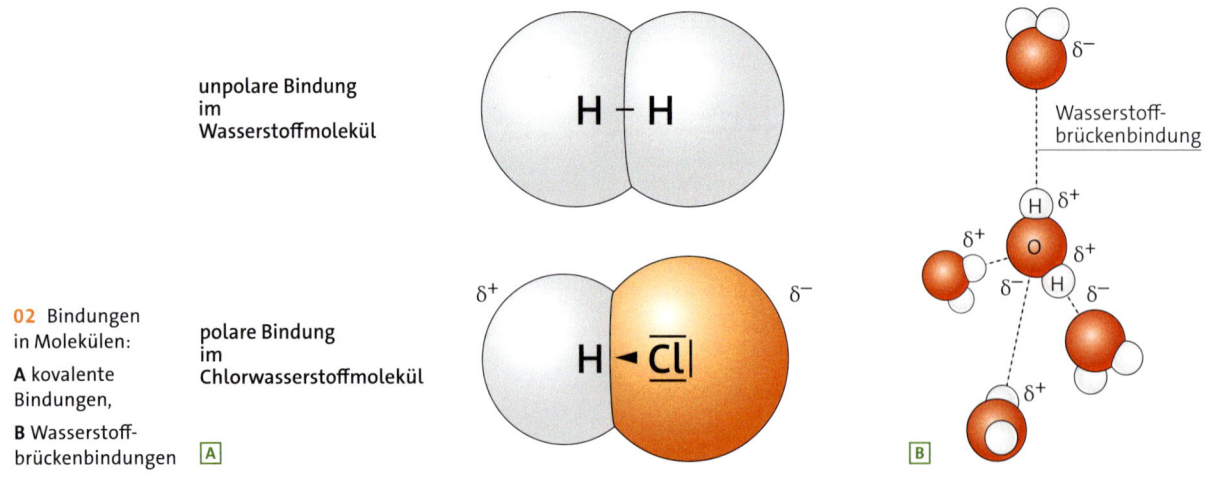

unpolare Bindung im Wasserstoffmolekül

H – H

polare Bindung im Chlorwasserstoffmolekül

δ^+ δ^-

H ◄ C̲l̲|

δ^-

Wasserstoffbrückenbindung

δ^+

δ^+ O δ^+
δ^- δ^-

δ^+

02 Bindungen in Molekülen:

A kovalente Bindungen,

B Wasserstoffbrückenbindungen

A

B

Ähnlich verhält es sich beim Wassermolekül. Hier zieht das Sauerstoffatom stärker an den Bindungselektronen. Aufgrund der Ladungsverteilung innerhalb der Wassermoleküle ziehen sie sich gegenseitig an. Die Anziehungskräfte zwischen den Wassermolekülen sind deutlich schwächer als kovalente Bindungen. Sie werden als **Wasserstoffbrückenbindungen** bezeichnet und durch eine gestrichelte oder punktierte Linie dargestellt.

BIOMOLEKÜLE UND FUNKTIONELLE GRUPPEN · Die Eigenschaften der Biomoleküle, beispielsweise ihre Löslichkeit in Wasser oder ihre chemischen Reaktionen, lassen sich auf die Eigenschaften bestimmter Atomgruppen, die *funktionellen Gruppen,* zurückführen. Bei den Alkoholen ist dies die Hydroxylgruppe, −OH. Da sie polar ist, lösen sich Alkohole mit kurzen Kohlenstoffketten wie Ethanol gut in Wasser. Sie sind *hydrophil.* Wenn die Hydroxylgruppe an eine langkettige Kohlenstoffverbindung gebunden ist, überwiegen die unpolaren, hydrophoben Bindungen zwischen den Kohlenstoff- und den Wasserstoffatomen. Der Alkohol löst sich dann nur schwer in Wasser.

Aldehyde und Ketone haben eine polare Carbonylgruppe, −CO, Carbonsäuren eine polare Carboxylgruppe, −COOH. In wässriger Lösung spalten Carbonsäuren leicht ein Wasserstoffion, ein H^+-Ion, ab. Darauf beruht ihre Säurewirkung. Kurzkettige Carbonsäuren, wie zum Beispiel die Essigsäure mit zwei Kohlenstoffatomen, geben das Proton leichter ab und sind deshalb stärkere Säuren als langkettige Carbonsäuren wie Fettsäuren mit zehn oder mehr Kohlenstoffatomen.

Die stickstoffhaltige Aminogruppe der Aminosäuren ist ebenfalls polar. Da sie ein H^+-Ion binden kann, wirkt sie basisch. Auch Phosphatgruppen sind polar, geben aber leicht H^+-Ionen ab und wirken daher sauer.

Name	Strukturformel	Verbindungsklasse	Eigenschaften, Vorkommen
Hydroxylgruppe	$-\overset{H}{\underset{H}{C}}-O-H$	Alkohole	hydrophil, reaktionsfähig Alkohole, Kohlenhydrate, Glycerin
Carbonylgruppe	$\underset{R\quad H}{\overset{O}{C}}$	Aldehyde	hydrophil, sehr reaktionsfähig Acetaldehyd, Kohlenhydrate
	$\underset{R\quad R}{\overset{O}{C}}$	Ketone	hydrophil, sehr reaktionsfähig Aceton, Kohlenhydrate
Carboxylgruppe	$R-C\overset{O}{\underset{O-H}{}} \longrightarrow R-C\overset{O}{\underset{O^-}{}}$	Carbonsäuren	hydrophil, reagiert sauer Zitronensäure, Fettsäuren
Aminogruppe	$R-\overset{H}{\underset{H}{N}}-H \longrightarrow R-\overset{H}{\underset{H}{N}}-H$	Amine	hydrophil, reagiert basisch Aminosäuren
Phosphatgruppe	$R-O-\overset{O}{\underset{O-H}{P}}-O-H \rightarrow R-O-\overset{O}{\underset{O^-}{P}}-O^-$	Phosphorsäureester	hydrophil, reagiert sauer ATP, Nukleinsäuren, Zuckerphosphate, Phospholipide

03 Wichtige funktionelle Gruppen in Biomolekülen

CHEMISCHE GRUNDLAGEN II

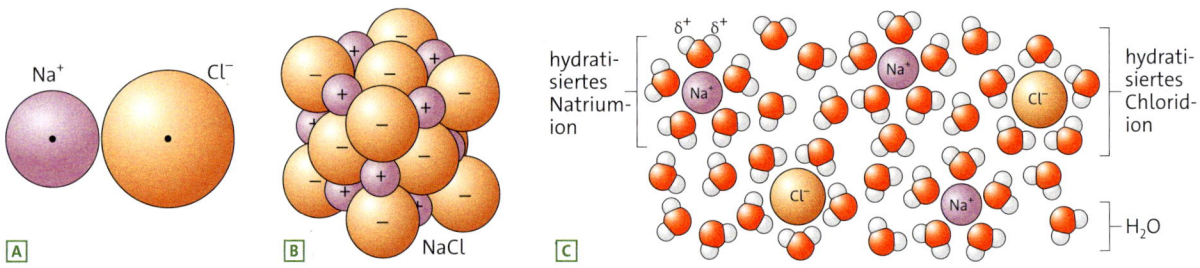

04 Natriumchlorid: **A** Ionenbindung, **B** Ionengitter, **C** Hydrathülle

IONEN · Sowohl Pflanzen als auch Tiere benötigen neben den Nährstoffen eine Vielzahl an Mineralstoffen zur Aufrechterhaltung ihrer Lebensfunktionen. Diese Stoffe werden in Form von Ionen aufgenommen. Ein Beispiel hierfür ist das Kochsalz, Natriumchlorid.

Wenn Metallatome wie Natrium mit Nichtmetallatomen wie Chlor reagieren, bilden sich keine gemeinsamen Elektronenpaare. Jedes Metallatom gibt ein oder mehrere negativ geladene Elektronen ab und jedes Nichtmetallatom nimmt diese Elektronen auf. Da Natrium ein Elektron abgibt, verliert es eine negative Ladung. Es entsteht ein positiv geladenes Natriumion, Na^+. Das Chloratom nimmt dieses Elektron auf und wird zum negativ geladenen Chloridion, Cl^-. Die unterschiedlich geladenen Ionen ziehen sich gegenseitig so stark an, dass jedes Natriumion von sechs Chloridionen umgeben ist und umgekehrt. Die Bindung zwischen den Ionen nennt man **Ionenbindung.** Das entstehende *Ionengitter* bewirkt makroskopisch, dass sich ein Kochsalzkristall bildet. Kristalline Stoffe, die aus positiv geladenen Ionen, den Kationen, und negativ geladenen Ionen, den Anionen, gebaut sind, nennt man als *Salze*.

lat. potentia hydrogenii, abgekürzt pH = Wirksamkeit des Wasserstoffs

Sobald man Natriumchlorid in Wasser gibt, lösen sich die Kristalle darin auf. Die Ionen trennen sich voneinander und werden von Wassermolekülen umgeben. Es entsteht eine Hydrathülle. Auch die Carbonsäuren bilden Ionen. Ihre Moleküle spalten H^+-Ionen ab, sie dissoziieren. Dabei entsteht ein negativ geladenes Ion, das man als Säurerest bezeichnet. Man erkennt die Namen der Säurereste an der Endung -at. So wird aus Zitronensäure nach Abgabe der Protonen der Säurerest Zitrat. H^+-Ionen reagieren mit Wassermolekülen direkt weiter zu Oxoniumionen, H_3O^+.

WASSERSTOFFIONENKONZENTRATION · In Wasser dissoziieren einige Wassermoleküle in Oxonium- und in Hydroxidionen:

$$2\,H_2O \Longleftrightarrow H_3O^+ + OH^-$$

Da gleich viele Oxonium- und Hydroxidionen vorliegen, ist die Lösung neutral. Sie hat den pH-Wert 7. Sobald eine Säure zugegeben wird, steigt die Konzentration der H^+-Ionen und damit der Oxoniumionen, der pH-Wert sinkt. Da Basen H^+-Ionen aufnehmen, führt eine Basenzugabe zur Konzentrationsabnahme an Oxoniumionen, der pH-Wert steigt. Der **pH-Wert** ist also ein Maß für die Wasserstoffionenkonzentration.

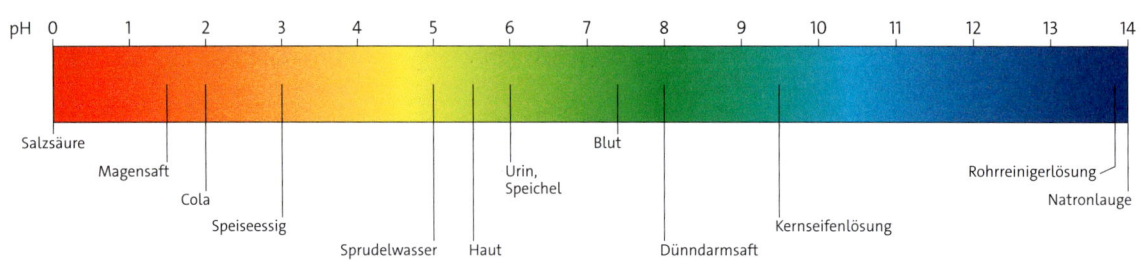

05 pH-Skala, die Farben entsprechen dem Farbverlauf von Universalindikator

ATP · Das Molekül des Adenosintriphosphats, abgekürzt *ATP*, ist ein Nukleotid aus der organischen Base Adenin, dem Zuckermolekül Ribose und drei Phosphatgruppen. Da die Phosphatgruppen negativ geladen sind und sich gleiche Ladungen abstoßen, wird die endständige Phosphatgruppe in wässriger Lösung in der Zelle leicht als anorganisches Phosphat, P, abgespalten. Dabei entsteht Adenosindiphosphat, kurz *ADP*.

Bei vielen endergonischen Reaktionen wird diese Phosphatgruppe auf andere Moleküle übertragen. ATP dient hier als Coenzym. Auf diese Weise wird im ersten Schritt der Glykolyse die Phosphatgruppe auf Glukose übertragen und es entstehen das reaktionsbereite Glukose-6-Phosphat. Die Abspaltung der Phosphatgruppe von ATP erfordert zunächst Energie. Bei der Bildung der Hydrathülle um die Phosphatgruppe wird jedoch ein höherer Energiebetrag freigesetzt, der für die endergonische Reaktion genutzt wird.

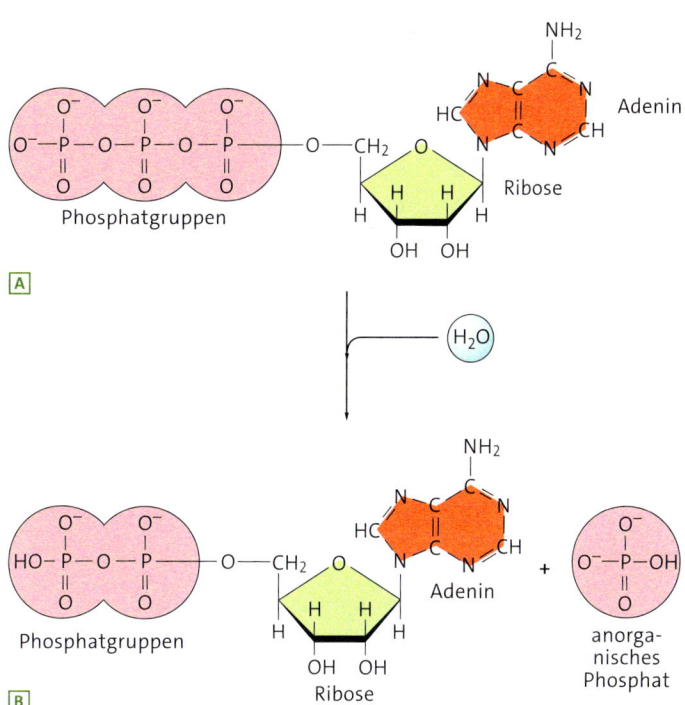

06 ATP: **A** Strukturformel, **B** Reaktion zu ADP und anorganischem Phosphat

NAD$^+$ · Das Coenzym Nikotinamidadenindinukleotid, abgekürzt *NAD$^+$*, ähnelt dem ATP, besteht aber aus zwei Nukleotiden. Bei vielen Reaktionen in Zellen werden H$^+$-Ionen von Molekülen abgespalten und auf NAD$^+$ übertragen. Dabei nimmt es zwei Elektronen auf und wird zu NADH + H$^+$. Die Elektronenaufnahme bezeichnet man als *Reduktion*. Das elektronenabgebende Molekül wird oxidiert. Da eine *Oxidation* immer nur dann stattfindet, wenn gleichzeitig ein Reaktionspartner reduziert wird, nennt man diese Reaktion **Redoxreaktion.**

In organischen Molekülen ist die Abgabe von Elektronen meistens mit der Abgabe von H$^+$-Ionen, Protonen, verknüpft. Beides zusammen entspricht formal der Abgabe von Wasserstoffatomen. Somit ist die Abgabe von Wasserstoffatomen eine Oxidation und die Aufnahme von Wasserstoffatomen eine Reduktion des Moleküls.

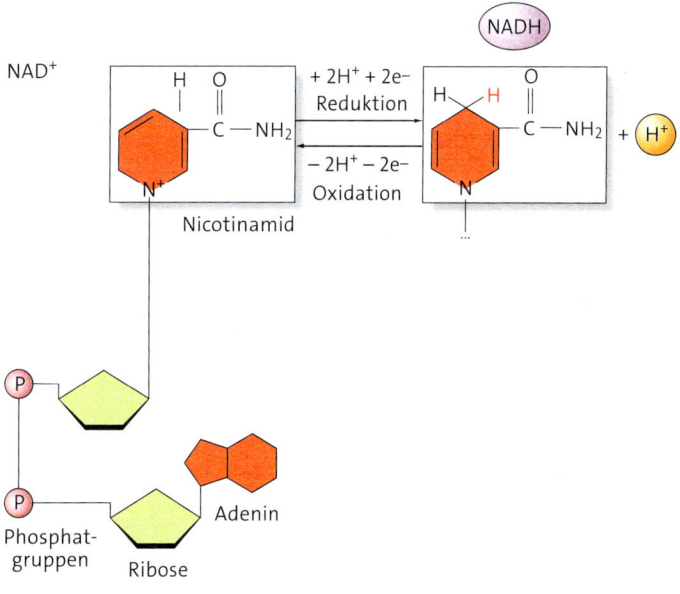

07 Strukturformel von NAD$^+$ und seine Reaktionen

Hinweise zum Umgang mit Gefahrstoffen und Gefahrenhinweise

Auf den Materialseiten werden Experimente vorgeschlagen, die im Rahmen des Biologieunterrichts üblicherweise durchgeführt werden. Dabei wurde darauf geachtet, dass möglichst wenig Gefahrstoffe und diese in möglichst geringen Mengen zum Einsatz kommen. Alle Experimente sind als Versuch im Material gekennzeichnet und mit einer Sicherheitsleiste versehen, die mithilfe von Symbolkästen auf mögliche Gefahren, Sicherheitsvorkehrungen und Entsorgungswege hinweist. Für ein sicheres Experimentieren ist es unerlässlich, dass jede Schülerin und jeder Schüler die in den Versuchsanleitungen verwendeten Kennbuchstaben und die zugehörigen Gefahrensymbole, wie sie auf Chemikalienetiketten zu finden sind, kennt und über entsprechende Sicherheitshinweise unterrichtet ist. Sollten diese Ihnen nicht aus dem Chemieunterricht geläufig sein, machen Sie sich bitte mit den auf der Seite 183 aufgeführten Hinweisen gründlich vertraut.

Beachten Sie beim Experimentieren die speziellen Sicherheitshinweise Ihrer Lehrerin oder Ihres Lehrers genauestens und halten Sie die im Folgenden aufgelisteten allgemeinen Regeln für das praktische/experimentelle Arbeiten in Biologie ein.

Allgemeine Regeln für das praktische/experimentelle Arbeiten

– Informieren Sie sich über die Notfalleinrichtungen (Notausschalter, Feuerlöscher, Erste Hilfe) im Arbeitsraum.

– Halten Sie Ihren Arbeitsplatz sauber und ordnen Sie ihn übersichtlich.

– Essen und trinken Sie niemals während der praktischen/experimentellen Arbeit.

– Schützen Sie Ihre Augen beim Umgang mit Chemikalien grundsätzlich durch eine Schutzbrille.

– Pipettieren Sie niemals mit dem Mund, sondern immer mit einer Pipettierhilfe.

– Achten Sie außer auf Ihre eigene Sicherheit immer auch auf die Ihrer Mitschülerinnen und Mitschüler.

– Sollten Sie sich bei der Arbeit verletzen, informieren Sie bitte sofort Ihre Lehrerin/Ihren Lehrer.

– Für Experimente mit Mikroorganismen gelten besondere Sicherheitshinweise, über die Sie Ihre Lehrerin/Ihr Lehrer informiert.

– Waschen Sie sich nach praktischer/experimenteller Arbeit stets gründlich die Hände.

Einstufung von Gefahrstoffen nach der GHS-Verordnung

Mit dem neuen GHS *(Globally Harmonised System of Classification and Labelling of Chemicals)* werden die Kriterien für die Einstufung der Gefahrstoffe neu festgelegt und mit international einheitlichen Piktogrammen versehen. Neu ist auch die Verwendung der Signalwörter **Gefahr** und **Achtung** für das Ausmaß der Gefahr: „Gefahr" bei hoher Gefährdung oder „Achtung" bei geringerer Gefährdung. Das GHS gilt seit 2009. Die Übergangsfristen für die bisherigen Verordnungen sind seit dem 1. Juni 2017 ausgelaufen.

Gefahrenpiktogramm und Piktogrammcode	Mit dem Gefahrenpiktogramm gekennzeichnete Stoffe und Gemische	Signalwort
2 GHS02	entzündbare, selbsterhitzungsfähige und gefährliche selbstzersetzliche Stoffe und Gemische, pyrophore Stoffe sowie Stoffe und Gemische, die bei Berührung mit Wasser entzündbare Gase entwickeln	Gefahr oder Achtung
5 GHS05	Stoffe und Gemische, die schwere Verätzungen der Haut und/oder schwere Augenschäden verursachen	Gefahr
7 GHS07	Stoffe und Gemische, die Haut- und/oder Augenreizungen verursachen und/oder allergische Hautreaktionen, Reizungen der Atemwege und/oder Schläfrigkeit und Benommenheit verursachen können	Achtung
8 GHS08	Stoffe und Gemische, die bei Verschlucken und Eindringen in die Atemwege tödlich sein können und/oder eine Gefahr für die Gesundheit darstellen. Diese Stoffe und Gemische schädigen bestimmte Organe und/oder können Krebs erzeugen, die Fruchtbarkeit beeinträchtigen, das Kind im Mutterleib schädigen und/oder genetische Defekte und/oder beim Einatmen Allergien, asthmaartige Symptome oder Atembeschwerden verursachen.	Gefahr oder Achtung

Hinweise auf Sicherheitsvorkehrungen beim Durchführen von Versuchen

 Schutzbrille tragen

 Schutzhandschuhe tragen

Hinweise auf die korrekte Entsorgung

Abwasser nicht gefährliche und wasserlösliche Stoffe

Behälter 1 Säuren und Laugen

S. 1, I+IV: Science Photo Library/ROGELIO MORENO **S. 3:** Science Photo Library/GERD GUENTHER **S. 4:** stock.adobe.com/kungverylucky **S. 5/1:** interfoto e.k./Reinhard Dirscherl **S. 5/2:** Cornelsen Verlag/Ina Albrecht, Berlin **S. 5/3:** stock.adobe.com/ Pawel Burgiel **S. 6/1a:** interfoto e.k./ Granger, NYC **S. 6/1b:** FOTOFINDER.COM/Science & Society **S. 7/2:** akg-images/Science Photo Library **S. 7/3:** Fotolia/wuestefm **S. 7/4:** Science Photo Library/DR. ROBERT CALENTINE/VISUALS UNLIMITED, INC. **S. 9:** Science Photo Library/GERD GUENTHER **S. 10/1b:** F1Online/ VisualsUnlimited **S. 10/1a:** mauritius images/Zeljko Dangubic/Westend61 **S. 10/2:** Cornelsen/ Hannes von Goessel **S. 11/3:** Cornelsen/ Tom Menzel **S. 11/4:** Okapia/NAS/Biophoto Associates **S. 11/5:** Cornelsen/Hannes von Goessel **S. 12/6:** Cornelsen/ Hannes von Goessel **S. 13/1:** Cornelsen/Volker Minkus/Tom Menzel **S. 13/2:** imago **S. 13/3:** OKAPIA KG/J. C. Révy/ISM **S. 13/4:** imago stock&people/Science Photo Library **S. 13/5:** mauritius images/Carolina Biological Supply Company/Phototake **S. 14/1:** Cornelsen/Volker Minkus **S. 14/2:** Cornelsen/ Tom Menzel **S. 15/3:** Cornelsen/Tom Menzel **S. 16/4:** Science Photo Library/DENNIS KUNKEL MICROSCOPY **S. 16/4 A-D:** Science Photo Library/DENNIS KUNKEL MICROSCOPY **S. 16/4E:** Cornelsen/Hannes von Goessel **S. 17/o.:** Cornelsen/Angelika Kramer **S. 17/o.:** Cornelsen/ Angelika Kramer **S. 17/o.:** Cornelsen/Marina Goldberg **S. 17/o.:** Sofarobotnik **S. 17/r.:** dpa Picture-Alliance/Norbert Lange/ OKAPIA KG **S. 17/l.:** Cornelsen/Angelika Kramer **S. 18/2:** shutterstock/Choksawatdikorn **S. 19/3A+3B:** Cornelsen/ Tom Menzel **S. 18/1:** Getty/Alan John Lander Phillips **S. 19/4:** Science Photo Library/DR. ROBERT CALENTINE/ VISUALS UNLIMITED, INC. **S. 19/5:** Cornelsen/Tom Menzel **S. 20/1:** Ferry Siemensma **S. 20/3a+3b:** Cornelsen/Tom Menzel **S. 20/4a:** Science Photo Library/Fawcett, Don **S. 20/4b:** mauritius images/Biophoto Associates/Science Source **S. 21/2a+2b:** Cornelsen/Tom Menzel **S. 22/5a+5b:** Cornelsen/Hannes von Goessel **S. 22/6:** Science Photo Library/DR GOPAL MURTI **S. 22/7:** Cornelsen/Hannes von Goessel **S. 23/A: PubMed Central/Hakansson et al. in: PLoS One. 2011; 6(3):** e17717/published online 2011 Mar 10/open source **S. 23/B:** OKAPIA KG/NAS/K.R. Porter **S. 23/C:** R. Schmidt, A. Egner, S.W. Hell, Max-Planck-Institut für biophysikalische Chemie **S. 24/1:** OKAPIA KG/NAS/ Science Source/Don W. Fawcett **S. 24/2:** mauritius images/alamy stock photo/Medicshots **S. 25/3a:** Science Photo Library/Fawcett, Don **S. 25/3b:** Cornelsen/Tom Menzel **S. 25/4a:** Science Photo Library/ BIOPHOTO ASSOCIATES **S. 25/4b:** Cornelsen/Tom Menzel **S. 25/5a:** Science Photo Library/Porter, K.R. **S. 25/5b:** Cornelsen/Tom Menzel **S. 25/6B:** Cornelsen/Tom Menzel **S. 26/7:** Science Photo Library **S. 26/8:** Science Photo Library/R. BICK, B. POINDEXTER, UT MEDICAL SCHOOL **S. 26/9a:** OKAPIA KG/NAS/Science Source/Biophoto Associates **S. 26/9b:** Cornelsen/Tom Menzel **S. 27/o.:** Science Photo Library/ MEDIMAGE **S. 27/u.:** H. Jastrow aus Dr. Jastrows elektronenmikroskopischem Atlas (www.drjastrow.de) **S. 28/1:** imago sportfotodienst/ PanoramiC **S. 28/2:** Cornelsen/Tom Menzel **S. 29/3+4:** Cornelsen/Tom Menzel **S. 30/5+6:** Cornelsen/Tom Menzel **S. 31/o.:** mauritius images/ Science Source **S. 31/u.:** OKAPIA KG/NAS/Science Source/Biophoto Associates **S. 33/1+2:** Cornelsen/Tom Menzel **S. 34/1:** shutterstock/ Lebendkulturen.de **S. 34/2:** Cornelsen/Angelika Kramer **S. 35/3-5:** Cornelsen/Tom Menzel **S. 37/o.:** Cornelsen/Tom Menzel **S. 37/u.:** Cornelsen/Tom Menzel **S. 38/1:** Science Photo Library/Michael Abbey **S. 38/2:** Science Photo Library/NIBSC **S. 39/3:** Cornelsen/Tom Menzel **S. 39/4:** Cornelsen/Tom Menzel **S. 40/5:** Science Photo Library/PROF. KENNETH R. MILLER **S. 41/o.:** UC San Diego **S. 41/mitte:** dpa Picture-Alliance/ASSOCIATED PRESS **S. 41/6-8:** Cornelsen/Tom Menzel **S. 42/o.:** Cornelsen/Volker Minkus **S. 42/mitte:** Cornelsen/Hannes von Goessel **S. 43/o.+u.:** Cornelsen/Tom Menzel **S. 43/mitte:** Cornelsen/ newVision!GmbH, Bernhard A. Peter, Pattensen **S. 44/1:** Cornelsen/ Tom Menzel **S. 45/3+4:** Cornelsen/Tom Menzel **S. 46/1:** Cornelsen/ Volker Minkus **S. 47/2a, 3c+3d:** Cornelsen/Tom Menzel **S. 47/2a-2c:**

Cornelsen/Volker Minkus **S. 47/3a+3b:** Wissenschaftliche Bildagentur Karly **S. 48/4:** Cornelsen/Karin Mall, Berlin **S. 49/o.+u.:** Cornelsen/ newVision!GmbH, Bernhard A. Peter, Pattensen **S. 49/u.:** Cornelsen/ Volker Minkus **S. 50/1:** Cornelsen/Volker Minkus **S. 50/2:** Cornelsen/ Karin Mall, Berlin **S. 51/3:** Cornelsen/Tom Menzel **S. 52/4:** Science Photo Library **S. 52/5:** Cornelsen/Karin Mall, Berlin **S. 53/o.:** Cornelsen/ Tom Menzel **S. 53/o.:** Theuerkauf, H., Gotha **S. 53/o.:** OKAPIA KG/Hans Reinhard **S. 53/u.:** mauritius images/alamy stock photo/robertharding **S. 53/u.:** dpa Picture-Alliance/Klett GmbH **S. 54/1:** shutterstock/H. Tuller **S. 55/2:** Cornelsen/Karin Mall **S. 56/1:** Cornelsen/Karin Mall **S. 57/o.+u.:** Cornelsen/Karin Mall **S. 58/1:** Science Photo Library/Dimijian, Gregory G./Nasa **S. 59/2a+2b+3:** Cornelsen/Tom Menzel **S. 60/4:** Cornelsen/Tom Menzel **S. 61/o.+u.:** Cornelsen/Tom Menzel **S. 61/u.:** Cornelsen/Karin Mall, Berlin **S. 62/1:** GlowImages/ScienceFaction **S. 63/2:** Science Photo Library/MANFRED KAGE **S. 63/3:** Cornelsen/Tom Menzel **S. 64/5:** Cornelsen/Tom Menzel **S. 65/6:** Okapia/DeMeyr **S. 65/7:** Cornelsen/Tom Menzel **S. 66/o.:** Science Photo Library/DR GOPAL MURTI **S. 66/u.:** Cornelsen/newVision!GmbH, Bernhard A. Peter, Pattensen **S. 67/o.:** Cornelsen/Karin Mall, Berlin **S. 67/o.:** mauritius images/Jennifer Waters & Adrian Salic/Science Source **S. 67/mitte:** Cornelsen/newVision!GmbH, Bernhard A. Peter, Pattensen **S. 68/1:** mauritius images/Biophoto Associates/Photo Researchers, Inc. **S. 68/2:** Cornelsen/Angelika Kramer **S. 69/3:** Cornelsen/Karin Mall, Berlin **S. 70/4:** Cornelsen/Karin Mall, Berlin **S. 71/mitte:** Cornelsen/ Tom Menzel **S. 72/1a:** OKAPIA KG/NAS/Biophoto Associates **S. 72/1b:** mauritius images/Science Source/All mauritius images **S. 73/2a+2b:** Cornelsen/Tom Menzel **S. 74/3a:** Agentur Focus/Gelderblom/eye of science **S. 74/3b:** mauritius images/alamy stock photo/ **S. 74/3c:** mauritius images/Biophoto Associates/Science Source **S. 74/3d:** F1Online/VisualsUnlimited **S. 74/3e:** OKAPIA KG/Nigel Cattlin/Holt Studios **S. 75/o.li.:** mauritius images/Science Source/Omikron **S. 75/o. re.:** F1Online/VisualsUnlimited **S. 75/u.:** mauritius images/Winton Patnode/Science Source **S. 77:** OKAPIA KG/NAS/K.R. Porter **S. 77/2:** Cornelsen/Tom Menzel **S. 78/2:** dpa Picture-Alliance/ZB – Fotoreport **S. 79/2+3:** Cornelsen/Tom Menzel **S. 80/4:** Cornelsen/Tom Menzel **S. 81/Abb. 4 + Mitte:** Cornelsen/Tom Menzel **S. 82/1:** mauritius images/Biophoto Associates/Science Source **S. 82/2:** Science Photo Library/L. WILLATT, EAST ANGLIAN REGIONAL GENETICS SERVICE **S. 83/3:** Cornelsen/Tom Menzel **S. 84/1:** Cornelsen Verlag/Ina Albrecht, Berlin **S. 85/2+3:** Cornelsen/Tom Menzel **S. 86/4:** Cornelsen/Hannes von Goessel **S. 87/o.:** Cornelsen/Hannes von Goessel **S. 87/u.:** Cornelsen/Tom Menzel **S. 88/1:** Science Photo Library/JAMES KING-HOLMES **S. 89/2:** Cornelsen/Tom Menzel **S. 90/3:** Cornelsen/Tom Menzel **S. 91/o.+u.:** Cornelsen/Tom Menzel **S. 92/1a:** Cornelsen/Tom Menzel **S. 92/1b:** Cornelsen/Hannes von Goessel **S. 93/2:** M. Cortese und R. Bartenschlager, Zentrum für Infektiologie, Molekulare Virologie, Universitätsklinikum Heidelberg **S. 93/3:** Reuters **S. 94/ob.li., Mitte, re.:** Cornelsen/Angelika Kramer **S. 94/mi.li., Mitte, re.:** Cornelsen/ Volker Minkus **S. 94/unt.li., Mitte, re.:** Cornelsen/Hannes von Goessel **S. 95/:** Cornelsen/Tom Menzel **S. 101/Mitte:** stock.adobe.com/kungverylucky **S. 102/1:** imago stock&people/Anka Agency International **S. 103/2a+b:** Cornelsen/Karin Mall **S. 104/3a+3b:** Cornelsen/Volker Minkus **S. 104/4+5:** Cornelsen/Karin Mall **S. 105/o. + u.:** Cornelsen/ Karin Mall **S. 105/o.:** Sofarobotnik **S. 105/o.:** Cornelsen/Marina Goldberg **S. 106/1-3:** Cornelsen/Karin Mall **S. 107/4-5:** Cornelsen/Karin Mall **S. 107/5:** Cornelsen/Karin Mall **S. 108/1:** Reuters **S. 108/2:** Cornelsen/Karin Mall **S. 109/3:** Cornelsen/Karin Mall **S. 109/4:** Cornelsen/Karin Mall **S. 110/5:** Cornelsen/Karin Mall **S. 110/7:** https://www.rcsb. org/pages/policies#References Für die Katalase, die dieses Asset zeigt, ist die Quelle: PDB ID: 1 DGB; Active and inhibited human catalase structures: ligand and NADPH binding and catalytic mechanism. Putnam, C.D., Arvai, A.S., Bourne, Y., Tainer, J.A. (2000) J.Mol.Biol. 296:

295-309 **S. 111/1:** Cornelsen/Karin Mall **S. 111/o.:** Sofarobotnik **S. 111/o.:** Cornelsen/Marina Goldberg **S. 111/mitte:** Joachim Becker **S. 111/mitte:** Cornelsen/Hannes von Goessel, Erding **S. 112/1a:** mauritius images/Hans Reinhard **S. 112/1b, 2b, 3b:** Cornelsen/Karin Mall **S. 112/2a:** OKAPIA KG/imagebroker/Siegfried Kuttig **S. 112/3a:** interfoto e.k./ARDEA/Steve Hopkin **S. 113/4a:** F1online/Foodcollection/ Lehmann Herbert **S. 113/4b, 5b, 6b:** Cornelsen/Karin Mall **S. 113/5a:** imago stock&people/CTK Photo **S. 113/6a:** Fotolia/fotoduets **S. 114/1:** shutterstock/Busara **S. 115/2-4:** Cornelsen/Bernhard Peter, Pattensen **S. 116/5:** Cornelsen/Karin Mall **S. 117/7+8:** Cornelsen/Karin Mall **S. 118/o.:** Sofarobotnik **S. 118/o.:** Cornelsen/Karin Mall **S. 118/mitte:** Cornelsen/Marina Goldberg **S. 119/mitte:** Cornelsen/Marina Goldberg **S. 119/mitte:** Sofarobotnik **S. 119/mitte:** Cornelsen/Hannes von Goessel, Erding **S. 119/u.:** Cornelsen/Karin Mall **S. 120/1:** FOTOFINDER. COM/PhotoAlto **S. 121/2-4:** Cornelsen/Hannes von Goessel **S. 123/o. + Mitte:** Cornelsen/Hannes von Goessel **S. 124/1:** mauritius images/ alamy stock photo/Matthew Chattle **S. 125/2:** Cornelsen/Karin Mall **S. 125/3:** Cornelsen/Tom Menzel **S. 126/4A+5:** Cornelsen/Karin Mall **S. 126/4-B:** imago sportfotodienst/Lackovic **S. 127/MatA-li-Mitte-re.:** Cornelsen/Karin Mall **S. 127/MatB:** Cornelsen/Bernhard Peter, Pattensen **S. 128/o. + mitte + u.:** Cornelsen/Hannes von Goessel, Erding **S. 129/3:** Cornelsen/Hannes von Goessel, Erding **S. 129/4:** Cornelsen/ Tom Menzel, Scharbeutz **S. 130/1:** mauritius images/alamy stock photo/Vyntage Visuals/Alamy RF **S. 130/2-4:** Cornelsen/Karin Mall **S. 132/5+6:** Cornelsen/Hannes von Goessel **S. 133/o.:** Cornelsen/ Hannes von Goessel **S. 133/mitte+u.:** Cornelsen/Karin Mall **S. 134/1a:** mauritius images/alamy stock photo/Keystone Pictures USA **S. 134/1b:** Cornelsen/Hannes von Goessel, Erding **S. 135/3:** Cornelsen/Karin Mall **S. 136/5:** Cornelsen/Karin Mall **S. 137/mitte:** Cornelsen/Tom Menzel **S. 138/o.:** Cornelsen/Hannes von Goessel **S. 138/mitte:** Cornelsen/ Karin Mall **S. 139/o.:** Cornelsen/Karin Mall **S. 139/mitte:** juniors@ wildlife/Giel, O. **S. 140/1:** Cornelsen/Karin Mall, Berlin **S. 140/2:** Cornelsen/Hannes von Goessel, Erding **S. 141/3:** Cornelsen/Karin Mall **S. 141/4:** Cornelsen/Hannes von Goessel, Erding **S. 142/1:** imago stock&people/blickwinkel **S. 143/2-3:** Cornelsen/Hannes von Goessel, Erding **S. 144/4:** imago/Jens Koehler **S. 144/4:** Cornelsen/Hannes von Goessel **S. 144/5:** F1Online/VisualsUnlimited **S. 144/6:** F1Online/CMSP **S. 145/o.:** Cornelsen/Tom Menzel, Scharbeutz **S. 145/u.:** Science Photo Library/OSCAR BURRIEL **S. 145/u.:** Cornelsen/Bernhard Peter, Pattensen **S. 146/1:** shutterstock/sportpoint **S. 147/2+3:** Cornelsen/Tom Menzel, Scharbeutz **S. 148/4:** Cornelsen/Tom Menzel, Scharbeutz **S. 149/o.:** Cornelsen/Tom Menzel, Scharbeutz **S. 149/b:** Jan Fridén **S. 150/1:** F1Online/Cultura Images RF/Hybrid Images **S. 151/2:** Cornelsen/Angelika Kramer; www.grafikramer-view.com; Stuttgart **S. 152/3:** Cornelsen/Bernhard Peter, Pattensen **S. 153/o., Mitte, u.:** Cornelsen/ Bernhard Peter **S. 154/1:** shutterstock/Bojan Milinkov **S. 154/2:** Cornelsen/Tom Menzel, Scharbeutz **S. 155/4:** Cornelsen/Tom Menzel, Scharbeutz **S. 155/5:** Cornelsen/Bernhard Peter, Pattensen **S. 156/3:** Cornelsen/Bernhard Peter, Pattensen **S. 158/1:** mauritius images/ Pixtal **S. 158/2:** Cornelsen/Tom Menzel **S. 159/3-5:** Cornelsen/Tom Menzel **S. 160/6:** Universität Bayreuth, Didaktik der Chemie **S. 161/:** OKAPIA/Biophoto Associates/Science Source **S. 161/:** Science Photo Library/Biophoto Associates **S. 161/7-10:** Cornelsen/Tom Menzel **S. 162/11:** Cornelsen/Tom Menzel **S. 163/12:** Cornelsen/Tom Menzel **S. 164/mitte:** Cornelsen/Tom Menzel **S. 164/o.:** mauritius images/ alamy stock photo/durk gardenier **S. 164/u.:** Cornelsen/Bernhard Peter, Pattensen **S. 165/o.:** Cornelsen/Tom Menzel **S. 165/mitte:** Cornelsen/Tom Menzel **S. 166/1:** Science Photo Library/MICHAEL EICHELBERGER, VISUALS UNLIMITED **S. 167/2:** Cornelsen/Tom Menzel **S. 168/3-5:** Cornelsen/Tom Menzel **S. 169/MatA-re. + li:** Cornelsen/ Bernhard Peter, Pattensen **S. 169/MatB-re. + li:** Cornelsen/Karin Mall **S. 169/MatC-li:** Shutterstock/Plus69 **S. 169/MatC-re:** Cornelsen/ Bernhard Peter, Pattensen **S. 170/1+2:** Cornelsen/Tom Menzel **S. 171/3+4:** Cornelsen/Hannes von Goessel **S. 172/ob-li., unten:** Cornelsen/Hannes von Goessel **S. 172/ob-re:** Cornelsen/Karin Mall **S. 173/ob + unten:** Cornelsen/Bernhard Peter, Pattensen **S. 173/mi:** Cornelsen/Hannes von Goessel **S. 178/1:** Cornelsen/Hannes von Goessel, Erding **S. 178/2:** Cornelsen/Tom Menzel, Scharbeutz **S. 179/u.:** Cornelsen/Hannes von Goessel, Erding **S. 180/4:** Cornelsen/ Tom Menzel, Scharbeutz **S. 180/5:** Cornelsen/Hannes von Goessel, Erding **S. 181/6+7:** Cornelsen/Karin Mall **S. 183:** Sofarobotnik